LES AUCTORITATES ARISTOTELIS

UN FLORILÈGE MÉDIÉVAL
ÉTUDE HISTORIQUE ET ÉDITION CRITIQUE

PHILOSOPHES MÉDIÉVAUX

TOME XVII

Jacqueline HAMESSE
Première Assistante à l'Université de Louvain

LES AUCTORITATES ARISTOTELIS

UN FLORILÈGE MÉDIÉVAL
ÉTUDE HISTORIQUE ET ÉDITION CRITIQUE

Ouvrage publié avec le concours
de la Fondation Universitaire de Belgique

LOUVAIN
PUBLICATIONS UNIVERSITAIRES
Muntstraat, 10

PARIS VIe
Béatrice-Nauwelaerts
4, Rue de Fleurus

1974

AVANT-PROPOS

Lorsqu'en 1964 Maurice Giele, dont nous évoquons avec émotion la mémoire, nous demanda d'entreprendre l'étude des florilèges médiévaux d'Aristote, nous ne pouvions imaginer l'étendue et la complexité de ce domaine de recherches. Les florilèges ont trop souvent été considérés comme un « genre littéraire » mineur et d'importance secondaire. Et cependant ils constituent un élément essentiel pour qui veut pénétrer la culture d'une époque. Ceci est particulièrement vrai en ce qui concerne le moyen âge latin. Bon nombre de ces recueils se sont constitués au cours de cette période et certains ont connu dans tout l'Occident une très large diffusion. Dans le domaine de la philosophie tout spécialement, on assiste au XIIIe siècle à la création de nombreux florilèges qui devaient fournir pour longtemps une des base de la transmission du savoir philosophique.

Après neuf ans de recherches, nous avons conscience de n'avoir traité qu'une infime partie du sujet. La publication des *Auctoritates Aristotelis* constitue le premier jalon d'une histoire des florilèges médiévaux d'Aristote. Nous sommes là en présence du florilège le plus répandu et dont l'influence a été considérable dès le XIIIe siècle, tant sur les grands esprits que sur la masse obscure de tous ceux qui fréquentaient les universités médiévales. On peut constater ainsi que toute une sagesse populaire a même été véhiculée par ce type de littérature.

Au terme de ce travail, nous tenons à remercier tout particulièrement Monsieur le Professeur F. Van Steenberghen qui, après nous avoir initiée aux richesses intellectuelles de la pensée médiévale, n'a cessé de suivre la progression de nos recherches. Il nous a fait l'honneur, aujourd'hui, d'accueillir notre travail dans la collection qu'il dirige.

Nous ne pourrions assez dire la dette de reconnaissance que nous avons contractée à l'égard de Monsieur le Professeur J. Mogenet. Il a assumé la direction de cette recherche, présentée en 1970 comme thèse de doctorat, et en a suivi l'élaboration avec une attention et une bienveillance qui ne se sont jamais démenties.

Mademoiselle S. Mansion, professeur à l'Université catholique de Louvain et directeur administratif du Centre De Wulf-Mansion, a bien voulu, avec toute la compétence qu'on lui connaît, revoir minutieusement le texte du florilège; sa connaissance d'Aristote lui a permis de nous apporter une aide considérable. Qu'elle en soit vivement remerciée.

Le Père A. Pattin, assistant à la Katholieke Universiteit Leuven, nous a aidée dans l'identification des citations. Son érudition, sa collaboration discrète et efficace nous ont été très précieuses.

Les services d'échanges culturels du Ministère belge de l'Éducation Nationale et de la Culture nous ont rendu possibles plusieurs séjours à Paris, où la Bibliothèque Nationale nous a réservé un accueil efficace. Nous leur exprimons notre reconnaissance la plus vive.

La Fondation Universitaire nous a accordé un subside pour la publication de ce volume. Qu'elle veuille trouver ici l'expression de notre gratitude.

Nous tenons enfin à remercier vivement Mademoiselle A.-M. Guillaume, assistante au Centre De Wulf-Mansion, qui nous a aidée pour la correction des épreuves.

Louvain, le 19 juillet 1973. Jacqueline Hamesse

LES FLORILÈGES MÉDIÉVAUX D'ARISTOTE

La pénétration massive des œuvres d'Aristote dans le monde latin par le canal des traductions a influencé profondément l'histoire de la pensée médiévale. L'Occident latin n'a guère connu Aristote avant le VIe siècle. En traduisant en latin deux traités de l'*Organon* : les *Catégories* et le *Peri Hermeneias*, ainsi que l'*Isagoge* de Porphyre, Boèce a donné à l'aristotélisme un essor considérable (1). Ces trois traités ont exercé une influence prépondérante dans la formation de la pensée occidentale : pendant plusieurs siècles, la logique sera la seule branche philosophique enseignée dans les écoles d'arts libéraux (2). C'est ainsi que cette discipline a connu un développement extraordinaire, qui sera d'ailleurs à l'origine de la méthode scolastique (3). Les autres œuvres d'Aristote commencent seulement à être connues à partir du milieu du XIIe siècle grâce aux traductions faites de l'arabe et du grec (4).

Pendant toute cette période, les écoles de théologie donnaient un enseignement entièrement inspiré de la Bible et des écrits des Pères de l'Église. La vision du monde présentée dans ces écoles était donc exclusivement chrétienne. Cette situation resta inchangée jusqu'au début du XIIIe siècle, époque à laquelle la philosophie aristotélicienne commença d'être enseignée à la Faculté des Arts. Ce savoir profane présentait une vision du monde fort différente de la vision chrétienne. Les adeptes de l'aristotélisme furent nombreux et les théologiens commencèrent à s'inquiéter du succès croissant de cette philosophie. Comme la Faculté des Arts était à l'époque une école préparatoire et que tous les étudiants devaient y passer avant d'aborder des études supérieures,

(1) Cf. P. Courcelle, *Boèce et l'école d'Alexandrie* (1935), pp. 187-188; M. De Wulf, *Histoire de la philosophie médiévale*[6], vol. 1 (1934), pp. 111-119; M. Grabmann, *Die Geschichte...*, vol. 1 (1909), pp. 148-163; F. Van Steenberghen, *Histoire de la philosophie...* (1964), pp. 42-44 et C. Vasoli, *La filosofia medioevale* (1961), pp. 23-32.

(2) Cf. M. De Wulf, *op. cit.*, vol. 1 (1934), p. 60 et F. Van Steenberghen, *La philosophie au XIIIe siècle* (1966), pp. 50-62.

(3) Cf. M. De Wulf, *op. cit.*, vol. 1 (1934), p. 60 et F. Van Steenberghen, *op. cit.*, p. 65.

(4) Cf. M. De Wulf, *op. cit.*, vol. 2 (1936), pp. 25-26; F. Überweg-B. Geyer, *Die patristische und scholastische Philosophie*[12] (1951), p. 343 et F. Van Steenberghen, *Histoire de la philosophie...* (1964), pp. 74-75.

les autorités commencèrent à se demander si le contenu de l'aristotélisme ne risquait pas de corrompre les esprits et de les amener à une vision des choses qui n'avait plus rien de commun avec le christianisme.

Certains maîtres de la Faculté des Arts ayant donné une interprétation panthéiste de la philosophie aristotélicienne, les autorités religieuses réagissent en 1210 et 1215, et interdisent l'enseignement des *libri naturales* d'Aristote à la Faculté des Arts de Paris (5). Mais l'aristotélisme continue d'être étudié et commenté et ces interdictions tombent bientôt en désuétude à tel point que l'année 1255 voit la consécration officielle de la philosophie aristotélicienne dans le nouveau programme des cours de l'Université de Paris (6). Désormais toutes les œuvres d'Aristote seront enseignées et commentées à la Faculté des Arts.

Cette philosophie va connaître un essor considérable, qui n'ira d'ailleurs pas sans provoquer de conflits. Différentes tendances naissent, en effet, parmi les maîtres de cette époque et une dizaine d'années plus tard, on se trouve en présence de trois écoles bien distinctes. La première professe un aristotélisme hétérodoxe ou radical. L'influence averroïste se fait sentir dans leur interprétation de certaines théories du Stagirite (7). Le représentant le plus illustre de cette tendance est Siger de Brabant. La deuxième école est dirigée par Thomas d'Aquin, qui professe un aristotélisme modéré et qui a laissé une série importante de commentaires littéraux d'Aristote (8). Il y a enfin le parti des théologiens conservateurs, qui réagit contre les philosophes «pour la défense de la sagesse chrétienne contre la sagesse païenne, de la doctrine sacrée contre les prétentions du savoir profane» (9). Ce parti est dirigé par saint Bonaventure et son disciple Jean Peckham. Les conflits ne tardent pas à éclater et après une première condamnation en 1270, l'aristotélisme hétérodoxe et certaines thèses thomistes sont condamnées en 1277 par l'évêque de Paris, Étienne Tempier (10). A la suite de

(5) Sur ces condamnations, voir H. Denifle, *Chartularium...*, t. 1 (1889), p. 70, n° 11 et pp. 78-79, n° 20; M. De Wulf, *op. cit.*, vol 2 (1936), pp. 52-54; M. Grabmann, *I divieti...* (1941), pp. 42-57; et F. Van Steenberghen, *La philosophie au XIII*e *siècle* (1966), pp. 88-96.

(6) Cf. H. Denifle, *op. cit.*, t. 1 (1889), pp. 277-279, n° 246; J. Isaac, *Le Peri Hermeneias en Occident...* (1953), pp. 82-85 et F. Van Steenberghen, *op. cit.*, pp. 359-360.

(7) Cf. F. Van Steenberghen, *op. cit.*, pp. 372-373, 426.

(8) Cf. F. Van Steenberghen, *op. cit.*, pp. 426-427.

(9) Cf. F. Van Steenberghen, *op. cit.*, p. 426.

(10) Sur cette condamnation de 1277, voir H. Denifle, *op. cit.*, t. I (1889), pp. 520-560; M. De Wulf, *Histoire de la philosophie médiévale*[6], vol. 2 (1936), pp. 251-261;

ce décret, l'aristotélisme hétérodoxe disparaît de la scène universitaire jusqu'au XIVe siècle, mais l'aristotélisme modéré demeure vivace à la Faculté des Arts et chez les théologiens thomistes (11).

Malgré ces différentes condamnations, la philosophie d'Aristote a eu une très grande influence pendant tout le XIIIe siècle. Les commentaires des différents traités du Stagirite, composés à cette époque, sont nombreux et les citations extraites de toutes ses œuvres abondent dans la littérature médiévale. Une chose est certaine, Aristote a été considéré comme le Philosophe par les auteurs de l'époque; le XIIIe siècle, tout imprégné de péripatétisme, a vu l'éclosion d'une littérature nouvelle : les florilèges d'Aristote.

Le genre littéraire des florilèges est bien antérieur au XIIIe siècle. On trouve dès l'Antiquité des recueils d'*Auctoritates*. Il suffit de rappeler la littérature doxographique, les nombreux florilèges contenant des extraits d'auteurs latins classiques ainsi que des Pères de l'Église (12). Les florilèges furent composés afin de fournir des citations de tous genres à ceux qui désiraient trouver, dans quelque domaine que ce fût, des passages destinés à illustrer ou appuyer une doctrine. Lorsqu'on parcourt les catalogues de manuscrits, on est frappé par l'abondance de ces recueils (13). Il n'est pas surprenant que le moyen âge ait repris cette technique. En effet, les manuscrits contenant les œuvres d'auteurs antiques étaient peu nombreux, d'accès difficile, et seuls des privilégiés pouvaient les utiliser. Il est donc normal que les florilèges se soient répandus rapidement dans les milieux universitaires et religieux, afin d'offrir aux étudiants, aux érudits et aux clercs les textes principaux des auteurs qu'ils étudiaient (14).

Cette littérature, peu étudiée jusqu'à présent, offre beaucoup d'intérêt, tant par son étendue que par son contenu (15). A notre connaissance, aucune étude d'ensemble n'a été consacrée à ce genre litté-

É. Gilson, *History of Christian philosophy*... (1955), pp. 402-410; P. Mandonnet, *Siger*..., t. 1 (1911), pp. 208-261 et F. Van Steenberghen, *op. cit.*, pp. 483-488.

(11) Cf. F. Van Steenberghen, *op. cit.*, p. 518.

(12) Sur les florilèges d'auteurs classiques, voir M. de Boüard, *Encyclopédies médiévales*... (1930), p. 265; G. Paré, A. Brunet, P. Tremblay, *La Renaissance du XIIe siècle*... (1933), p. 153; E. K. Rand, *The Classics in the Thirteenth Century*... (1929), p. 264 et B.L. Ullman, *Classical authors*... (1932). A propos des florilèges des Pères de l'Église, cf. M. Grabmann, *Methoden und Hilfsmittel*... (1939), p. 156.

(13) Cf. H.M. Rochais, *Contribution à l'histoire des florilèges*... (1953), pp. 246-247. L'auteur parle de l'importance des florilèges et en donne une définition.

(14) Cf. J. de Ghellinck, *L'essor de la littérature latine*... (1954), pp. 212-213.

(15) Cf. B.L. Ullman, *Classical authors*... (1932), p. 174.

raire [16]. Les auteurs qui en parlent soulignent l'intérêt d'un tel travail, mais personne ne l'a encore entrepris [17]. Et pourtant, que de renseignements l'on pourrait tirer de ces florilèges, qui sont d'excellents témoins de la vie intellectuelle de l'époque. Car il est certain que la plupart des étudiants et même des maîtres se sont bornés à exploiter ces recueils lorsqu'ils désiraient se livrer à l'étude d'un problème déterminé. Et lorsque, dans leurs écrits, les auteurs médiévaux accumulaient de très nombreuses citations, la plupart d'entre eux les puisaient dans les recueils établis à cet effet et ne lisaient pas les œuvres des auteurs qu'ils citaient [18]. Ces dernières étaient d'ailleurs souvent peu accessibles et ces anthologies étaient pour eux le seul moyen de prendre contact avec certains poètes ou philosophes de l'antiquité. Mais cette littérature a eu le grand défaut de limiter les connaissances, de déformer la pensée des auteurs en concentrant leurs doctrines en de courtes phrases et en rejetant dans l'oubli certains passages jugés peu importants [19].

(16) Il existe des études sur certains genres de florilèges, mais aucune synthèse sur les différences qu'ils peuvent revêtir. Citons comme exemples d'études partielles : J.Th. Welter, *L'exemplum dans la littérature...* (1927); *Le Speculum laïcorum* (1914); *La Tabula exemplorum...* (1926); *Un nouveau recueil...* (1930) : dans ces ouvrages, l'auteur parle essentiellement des recueils contenant des « moralités » que les prédicateurs pouvaient utiliser dans leurs sermons. Th. M. Charland, *Artes Praedicandi...* (1936) : comme le titre l'indique, il s'agit à nouveau de conseils et de citations utiles pour la prédication. M. de Boüard, *Une nouvelle encyclopédie médiévale...* (1936) : l'auteur étudie ici les florilèges contenant des citations rangées par ordre alphabétique. H.M. Rochais, *Contribution à l'histoire des florilèges...* (1953), p. 246, constate également : « Il n'existe pas d'étude d'ensemble sur les florilèges ».

(17) B.L. Ullman est l'auteur qui y a consacré le plus d'articles, mais il n'a publié aucun ouvrage sur l'ensemble des florilèges. Il a étudié particulièrement les citations d'auteurs latins classiques, mais il ne manque pas de souligner l'intérêt qu'il y aurait à examiner les anthologies contenant des extraits d'autres auteurs. Cf. *Classical authors...* (1932), pp. 40-41 : « ... Thus the *florilegium* becomes an important factor in the history of culture ». « For these reasons the publication of one of these anthologies in full, or perhaps of a restoration of their archetype, is an urgent need. The importance of such an undertaking has been stressed more than once : Vollmer (Sitzungsberichte der Bayerischen Akademie der Wissenschaften, philos.- hist. Klasse, 1908, nº 11, p. 17) bewails the fact that no one had yet undertaken the laborious but profitable task of writing the history of this collection and of gathering the material found in the numerous manuscripts. Lehmann states that what we need is a history of the *florilegia*, examination of particular manuscripts, and the complete publication of at least one of them (*Ibid.*, 1918, nº 8, p. 42) ».

(18) Cf. B.L. Ullman, *Classical authors...* (1932), p. 40.

(19) Cf. M. de Boüard, *Encyclopédies médiévales...* (1930), p. 270 et C.H. Talbot, *Florilegium Morale Oxoniense...* (1955-1956), p. 6.

Ces florilèges se présentent sous différentes formes [20] : les uns sont des *lexiques alphabétiques*, groupant sous chaque mot les citations d'auteurs qui s'y rapportent [21]; d'autres sont des *encyclopédies* qui réunissent par matières des extraits d'auteurs plus ou moins nombreux ayant traité ces sujets [22]; un dernier genre est constitué par les *résumés* d'une partie ou de l'ensemble de l'œuvre d'un ou de plusieurs écrivains [23].

Il était donc normal qu'au XIIIe siècle, lorsque les traductions latines des œuvres d'Aristote commencèrent à se répandre, cette philosophie nouvelle fût diffusée par des florilèges. Comme nous l'avons vu plus haut, l'aristotélisme a fait l'objet de plusieurs interdictions, mais ces dernières visaient uniquement l'enseignement et elles n'empêchèrent pas que le Stagirite fût rapidement considéré comme une autorité dans tous les domaines. De toutes manières, ces divers genres de florilèges se multiplièrent rapidement et on en trouve un grand nombre dans les manuscrits de l'époque.

Une étude de Mgr Grabmann a constitué la base de notre travail [24]. L'éminent médiéviste rassemble en 62 pages une documentation considérable sur tous les florilèges médiévaux d'Aristote. Il cite un grand nombre de manuscrits et d'incunables contenant les différentes sortes d'extraits d'œuvres du Philosophe. Il souligne d'ailleurs le fait qu'aucune étude n'a jamais été faite sur ce thème [25]. Le second chapitre relatif aux florilèges a surtout retenu notre attention. Dans le premier, en effet, l'auteur décrit essentiellement les compilations d'une seule œuvre du Stagirite, tandis que le second est consacré aux différents genres de recueils contenant des extraits de toute la philosophie

(20) Cf. B.L. Ullman, *A project...* (1933), p. 314.

(21) Dans cette catégorie, on trouve les répertoires relatifs au *Liber Sententiarum* de Pierre Lombard, les citations extraites de la Bible, certains recueils contenant des extraits d'ouvrages de droit ou de science, les manuels composés à l'usage des prédicateurs.

(22) Cf. M. de Boüard, *Encyclopédies médiévales...* (1930).

(23) Cf. M. Grabmann, *Methoden und Hilfsmittel...* (1939), pp. 156-188.

(24) Cf. M. Grabmann, *op. cit.*, pp. 124-128. L'auteur consacre deux chapitres de cet ouvrage aux florilèges d'Aristote. Deux autres auteurs ont consacré quelques pages à la question. Les renseignements qu'ils nous donnent sont très précieux mais ne peuvent être considérés comme un véritable *status quaestionis*. Il s'agit de E. Franceschini, *Codici di Florilegi...* (1930), pp. 143-159 et de S. D. Wingate, *The Mediaeval latin Versions...* (1931), pp. 29-31.

(25) Cf. M. Grabmann, *op. cit.*, p. 125 : « Über diese Literaturgattung des mittelalterlischen philosophischen Arbeitens sind meines Wissens bisher noch keine Untersuchungen angestelt worden ».

aristotélicienne ([26]). Dans le but de retrouver le plus grand nombre possible de citations utilisées par les philosophes médiévaux, il nous a semblé préférable d'étudier ces anthologies générales avant d'aborder les recueils consacrés à un seul des traités de la philosophie aristotélicienne.

La matière est tellement vaste qu'il nous a fallu choisir un point de départ parmi ces différents florilèges. Il en existe, en effet, une cinquantaine. Certains ne se trouvent que dans un manuscrit, d'autres ont connu plus de succès et ont été recopiés. Ces recueils portent d'ailleurs des titres différents : il y a des *Flores librorum philosophiae naturalis et moralis*, des *Notabilia excerpta*, des *Auctoritates, conclusiones et propositiones*, des *Auctoritates super omnes libros philosophiae naturalis*, des *Repertorium auctoritatum Aristotelis et aliorum philosophorum*, des *Sententiae sive axiomata philosophica ex Aristotele et aliis praestantibus collecta una cum brevibus quibusdam explicationibus ac limitationibus*, des *Repertorium sive tabula generalis auctoritatum Aristotelis et philosophorum cum commento per modum alphabeti*, des *Parvi flores*, des *Auctoritates praecipue ex Aristotelis operibus et in eadem commentationibus additis nonnullis ex Seneca et Boethio*, des *Auctoritates Aristotelis et aliorum philosophorum*, des *Auctoritates librorum omnium Aristotelis*, des *Sententiae sive auctoritates e libris Aristotelis*... ([27]). Le contenu de ces florilèges est différent.

En consultant les catalogues de manuscrits afin de compléter la documentation rassemblée par Mgr Grabmann, nous avons constaté qu'un de ces recueils, à savoir les *Parvi flores*, avait connu beaucoup plus de succès que les autres et s'était diffusé rapidement en Europe. Nous avons, en effet, retrouvé 153 manuscrits de ce texte, tandis que, pour les autres florilèges, le nombre de manuscrits qui a été conservé est peu important. Nous avons donc décidé de commencer par l'édition de ce recueil. Après avoir examiné les 153 manuscrits, nous avons constaté qu'il existe de très nombreuses divergences entre eux. Ce texte a subi beaucoup de remaniements au cours de sa transmission : il a été retravaillé, il a reçu des additions importantes, à tel point qu'il est très difficile de retrouver une filiation dans cette tradition manuscrite. Une édition critique s'avérait donc très risquée et les résultats en paraissaient plus qu'aléatoires. On constate d'autre part que ce florilège s'est fixé définitivement à un moment de son histoire et a

([26]) Ce second chapitre figure aux pages 156-188.

([27]) Cf. M. Grabmann, *op. cit.*, pp. 158-188.

été reproduit comme tel dans 40 incunables qui portent le titre *Auctoritates Aristotelis, Senecae, Boethii, Platonis...* Il nous a semblé préférable de donner une édition critique du florilège sur la base des 40 incunables repérés. Cette édition pourra ensuite servir de point de départ à des recherches ultérieures, où l'on s'efforcera de remonter à travers la tradition manuscrite et de retrouver peut-être de la sorte le florilège initial.

Le rôle joué par ce florilège dès le XIIIe siècle dans la transmission de l'aristotélisme est considérable. Dans un long article, le Père Bougerol montre de manière détaillée l'utilisation que saint Bonaventure en a faite dans son *Commentaire des Sentences* ([28]). Bonaventure cite très souvent Aristote selon le texte des *Auctoritates Aristotelis,* ce qui montre bien que les citations de ce recueil contenues dans les incunables trouvent leur source dans les manuscrits ([29]). Alexandre de Halès, comme le démontre le Père Bougerol ([30]), utilise lui aussi de nombreuses citations du florilège, ce qui nous permet de déduire que bon nombre de ces phrases étaient connues dès le début du XIIIe siècle, bien que le recueil n'ait trouvé sa forme définitive qu'à la fin de ce siècle ou au début du siècle suivant, comme nous le verrons plus loin ([31]).

En éditant ce texte, nous avons tenté de constituer parallèlement un outil de travail à l'usage de ceux qui étudient les textes médiévaux. On sait, en effet, que les œuvres philosophiques et théologiques de cette époque abondent en citations d'Aristote. Mais les médiévistes éprouvent souvent beaucoup de difficultés pour identifier ces citations. En effet, les auteurs médiévaux citent souvent de mémoire et n'indiquent presque jamais la référence précise du texte cité. On trouve couramment des expressions de ce type : *dicit Aristoteles...* ou *Philosophus dicit in primo Metaphysicae.* Mais l'expérience révèle que même

([28]) Au moment où nous mettions sous presse, le Père J.G. Bougerol a eu la gentillesse de nous envoyer le manuscrit d'un article : *Dossier pour l'étude des rapports entre saint Bonaventure et Aristote,* qui paraîtra en 1974 dans les *Archives d'histoire doctrinale et littéraire du moyen âge.*

([29]) Dans la note 42 de cet article, le Père Bougerol écrit : « Comme on peut s'en rendre compte tout au long des citations qui constituent ce dossier, le fait que les textes cités par Bonaventure se retrouvent dans les *Auctoritates Aristotelis* avec les mêmes mots constitue une forte présomption en faveur de la thèse selon laquelle le texte de l'édition incunable servant de base à la concordance de J. Hamesse existait déjà dans les manuscrits... ».

([30]) Cf. J.G. Bougerol, *Dossier pour l'étude des rapports entre saint Bonaventure et Aristote, passim.*

([31]) Cf. *infra,* p. 38.

ces citations imprécises sont fréquemment inexactes. On découvre le texte cité dans un autre livre du même traité, dans une autre œuvre du même auteur ou même d'un autre auteur. Nous avons donc essayé de mentionner la source chaque fois qu'il nous a été possible de la retrouver. Ce travail a été long et difficile, car nos *Auctoritates* contiennent environ 3000 citations, qui sont rarement littérales et souvent fort éloignées du texte invoqué. Malgré de longues recherches, nous avons dû nous résigner à en laisser un petit nombre non identifiées. Nous espérons néanmoins que ce répertoire rendra service aux éditeurs de textes, qui cherchent parfois longtemps et en vain la source de certaines citations reprises par les auteurs du moyen âge.

Pour être vraiment utile, il fallait que cet instrument de travail puisse être facilement consulté et que le chercheur puisse immédiatement retrouver l'identification d'une citation rencontrée dans un texte. Seul l'ordinateur pouvait nous permettre d'établir rapidement, de façon exhaustive, une concordance et un index du texte ainsi que des tables d'identifications.

Ainsi, pour connaître la source d'une citation attribuée à Aristote, par exemple : *Causa et effectus debent esse proportionata*, il suffit de consulter la concordance aux lemmes *causa* et *effectus*, par exemple, pour trouver tous les extraits du florilège qui contiennent ces mots. Il est facile, dès lors, de vérifier si cette citation figure dans les *Auctoritates Aristotelis*. Dans l'affirmative, il faut retenir la référence de la citation (il s'agit ici de 1, 124) et chercher dans les tables d'identifications correspondantes. Dans le cas présent, on constate qu'il ne s'agit pas d'un extrait du 5e livre de la *Métaphysique*, comme l'affirme l'auteur du florilège, mais d'un passage du *Commentaire à la Physique* de saint Thomas (II, lect. 6, n. 197).

Cette étude contient donc trois parties correspondant chacune à un volume différent. La première, qui fait l'objet de ce volume, est réservée aux prolégomènes et à l'édition du texte : on y trouve le relevé des manuscrits, la description du contenu du florilège, la recherche de la date de composition, du milieu d'origine et de l'auteur ou plutôt du compilateur du recueil, ainsi que l'histoire de la tradition imprimée. A ces prolégomènes vient s'ajouter l'édition du texte avec apparat critique, qui comporte le relevé des variantes, l'identification des citations et quelques notes permettant au lecteur de reconstituer le texte d'Aristote lorsque le florilège présente une version trop éloignée de la source invoquée.

La deuxième partie de ce travail contient la concordance de tous les mots significatifs du texte (32). Tous les mots y sont accompagnés d'un certain contexte. La dernière partie est constituée par l'*index verborum* des mots outils, des index d'identifications qui permettront de faire la comparaison entre les attributions du florilège et le texte authentique des sources alléguées, ainsi qu'un supplément de concordance qui donnera le texte d'Aristote lorsqu'une citation présente un texte corrompu (33).

(32) Ce volume est sorti de presse en 1972 : J. HAMESSE, *Auctoritates Aristotelis, I. Concordance.* (*Informatique et étude de textes*, II, 1). Louvain, Publications du CETEDOC, 1972. Le terme « mot significatif » a été défini dans ce volume, p. II.

(33) J. HAMESSE, *Auctoritates Aristotelis, II. Index, tables d'identifications.* (*Informatique et étude de textes*, II, 2). Louvain, Publications du CETEDOC, 1973 (sous presse).

CHAPITRE PREMIER

LES SOURCES MANUSCRITES

Le contenu philosophique

Comme nous l'avons dit dans l'introduction, les *Parvi flores* ont connu une grande diffusion pendant le moyen âge, diffusion d'autant plus manifeste qu'elle s'est prolongée ultérieurement dans les incunables et les éditions anciennes. Cependant, fait assez remarquable, les manuscrits présentent entre eux de telles divergences qu'un classement paraît très hasardeux. Nous nous trouvons en présence d'un texte qui n'a cessé d'être remanié au cours de la transmission. Ce fait n'est pas étonnant, si l'on songe que cette anthologie constituait un instrument de travail à l'usage de ceux qui désiraient s'initier à la philosophie aristotélicienne. Il est normal que les différents utilisateurs ne se soient pas intéressés à toutes les œuvres d'Aristote, mais qu'ils se soient livrés plus particulièrement à l'étude de l'un ou l'autre traité. C'est ainsi qu'ils auraient remanié certaines parties du florilège tout en n'approfondissant pas les autres matières.

Il faudra attendre un certain nombre d'années pour que ces *Parvi flores* trouvent enfin leur forme définitive et se répandent ainsi dans les incunables intitulés *Auctoritates Aristotelis....*

Malgré les divergences des différents manuscrits, il est possible de déterminer le contenu du florilège. L'ordre adopté dans la description qui suit est celui qu'on rencontre le plus souvent dans les *codices.*

1. *Le prologue*

Il s'agit d'une longue description de toutes les branches du savoir contenues dans le *trivium* et dans le *quadrivium*, ainsi que d'une description de toutes les parties de la philosophie et de l'explication de leur contenu (1). Ce prologue est très long. Nous n'en donnerons pas la transcription complète (2). Nous nous contenterons de citer l'*incipit*,

(1) A propos du *trivium* et du *quadrivium* ainsi que de l'organisation des études au moyen âge, voir F. Van Steenberghen, *La philosophie au XIIIe siècle* (1966), pp. 50-71.

(2) En effet, le prologue des manuscrits n'est pas le même que celui des incunables. Comme nous avons choisi d'éditer les incunables, l'étude du prologue des manuscrits ne nous paraît pas opportune dans ce travail.

la liste des auteurs et des œuvres qu'il était recommandé d'étudier et l'*explicit*.

a. *Incipit*

Cum omne nostrum appetitum movere debens, boni rationem habere debeat, liquet scientiam quae omni homini appetitum naturaliter movet bonum quid sine dubio fore. Quapropter aliquid de ipsa tamquam de bono nostrum appetitum maxime movente videamus. Scientia igitur vel est principalis vel est adminiculativa. Adminiculativa est duplex, scilicet grammatica vel logica... (3).

b. *Auteurs cités*

Priscianus maior (4)
Priscianus minor (5)
Priscianus : *De accentu*
Aristoteles : *Praedicamenta*
Porphyrius : *Isagoge*
Gilbertus Porretanus : *Liber sex principiorum*
Aristoteles : *Peri Hermeneias*
Aristoteles : *Analytica priora*
Aristoteles : *Analytica posteriora*
Boethius : *Liber divisionum*
Aristoteles : *Topica*
Boethius : *Topica*
Aristoteles : *De sophisticis elenchis*
Aristoteles : *Rhetorica*
Aristoteles : *Poetica*
Aristoteles : *Liber de causis* (6)

(3) Cf. ERFURT, *Wissenschaftl. Bibl., Amplon. F. 50*, f. 76ra.

(4) Priscien est un des grammairiens latins les plus connus. Il a vécu à la fin du Ve et au début du VIe siècle après J.C. Il est célèbre surtout par son *Institutio grammatica*, qui a été étudiée au moyen âge et connue sous le nom de *Priscianus maior* ou *De octo partibus orationis* et *Priscianus minor* ou *De constructione*. Cf. *Realencyclopädie*..., XXII2 (1954), pp. 2328-2346. Le *Priscianus maior* comporte les six premiers livres de l'*Institutio*. Cf. J.A. WEISHEIPL, *Curriculum of the Faculty*... (1964), p. 169.

(5) Il s'agit des deux derniers livres de l'*Institutio*, connus aussi sous le nom de *De constructione*. Cf. J.A. WEISHEIPL, *op. cit.*, p. 169.

(6) Le *Liber de causis* est une paraphrase de propositions tirées de l'*Elementatio theologica* de Proclus. Cette œuvre a été traduite de l'arabe par Gérard de Crémone et retouchée par Dominique Gundisalvi. Cf. *Aristoteles latinus*..., vol. 1 (1939), p. 34; A. PATTIN, *Over de schrijver en de vertaler*... (1961), pp. 503-526; *Le Liber de causis* (1966), pp. 2-13; H.D. SAFFREY, *L'état actuel des recherches*... (1936), pp. 267-281 et F. VAN STEENBERGHEN, *La philosophie au XIIIe siècle* (1966), pp. 84-85.

Aristoteles : *Libri ethicorum*
Aristoteles : *Libri oeconomicae*
Aristoteles : *Libri politicorum*
Aristoteles : *Liber de bona fortuna* (7)
Libri morales Boethii, Senecae et aliorum
Aristoteles : *Metaphysica*
Euclides : *Libri de geometria* (8)
Boethius : *Arithmetica* (9)
Ptolemaeus : *Opera*
Aristoteles : *Physica*
De caelo et mundo
De substantia orbis (10)
De proprietatibus elementorum (11)
De generatione et corruptione
Meteora
Avicenna : *De mineralibus*
Aristoteles : *De anima*
De plantis (12)
De animalibus (13)
De morte et vita
De juventute et senectute
De respiratione et inspiratione
De longitudine et brevitate vitae
De sensu et sensato

(7) Cet ouvrage est composé du chapitre 8 du livre II des *Magna moralia* et du chapitre 14 du livre VII de l'*Éthique à Eudème.*

(8) Cf. S. Gibson, *Statuta antiqua*... (1931), p. 33 et J.A. Weisheipl, *op. cit.*, p. 171.

(9) Il s'agit d'une adaptation faite par Boèce de l'*Arithmetica* de Nicomachus de Gerasa. On sait que cet auteur a vécu vers 100 après J.C. Cf. M. Manitius, *Geschichte der lateinischen*..., I (1911), p. 26 et Th. Heath, *A history*...., II (1921), p. 238.

(10) Cette œuvre faussement attribuée ici à Aristote est un traité d'Averroès. Cf. *Aristoteles latinus*..., vol. 1 (1939), p. 111.

(11) Ce traité, qui n'est pas d'Aristote, fut traduit de l'arabe par Gérard de Crémone. Cf. *Aristoteles latinus*..., vol. 1 (1939), p. 176.

(12) Le *De plantis* est l'œuvre de Nicolas de Damas, philosophe péripatéticien du Ier siècle avant J.C. : cf. M. Grabmann, *Forschungen*... (1916), pp. 184-185 ; A. Birkenmajer, *Classement*... (1932), p. 12 et *Aristoteles latinus*..., vol. 1 (1939), p. 91. Cette œuvre a été faussement attribuée à Aristote par la tradition manuscrite. Cf. S.D. Wingate, *Mediaeval latin versions*... (1931), p. 31.

(13) Sous la dénomination de *De animalibus* sont repris les trois ouvrages d'Aristote : *Historia animalium, De partibus animalium, De generatione animalium.* Cf. A. Mansion, *Texte latin d'Aristote*... (1961), p. 176.

De memoria et reminiscentia
De somno et vigilia

c. *Explicit*

Patet ergo distinctio omnium scientiarum ex praedictis. His visis auctoritates alias librorum quam plurium hic praemissorum videamus. Distinguitur autem liber Metaphysicae, quem primo volumus nobis assumere, in 12 libros quorum tituli habentur per ordinem in quolibet eorum per rubricam, propositionibus singulorum famosioribus positis et superfluis disputationibus resecatis. Compendiosum aggredimur factum his qui totam philosophiam non valent sibi commode praeparare vel comparare.

2. *Metaphysica* (11 livres suivis chacun de brefs commentaires d'Averroès).
Cette œuvre contient des extraits de 11 livres du traité d'Aristote. Les livres K, M et N manquent. Nous nous trouvons donc en présence de la tradition arabo-latine, qui ne connaissait que ces 11 livres (14). Cependant l'auteur cite en général ses extraits d'après les traductions gréco-latines et il mêle même au texte du Stagirite des extraits du *Commentaire* de Thomas d'Aquin, sans jamais faire référence à cet auteur.

3. *Physica* (8 livres suivis chacun de commentaires d'Averroès).
Ces textes, qui se trouvent sous le nom d'Aristote, sont extraits en grand nombre du *Commentaire* de Thomas d'Aquin.

4. *De caelo et mundo* (4 livres suivis chacun de commentaires d'Averroès).
L'auteur cite à nouveau des extraits du *Commentaire* de Thomas d'Aquin mélangés aux citations d'Aristote.

5. *De generatione et corruptione* (2 livres suivis chacun de commentaires d'Averroès).
Ce traité contient aussi quelques passages de S. Thomas attribués à Aristote.

6. *Meteora* (4 livres sans commentaires d'Averroès).
Cette œuvre, comme les précédentes, comprend quelques extraits du *Commentaire* de Thomas d'Aquin.

(14) Dans l'*explicit* du prologue, l'auteur parlait des 12 livres de la *Métaphysique*. En réalité, certains manuscrits ont réparti les citations du 11e livre en 11e et 12e livres, mais il s'agit toujours en réalité des mêmes extraits du livre Λ. A propos de la tradition arabo-latine, cf. G. Diem, *Les traductions gréco-latines*... (1967), pp. 22-23.

7. *De anima* (3 livres avec commentaires d'Averroès, de Thémistius et d'Albert le Grand).

On trouve des citations du *Commentaire* de S. Thomas mélangées aux citations d'Aristote.

8. *De sensu et sensato* (1 livre suivi de commentaires d'Averroès et d'Alexandre d'Aphrodise).

Parmi les extraits d'Aristote, on lit aussi quelques passages issus du *Commentaire* de Thomas d'Aquin. Les citations attribuées à Alexandre d'Aphrodise ne sont pas toutes extraites de son commentaire : certaines appartiennent au *Commentaire* d'Albert le Grand.

9. *De memoria et reminiscentia* (1 livre suivi de commentaires d'Averroès).

Il y a un grand mélange de sources dans cette section. Parmi les citations attribuées à Aristote, certaines sont extraites de la traduction gréco-latine, d'autres de la traduction arabo-latine, d'autres enfin du *Commentaire* de Thomas d'Aquin.

10. *De somno et vigilia* (1 livre suivi de commentaires d'Averroès).

11. *De longitudine et brevitate vitae* (1 livre suivi de commentaires d'Averroès).

12. *De senectute et juventute.*

13. *De respiratione et inspiratione.*

14. *De morte et vita.*

15. *De motibus animalium.*

16. *De animalibus.*

Les manuscrits citent des extraits de 19 livres, suivant la tradition arabo-latine (15).

17. *De proprietatibus elementorum* (16).

18. *De substantia orbis* (17).

19. *Liber de causis.*

20. *Libri ethicorum* (10 livres).

21. *Liber de bona fortuna.*

22. *Libri oeconomicae.*

23. *Libri politicorum* (8 livres).

Parmi les citations d'Aristote, on trouve quelques extraits des commentaires de Thomas d'Aquin et de Pierre d'Auvergne.

24. *Libri rhetoricorum* (3 livres).

(15) Cf. A. Mansion, *Texte latin d'Aristote...* (1961), p. 176.

(16) Cf. note 11, p. 19.

(17) Cf. note 10, p. 19.

25. *De arte poetica* (2 livres).

Toutes les citations de ce livre sont extraites du *Commentaire* d'Averroès, bien qu'elles soient attribuées à Aristote. Les passages sont cités presque littéralement.

26. *Epistula ad Alexandrum* (18).
27. *De regimine principum* (19).
28. *De pomo et morte* (20).
29. *Senecae ad Lucilium.*
30. *Senecae de vita et moribus* (21).
31. *Senecae de quattuor virtutibus* (22).
32. *Senecae de beneficiis*
33. *Senecae de remediis fortuitorum* (23).
34. *De consolatione philosophiae Boethii* (5 livres).
35. *De disciplina scholarium Boethii* (24).
36. *Plato in Timaeo.*
37. *Apuleii De deo Socratis.*
38. *Empedocles* (25).

(18) Les citations ne sont pas issues de l'*Epistula ad Alexandrum* comme l'indiquent les manuscrits, mais de la *Rhetorica ad Alexandrum*, qui n'est pas une œuvre d'Aristote. Ce traité, dont l'auteur est inconnu, a été traduit du grec. Cf. *Aristoteles latinus...*, vol. 1 (1939), pp. 78-79 et E. FRANCESCHINI, *Ricerche e studi...* (1956), p. 155.

(19) Les extraits du *De regimine principum* appartiennent en réalité au *Secretum secretorum*, œuvre attribuée à Aristote par le moyen âge. Son auteur est inconnu; elle a été traduite de l'arabe au XIIIe siècle par Philippe de Tripoli. Cf. *Aristoteles latinus...*, vol. 1 (1939), p. 93.

(20) Cet ouvrage, traduit de l'hébreu, n'est pas d'Aristote. Cf. A. BIRKENMAJER, *Classement des ouvrages...* (1932), p. 14 et *Aristoteles latinus...*, vol. 1 (1939), p. 94.

(21) Cette œuvre n'est pas de Sénèque. Elle a été composée au VIe siècle par Martinus Braga. La philosophie qui y est exposée est si proche de celle du philosophe latin, que cette œuvre lui a été faussement attribuée. Cf. É. GILSON, *History of Christian philosophy...* (1955), p. 606.

(22) Dans les manuscrits, cette œuvre est parfois intitulée *De fortuna Senecae*. Tout comme la précédente, elle n'est pas de Sénèque, mais fut composée par Martinus Braga. Cf. É. GILSON, *op. cit.*, p. 108 et 606 et Kl. D. NOTHDURFT, *Studien zum Einfluss Senecas...* (1963), pp. 30-31.

(23) L'attribution de cette œuvre à Sénèque est contestée. Certains pensent qu'elle est fondée : P. GRIMAL, *Sénèque...* (1948), pp. 37-38 et R.G. PALMER, *Seneca's De Remediis ...* (1953), p. 8. D'autres ne l'acceptent pas : Kl. D. NOTHDURFT, *op. cit.*, pp. 31-32.

(24) Boèce n'est pas l'auteur de cet ouvrage. Cf. M. GRABMANN, *Die Geschichte...*, vol. 1 (1909), p. 154; M. MANITIUS, *Geschichte der lateinischen...*, vol. I (1911), p. 36; M. DUCHATEAU, *Bijdrage tot de studie...* (1939), pp. 134-160; J.W. ADAMSON, « *The Illiterate Anglo-Saxon* » ... (1946), pp. 92-116 et F. VAN STEENBERGHEN, *La philosophie au XIIIe siècle* (1966), p. 97.

(25) Les citations qui figurent sous le nom d'Empédocle sont en réalité des phrases extraites du prologue du *De plantis*, œuvre faussement attribuée à Aristote par la

39. *Logica Porphyrii.*
40. *Praedicamenta.*
41. *Peri Hermeneias.*
42. *Gilbertus liber sex Principiorum.*
43. *Analytica priora* (2 livres).
44. *Analytica posteriora* (2 livres).
45. *Topica* (8 livres).
46. *De sophisticis elenchis* (2 livres).
47. *Explicit.*

Et in hoc sit finis auctoritatum omnium brevium et, ut verius puto, utiliorum quam plurium librorum philosophiae. Logica est Aristotelis principis omnium philosophorum necnon quorundam aliorum, scilicet Platonis, Boethii, Porphyrii ac Apulei in unum compendiose collectorum. In quibus quanta sit utilitas et iocunditas mentis ipsaemet, si diligenter inspectae fuerint, delectabunt. Unde eorum delectatio et utilitas dat eis occasionem vocandi flores et, quia sunt quantitatis non magnae, participant nomine parvorum. Dicantur ergo auctoritates hic inscriptae, si placet, flores parvi...et... (26).

48. *Table des matières*

Cette table ne figure pas toujours dans les manuscrits et se trouve parfois avant le prologue.

Après avoir lu cette description, on remarque aussitôt que le contenu du florilège ne correspond pas entièrement aux projets annoncés dans le prologue. En effet, l'auteur ne cite que les œuvres philosophiques, principalement celles d'Aristote, et il ne s'occupe pas des autres branches du savoir. L'auteur du prologue est-il le même que celui du florilège ? Ou bien ce prologue existait-il déjà de manière indépendante ? Il est fort difficile de résoudre cette énigme. En effet, l'auteur du prologue et celui du recueil de citations peuvent très bien être une seule et même personne qui aurait envisagé initialement de rédiger une œuvre beaucoup plus vaste, et qui finalement, devant l'ampleur du travail à réaliser, aurait renoncé à mener à bien son projet et se serait limitée à la partie philosophique.

En général les citations sont peu littérales. Souvent les textes n'ont été retrouvés que *ad sensum.* L'index d'identifications qui figure à la

tradition manuscrite. Ce prologue a été rédigé par Alfred de Sareshel. Cf. *Aristoteles latinus...*, vol. 1 (1939), p. 91.

(26) Cf. Erfurt, *Wissenschaftl. Bibl., Amplon., Q. 300.* Les points de suspension à la fin de l'*explicit* se trouvent dans le manuscrit.

fin du troisième volume permettra d'apprécier le mélange des sources qu'on trouve dans ce florilège. Dans les œuvres logiques surtout, on lit souvent, après une citation d'Aristote, une phrase qui explique la pensée du Stagirite. Il ne nous a pas été possible d'identifier l'auteur ou les auteurs de ces explications introduites en général par *scilicet*, *id est*, *ex quo habetur*, *unde*...

Pour faciliter les recherches du lecteur, nous avons accompagné l'édition du florilège d'une série de notes qui permettront de retrouver le texte d'Aristote là où les citations présentent soit un texte corrompu, soit une version trop éloignée du passage correspondant du Stagirite. On remarquera en consultant ces notes que les leçons fautives ne sont pas toujours dues à une mauvaise lecture des abréviations manuscrites. On a souvent l'impression que ces textes devaient être lus à haute voix et que ceux qui les copiaient comprenaient mal le sens des mots. Une série d'interprétations erronées pourraient s'expliquer de la sorte.

Une étude approfondie du contenu philosophique du florilège s'avérerait très intéressante. L'examen attentif des citations, l'identification des traductions utilisées et le discernement des véritables auteurs des textes recueillis apporteraient certainement des renseignements supplémentaires concernant l'origine du recueil.

Les manuscrits

On trouvera ici le relevé des manuscrits. Cette liste est longue et a fait l'objet de nombreuses recherches dans les catalogues qu'il est possible de consulter actuellement, ainsi que dans plusieurs bibliothèques. Quelques chercheurs nous ont aidée dans ce travail. Ils ont eu la gentillesse de nous signaler des manuscrits que nous ne connaissions pas. Nous avons retrouvé à ce jour 153 exemplaires du florilège. Nous sommes certaine qu'il en existe encore d'autres. Il est impossible d'être exhaustif en ce domaine. Les instruments de travail dont nous disposons sont trop fragmentaires et bien des manuscrits dont nous ignorons l'existence dorment encore au fond des bibliothèques. C'est pour cette raison que nous remercions d'avance ceux qui pourraient nous donner des suppléments d'informations.

La liste des manuscrits retrouvés s'établit comme suit :

AUGSBURG, *Staats- u. Stadtbibl., 4° 532* (15e s.) (1). *Auctoritates Aristotelis, Senecae, Boethii*...

(1) Ce manuscrit nous a été signalé par le Père Ch. H. LOHR. Les titres des différents *codices* sont repris aux catalogues de manuscrits.

BAMBERG, *Staatsbibl.*, *Hist. 145* (*E. VII. 49*), ff. 162r-221v (15e s.) (2). *Aristotelis, Boethii, Senecae aliorumque Auctoritates.*

BAMBERG, *Staatsbibl.*, *Philos. 9* (*HJ. VI. 29*), ff 111r-149v (1439) (3). *Auctoritates ex libris Aristotelis et aliorum collectae.*

BAMBERG, *Staatsbibl.*, *Theol. 118* (*Q. IV. 23*), ff. 227r-250v (14e/15e s.) (4). *Auctoritates Aristotelis, Senecae ...*

BASEL, *Universitätsbibl.*, *F.V. 16* (15e s.) (5). *Auctoritates Aristotelis, Senecae, Boethii ...*

BASEL, *Universitätsbibl.*, *F. VIII. 9*, ff. 1r-41r (15e s.) (6). *Auctoritates Aristotelis et aliorum philosophorum.*

BERGAMO, *Bibl. Civica*, *Δ . V. 15*, ff. 1r-101r (1473) (7). *Auctoritates Aristotelis et aliorum philosophorum* (*Senecae, Platonis ...*).

BERLIN, *Staatsbibl.*, *lat. fol. 41* (Rose 974), ff. 228r-251v (14e s.) (8). *Parvi flores sive auctoritates Aristotelis.*

BERLIN, *Staatsbibl.*, *lat. qu. 18* (Rose *912*), ff. 145r-186v (1427) (9). *Auctoritates primo metaphisice.*

BERN, *Bürgerbibl.*, *161*, ff. 122r-129r (14e s.) (10). *Auctoritates notabiles valde plurium philosophorum et maxime Aristotilis et Senece loquentis de moribus.*

BERNKASTEL-KUES, *Bibliothek des Hospitals*, *308*, ff. 88v-102v (1325) (11). *Auctoritates diversorum librorum.*

BOLOGNA, *Bibl. Univ.*, *1609* (*3609*), f. 12 (15e s.) (12). *Auctoritates librorum Aristotelis et primo describit prologum et dividit scientiam, secundo incipit a metaphysica.*

BONN, *Universitätsbibl.*, *220* , ff. 148-192 (15e s.) (13). *Auctoritates Aristotelis, Senecae, Boethii...*

BOURGES, *Bibl. de la Ville*, *298* (*246*), ff. 46-(95) (14e s.) (14). *Rubrice librorum Aristotelis et aliorum philosophorum et commentatorum tam philosophie quam logice quorum flores et auctoritates sequuntur postea.*

BRAUNSCHWEIG, *Stadtbibl.*, *164*, ff. 5r-45v (15e s.) (15). *Auctoritates philosophiae et logicae.*

BRUXELLES, *Bibl. Royale 11518-23* (Van den Gheyn *2481*), ff. 2r-25v (14e s.) (16).

(2) Cf. F. LEITSCHUH-H. FISCHER, *Katalog der Handschriften...*, t. I, vol. 2 (1895), p. 240.

(3) Cf. F. LEITSCHUH-H. FISCHER, *op. cit.*, t. I, vol. 2 (1895), p. 402.

(4) Cf. F. LEITSCHUH-H. FISCHER, *op. cit.*, t. I, vol. 1 (1895), p. 701.

(5) Ce manuscrit nous a été signalé par le Père Ch. H. LOHR.

(6) Ce manuscrit nous a été signalé par le Père Ch. H. LOHR.

(7) Cf. E. FRANCESCHINI, *Codici di Florilegi...* (1930), pp. 145-147.

(8) Cf. V. ROSE, *Verzeichniss der lateinischen...*, t. II, vol. 3 (1905), pp. 1228-1232 et M. GRABMANN, *Methoden und Hilfsmittel...* (1939), p. 180.

(9) Cf. V. ROSE, *op. cit.*, t. II, vol. 3 (1905), p. 1106.

(10) Cf. H. HAGEN, *Catalogus codicum Bernensium* (1875), p. 233.

(11) Cf. J. MARX, *Verzeichniss der Handschriften-Sammlung...* (1905), pp. 299-301.

(12) Cf. L. FRATI, *Indice dei codici Latini...* (1909), p. 566.

(13) Ce manuscrit nous a été signalé par le Père Ch. H. LOHR.

(14) Cf. H. OMONT, *Catalogue des manuscrits...* (1886), p. 70-71.

(15) Cf. H. NENTWIG, *Die Mittelalterlichen Handschriften...* (1893), p. 161.

(16) Cf. J. VAN DEN GHEYN, *Catalogue des manuscrits...*, t. III (1903), p. 508.

Appropriationes diversarum rerum ad Excerpta quaedam ex libris Aristotelis et Senecae.

BRUXELLES, *Bibl. Royale II 2568* (Van den Gheyn *3316*), f. 1r-v (15e s.) (17). [Fragment d'un traité de philosophie].

CAMBRIDGE, *Peterhouse College*, 126, ff. 5r-8v (14e s.) (18) *Notabilia Metaphysice, Physice, De celo et mundo, De generatione et corruptione.*

CREMONA, *Bibl. Governativa, 50*, ff. 9r-20v (14e s.) (19). *Auctoritates ex philosophis.*

DONAUESCHINGEN, *Fürstlich-Fürstenbergischen Hofbibl., 238*, ff. 1r-43r (15e s.) (20). *Auctoritates Aristotelis, Senecae, Boethii, Apuleii, Empedoclis.*

ERFURT, *Amplon.F. 50*, ff. 76r-98v (14e s.) (21). *Auctoritates omnium librorum Aristotelis et aliorum quorundam philosophorum [per Burley collectae].*

ERFURT, *Amplon. F. 263*, ff. 144v-122v (14e s.) (22). *Parvi flores qui sunt fere omnium librorum philosophicalium auctoritates [a Waltero Burley collecti].*

ERFURT, *Amplon. F. 303*, ff. 1r-16v (1335) (23). *Auctoritates philosophicae ex Aristotelis, Platonis, Senecae, Apuleii, Porphyrii, Boethii operibus collectae.*

ERFURT, *Amplon. O. 79*, ff. 14r-42v (1344) (24). *Auctoritates totius philosophiae [collectae per Burley].*

ERFURT, *Amplon. Q. 300*, ff. 31r-46r (13e/14e s.) (25). *Flores parvi philosophici.*

ERLANGEN, *Universitätsbibl., 449 (Irm. 738)*, ff. 12r-30v. (15e s.) (30). *Auctoritates Aristotelis, Senecae, Boethii, Platonis, Apuleii.*

FIRENZE, *Bibl. Laurenz., Ashburnham 1658*, ff. 1r-16v (15e s.) (27). *Excerpta ex libris Aristotelis* : « *Moralia dicta Aristotelis extracta ad linguam latinam satis prompta* ».

FIRENZE, *Bibl. Laurenz., Gadd. Plut. 89 sup. 55*, ff. 1r-39v (15e s.) (28). *Excerpta Aristotelis.*

FRANKFURT am MAIN, *Stadt- und Universitätsbibl., Barth. 103*, ff. 185r-199v (15e s.) (29). *Auctoritates Aristotelis et aliorum philosophorum.*

(17) Cf. J. VAN DEN GHEYN, *op. cit.*, t. V (1905), p. 304.

(18) Cf. *Aristoteles Latinus*, vol. 1 (1939), p. 357, nº 254 et M.R. JAMES, *A Descriptive Catalogue...* (1899), p. 144.

(19) Cf. C. MAZZATINTI, *Inventari dei manoscritti...*, vol. 70 (1939), pp. 41-42.

(20) Cf. K.A. BARACK, *Die Handschriften...* (1865), p. 206.

(21) Cf. W. SCHUM, *Beschreibendes Verzeichniss...* (1887), p. 41 et M. GRABMANN, *Methoden...* (1939), p. 185. Nous avons ajouté ces crochets droits ainsi que pour les autres *codices* d'Erfurt parce que, comme nous le verrons dans le chapitre suivant, le nom de Walter Burley ne figure dans aucun d'entre eux.

(22) Cf. W. SCHUM, *op. cit.* (1887), p. 172 et M. GRABMANN, *Methoden...* (1939), p. 185.

(23) Cf. W. SCHUM, *op. cit.* (1887), p. 207.

(24) Cf. W. SCHUM, *op. cit.* (1887), p. 736.

(25) Cf. W. SCHUM, *op. cit.* (1887), pp. 544-545 et M. GRABMANN, *Methoden...* (1939), p. 186.

(26) Cf. H. FISCHER, *Die lateinischen Papierhandschriften...*, vol. 2 (1936), pp. 101-102.

(27) Cf. E. FRANCESCHINI, *Codici di Florilegi...* (1930), pp. 148-149.

(28) Cf. E. FRANCESCHINI, *op. cit.* (1930), p. 149.

(29) Ce manuscrit nous a été signalé par le Père Ch. H. LOHR.

FRANKFURT am MAIN, *Stadt- und Universitätsbibl., Praed. 44,* ff. 235ra-267rb (1438) (30). *Auctoritates Aristotelis et aliorum philosophorum.*

FRANKFURT am MAIN, *Stadt- und Universitätsbibl., Praed. 151,* ff. 16ra-47va (14e s.) (31). *Auctoritates Aristotelis et aliorum philosophorum.*

FRANKFURT am MAIN, *Stadt- und Universitätsbibl., Praed. 164,* ff. 2r-94r (1493) (32). *Auctoritates Aristotelis et aliorum philosophorum.*

GENT, *Bibl. der Rijksuniv., 13 (356),* ff. 1r-27r (15e s.) (33). *Auctoritates librorum Aristotelis et quorundam philosophorum.*

GÖTTINGEN. *Staats- u. Universitätsbibl., Theol. 124,* ff. 218r-226v (14e s.) (34). *Auctoritates librorum Aristotelis.*

GÖTTINGEN, *Staats- u. Universitätsbibl., Theol. 126,* ff. 147r-188r (14e/15e s.) (35). *Flores parvi philosophiae.*

GRAZ, *Universitätsbibl., 506,* ff. 180r-207r (15e s.) (36). *Auctoritates Aristotelis et aliorum philosophorum.*

GRAZ, *Universitätsbibl., 814,* ff. 294-316 (1412) (37). *Flores ex Aristotelis, Platonis, Senecae, Apuleii, Boethii (aliorumque scriptis deprompti).*

INNSBRUCK, *Universitätsbibl., 539,* ff. 150r-182r (13e/14e s. ?) (38). *Auctoritates bone collecte ex diversis libris Aristotelis.*

KLAGENFURT, *Bundesstaatl. Studienbibl., Pap. 113,* ff. 48r-116v (1431) (39). *Auctoritates diversorum philosophorum.*

KLOSTERNEUBURG, *Stiftsbibl., 634,* ff. 125r-187r (1333) (40). *Auctoritates Aristotelis, Senecae, Boethii ...*

KRAKÓW, *Bibl. Jagiel., 423,* (15e s.) (41). *Auctoritates Aristotelis, Senecae, Boethii ...*

KRAKÓW, *Bibl. Jagiel., 711,* ff. 48r-83r (14e/15e s.) (42). *Auctoritates philosophiae sive flores parvi.*

KRAKÓW, *Bibl. Jagiel., 715,* ff. 1r-27v (fin 14e s.) (43). *Auctoritates philosophiae sive flores parvi.*

(30) Cf. G. POWITZ, *Die Handschriften...,* vol. 1 (1968), pp. 105-109.

(31) Cf. G. POWITZ, *op. cit.,* vol. 1 (1968), pp. 340-341.

(32) Cf. G. POWITZ, *op. cit.,* vol. 1 (1968), pp. 363-365.

(33) Cf. J. de SAINT-GENOIS, *Catalogue méthodique...* (1849-1852), pp. 275-276 et L. THORNDIKE and P. KIBRE, *A Catalogue of incipits...* (1963), p. 283.

(34) *Verzeichniss der Handschriften im Preussischen Staate,* vol. 2, Göttingen (1893), p. 366.

(35) Cf. *op. cit.,* vol. 2, Göttingen (1893), pp. 367-368.

(36) Cf. A. KERN, *Die Handschriften...,* Bd 1 (1942), p. 297.

(37) Cf. A. KERN, *op. cit.,* Bd 2 (1942), p. 56.

(38) Ce manuscrit nous a été signalé par A.I. LETHINEN.

(39) Cf. K. MENHARDT, *Handschriften Verzeichniss...* (1927), p. 146.

(40) Ce manuscrit nous a été signalé par le Père Ch. H. LOHR.

(41) Ce manuscrit nous a été signalé par le Père Ch. H. LOHR.

(42) Cf. Z. WLODEK, *Les traités de Walter Burleigh...* (1963), p. 155.

(43) Ce manuscrit nous a été signalé par M. ZATHEY, Directeur du Département des Manuscrits de la Bibliothèque Jagellonne.

KRAKÓW, *Bibl. Jagiel.*, *1453*, ff. 394-478 (15e s.) (44). *Auctoritates philosophiae sive flores parvi.*

KRAKÓW, *Bibl. Jagiel.*, *2001*, ff. 202-207v (début 15e s.) (45). *Auctoritates philosophiae sive flores parvi.*

KRAKÓW, *Bibl. Jagiel.*, *2032*, ff. 384v-441v (14e/15e s.) (46). *Auctoritates philosophiae sive flores parvi.*

KUES, voir BERNKASTEL - KUES.

LAMBACH, *Stiftsbibl.*, *128*, ff. 217r-264r (15e s.) (47). *Auctoritates Aristotelis, Senecae, Boethii ...*

LINZ, *Studienbibl.*, *117*, ff. 99v-113r (14e s.) (48). *Auctoritates Aristotelis, Senecae, Boethii...*

LONDON, *British Mus.*, *Royal 8. A. XVIII*, ff. 12r-48v (14e s.) (49). *Auctoritates librorum logicae. Auctoritates diversorum philosophorum.*

LONDON, *Wellcome Historical Medical Library 543* (*Miscellanea Medica XVII*), ff. 38-48v (15e-16e s.) (50). *Propositiones Aristotelis.*

MAGDEBURG, *Dom Gymnasium*, *64*, ff. 276r-301r (15e s.) (51). *Auctoritates librorum aliquot Aristotelis.*

MAINZ, *Stadtbibl.*, *554* (15e s.) (52). *Auctoritates Aristotelis, Senecae, Boethii...*

MELK, *Stiftsbibl.*, *924* (*1127*, *M 66*), ff. 98r-133r (15e s.) (53). *Auctoritates Aristotelis, Senecae, Boethii ...*

MELK, *Stiftsbibl.*, *1960* (*364*), ff. 1-55 (14e s.) (54). *Auctoritates Aristotelis, Senecae, Boethii ...*

MODENA, *Bibl. Estense*, *Campori 22* (*γ. H. 7. 20*), ff. 1r et 47r-158v (15e s.) (59). *Auctoritates Aristotelis et aliorum.*

MÜNCHEN, *Bayer. Staatsbibl.*, *lat. 393*, ff. 1r-85v (1372) (56). *Auctoritates diversorum librorum philosophorum* (*Aristotelis, Senecae, Ciceronis, Boethii, Platonis, Apuleii, Empedoclis*).

MÜNCHEN, *Bayer. Staatsbibl.*, *lat. 3118*, ff. 102r-165r (15e s.) (57). *Auctoritates ex libris Aristotelis, Platonis, Apuleii, Senecae, Empedoclis, Boethii, Porphyrii...*

MÜNCHEN, *Bayer, Staatsbibl.*, *lat. 4379*, *ff.* 66v-85v (14e s.) (58). *Quaestiones et*

(44) Cf. Z. WLODEK, *op. cit.* (1963), p. 155.

(45) Cf. Z. WLODEK, *op. cit.* (1963), p. 155.

(46) Cf. Z. WLODEK, *op. cit.* (1963), p. 155.

(47) Ce manuscrit nous a été signalé par le Père Ch. H. LOHR.

(48) Ce manuscrit nous a été signalé par le Père Ch. H. LOHR.

(49) Cf. WARNER-GILSON, *British Museum...*, vol. 1 (1921), p. 215. Comme dans ce manuscrit les œuvres logiques viennent en tête du florilège et sont suivies du prologue et du reste du recueil, l'auteur du catalogue a cru qu'il s'agissait de deux œuvres différentes et c'est pour cette raison qu'on trouve deux titres.

(50) Cf. S.J.A. MOORAT, *Catalogue of Western Manuscripts...*, vol. 1 (1962), pp. 402-403.

(51) Cf. D. DITTMAR, *Die Handschriften und alten Drucke...* (1878), p. 37.

(52) Ce manuscrit nous a été signalé par le Père Ch. H. LOHR.

(53) Ce manuscrit nous a été signalé par le Père Ch. H. LOHR.

(54) Ce manuscrit nous a été signalé par le Père Ch. H. LOHR.

(55) Cf. E. FRANCESCHINI, *Codici di Florilegi...* (1930), pp. 149-150.

(56) Cf. *Catalogus codicum latinorum...*, t. 1, vol. 1, ed. altera (1892), p. 104.

(57) Cf. *Op. cit.*, t. 1, vol. 2, ed. altera (1894), p. 77.

(58) Cf. *Op. cit.*, t. 1, vol. 2, ed. altera (1894), p. 182.

conclusiones librorum Aristotelis metaphysicorum, de animalibus, de sensu et sensato ...

MÜNCHEN, *Bayer. Staatsbibl., lat. 4380*, ff. 193r-232r (1382) (59). *Auctoritates ex Aristotelis, Senecae, Boethii, Apuleii libris excerptae.*

MÜNCHEN, *Bayer. Staatsbibl., lat. 5683*, ff. 186r-217v (15e s.) (60). *Auctoritates ex libris Aristotelis (secundum ordinem librorum), Senecae, Boethii.*

MÜNCHEN, *Bayer. Staatsbibl., lat. 6046*, ff. 1r-39v (15e s.) (61). *Auctoritates ex Aristotele, Seneca, Boethio.*

MÜNCHEN, *Bayer. Staatsbibl., lat. 7557*, ff. 261r-287v (15e s.) (62). *Divisio omnium scientiarum et auctoritates philosophorum.*

MÜNCHEN, *Bayer, Staatsbibl., lat. 7643*, ff. 171r 176v (15e s.) (63). *Auctoritates Aristotelis.*

MÜNCHEN, *Bayer. Staatsbibl., lat. 7658*, ff. 61r-69r (1126) (64). *Liber auctoritatum philosophorum.*

MÜNCHEN, *Bayer. Staatsbibl., lat. 8084*, ff. 182r-217r (1482) (65). Sans titre.

MÜNCHEN, *Bayer. Staatsbibl., lat. 8829*, ff. 107v-133v (1488) (66). *Auctoritates Aristotelis.*

MÜNCHEN, *Bayer. Staatsbibl., lat. 8942*, ff. 87r-120v (15e s.) (67). *Auctoritates ex libris Aristotelis, Boethii, Platonis.*

MÜNCHEN, *Bayer. Staatsbibl., lat. 8947*, ff. 263r-310v (15e s.) (68). *Auctoritates ex libris Aristotelis, Senecae.*

MÜNCHEN, *Bayer. Staatsbibl., lat. 9624*, ff. 25r-63v (15e s.) (69). *Aristotelis tractatus de virtutibus moralibus et politicis. Notabilia extracta ab Ethicis. Aliae auctoritates collectae diversis. Seneca de quatuor virtutibus moralibus.*

MÜNCHEN, *Bayer. Staatsbibl., lat. 11425*, ff. 113v-129r (15e s.) (70). *Auctoritates excerptae ex libris Aristotelis.*

MÜNCHEN, *Bayer. Staatsbibl., lat. 11882*, ff. 359r-369v (15e s.) (71). *Sententiae excerptae ex libris Aristotelis, Senecae, Platonis.*

MÜNCHEN, *Bayer. Staatsbibl., lat. 12729*, ff. 142r-154v (1400) (72). *Sententiae sive auctoritates e libris Aristotelis.*

MÜNCHEN, *Bayer. Staatsbibl., lat. 14090*, ff. 1r-8r (15e s.) (73). *Auctoritates ex variis Aristotelis libris.*

(59) Cf. *Op. cit.*, t. 1, vol. 2, ed. altera (1894), p. 183.

(60) Cf. *Op. cit.*, t. 1, vol. 3 (1873), pp. 37-38.

(61) Cf. *Op. cit.*, t. 1, vol. 3 (1873), p. 68.

(62) Cf. *Op. cit.*, t. 1, vol. 3 (1873), p. 171 et M. GRABMANN, *Methoden und Hilfsmittel...* (1939), p. 180.

(63) Cf. *Op. cit.*, t. 1, vol. 3 (1873), pp. 180-181 et M. GRABMANN, *op. cit.* (1939), p. 186.

(64) Cf. *Op. cit.*, t. 1, vol. 3 (1873), p. 182.

(65) Cf. *Op. cit.*, t. 1, vol. 3 (1873), pp. 219-220 et M. GRABMANN, *op. cit.* (1939), p. 186.

(66) Cf. *Op. cit.*, t. 2, vol. 1 (1874), pp. 55-56 et M. GRABMANN, *op. cit.* (1939), p. 186.

(67) Cf. *Op. cit.*, t. 2, vol. 1 (1874), p. 65.

(68) Cf. *Op. cit.*, t. 2, vol. 1 (1874), p. 65 et M. GRABMANN, *op. cit.* (1939), p. 186.

(69) Cf. *Op. cit.*, t. 2, vol. 1 (1874), p. 110.

(70) Cf. *Op. cit.*, t. 2, vol. 2 (1876), p. 19.

(71) Cf. *Op. cit.*, t. 2, vol. 2 (1876), p. 44.

(72) Cf. *Op. cit.*, t. 2, vol. 2 (1876), p. 90.

(73) Cf. *Op. cit.*, t. 2, vol. 2 (1876), p. 127 et M. GRABMANN, *op. cit.* (1939), p. 186.

MÜNCHEN, *Bayer. Staatsbibl., lat. 14529*, ff. 233r-265r (1466) (74). *Auctoritates Aristotelis, Senecae, Platonis, Boethii.*

MÜNCHEN. *Bayer. Staatsbibl., lat. 14878*, ff. 175r-207v (1408) (75). Sans titre.

MÜNCHEN, *Bayer. Staatsbibl., lat. 15126*, ff. 234r-255r (15e s.) (76). *Auctoritates ex libris Aristotelis.*

MÜNCHEN, *Bayer. Staatsbibl., lat. 15567*, ff. 1r-43v (1467) (77). *Flores philosophiae.*

MÜNCHEN, *Bayer. Staatsbibl., lat. 16167*, ff. 184r-225r (1465) (78). *Auctoritates ex libris Aristotelis.*

MÜNCHEN, *Bayer. Staatsbibl., lat. 18740*, ff. 109r-142r (1454) (79). *Auctoritates Aristotelis, Senecae, Boethii, Platonis in Timaeo, (Apuleii) De deo Socratis.*

MÜNCHEN, *Bayer. Staatsbibl., lat. 18748*, ff. 88r-108r (15e s.) (80). *Flores philosophiae naturalis.*

MÜNCHEN, *Bayer. Staatsbibl., lat. 18796*, ff. 103r-124r (15e s.) (81). *Auctoritates Aristotelis, Senecae, Boethii, Platonis (in Timaeo), Apuleii (De deo Socratis), pessime scriptae.*

MÜNCHEN, *Bayer. Staatsbibl., lat. 19646*, ff. 115r-135r (15e s.) (82). *Auctoritates totius philosophiae scilicet naturalis et moralis ipsius Aristotelis philosophorum principis.*

MÜNCHEN, *Bayer. Staatsbibl., lat. 24817*, ff. 173r-183r (15e s.) (83). *Auctoritates ex diversis libris Aristotelis.*

MÜNCHEN, *Bayer. Staatsbibl., lat. 26114*, ff. 292r-301v (15e s.) (84). Sans titre.

MÜNCHEN, *Bayer. Staatsbibl., lat. 26781*, ff. 117v-238v (15e s.) (85). *Auctoritates Aristotelis.*

MÜNCHEN, *Bayer. Staatsbibl., lat. 26833*, ff. 192r-219r (15e s.) (86). *Auctoritates Porphyrii ...*

MÜNCHEN, *Bayer. Staatsbibl., lat. 26889*, ff. 31-73 (15e s.) (87). *Octo libri physicorum (Aristotelis) sub brevi compendio.*

MÜNCHEN, *Bayer. Staatsbibl., lat. 27106*, ff. 36r-55r (15e s.) (88). Sans titre.

NAMUR, *Bibliothèque de la Ville, 14*, ff. 219r-232r (13e/14e s.) (89). *Auctoritates (vel excerpta librorum philosophicorum).*

(74) Cf. *Op. cit.*, t. 2, vol. 2 (1876), p. 188.

(75) Cf. *Op. cit.*, t. 2, vol. 2 (1876), p. 246.

(76) Cf. *Op. cit.*, t. 2, vol. 3 (1878), p. 3.

(77) Cf. *Op. cit.*, t. 2, vol. 3 (1878), p. 21.

(78) Cf. *Op. cit.*, t. 2, vol. 3 (1878), p. 55.

(79) Cf. *Op. cit.*, t. 2, vol. 3 (1878), p. 203.

(80) Cf. *Op. cit.*, t. 2, vol. 3 (1878), p. 205.

(81) Cf. *Op. cit.*, t. 2, vol. 3 (1878), p. 211.

(82) Cf. *Op. cit.*, t. 2, vol. 3 (1878), p. 263.

(83) Cf. *Op. cit.*, t. 2, vol. 4 (1881), p. 145 et M. GRABMANN, *op. cit.* (1939), p. 186.

(84) Cf. *Op. cit.*, t. 2, vol. 4 (1881), p. 173 et M. GRABMANN, *op. cit.* (1939), p. 186.

(85) Cf. *Op. cit.*, t. 2, vol. 4 (1881), p. 217.

(86) Cf. *Op. cit.*, t. 2, vol. 4 (1881), p. 218 et M. GRABMANN, *op. cit.* (1939), p. 186.

(87) Cf. *Op. cit.*, t. 2, vol. 4 (1881), p. 225.

(88) Cf. *Op. cit.*, t. 2, vol. 4 (1881), p. 244 et M. GRABMANN, *op. cit.* (1939), p. 187.

(89) Cf. P. FAIDER et al., *Catalogue des manuscrits...*, vol. 1 (1934), pp. 60-64.

NAPOLI, *Bibl. Nazionale, VIII. F. 35*, ff. 9r-43v (1399) (90). *Auctoritates ex fere omnibus Aristotelis libris, ex libris Senecae, Boethii, Platonis Timaeo, Porphyrii Isagoge...*

NAPOLI, *Bibl. Nazionale, VIII. F. 43*, ff. 5r-52r (14e s.) (91). Sans titre.

OXFORD, *Bodleian Library, Canon. Pat. lat. 62*, ff. 211r-264r (15e s.) (92). *Propositiones universales Aristotelis.*

OXFORD, *Bodleian Library, gr. Canon., 107*, ff. 80v-190r (16e s.) (93). *Propositiones universales Aristotelis.*

PARIS, *Bibl. Nationale, lat. 6648* (15e s.) (94). *Auctoritates Aristotelis, Senecae, Boethii...*

PARIS, *Bibl. Nationale, lat. 6753* (15e s.) (95). *Auctoritates Aristotelis, Senecae, Boethii...*

PARIS, *Bibl. Nationale, lat. 14704*, ff. 75-134v (14e s.) (96). *Auctoritates ex diversis libris philosophie naturalis Aristotelis.*

PARIS, *Bibl. Nationale, lat. 14722*, ff. 201r-225v (14e s.) (97). *Auctoritates omnium philosophorum.*

PARIS, *Bibl. Nationale, lat. 16635*, ff. 54r-73v (13e s.) (98). *Excerpta ex Aristotele, Boethio, Seneca et aliis.*

PERUGIA, *Bibl. Communale, 1324*, ff. 69r-92v (14e s.) (99). *Auctoritates ex fere omnibus Aristotelis libris, ex libris Senecae, Boethii, Platonis Timaeo, Porphyrii Isagoge.*

PRAHA, *Knihovna Metr. Kap., M. 23*, ff. 135r-191v (15e s.) (100). *Auctoritates Aristotelis, Senecae, Boethii, Platonis ... sive parvi flores.*

PRAHA, *Knihovna Metr. Kap., 1069*, ff. 55r-83r (15e s.) (101). *Auctoritates Aristotelis, Senecae, Boethii ...*

PRAHA, *Knihovna Metr. Kap., 1376* (15e s.) (102). *Auctoritates Aristotelis, Senecae, Boethii.*

PRAHA, *Knihovna Metr. Kap., 1386*, ff. 49r-78v (1388-89) (103). *Auctoritates Aristotelis, Senecae, Boethii...*

(90) Cf. S.D. WINGATE, *The Mediaeval latin versions...* (1931), p. 31 et *Aristoteles Latinus*, vol. 2 (1955), p. 1018, no 1487.

(91) Cf. E. FRANCESCHINI, *Codici di florilegi...* (1930), pp. 150-151 et S.D. WINGATE, *op. cit.*, (1931), p. 31.

(92) Cf. *Catalogi codicum manuscriptorum...*, vol. 3 (1853), p. 328.

(93) Ce manuscrit nous a été signalé par le Père Ch. H. LOHR.

(94) Ce manuscrit nous a été signalé par le Père Ch. H. LOHR.

(95) Cf. L. DELISLE, *Inventaire des manuscrits de l'abbaye de Saint-Victor...* (1869), pp. 40-41.

(96) Cf. L. DELISLE, *op. cit.* (1869), p. 44.

(97) Cf. *Op. cit.*, vol. 3 (1853), p. 98.

(98) Cf. L. DELISLE, *Inventaire des manuscrits de la Sorbonne...* (1870), p. 71 et *Aristoteles latinus*, vol. 1 (1939), p. 580, no 704.

(99) Cf. C. MAZZATINTI, *Inventari di manoscritti...*, vol. 5 (1895), pp. 271-272 et E. FRANCESCHINI, *Codici di florilegi...* (1930), pp. 151-152.

(100) Cf. M. GRABMANN, *Methoden und Hilfsmittel...* (1939), p. 185.

(101) Ce manuscrit nous a été signalé par le Père Ch. H. LOHR.

(102) Ce manuscrit nous a été signalé par le Père Ch. H. LOHR.

(103) Ce manuscrit nous a été signalé par le Père Ch. H. LOHR.

Praha, *Universitní Knihovna, 446* (*III C. 15*), ff. 79^{v}-85^{v} (15e s.) (104). *Auctoritates Aristotelis cum expositione.*

Praha, *Universitní Knihovna, 654* (*IV C. 27*), ff. 13^{r}-29^{v} (14e/15e s.) (105). *Compendium philosophiae scolasticae.*

Praha, *Universitní Knihovna, 1347* (*VII G. 1*), ff. 66^{r}-148^{v} (15^{e} s.) (106). *Auctoritates librorum Aristotelis, Apuleius de deo Socratis — Auctoritates operum Senecae — Auctoritates Timaei Platonis.*

Praha, *Universitní Knihovna, 2326* (*XIII E. 7*), ff. 1^{r}-29^{v} (14^{e}/15^{e} s.) (107). *Auctoritates philosophiae.*

Praha, *Universitní Knihovna, 2357* (*XIII F. 19*), ff. 220^{r}-234^{r} (1394) (108). *Argumenta librorum in scholis legi solitorum.*

Praha, *Universitní Knihovna, 2786* (*adlig. 40 C. 12*), ff. 1^{r}-17^{r} (1477) (109). *Auctoritates Aristotelis et aliorum philosophorum.*

Roma, *Bibl. Angelica, 127*, ff. 347-377 (15^{e} s.) (110). *Joannis Jordani, alias Parschon, de Antwerpia, libellus auctoritatum totius Philosophiae Aristotelis.*

Roma, *Bibl. Casanatens., 892*, ff. 1^{r}-102^{r} (15^{e} s.) (111). *Propositiones universales Aristotelis.*

Roma, *Bibl. Vallicelliana, F. 80*, ff. 122^{r}-134^{r} (15^{e} s.) (112). *Auctoritates Aristotelis...*

Salamanca, *Bibl. Univ., 2080*, ff. 133^{r}-176^{v} (15^{e} s.) (113). *Auctoritates Marsilii.*

Salzburg, *Stiftsbibl. St. Peter, b. VI. 14*, ff. 166^{r}-221^{v} (15e s.) (114). *Auctoritates Aristotelis, Senecae, Boethii...*

St. Florian, *Stiftsbibl., XI. 234*, ff. 139^{r}-171^{r} (15e s.) (115). *Auctoritates totius philosophiae.*

St. Gallen, *Stiftsbibl., 753*, ff. 5-65 (1441) (116). *Auctoritates Aristotelis, Senecae, Boethii...*

Sélestat, *Bibl. de la Ville, 53*, ff. 315^{r}-327^{v} (1455) (117). *Auctoritates philosophie moralis. Auctoritates generales.*

Sélestat, *Bibl. de la Ville, 113*, ff. 117^{r}-128^{v} (15e s.) (118). *Quaestiones Marsilii De sensu et sensato. Quaestiones primi et secundi libri Ethicorum Aristotelis.*

Solothurn, *Zentralbibl., S. I. 250*, ff. 117^{r}-148^{v} (1431-1432) (124). *Auctoritates Aristotelis* (*et aliorum philosophorum*).

(104) Cf. J. Truhlar, *Catalogus codicum...*, vol. 1 (1905), p. 175.

(105) Cf. J. Truhlar, *op. cit.*, vol. 1 (1905), p. 653.

(106) Cf. J. Truhlar, *op. cit.*, vol. 2 (1906), p. 512.

(107) Cf. J. Truhlar, *op. cit.*, vol. 2 (1906), p. 239.

(108) Cf. J. Truhlar, *op. cit.*, vol. 2 (1906), pp. 251-252.

(109) Cf. J. Truhlar, *op. cit.*, vol. 2 (1906), p. 378.

(110) Cf. H. Narducci, *Catalogus codicum manuscriptorum...*, t. 1 (1893), pp. 67-68.

(111) Cf. E. Franceschini, *Codici di florilegi...* (1930), pp. 152-153.

(112) Cf. E. Franceschini, *op. cit.* (1930), p. 154.

(113) Cf. G. Beaujouan, *Manuscrits scientifiques médiévaux...* (1962), pp. 100-101.

(114) Ce manuscrit nous a été signalé par le Père Ch. H. Lohr.

(115) Cf. A. Czerny, *Die Handschriften der Stiftsbibliothek...* (1871), pp. 99-100.

(116) Cf. G. Scherrer, *Verzeichnis der Handschriften...* (1875), pp. 248-249.

(117) Cf. *Catalogue général des manuscrits des bibliothèques publiques de France.* Départements, t. III (1861), pp. 568-569.

(118) Cf. *Op. cit.*, t. III (1861), p. 595.

(119) Cf. A. Schönherr *Die mittelalterlichen Handschriften...* (1964), pp. 178-182.

STETTIN, voir SZCZECIN.

STRASBOURG, *Bibl. Mun. et Univ., 74 (lat. 72)*, ff. 26r-27r, 139v (15e s.) (120). *Compendium pro usu introductionum thematum. Auctoritates De proprietatibus elementorum.*

STUTTGART, *Würtembergische Landesbibl., Theol. phil. 4o 201*, ff. 141r-162v (15e s.) (121). *Auctoritates Aristotelis, Senecae, Boethii...*

SZCZECIN, *Wojewódzka i Miejska Bibl. Publ., Cam. 7*, ff. 163r-214r (14e s.) (122). *Auctoritates physice maioris et minoris, Senece, Boethii signate per signa per concordancias inveniendas, cum registro.*

TREVISO, *Bibl. Capitolare, I. 87*, ff. 65r et 97 (15e s.) (123). *Excerpta Aristotelis.*

UPPSALA, *Universitetsbibl., C III*, ff. 241r-264v (15e s.) (124). *Auctoritates Aristotelis et aliorum philosophorum.*

UPPSALA, *Universitetsbibl., C 55*, ff. 46ra-79va (13e s.) (125). *Auctoritates philosophie (Conspectus contentorum in Aristotelis Metaphysicis, Physicis, Ethicis, Politicis, Rhetoricis. Ex libris Senece excerpta).*

UPPSALA, *Universitetsbibl., C 609*, ff. 139ra-156vb (1379) (126). *Auctoritates philosophie (Auctoritates Aristotelis et aliorum philosophorum).*

UPPSALA, *Universitetsbibl., C 610*, ff. 86ra-97vb (15e s.) (127). *Auctoritates philosophie Aristotelis.*

VATICANO, *Bibl. Apostolica, Borgh. lat. 204*, ff. 13v-19v (14e s.) (128). *(Auctoritates diversorum librorum).*

VATICANO, *Bibl. Apostolica, Ottob. lat. 862*, ff. 1-13 (129). *Auctoritates Aristotelis, Senecae, Boethii...*

VATICANO, *Bibl. Apostolica, Pal. lat. 991* (130). *Auctoritates Aristotelis, Senecae, Boethii...*

VATICANO, *Bibl. Apostolica, Urbin. lat. 1490*, ff. 78-85 (15e s.) (131). *(Auctoritates Platonis ex Timaeo, Apulei ex opusculo de Deo Socratis, Boethii ex scholarium disciplina et ex consolatione philosophiae, Senecae ex epistolis ad Lucillium).*

VATICANO, *Bibl. Apostolica, Vat. lat., 4256*, ff. 31r-59v (1368) (132). *Auctoritates Aristotelis et aliorum philosophorum.*

VATICANO, *Bibl. Apostolica, Vat. lat., 11436*, ff. 1r-151v (1528) (133). *Aristotelis et aliorum philosophorum auctoritates.*

(120) Cf. *Catalogue général des manuscrits des bibliothèques publiques de France.* Départements, t. XLVII (1923), pp. 51-52.

(121) Ce manuscrit nous a été signalé par le Père Ch. H. LOHR.

(122) Cf. H. LEMCKE, *Die Handschriften und alten Drucke...*, Bd I (1879), p. 12.

(123) Cf. E. FRANCESCHINI, *Codici di florilegi...* (1930), p. 155.

(124) Cf. M. ANDERSSON-SCHMITT, *Manuscripta mediaevalia Upsaliensia...* (1970), p. 95.

(125) Cf. M. ANDERSSON-SCHMITT, *op. cit.*, (1970), p. 95.

(126) Cf. M. ANDERSSON-SCHMITT, *op. cit.*, (1970), p. 95.

(127) Cf. M. ANDERSSON-SCHMITT, *op. cit.*, (1970), p. 17.

(128) Cf. A. MAIER, *Codices Burghesiani ...* (1952), pp. 260-261.

(129) Ce manuscrit nous a été signalé par le Père Ch. H. LOHR.

(130) Ce manuscrit nous a été signalé par le Père Ch. H. LOHR.

(131) Cf. C. STORNAJOLO, *Codices Urbinates latini*, III (1903), pp. 366-368.

(132) Ce manuscrit nous a été signalé par Mgr J. RUYSSCHAERT.

(133) Cf. J. RUYSSCHAERT, *Codices Vaticani latini 11414-11790* (1959), pp. 28-29.

VENEZIA, *Bibl. Marciana, lat. VI, 243*, ff. 8^r-9^v (15e s.) (134). *Excerpta Aristotelis.*

VERONA, *Bibl. Capitolare, 684*, ff. 1^r-36^v ($14^e/15^e$ s.) (135). *Auctoritates Aristotelis.*

VORAU, *Bibl. Canon., 162 (CCCII)*, ff. 72^r-147^r (15^e s.) (136). [*Gualterus Burlaeus*], *parvi flores* [*philosophorum*].

WIEN, *Dominikanerkonvent, 42/264*, ff. 63^r-134^r (15^e s.) (137). *Auctoritates Aristotelis, Senecae, Boethii...*

WIEN, *National Bibl., lat. 257 (Univ. 249)*, ff. 1^r-63^v (15^e s.) (138). *Auctoritates Aristotelis. Excerpta e scriptis philosophicis L.A. Senecae. Excerpta ex Apulejo, Empedocle, Porphyrio et Aristotele. Notabilia artis physiognomicae.*

WIEN, *National Bibl., lat. 4671 (Univ. 84)*, ff. 148^r-193^r (15^e s.) (139). *Flores philosophie, sive excerpta ex Aristotele, Seneca, aliisque.*

WIEN, *National Bibl., lat. 4744 (Rec. 3136)*, ff. 245^r-270^r (15^e s.) (140). *Auctoritates ex libris ethicorum Aristotelis.*

WIEN, *National Bibl., lat. 5211 (Salisb. 386)*, ff. 1-47^v (15^e s.) (141). *Collectanea varia ex scriptis Aristotelis, Apuleii, Boethii, Platonis, Porphyrii, Senecae aliorumque philosophorum.*

WIEN, *National Bibl., lat. 5465 (Univ. 910)*, ff. 93^r-119^r (15^e s.) (142). *Auctoritates Aristotelis ex variis eiusdem libris comportatae.*

WOLFENBÜTTEL, *Herzogl. Bibl., 762 (698. Helmst)*, ff. 168^r-197^v (1421) (143). *Auctoritates Aristotelis, Boethii, Platonis, Apuleii, Senece.*

WOLFENBÜTTEL, *Herzogl. Bibl. 791 (727. Helmst)*, ff. 188^r-213^v (14^e s.) (144). *Excerpta ex Aristotelis libris Metaphysicorum, Physicorum etc., Aristotelis epistola ad Alexandrum. Auctoritates Senece, Boethii, Socratis, Empedoclis etc.*

WOLFENBÜTTEL, *Herzog. Bibl., 3112 (17.21 Aug. 4to)*, ff. 109-150 (1419, 1420 ?) (145). *Auctoritates metaphysicae Aristotelis et aliorum philosophorum.*

WOLFENBÜTTEL, *Herzog. Bibl., 4180 (96. Weissenb.)*, ff. 1^r-59^v (1445) (146). *Auctoritates librorum philosophie summatim collecte.*

WOLFENBÜTTEL, *Herzog. Bibl., 4435 (131. Gud. lat. 2°)*, ff. 113-137 (14^e s,) (147). (*Auctoritates I. physice, II. philosophorum, III. de celo et mundo, IV. de generatione et corruptione, V. metheorum, etc. ex variis theologorum et philosophorum libris*).

WROCŁAW, *Bibl. Uniwersytecka, IV. Q. 4*, ff. 161ra-181vb (14e s.) (148). *Auctoritates philosophorum.*

(134) Cf. E. FRANCESCHINI, *Codici di florilegi...* (1930), pp. 155-156.

(135) Cf. E. FRANCESCHINI, *op. cit.* (1930), p. 156.

(136) *Catalogus Voraniensis...* (1936), pp. 88-89.

(137) Ce manuscrit nous a été signalé par le Père Ch. H. LOHR.

(138) *Tabulae codicum manu scriptorum...*, vol. 1 (1864), p. 36.

(139) Cf. *Op. cit.*, vol. 3 (1869), p. 342.

(140) Cf. *Op. cit.*, vol. 3 (1869), p. 372.

(141) Cf. *Op. cit.*, vol. 4 (1870), p. 60.

(142) Cf. *Op. cit.*, vol. 4 (1870), p. 129.

(143) Cf. O. VON HEINEMANN, *Die Helmstedter Handschriften*, 2 (1886), pp. 150-152.

(144) Cf. O. VON HEINEMANN, *op. cit.*, 2 (1886), pp. 169-170.

(145) Cf. O. VON HEINEMANN, *Die Augusteischer Handschriften...*, 4 (1900), pp. 225-226.

(146) Cf. O. VON HEINEMANN, *Die Weissenburger Handschriften*, 3 (1903), pp. 315-316.

(147) Cf. G. MILCHSACK, *Die Gudischen Handschriften...* (1913), pp. 153-155.

(148) Cf. J. DOMANSKI, *Stephani de Reate...* (1967), p. 72.

WROCŁAW, *Bibl. Uniwersytecka, IV. Q. 51*, ff. 61r-109r (14e s.) (149). *Auctoritates philosophiae sive parvi flores.*

WROCŁAW, *Bibl. Uniwersytecka, IV. Q. 52*, ff. 147-155 (14e s.) (150). *Auctoritates Aristotelis, Senecae, Boethii...*

WROCŁAW, *Bibl. Uniwersytecka, IV. Q. 55*, ff. 243r-278r (15e s.) (151). *Auctoritates philosophiae sive flores parvi.*

WROCŁAW, *Bibl. Uniwersytecka, Zbior Milicha 78 (9617)*, ff. 13ra-43bisra (15e s.) (152). *Auctoritates extractae ex omnibus libris philosophi.*

ZÜRICH, *Zentralbibl., Car. C. 129 (292)*, ff. 1-97 (15e s.) (153). *Excerpta aus Aristoteles und anderen.*

Les divergences présentées par les manuscrits peuvent se répartir en deux catégories : celles qui portent sur les œuvres contenues dans le florilège et celles qui portent sur les extraits cités pour chaque œuvre.

Voici quelques exemples.

1. *Variantes concernant les œuvres*

BAMBERG, *Staatsbibl., Hist. 145.* Les citations du *Liber de causis* et des œuvres qui figurent sous le nom de Sénèque, exception faite des *Lettres à Lucilius*, ne se trouvent pas dans ce codex.

BERLIN, *Staatsbibl., lat. fol. 41.* Une série de *Proverbia* est ajoutée au texte normal du florilège.

ERFURT, *Wissenschaftl. Bibl., Amplon. Q. 310.* Toutes les œuvres logiques manquent.

ERLANGEN, *Universitätsbibl., 499.* Outre le prologue, plusieurs œuvres ne figurent pas dans ce manuscrit : *Parva Naturalia, De animalibus, De substantia orbis, Liber de causis. De proprietatibus elementorum*, toutes les œuvres de logique.

GRAZ, *Universitätsbibl., 506.* Le prologue, le *De proprietatibus elementorum* et le *De remediis fortuitorum* manquent.

LONDON, *British Mus., Royal 8. A. XVIII.* Les citations du *De regimine principum*, du *De pomo et morte*, de l'*Epistula ad Alexandrum*, du *De bona fortuna*, du *De disciplina scolarium* et des *Praedicamenta* ne figurent pas dans ce codex.

MÜNCHEN, *Bayer. Staatsbibl., lat. 7557.* Le *De proprietatibus elementorum* et le *De quattuor virtutibus* ne se trouvent pas dans ce manuscrit.

MÜNCHEN, *Bayer, Staatsbibl., lat. 26114.* Les citations des différentes œuvres sont mélangées et fort peu nombreuses. Le prologue manque.

MÜNCHEN, *Bayer. Staatsbibl., lat. 27106.* Le prologue et la *Métaphysique* ne figurent pas dans ce manuscrit. Les extraits des œuvres qui viennent normalement après la *Poétique* ne figurent pas.

(149) Cf. Z. WLODEK, *Les traités de Walter Burleigh...* (1963), p. 156.

(150) Ce manuscrit nous a été signalé par le Père Ch. H. LOHR.

(151) Cf. Z. WLODEK, *Les traités de Walter Burleigh...* (1963), p. 156.

(152) Ce manuscrit nous a été signalé par le Père BATAILLON.

(153) Cf. L. C. MOHLBERG, *Katalog der Handschriften...*, I (1951), p. 123.

NAPOLI, *Bibl. Nazionale. VIII. F. 43.* Plusieurs œuvres manquent, le *De substantia orbis*, le *De remediis fortuitorum*, le *De beneficiis Senecae*, ainsi que les citations de Platon, Apulée et Empédocle. Le prologue a, lui aussi, été omis.

PARIS, *Bibl. Nationale, lat. 16635.* La *Métaphysique* et le *De remediis fortuitorum* ne figurent pas dans ce manuscrit.

2. *Variantes concernant les citations de chaque œuvre*

BAMBERG, *Staatsbibl., Philos., 9.* Les citations de la *Physique*, du *De caelo et mundo* et du *De generatione et corruptione* sont plus nombreuses que celles que l'on trouve normalement. Après les *Analytica posteriora*, on lit des citations de Robert Grosseteste, qui ne figurent pas dans les autres manuscrits.

ERLANGEN, *Universitätsbibl., 449.* Les extraits des œuvres citées dans ce codex sont beaucoup moins nombreux que dans les autres manuscrits.

FIRENZE, *Laurenz. Ashburnham, 1658.* Ici aussi le nombre de citations est beaucoup moins grand, mais les extraits sont différents de ceux qui sont contenus dans le codex de Erlangen.

FIRENZE, *Laurenz., Gadd. Plut. 89 sup 55.* On trouve, à propos de toutes les œuvres, des citations qui ne figurent jamais ailleurs.

GÖTTINGEN, *Staats- u. Universitätsbibl., Theol. 124.* Les citations du *De substantia orbis* et celles du *De caelo et mundo* sont différentes.

GÖTTINGEN, *Staats- u. Universitätsbibl., Theol. 126.* Les citations des œuvres logiques sont beaucoup moins abondantes que dans les autres manuscrits.

MÜNCHEN, *Bayer. Staatsbibl., lat. 5683.* Les extraits de toutes les œuvres sont moins nombreux.

MÜNCHEN, *Bayer. Staatsbibl., lat. 8829.* On trouve en plus des citations habituelles d'autres extraits qui ne figurent pas dans les autres codices.

MÜNCHEN, *Bayer. Staatsbibl., lat. 18740.* Les extraits des œuvres sont peu abondants et présentés dans un ordre différent.

MÜNCHEN, *Bayer. Staatsbibl., lat. 26114.* Ce manuscrit ne possède qu'une petite série de citations des différentes œuvres. Les phrases ne sont pas classées dans l'ordre habituel.

VENEZIA, *Bibl. Marciana, lat. VI. 243.* Beaucoup d'extraits de Sénèque et d'autres auteurs ont été ajoutés dans ce codex.

On pourrait multiplier les exemples de divergences existant entre les manuscrits du florilège. Nous espérons en avoir cité un assez grand nombre pour révéler au lecteur les multiples modifications que ce texte a subies au cours de sa transmission. Nous avons tenté de retrouver une filiation dans cette tradition manuscrite lorsque nous avons commencé l'étude de ce recueil. Nous avons dû renoncer à cette tentative, mais nous espérons faire ultérieurement un examen attentif de chaque manuscrit et essayer de retrouver ainsi les éléments qui nous permettront peut-être de retracer l'histoire de ce florilège médiéval.

Avant de conclure cet exposé, nous voudrions montrer que le texte des incunables trouve bien sa source dans la tradition manuscrite et qu'il n'a pas été composé à la fin du 15e siècle. Lors de l'édition des *Auctoritates*, nous avons rencontré une série de leçons qui déformaient le sens des citations. Or nous avons retrouvé la majorité d'entre elles dans les manuscrits. Ceci prouve bien que le texte des incunables est un témoin fidèle de la connaissance philosophique de la fin du XIIIe siècle.

Voici une série d'exemples qui illustreront ce que nous venons de dire. Nous avons pris deux manuscrits comme base de comparaison : Salamanque, *Bibl. Univ., ms. 2080*, ff. 133r-176v, seul codex contenant le nom de l'auteur du florilège, et Paris, *Bibl. Nationale, 16635*, ff. 54r-73v. Ce dernier semble être le plus ancien manuscrit du florilège (154).

Métaphysique, citation 5 : *operationes* dans les incunables au lieu de *generationes*.
operationes : Salamanque. Les citations de la *Métaphysique* ne figurent pas dans le manuscrit de Paris.

Physique, citation 134 : *excessum* dans les incunables au lieu de *excelsum*.
excessum : Salamanque
excessum : Paris

De caelo et mundo, citation 66 : *rationes* dans les incunables au lieu de *actiones*.
rationes : Salamanque
actiones : Paris

De anima, citation 133 : *mysterium* dans les incunables au lieu de *ministerium*.
misterium : Salamanque
ministerium : Paris

De animalibus, citation 14 : *sternitio* dans tous les incunables. Ce mot est inconnu et nous ne savions comment choisir entre les deux variantes qui se trouvaient dans la suite du texte : *fingunt* ou *fugiunt* et *est* ou *et*. Le début de la citation manque dans le manuscrit de Salamanque. Mais la suite du texte s'y trouve et on lit les leçons *fingunt* et *est*.
sternutatio : ce mot figure dans le manuscrit de Paris à la place de *sternitio*. La fin de la citation contient les leçons *fugiunt* et *est*.

Éthique, citation 23 : *dimidium* dans les incunables au lieu de *dominium*.
dimidium : Salamanque
dimidium : Paris

Topiques, citation 99 : *propinquo* dans les incunables au lieu de *proprio*.
propinquo : Salamanque
propinquo : Paris

(154) Ce manuscrit a été daté approximativement de la fin du XIIIe siècle par l'auteur du catalogue. Si, comme nous allons essayer de le démontrer, Marsile de Padoue peut être considéré avec vraisemblance comme l'auteur du florilège, il faudrait dater ce manuscrit au plus tôt du début du XIVe siècle.

La date de composition du florilège

Les renseignements fournis par les manuscrits et les incunables ne comportent aucune mention explicite de la date de composition du florilège. Il est cependant possible de délimiter avec précision la période pendant laquelle ce recueil a été élaboré grâce aux *terminus a quo* et *ad quem* que nous avons pu déterminer. L'*explicit* du plus ancien manuscrit daté mentionne l'année 1325 : « *Expliciunt auctoritates diversorum librorum loyce et philosophie deo gracias, scripto anno domini 1325 in feria sexta ante pascha laus summo* » (1). On peut donc considérer 1325 comme le *terminus ad quem* du florilège. Le *terminus a quo* nous est fourni par le texte lui-même. En effet, à la fin des trois livres du *De anima*, on lit quelques commentaires de Thémistius. Ces derniers sont empruntés à la traduction latine faite par Guillaume de Moerbeke (2). Or nous connaissons de manière précise la date à laquelle cette traduction a été terminée : le 22 novembre 1267 (3). Le florilège a donc été composé entre le 22 novembre 1267 et l'année 1325 (4).

L'auteur du florilège

Un seul manuscrit cite Marsile de Padoue comme l'auteur ou le

(1) Bernkastel-Kues, *Bibliothek des Hospitals, 308*, f. 102v.

(2) Un exemple montrera l'étroite parenté qui existe entre le texte du florilège et la traduction de Guillaume de Moerbeke.

Florilège	Guillaume de Moerbeke
Cum multa sunt dicta Aristotelis quae utique aliquis mirabitur, magis omnibus mirari convenit negotium de anima.	*Etenim cum multa sint Aristotelis scripta quae aliquis utique mirabitur, magis omnibus mirari convenit negotium de anima.*

La citation du florilège est extraite du manuscrit de Erfurt, *Wissenschaftl. Bibl., Amplon. F. 50.* Nous citons le passage de Guillaume de Moerbeke d'après l'édition de G. Verbeke, *Thémistius...* (1957), p. 1, 8-10.

(3) Cf. G. Verbeke, *op. cit.* (1957), p. xii.

(4) Ce n'est pas sans étonnement que nous avons lu, sans autre précision, des renseignements concernant la date de composition du florilège sous la plume de J. Quillet dans son ouvrage *Marsile de Padoue...* (1968), p. 17, n. 50. Nous nous demandons si l'auteur possède une autre source que notre article, *Les florilèges...* (1965), p. 81, qui n'est pas cité. On remarquera d'ailleurs que nous avons pu modifier le *terminus ad quem* de l'œuvre après avoir publié cet article. A l'époque où nous avons publié cet article, nous n'avions pas encore connaissance de l'*explicit* du manuscrit de Bernkastel - Kues, et c'est pour cette raison que nous pensions que 1335 constituait le *terminus ad quem.* C'est l'année 1335 qui a été reprise dans l'ouvrage de J. Quillet.

(5) On trouve certains noms dans d'autres manuscrits. Malgré de longues recherches nous n'avons pu identifier aucun des personnages cités. Nous croyons qu'il s'agit en général d'étudiants. Ils auraient pris note au cours, ou bien seraient les auteurs des nombreux remaniements que ce texte a connu au cours de son histoire. Cf. p. 40, n. 11.

compilateur du florilège (5). Il s'agit du codex 2080 de la *Bibliothèque de l'Université* de Salamanque. Le nom de Marsilius est mentionné à deux reprises : au f. 134r, où on lit verticalement, entre les deux colonnes du texte du prologue : *Auctoritates Marsilii, Parisius noviter traditae* et au f. 176v, qui présente l'*explicit* suivant : *Expliciunt auctoritates Marsilii, Parisius noviter traditae, sumptae ab omnibus libris Aristotelis logicae et philosophiae et metaphysicae et ceteris.* Qui est ce Marsilius ? L'auteur du florilège devait être une personnalité parisienne connue, à en juger par la diffusion de son œuvre. Un seul maître du nom de Marsilius peut être considéré comme l'auteur possible de notre texte : Marsile de Padoue (6). Il est, en effet, l'unique Marsile signalé entre 1267 et 1335. Nous savons qu'il est né à Padoue entre 1275 et 1280 et qu'il y a poursuivi des études de philosophie et de médecine. En 1312, il enseigne à la Faculté des arts de Paris. Il y est recteur de 1312 à 1313. Entre 1313 et 1319 ses activités sont mal déterminées. On retrouve sa trace à Paris en 1319, où vraisemblablement il enseignait à nouveau à la Faculté des Arts. C'est dans cette ville qu'il a rédigé son célèbre *Defensor Pacis*, achevé en 1324 (7). Les idées avancées qu'il y défendait lui ont valu d'être banni par le pape Jean XXII ; il s'est réfugié en Allemagne et est mort à Munich en 1342 ou 1343 (8).

Les données que nous possédons permettent-elles de retenir Marsile de Padoue comme l'auteur du florilège ? Les dates constituent un premier élément positif : il serait normal, en effet, que Marsile ait composé ce recueil tandis qu'il était professeur à la Faculté des arts de Paris. L'aristotélisme constituait à l'époque la base de l'enseignement de cette Faculté. Il n'est donc pas étonnant qu'un professeur fasse un exposé systématique de tous les traités d'Aristote et même de ceux de quelques auteurs de grande autorité, comme l'indique le prologue de l'œuvre. En 1312, les statuts en vigueur à la Faculté des arts de Paris sont encore ceux de 1255, qui inscrivaient au programme des cours l'explication de toutes les œuvres connues d'Aristote (9). Malgré la condamnation de 1277, l'aristotélisme règne en maître à l'Université de Paris au début du XIVe siècle. La Faculté des arts ne connaîtra un

(6) Marsile d'Inghen, qui fut célèbre au XIVe siècle, ne peut être retenu, puisqu'il est né vers 1340. Il est donc impossible qu'il soit l'auteur du florilège, composé au plus tard en 1325. Cf. A. Forest, F. Van Steenberghen, M. de Gandillac, *Il movimento dottrinale...* (1965), pp. 641-643.

(7) Cf. J. Quillet, *Marsile de Padoue...* (1968), pp. 11-19.

(8) Cf. C.W. Prévité-Orton, *The Defensor Pacis...* (1928), p. xi.

(9) Cf. H. Denifle, *Chartularium...*, vol. 1 (1889), p. 278.

nouveau statut qu'en 1366 (10). Ce florilège témoigne d'une nette influence thomiste; nous avons vu à quel point les commentaires de saint Thomas ont été utilisés dans certaines sections. Ceci prouve que l'auteur vivait dans un milieu philosophique où il avait accès aux œuvres de Thomas d'Aquin. Marsile de Padoue semble remplir ces conditions, puisqu'il enseignait à Paris à une époque où le thomisme était en plein essor.

La présence de plusieurs commentaires d'Averroès à la fin des œuvres d'Aristote n'a rien de surprenant. La condamnation de certaines thèses averroïstes en 1270 et en 1277 n'avait pas ruiné le prestige d'Averroès comme commentateur d'Aristote. Vers 1310, Jean de Jandun, collègue et ami de Marsile de Padoue, enseigne ouvertement l'averroïsme à Paris. D'ailleurs les extraits d'Averroès n'interviennent pas pour soutenir une thèse quelconque; leur seul but est de présenter au lecteur une documentation plus variée. L'auteur du florilège n'entend pas faire une œuvre polémique, mais un travail scientifique qui devait mettre à la disposition des lecteurs un éventail des connaissances philosophiques de l'époque.

Divers renseignements contenus dans les *explicit* de manuscrits nous indiquent que ce texte était un instrument de travail pour les professeurs et les étudiants (11). Ce recueil devait surtout être utilisé à la Faculté des arts. Le florilège constitue, en effet, un répertoire de citations extraites des œuvres qui figuraient au programme des cours. La diffusion du texte dans ce milieu n'est donc pas étonnante.

(10) Cf. F.M. POWICKE et A.B. EMDEN, *The Universities...*, vol. 1 (1936), p. 443.

(11) Cf. ERFURT, *Wissenschaftl. Bibl., Amplon. F. 50*, f. 98va : ...*Vocentur ergo auctoritates hic in scripto si placeat flores parvi quia juvenes studentes in eis studium exercentes flores videntur propter eosdem*; ERFURT, *Wissenschaftl. Bibl., Amplon. F. 303*, f. 16v : *Expliciunt auctoritates meliores de tota philosophia rationali, morali et divina, completae per me Petrum de Bunna quondam Franconis ibidem et scriptae in Montepessulano a. D. CCCo XXXVo, XI die mensis Maii, me informatore existente nobilis viri domini Iohannis de Capotis de Urbe in artibus liberalibus loco praelibato*; ERFURT, *Wissenschaftl. Bibl., Amplon. F. 79*, f. 41r (bas de la page) : *Expliciunt auctoritates Gerhardi scolaris, anno Domini Mo CCCo XLIIIIo...*; MÜNCHEN, *Bayer. Staatsbibl., lat. 7658*, f. 96r : *Expliciunt auctoritates philosophorum per me Conradum Piudiu, tunc temporis studens* (sic) *Erfordiae, anno Domini M. CCCC XXVI*; MÜNCHEN, *Bayer. Staatsbibl., lat. 14529*, f. 265r : *Finitum per me Johannem Tegernspeck, protunc studentem Lipezensem, sabbato ante Domini ascensionem 1466*; MÜNCHEN, *Bayer. Staatsbibl., lat. 18740*, f. 142r : *Expliciunt flores Aristotelis per magistrum Christiani Tesenpacher de Salzburga*. PRAHA, *Universitní Knihovna, 2357* (*XIII. F. 19*), f. 237r : *Finitae sunt anno Domini 1394, sabbato in vigilia Pentecostis in Magdeburg per Sigismum de Teychingeri, domus coloniensis.*

Une note au f. 174r nous apprend que ce frère Sigismond Theychinger était étudiant à Magdebourg. Les noms contenus dans les *explicit* des manuscrits pourraient être retenus comme appartenant aux auteurs de remaniements du florilège.

On sait d'autre part que Marsile de Padoue connaissait bien la philosophie aristotélicienne [12]. Les citations du Stagirite relevées dans le *Defensor Pacis* en sont le témoignage. Nous avons tenté de comparer les citations contenues dans ce traité avec celles du florilège, mais cette comparaison n'a pas donné de résultats convaincants. En effet, le *Defensor Pacis* est une œuvre politique. Marsile a donc exploité à fond la *Politique* d'Aristote et de manière beaucoup plus complète et plus précise que dans le florilège. Les extraits des autres œuvres d'Aristote concernent pratiquement tous la politique et servent à illustrer les thèses de l'auteur. En général, on ne les trouve pas dans le texte de notre recueil. Néanmoins ces conclusions n'ont pas de portée négative : Marsile de Padoue a commencé à rédiger son *Defensor Pacis* en 1319, lors de son second séjour à Paris. C'est à cette époque également qu'il s'est intéressé plus spécialement à la politique. Le florilège aurait donc très bien pu être composé en 1312/1313, alors qu'il était professeur à la Faculté des arts et qu'il s'intéressait à toutes les branches de la philosophie. Marsile aurait d'ailleurs pu se contenter de rassembler un certain nombre de citations d'Aristote connues depuis longtemps. On peut très bien concevoir qu'il n'aurait fait que structurer et compléter une documentation existante.

Reste à signaler un dernier fait : plus de la moitié des manuscrits des *Parvi flores* se trouvent en Allemagne. La Bibliothèque de Munich en possède une trentaine à elle seule. Or nous savons que Marsile a été exilé en Allemagne après la publication du *Defensor Pacis* et qu'il est mort à Munich. Ces faits expliqueraient la diffusion de ce texte en Allemagne et surtout à Munich. Une étude approfondie concernant la provenance de ces manuscrits livrerait certainement des renseignements intéressants. Nous nous proposons de faire cette enquête ultérieurement.

Avant de conclure cet exposé concernant l'auteur du florilège, il faut encore relever un nom qui figure dans le catalogue des manuscrits d'Erfurt et dans celui de Vorau, celui de Walter Burley [13]. L'examen

(12) Cf. J. Quillet, *L'aristotélisme...* (1963), pp. 696-706.

(13) Cf. W. Schum, *Beschreibendes Verzeichniss...* (1887), pp. 41, 172 et 736; Erfurt, *Wissenschaftl. Bibl., Amplon. F. 50*, ff. 76r-98v : *Auctoritates omnium librorum Aristotelis et aliorum quorumdam philosophorum per Burley collectae* (*alias flores parvi Walteri Burley appellatae*); Erfurt, *Wissenschaftl. Bibl., Amplon. F. 263*, ff. 114v-122v : *Parvi flores qui sunt fere omnium librorum philosophicalium auctoritates* (*a Waltero Burley collecti*); Erfurt, *Wissenschaftl. Bibl., Amplon. O. 79*, ff. 14r-41v : *Auctoritates totius philosophiae collectae per Burley*; P. Frank, *Catalogus Voraviensis...* (1936), pp. 88-89; Vorau, *Bibl. Canon., 162* (*CCCII*), ff. 72r-147r [*Gualterus Burlaeus*], *parvi flores* [*philosophorum*].

attentif de ces manuscrits ne nous a fourni aucune trace du nom de ce philosophe anglais. Pourquoi W. Schum l'a-t-il mentionné dans le titre du florilège ? Sans doute a-t-il puisé ce renseignement dans le catalogue des manuscrits de la Bibliothèque d'Amplonius Ratinck. Ce catalogue a été composé entre 1410 et 1412 (14). On y trouve la mention des œuvres suivantes :

— *auctoritates omnium librorum Aristotelis et aliorum quorumdam philosophorum per Burley collectae* (15).
— *auctoritates totius philosophiae, collectae per Burley* (16).

Le troisième manuscrit d'Erfurt, le F. 263, n'est pas présent dans cet ancien catalogue. W. Schum aura probablement ajouté le nom de Burley entre parenthèses au titre de l'œuvre en se référant aux deux premiers manuscrits (17). L'auteur du catalogue de Vorau se sera sans doute fondé sur les données du catalogue d'Erfurt pour conjecturer le nom de l'auteur du florilège. L'attribution à Burley remonte donc au début du 15e siècle. Quelle que soit son ancienneté, ce renseignement ne peut suffire pour que nous retenions le nom de ce philosophe comme auteur du recueil primitif (18). Tout au plus pouvons-nous dire que Burley est peut-être l'auteur d'un des nombreux remaniements du texte.

Précisons toutefois que, chronologiquement, le nom de Burley pourrait convenir. Il est, en effet, contemporain de Marsile de Padoue. Né en 1274/1275, il est devenu *magister* de la Faculté des arts de Paris en 1301. Pendant sa régence à l'Université d'Oxford, il s'est adonné à l'étude d'Aristote (19). Après avoir étudié par la suite la théologie à Paris, il est revenu en Angleterre vers 1330. La plupart de ses célèbres commentaires aristotéliciens ont été composés après cette date (20). La date de sa mort est postérieure à 1344 (21).

(14) Cf. P. LEHMANN, *Mittelalterliche Bibliothekskataloge...* (1928).

(15) Cf. P. LEHMANN, *op. cit.*, p. 20.

(16) Cf. P. LEHMANN, *op. cit.*, p. 40. Il s'agit du titre du florilège contenu dans le ms. O. 79 et non pas dans le ms. F. 263, comme semble l'avoir lu M. GRABMANN, *Methoden und Hilfsmittel...* (1939), p. 185, n. 4.

(17) Cf. Z. WLODEK, *Les traités de Walter Burleigh...* (1963). p. 155.

(18) Cf. M. GRABMANN, *op. cit.*, p. 185. L'auteur cite les deux manuscrits d'Erfurt qui portent le nom de Burley dans leur titre, mais il se garde bien d'accepter cette attribution comme définitive, car, dit-il : « Da der literarische Nachlass dieses sehr fruchtbaren Aristoteleserklärers noch nicht genügend gesichtet ist, wird man über seine Autorschaft an diesem Werk kein definitives Urteil fällen können ».

(19) Cf. J.A. WEISHEIPL, *Early Fourteenth Century...* (1956), p. 53.

(20) Cf. C. MARTIN, *Walter Burley* (1964), pp. 217-221.

(21) Cf. A.B. EMDEN, *A biographical register...*, vol. 1 (1957), p. 313.

Walter Burley a commenté toutes les œuvres d'Aristote qui se trouvent dans le florilège, exception faite du *De animalibus*, de la *Rhétorique*, de la *Poétique* et de l'*Économique* (22). On comprendrait donc qu'il ait pu composer un recueil de citations d'Aristote, qui serait devenu par la suite un manuel fort pratique pour les étudiants de la Faculté des Arts. Ce qui étonne toutefois, c'est le fait qu'on ne fasse pas mention de ces *Auctoritates Aristotelis* dans la liste des œuvres de Burley. J.A. Weisheipl, qui connaît pourtant fort bien cette question, ne cite pas le florilège parmi les différents recueils qui lui sont attribués. Il signale des *Sententiae* extraites de la *Physique*, mais les citations qui y sont contenues sont très différentes de celles du florilège (23). De même les *Notabilia* composés sur des sujets de logique n'ont aucun rapport avec le recueil des *Auctoritates* (24).

Le seul auteur qui fasse une mention explicite du florilège comme une œuvre de Burley est K. Michalski : « La dernière remarque a trait aux commentaires et aux recueils d'axiomes ou *Auctoritates*, en rapport avec les différents domaines de la science. On trouve les uns et les autres dans les manuscrits conservés à Erfurt (v.p.ex. fol. 297) » (25). On nous renvoie donc aux fameux manuscrits d'Erfurt qui ne mentionnent pas le nom du philosophe anglais.

L'attribution à Burley remonte donc à 1410-1412, date à laquelle a été composé le catalogue de la Bibliothèque d'Amplonius Ratinck. Quelle que soit l'ancienneté de ce renseignement, il ne peut suffire. Tant que d'autres arguments ne viendront pas étayer cette hypothèse, nous ne retiendrons pas le nom de ce philosophe comme auteur possible du florilège primitif.

Il semble donc que nous soyons en droit d'avancer qu'aucun argument sérieux ne nous empêche d'attribuer la paternité du florilège à Marsile de Padoue. En l'absence d'autres renseignements, nous proposons par conséquent le nom de ce philosophe comme auteur probable du recueil.

(22) Cf. J.A. Weisheipl, *op. cit.*, pp. 294-315. Cette thèse dactylographiée recense tous les manuscrits des œuvres de Burley et constitue l'étude la plus exhaustive qui ait été faite sur l'œuvre littéraire de cet auteur.

(23) Ces *Sententiae* se trouvent dans un manuscrit d'Erfurt, *Wissenschaftl. Bibl., Amplon. F. 297*, ff. 1-20v. Cf. J.A. Weisheipl, *op. cit.*, p. 306.

(24) Cf. A. Maier, *Handschriftliches zu Wilhelm Ockham...* (1955), pp. 230-231.

(25) Cf. K. Michalski, *La physique nouvelle...* (1927), p. 102.

CHAPITRE II

HISTOIRE DE LA TRADITION IMPRIMÉE

Introduction

Les manuscrits des *Parvi flores* ont donné naissance à deux familles d'incunables qui reproduisent chacune un état du texte. Devant la disparité présentée par la tradition manuscrite, il nous a semblé préférable de prendre les incunables comme point de départ de cette étude. Cette méthode a l'avantage de nous donner une base objective de travail qui nous aidera ultérieurement à reconstituer le fonds commun des manuscrits et même peut-être à retrouver le florilège primitif à travers toutes les modifications qu'il a subies en l'espace de deux siècles.

La disparité des manuscrits se retrouve d'ailleurs dans les incunables. En effet, les deux familles issues de la tradition manuscrite présentent entre elles de nombreuses divergences, qui trouvent toutes leurs sources dans les manuscrits. La première d'entre elles et la plus nombreuse s'intitule *Auctoritates Aristotelis, Senecae, Boethii, Platonis, Appuleii, Empedoclis, Porphyrii et Gilberti Porretani*; 40 éditions différentes de ce texte nous sont parvenues, ce qui représente un nombre appréciable de volumes mis en circulation à la fin du XVe et au début du XVIe siècle (1). La seconde famille, intitulée *Propositiones universales Aristotelis et aliorum philosophorum*, ne compte que sept éditions différentes exécutées exclusivement en Italie et dont nous avons conservé une cinquantaine d'exemplaires. A l'intérieur de cette seconde famille, on trouve encore deux groupes bien distincts ayant des caractéristiques très différentes. C'est dire combien la confusion des manuscrits s'est répandue jusque dans les incunables.

Le *Gesamtkatalog der Wiegendrucke* signale cinq éditions différentes des *Propositiones* (2). Au cours de nos recherches, nous avons encore

(1) Le *Gesamtkatalog der Wiegendrucke*... (1928), Bd 3, col. 42-53 a fait un relevé de 158 exemplaires de ces 40 éditions. Ce relevé n'est pas exhaustif et il n'est pas indicatif du nombre réel de volumes qui ont été imprimés à l'époque. Vers les années 1480-1490, en effet, les imprimeurs tiraient chaque édition à 400 ou 500 exemplaires en moyenne, ce qui est assez impressionnant. Cf. à ce sujet, L. FEBVRE et H.J. MARTIN, *L'apparition du livre* (1958), p. 329.

(2) Cf. *Gesamtkatalog der Wiegendrucke*... (1928), Bd 3, col. 53-55.

trouvé la trace de deux autres éditions : l'une imprimée à Vicence par Philippe Albinus et qui comportait 80 pp. in 4° (3) et l'autre achevée à Venise par Iohannes et Gregorius de Gregoriis, le 3 août 1493, in 4° (4). Nous avons découvert aussi quatre manuscrits contenant le même texte. Deux de ces *codices* se trouvent à Rome : l'un à la *Bibl. Casanat., 892* (ff. 1r-151v), daté du XVe siècle et l'autre au Vatican, *Vat. lat. 11436* (ff. 1r-151v), daté de 1528. Les deux autres sont conservés à Oxford, *Bodleian Library* : il s'agit du *Canon. Graec., 107* (ff. 80v-190r), du XVIe siècle et du *Canon. Pat. lat., 62* (ff. 210v-216r), du XVe siècle.

Les variantes qui existent entre ces deux familles sont nombreuses et importantes. Il a donc fallu choisir un des deux groupes d'incunables comme texte de base de l'édition. Ce sont les *Auctoritates Aristotelis...* qui nous ont semblé le mieux convenir à ce travail. Avec son nombre important d'exemplaires mis en circulation en fort peu de temps, ce texte a connu une diffusion beaucoup plus grande que celui des *Propositiones...* et il s'est répandu dans la majeure partie de l'Europe, alors que les *Propositiones...* ne semblent pas avoir franchi les frontières italiennes. La tradition imprimée du texte des *Auctoritates* est donc beaucoup plus riche et est susceptible de nous apporter plus de renseignements que celle des *Propositiones.*

Avant de passer à l'étude plus approfondie des *Auctoritates Aristotelis...*, voyons quelles sont les différences qui existent entre ces deux groupes d'incunables.

1. Leur prologue est différent (5).

Les *Propositiones...* ont eux-mêmes deux prologues différents qui correspondent aux deux branches distinctes de cette famille :

— *Incipit prologus de propositionibus universalibus Aristotelis. Alexander magnus rex fertur magistrum habuisse acutissimum philosophum Aristotelem qui annum XVIII agens, ut dicit Eusebius in Chronicis, discipulus fuit Platonis, viri magni ingenii et, ut dicit Augustinus in VIII° De civitate Dei, multos superans ex sociis suis sectam Peripateticorum instituit qui quasi deambulando studebant. Et fuit nomen patris ejus Nicomachus sapientissimus graecorum. Sed, quia ipse Aristo-*

(3) Cet incunable se trouvait à la Bibliothèque de l'Université de Louvain sous la cote *Univ. 555*, mais il a été détruit lors de la dernière guerre. Cf. M.-L. Polain, *Catalogue des livres imprimés...*, t. 3 (1932), p. 545.

(4) Cf. R. Proctor, *An index to the early printed books...* (1960), p. 299, n° 4531.

(5) Dans cette partie, nous nous contentons de citer le texte des *Propositiones...* Le lecteur trouvera le texte des *Auctoritates...* dans l'édition qui suit.

teles scientias invenit verissimas et complevit, juste sibi ipsi nomen magnum inter ceteros vindicavit. Ex cujus libris incipiendo a metaphysica, deinde philosophica et cetera, ut patet ordo, nobiliores quasdam ex singulis libris propositiones universales infra ut patere poterit legenti ponam (6).

— *Liber I Metaphysicae. Incipit prologus hujus libri. Aristoteles patrem Nicomachum medicinae artis peritissimum qui a Machaone Esculapii filio originem traxit Phestiademque matrem non obscuri generis habuit. Et Stagirites fuit, graecorum scientissimus cujus disciplina Alexander magnus multis praeclare rebus gestis floruit. Felix nimium qui preceptorem omni doctrina, maxime utraque philosophia adeo cumulatissimum habuit ut tot ejus in omni fere scientia volumina edita citra cujusvis veram reprehensionem Averrois et alii tam graeci quam latini commentatores ac cruditissimi scriptores esse testentur. Calcidae vero obiit septuagesimo aetatis suae anno.*

Quem nisi satis quam plurimi praecipue duo nostrae fidei propugnacula Augustinus VIII° De civitate Dei et Barbatus Hieronymus Dalmata in epistolis laudarent, de ipsius splendore aliquid diceretur qui inter mortales grande quoddam miraculum effulsit. Nam ei pene videtur fuisse infusum quicquid naturaliter capax est genus hominum. Adeo ut omnes litterarum cupidi ejus mirificam doctrinam veluti a fonte perpetuo exhauriantur, maxime Peripatetici quorum et auctor et princeps fuit. Hujus dicta speciosissima brevissimaque excerpta per ordinem et multorum habebuntur quam castigissima. Quae singula non modo Aristotelicis, plurimo adjumento et maximo honori, sed legum et canonum amatoribus et quibusvis litterarum studiosis sunt futura (7).

2. Les citations des différentes œuvres ne sont pas toutes les mêmes et il y a des variantes importantes et nombreuses pour des citations d'un même passage.

3. L'ordre dans lequel les œuvres sont citées n'est pas le même dans certains cas.

4. Les *Propositiones*... citent en plus une série d'extraits du *De proprietatibus elementorum* et du *De remediis fortuitorum Senecae*, œuvres dont on ne trouve aucune trace dans les *Auctoritates*... (8).

(6) Ce prologue se trouve dans l'édition faite probablement à Trévise par Michel Manzolo vers 1476 (*Gesamtkatalog der Wiegendrucke* n° 2833) ainsi que dans l'édition de 1488 faite à Bologne par Ugo Rugerius (*Gesamtkatalog der Wiegendrucke* n° 2834). Il se trouve aussi dans deux manuscrits : Roma, *Bibl. Casanatens. 892*, f. 1r et Oxford, *Bodleian Library, Canon. Pat. lat. 62*, f. 111r.

(7) Ce prologue se trouve dans les autres éditions des *Propositiones*, ainsi que dans le manuscrit *Vat. lat. 11436*, f. 9r. Le manuscrit d'Oxford, *Bodleian Library, Canon. gr. 107*, n'a pas de prologue.

(8) Le *De proprietatibus elementorum* est faussement attribué à Aristote. Il s'agit en réalité d'une œuvre traduite de l'arabe par Gérard de Crémone. Cf. *Aristoteles latinus*... (1939), p. 91.
L'attribution du *De remediis fortuitorum* à Sénèque est contestée. Certains pensent qu'elle est fondée : P. Grimal, *Sénèque*... (1948), pp. 37-38 ; R.G. Palmer, *Seneca's De remediis*...

Le contenu des *Auctoritates Aristotelis* comporte certaines divergences par rapport aux manuscrits :

1. Le prologue est différent.

Comme nous l'avons vu précédemment, le prologue des manuscrits constitue une description des branches du *trivium* et du *quadrivium* ainsi que de toutes les branches de la philosophie.

Le prologue des incunables est totalement différent : il s'agit d'une exhortation à l'adresse des prédicateurs et des étudiants de la Faculté des Arts afin qu'ils utilisent les citations qui suivent dans leurs sermons ou dans leurs travaux. Ce prologue figure dans un manuscrit : STRASBOURG, *Bibl. Mun.*, *74* (*lat. 72*), ff. 26^{r}-27^{r}, mais il n'est pas accompagné du florilège. Au f. 139^{v} on trouve seulement quelques citations du *De proprietatibus elementorum.*

2. Les incunables ne citent jamais les extraits du *De proprietatibus elementorum* et du *De remediis fortuitorum* de Sénèque.

3. L'explicit des éditions ne correspond pas à celui des manuscrits. Nous n'en donnerons pas ici la transcription puisque le texte figure *in extenso* dans l'édition.

Les *Auctoritates Aristotelis* nous ont servi de point de départ à une étude générale sur les florilèges médiévaux d'Aristote. Le présent travail n'en est que la première étape. Le contenu du recueil que nous éditons constitue une documentation de base qui sera complétée au fur et à mesure des recherches au moyen des citations issues des autres sortes de florilèges, afin d'établir une liste d'extraits d'Aristote les plus connus pendant le moyen-âge.

Les incunables et les éditions anciennes

Le *Gesamtkatalog der Wiegendrucke* donne une liste de 30 éditions différentes des *Auctoritates Aristotelis...* qui virent le jour entre 1480 et 1522 (9).

Ce relevé très précieux a constitué la base même de notre travail. A l'issue de l'étude que nous avons faite, il est nécessaire d'apporter quelques modifications aux renseignements consignés dans cet ouvrage. L'édition signalée après le n° 2819 du *Gesamtkatalog* figure bien à la Bibliothèque Municipale de Colmar sous la cote 196, contrairement à ce qui est dit. L'incunable qui est cité sous le n° 2817 et qui ne se

(1953), p. 8. D'autres ne l'acceptent pas : Kl. D. NOTHDURFT, *Studien zum Einfluss Senecas...* (1963), pp. 31-32.

(9) Cf. *Gesamtkatalog der Wiegendrucke...* Bd 3 (1928), col. 42-53.

trouve qu'à la Free Library de Philadelphie mentionne sur la page de garde en-dessous du titre les renseignements suivants : « Paris, Pigouchet, 1491 ». Nous pouvons donc corriger la conjecture du *Gesamtkatalog* « [Paris : Georg Wolff, vers 1490] » en « Paris, Pigouchet, 1491 ».

Il reste une dernière édition qui nous a posé certains problèmes : celle qui figure sous le n° 2823 et qui aurait été imprimée à Paris par Pierre le Dru vers 1495. Cette édition, suivant le *Gesamtkatalog*, ne se trouverait qu'à la Bibliothèque Publique de Gand. Après de nombreuses recherches, il appert qu'il n'existe pas d'édition des *Auctoritates...* dans cette bibliothèque. Nous en avons trouvé une à la Bibliothèque de l'Université de Gand, mais ses caractéristiques ne correspondent pas au signalement donné par le *Gesamtkatalog.* Il s'agit ici d'une édition in 12° de 68 pp. faite à Paris par P. Viart en 1522 : *Auctoritates Aristotelis, Senece, Boetii, Platonis, Apulei affricani, Empedoclis, Porphirii et Gilberti porritani hic parisius suam capiunt periodum pro Magistro petro baquelier gratiano politano. Anno viginti* (sic) *partus M.d. XXII. Sole vero Octobris vicesimam claudente* (10). Il s'agit très probablement d'une autre édition ; il nous a été impossible de retrouver la trace de l'incunable signalé par le *Gesamtkatalog.*

A cette liste déjà fort importante viennent s'ajouter neuf autres éditions et un manuscrit que nous avons découverts lors de recherches effectuées dans différentes bibliothèques.

Comme le manuscrit date de la même époque que les incunables, nous l'avons collationné et classé avec les autres éditions afin de voir de manière objective la place qu'il occupe dans le *stemma editionum.*

Au terme de cette enquête la liste des différentes éditions s'établit donc comme suit :

(f) ANTWERPEN, Gerard Leeu, 12 septembre 1487, 4°, 58 ff. (11). Gesamtkatalog, III 2810.

(P) ANTWERPEN, Gerard Leeu, 1er juillet 1488, 4°, 58 ff. Gesamtkatalog, III 2811.

(J) *CAEN, Michael Angier, [1515 ?], 16°, 68 ff. (12). Catalogue du British Museum, vol. 3, col. 94 (13).

(10) On ne trouve pas la mention du nom de l'imprimeur dans cet explicit. Ce dernier se trouve sur la page de garde en-dessous de la marque typographique.

(11) Les lettres qui figurent entre parenthèses sont les différents sigles que nous avons donnés aux éditions et que nous utiliserons lors du classement afin de clarifier l'exposé.

(12) Les éditions qui ne sont pas signalées par le *Gesamtkatalog* sont précédées de l'astérisque.

(13) Cf. *The British Museum...*, vol. 3 (1946), article ARISTOTLE.

(W) DEVENTER, [Richard Paffraet], 27 septembre 1489, 4°, 58 ff. Gesamtkatalog, III 2813.
(O) DEVENTER, Jacques de Breda, 2 septembre 1497, 4°, 54 ff. Gesamtkatalog, III 2826.
(A) DEVENTER, Richard Paffraet, 24 avril 1499, 4°, 54 ff. Gesamtkatalog, III 2830.
(K) *[EICHSTADT, M. Reyser, 1480 ?], 4°, 68 ff. Catalogue du British Museum, vol. 3, col. 94.
(X) KÖLN, Johannes Guldenschaff, 1487, 2°, 52 ff. Gesamtkatalog, III 2808.
(F) KÖLN, Johannes Guldenschaff, 1487, 2°, 52 ff. Gesamtkatalog, III 2809.
(l) [KÖLN, Johannes Guldenschaff, vers 1490], 4°, 60 ff. Gesamtkatalog, III 2814.
(N) [KÖLN, Henri Quentell], 1498, 4°, 54 ff. Gesamtkatalog, III 2827.
(D) [KÖLN, Kornelius von Zierikzee, vers 1499], 4°, 58 ff. Gesamtkatalog, III 2829.
(S) *[KÖLN, Henri Quentell], 1503, 4°, 54 ff. Catalogue de la Bibliothèque de Bruxelles.
(B) [LÜBECK, Drucker des Fliscus, vers 1480], 2°, 62 ff. Gesamtkatalog, III 2806.
(I) [LYON, Janon Carcain, vers 1490/1495], 4°, 42 ff. Gesamtkatalog, III 2819.
(G) [LYON, Jean de Vingle, vers 1495], 4°, 74 ff. Gesamtkatalog, III 2821.
LYON, Pierre Mareschal et Barnabé Chaussard, [vers 1496/ 1499], 8°, 60 ff. (14). Gesamtkatalog, III 2825.
(Y) *LYON, Jean Flagollet, s.d., 16°, 56 ff. Catalogue de la Bibliothèque Nationale de Paris.
(Z) [PARIS, Antoine Caillaut, 1485/1490], 4°, 58 ff. Gesamtkatalog, III 2807.
(c) PARIS, [Philippe Pigouchet pour] Geoffroi de Marnef, [vers 1490], 8°, 80 ff. Gesamtkatalog, III 2816.
(E) PARIS, Pigouchet, 1491, 4°, 64 ff. Gesamtkatalog, III 2817.
(i) [PARIS, Ulrich Gering, vers 1490], 4°, 56 ff. Gesamtkatalog, III 2815.
(g) [PARIS, Philippe Pigouchet, vers 1491], 4°, 46 ff. Gesamtkatalog, III, après le n° 2819.
(Q) [PARIS], Michel Le Noir, 26 septembre 1493, 4°, 92 ff. Gesamtkatalog, III 2820.
(e) PARIS, Jean Lambert pour Denis Roce, [vers 1495], 8°, 68 ff. Gesamtkatalog, III 2822.
PARIS, Pierre le Dru, vers 1495, 4°, 66 ff. (15). Gesamtkatalog, III 2823.
(C) PARIS, Felix Baligault, 10 octobre 1498, 8°, 68 ff. Gesamtkatalog, III 2828.
(d) PARIS, Felix Baligault, [pour Denis Roce et Durand Gerlier], 18 juillet 1500, 8°, 68 ff. Gesamtkatalog, III 2831.
(H) *PARIS, Pierre le Dru, 4 juillet 1502, 8°, 68 ff. Catalogue du British Museum, vol. 3, col. 94.
(T) PARIS, J. Poussin, 1518, 8°, 68 ff. Catalogue de la Bibliothèque Royale de Bruxelles.
(U) *[PARIS, 1520 ?], 68 ff. Catalogue du British Museum, vol. 3, col. 94.
(a) *PARIS, 1522, 8°, 68 ff. Catalogue de la Bibliothèque Nationale de Paris.

(14) Il nous a été impossible de trouver un exemplaire de cette édition. La Bibliothèque Municipale de Foix, où elle aurait dû se trouver, nous a donné une réponse négative. C'est pour cette raison que l'incunable ne porte pas de sigle.

(15) Nous n'avons pas réussi à retrouver la trace de cet incunable. Nous n'avons donc pas pu le collationner, et il n'a pas reçu de sigle.

(m) *PARIS, P. Viart, 1522, 12°, 68 ff. Catalogue de la Bibliothèque de l'Université de Gand.
(j) [PARIS, Jean Lambert, après 1500 (?)], 8°, 72 ff. Gesamtkatalog, III 2832.
(V) *PARIS, J. Petit, s.d., 8°, 68 ff. Catalogue de la Bibliothèque Royale de Bruxelles.
(R) REUTLINGEN, Michel Greyff, 8 novembre 1488, 4°, 64 ff. Gesamtkatalog, III 2812.
(b) ROUEN, Jean Le Bourgeois pour Robert Macé, 8°, 68 ff. Gesamtkatalog, III, après le n° 2832.
(k) [SPEYER, Johann et Konrad Hist, vers 1490], 4°, 68 ff. Gesamtkatalog, III 2818.
(h) SPEYER, Konrad Hist, 1496, 4°, 60 ff. Gesamtkatalog, III 2824.
(M) s.l.n.d., 8°, 52 ff. Gesamtkatalog, III, après le n° 2832.
(L) *Manuscrit de GENT, Univ. Bibl., 13 (356), 15e s., ff. 1r-27v.

Méthode de classement

Le texte du florilège comprend en moyenne 60 feuilles recto-verso, à l'image des folios des manuscrits. Vu la longueur du texte (environ 30.000 mots), nous n'avons pas collationné entièrement les 39 éditions. Nous nous sommes limitée à la collation complète de l'œuvre la plus longue, la *Métaphysique*, et à des sondages pour les autres œuvres.

Une conclusion s'impose à l'issue de ce travail : les incunables peuvent être traités comme des manuscrits et il est possible de leur appliquer les mêmes méthodes de classement (16). Cet élément nous semble fort important : les incunables sont dans bien des cas la copie directe de manuscrits et peuvent par conséquent apporter des renseignements très précieux pour l'établissement d'un texte et l'élaboration de son histoire (17). Ils nous ont conservé souvent des versions perdues et nous permettent même d'établir l'édition d'un texte lorsque les modèles manuscrits ont disparu (18).

La technique utilisée pour constituer l'incunable implique la disparition des manuscrits qui ont servi de prototypes. Comme l'explique A. Dain : « Au point de départ, l'imprimé n'étant qu'un succédané du

(16) Cf. *Standards of Bibliographical Description*... (1949), p. 16.

(17) Cf. L. DELISLE, *Instructions pour la rédaction d'un catalogue*... (1910), p. 49: « Les incunables méritent d'être l'objet de soins particuliers dans les bibliothèques publiques où ils sont souvent classés à part et forment une annexe des collections de manuscrits. Ce qui justifie le traitement particulier dont ils sont l'objet, c'est que beaucoup d'entre eux ont presque la même autorité et sont à peu près aussi rares que des manuscrits ».

(18) Nous songeons ici au cas des *Bacchantes* d'Euripide, dont il ne reste qu'un manuscrit. Les éditions anciennes s'avèrent très précieuses puisqu'elles permettent d'établir le texte de manière critique.

manuscrit, appelé à l'imiter même dans sa forme extérieure, on a trouvé tout naturel de reproduire typographiquement l'un quelconque des manuscrits utilisés couramment : l'imprimé n'est qu'un témoin nouveau s'ajoutant à une lignée ancienne... Par la force des choses, on se servait pour ce travail du manuscrit le plus récent, celui pour lequel l'espace à franchir entre le type manuscrit et le type imprimé était le moins grand. Le plus souvent, le manuscrit dont est issue une édition « princeps » est un manuscrit contemporain de l'impression. Son peu de valeur faisait qu'on le dépeçait pour la commodité des typographes, d'où il résulte qu'on ne retrouve que très rarement les manuscrits qui ont servi aux premières éditions et pour ainsi dire jamais quand il s'agit des éditions incunables » (19).

Nous avons utilisé pour classer les incunables la méthode que Monsieur le Professeur J. Mogenet a élaborée pour le classement des manuscrits du texte d'Autolycus de Pitane (20). Après avoir déterminé les différentes familles de manuscrits grâce aux accidents qui les caractérisent et qu'elles ont en propre, on compare à l'intérieur d'une même famille les deux manuscrits qui présentent le plus de rapprochements et de points communs. Pour illustrer cette comparaison, on établit un tableau comprenant trois bandes horizontales : la première expose les accidents que les deux manuscrits ont en commun ; la deuxième donne le relevé des accidents propres au manuscrit supposé père ; quant à la troisième, elle groupe les accidents que le manuscrit supposé fils possède en propre. Pour qu'un *codex* puisse être considéré à coup sûr comme le père d'une autre copie, il faut que le total de la deuxième bande horizontale soit égal à zéro. En effet, tous les accidents qui figurent dans le père doivent aussi figurer dans le fils et le père ne peut donc avoir aucun accident propre. En réalité, ce « zéro caractéristique » ne se rencontre pas toujours. Le copiste du manuscrit fils peut, en effet, avoir corrigé les fautes manifestes de son modèle ou avoir adopté certaines variantes et introduit des « fautes » personnelles. Mais dans ce cas, il faut que tous les accidents propres au manuscrit père soient explicables.

Il a cependant été nécessaire d'apporter certaines modifications à cette méthode en raison des problèmes particuliers posés par notre texte. Cette méthode s'appliquait en effet à des manuscrits grecs. On comprend dès lors que les différences de graphie aient pu constituer un

(19) Cf. A. DAIN, *Les manuscrits* (1964), pp. 160-161.
(20) Cf. J. MOGENET, *Autolycus de Pitane...* (1950), pp. 57-64.

élément de classement. Nous ne pouvons cependant pas retenir cette catégorie d'accidents. Les textes latins du moyen âge attestent, en effet, de nombreuses graphies différentes pour des mots identiques. Un même copiste adopte dans certains cas des orthographes diverses. On retrouve le même phénomène dans les incunables. On rencontre ainsi indifféremment la graphie *que* ou *quae* quand on veut écrire le féminin du pronom relatif, par exemple, ou *diffinitio* et *definitio* quand il s'agit du terme *definitio*. On ne pouvait donc tenir compte de cette catégorie d'accidents. Ils ne pourraient que fausser les résultats du classement en changeant le « zéro caractéristique » en un chiffre important qui n'aurait guère de signification en ce qui concerne la filiation de deux incunables.

Nous avons supprimé également la colonne des omissions de lettres. Ces accidents se rencontrent surtout dans les démonstrations de géométrie, ce qui n'intervient pas dans ce florilège ([21]). Nous avons enfin groupé dans une même colonne les additions importantes et les additions moindres. Comme les accidents qui se trouvent dans les incunables ne sont pas tellement nombreux, la distinction entre ces deux catégories est souvent fort difficile ; aussi avons-nous préféré l'éliminer.

Le tableau ainsi adapté comprendra donc 7 colonnes au lieu de 10 : lacunes, omissions, fautes, additions, variantes, inversions et totaux.

Lors de sa transmission, le texte des *Auctoritates Aristotelis*... a subi quelques accidents dus à la technique de l'impression. Il est donc normal qu'on enregistre moins facilement le « zéro caractéristique » dans la deuxième bande horizontale qui représente l'incunable père. Il faudra néanmoins que tout ce qui diverge du zéro soit explicable pour qu'on puisse dire avec certitude qu'il s'agit bien du père et non du fils.

Chaque fois que nous ferons une référence au texte de base, nous renverrons le lecteur au texte de notre édition. En effet, lors des collations d'incunables, nous avions pris au hasard A comme texte de base. Pour la facilité du lecteur, nous avons transposé les variantes que les différentes éditions présentaient par rapport au texte de A, afin de les référer au texte de notre édition. Le lecteur pourra donc vérifier aisément les renseignements que nous présentons.

Nous allons donc essayer de retrouver une filiation parmi ces 40 éditions différentes et de déterminer ainsi quels sont les exemplaires qui doivent servir de base pour l'établissement du texte.

([21]) Cf. J. Mogenet, *op. cit.*, p. 61.

Les familles d'incunables

1. *La famille de l'incunable (W) imprimé à Deventer le 27 septembre 1489*

Cette famille comprend trois incunables et se caractérise par une série d'accidents qui ne se retrouvent pas dans les autres éditions ([22]). Le chef de file fut imprimé à Deventer le 27 septembre 1489 ([23]). Nous lui avons donné le sigle W dans la liste citée précédemment. C'est un volume in 4º de 14 × 20 cm. L'exemplaire que nous avons étudié porte le cachet de la Bibliothèque Royale (une couronne et trois lis) ainsi que celui de la Bibliothèque Impériale. L'incunable contient 58 folios : 9 cahiers de 6 folios portant les signatures de a^{1-6} à i^{1-6} plus un cahier de 4 folios portant la signature k^{1-4}. Il y a trois feuilles blanches avant le feuillet de garde qui contient le titre ainsi qu'une gravure représentant un professeur assis et occupé à lire. Au pied de sa chaire se trouvent cinq élèves tenant un livre à la main et écoutant le maître. La table et le prologue de l'œuvre suivent ce feuillet de garde et occupent trois feuilles non foliotées. La foliotation ne commence qu'après le prologue, avant le début de la *Métaphysique*. L'*explicit* figure au folio 55 alors qu'il s'agit en réalité du 58e. Après celui-ci suivent encore trois feuilles blanches. Chaque page du recueil contient 35 lignes. Les lettrines qui devraient se trouver au début de chaque chapitre manquent.

Le nom de l'imprimeur n'est mentionné à aucun endroit. Le *Gesamtkatalog der Wiegendrucke* conjecture le nom de Richard Paffraet qui introduisit la technique de l'imprimerie à Deventer en 1477 ([24]). Il venait de Cologne où il avait appris son métier dans les ateliers d'Ulric Zell, premier imprimeur de cette ville ([25]). C'est un des plus grands

([22]) Ces accidents sont les suivants : 4 omissions (p. 118, l. 54-55, *om.* ut ignis qui est maxime tale, p. 123, l. 58, *om.* ambo tertio, p. 126, l. 30, *om.* est, p. 139, l. 98, *om.* terminus) ; 5 fautes (p. 120, l. 7, *Argumentorum* au lieu de *Dubitatorum*, p. 122, l. 33, *physica* à la place de *philosophia*, p. 127, l. 54-55, *declinabiliores* au lieu de *delectabiliores*, p. 133, l. 81-82, *corruptionem* au lieu de *multitudinem*, p. 139, l. 95, *sine* à la place de *sive*) ; 5 additions (p. 122, l. 40, *ea* après *vel*, p. 130, l. 8, *enim* après *Materia*, p. 132, l. 58, *sunt* après *caelestia*, p. 135, l. 25, *cum* après *esse*, p. 137, l. 53, *rerum* après *principia*) ; 3 variantes (p. 118, l. 51, *Vocare...equum est*, au lieu de *Vocando... recte se habet*, p. 132, l. 57, *datur* à la place de *dantur* et p. 139, l. 98, *Omne concretum* au lieu de *Omnis terminus concreatus*).

([23]) Cf. le colophon du f. 58r : *Finitum et completum est hoc opus Daventrie, anno domini Millesimo CCCCLXXXIX, vicesima septima Septembris*. L'incunable que nous avons consulté est conservé à la Bibliothèque Nationale de Paris, Rés. R. 1238.

([24]) Cf. E.C. Bigmore et C.W.H. Wyman, *A bibliography...* (1945), vol. 2, p. 107.

([25]) Cf. L. Febvre et H.J. Martin, *L'apparition du livre* (1958), p. 65.

imprimeurs de l'époque vu le nombre important de livres qui sortirent de ses presses. Il s'était surtout spécialisé dans l'impression d'ouvrages scolastiques ([26]). On ne connaît pas la date de sa mort, mais on sait qu'à partir de 1512 son plus jeune fils Albert prit sa succession à la tête de l'imprimerie ([27]).

a. *L'édition de 1489* (*W*) *et celle de 1497* (*O*)

Une parenté étroite existe entre ces deux éditions. Celle de 1497 fut imprimée à Deventer par Jacques de Breda ([28]). Cet imprimeur fut le concurrent direct de Richard Paffraet. Il vint s'établir à Deventer en 1485 et semble avoir connu moins de succès que lui. Au début, il utilisa les mêmes caractères que Paffraet ([29]). Comme ils étaient en relation étroite, il n'est pas étonnant qu'il ait pris comme modèle une édition faite par ce dernier. Cet incunable de 1497 a reçu le sigle O ([30]).

Les variantes contenues dans ces deux éditions peuvent se présenter de la manière suivante :

	L	O	F	A	V	I	Total
Wet O	2	5	8	5	6	0	26
W	0	0	5	0	0	0	5
O	0	1	2	1	1	0	5

Total des bandes 1 et 3 = 31

Une première conclusion se dégage de l'examen de ce tableau. Le total de la première bande horizontale est peu important, ce qui signifie qu'il n'y a pas un écart très grand entre cette famille et le texte de base. Les fautes ne sont pas nombreuses et en cours d'édition nous avons eu l'impression que le texte de W était souvent corrigé là où tous les autres témoins avaient une même faute. Nous avons donc veillé à ne pas suivre abusivement les leçons de W afin de ne pas aboutir à l'établissement d'un texte correct, certes, mais qui n'aurait

([26]) Cf. *Lexicon des Gesamten Buchwesens*..., vol. 2 (1936), p. 33[a].

([27]) Cf. W. NIJHOFF, *L'art typographique*..., t. I (1926), p. 6.

([28]) Cf. le colophon du f. 54[r] : *Finitum et completum est hoc opus Daventrie per me Jacobum de Breda, anno domini MCCCCXCII, secunda Septembris.* L'exemplaire que nous avons consulté est conservé à la Bibl. Royale de Bruxelles sous la cote A. 1735.

([29]) Cf. E.C. BIGMORE et C.W.H. WYMAN, *op. cit.*, vol. 1 (1945), pp. 79-80.

([30]) Nous ne donnons la description de l'incunable que quand il s'agit d'un chef de file. Pour les autres, nous renvoyons aux descriptions très précises du *Gesamtkatalog der Wiegendrucke*.

pas été le reflet de l'ensemble de la tradition imprimée. Le but d'une édition n'est-il pas, en effet, d'essayer dans la mesure des moyens de reconstituer le texte du modèle commun, même s'il contient des fautes, plutôt que d'établir un texte remanié qui ne serait en rien la reproduction du contenu primitif ?

L'écart entre la 2e bande et la 3e bande est minime, ce qui complique l'établissement de la filiation. Mais l'examen attentif des accidents propres aux deux incunables ne laisse place qu'à une seule solution : la paternité de W. Les cinq fautes contenues dans W peuvent s'expliquer facilement : p. 115, l. 85, on trouve *casuum* au lieu de *casum*. Ce génitif est inexplicable et on peut se demander s'il ne s'agit pas ici d'une erreur de typographie : l'imprimeur aurait mis deux u à la place d'un seul. Cette faute sera d'ailleurs corrigée par O. P. 119, l. 74, *intentione* a été remplacé par *intentiove*. Il s'agit d'une confusion de lettres qui n'a pas grande importance. Dans le titre du 3e livre de la *Métaphysique* (p. 120, l. 6), *Metaphysicae* manque. On trouve *Methamorphi* à la place. On voit mal ce que cette œuvre vient faire au milieu de la *Métaphysique*. Cette faute évidente a été corrigée par O. P. 121, l. 9, on a la version *sive* à la place de *sine*. Ceci est manifestement une erreur d'impression. Elle n'a pas été retenue par O. Enfin, on lit *est* à la place de *et* p. 121, l. 12, ce qui rend la phrase incohérente. Cette faute s'explique facilement, les deux mots étant très proches l'un de l'autre. Cette version erronée ne se retrouve pas dans O.

Une conclusion se dégage de cette analyse : la qualité du prote de O. Non seulement, il respecte le texte de son modèle, mais en plus il en corrige les fautes manifestes. Il ajoute cependant un petit nombre d'accidents qui ne sont pas dans W et qui seront repris dans l'incunable de 1499 auquel il a servi de prototype. P. 118, l. 51, O a omis le mot *scientiam*, ce qui rend la phrase incompréhensible. L'addition se trouve p. 134, l. 2. Le premier *est* n'existait pas dans W. Il a été suppléé dans l'édition de 1497 pour donner plus de clarté au texte. Quant aux fautes contenues dans O, il n'y en a que 2. On lit p. 131, l. 19, *materam* à la place de *materiam*. Cet accident est probablement dû à l'imprimeur. A la page 140, l. 95 la faute est certainement due à une correction de l'imprimeur. La citation de la p. 139, l. 95-96 contient l'expression *sive continuationem*. Le texte de W contenait une erreur à cet endroit : la leçon *sine* à la place de *sive*. Elle a été reproduite dans O, mais comme le texte était grammaticalement faux à cause de cette variante et comme l'imprimeur ne s'est pas rendu compte que la version de W était erronée, il a modifié *continuationem* en *continuatione*, cas demandé par *sine*.

Il reste enfin un dernier accident qui est une variante : p. 138, l. 76, on lit *bonum universum* alors que W avait une leçon différente : *bonum universi.*

b. *L'édition de 1497* (*O*) *et celle de 1499* (*A*)

La filiation qui existe entre ces deux incunables est très nette. A, l'édition de 1499 faite à Deventer par Richard Paffraet est manifestement la copie de O [31].

	L	O	F	A	V	I	Total
O et A	2	6	8	5	7	0	28
O	0	0	3	0	0	0	3
A	0	3	6	0	4	0	13

Total des bandes 1 et 2 : 31

L'examen de ce tableau nous donne deux indications. Comme nous l'avons vu précédemment, l'imprimeur de O est excellent. Des trois fautes qui se trouvent dans son texte, deux ne sont pas dues à son intervention personnelle mais elles trouvent leur source dans son modèle W : il s'agit de *neutrale* p. 119, l. 74 qui a été écrit à la place de *naturale*, et de l'accusatif *voluntatem* p. 135, l. 19, alors que le sens du texte demande un ablatif. Ces deux erreurs ont d'ailleurs été corrigées par A. Quant à la 3e faute, elle est minime : on trouve *materam* à la place de *materiam* p. 131, l. 19. A part ces trois accidents, il n'y a aucune leçon de O qui ne se trouve dans A.

Tout en ayant corrigé les trois erreurs de O, A a cependant ajouté une série d'accidents au texte de l'incunable qu'il a reproduit. L'examen de ces fautes, omissions et variantes nous montre que le prote de A n'était certainement ni très attentif, ni très érudit. P. 120, l. 00, il a omis *et*, ce qui change le sens de la citation. Il a oublié la citation 111 p. 124, l. 72. Cette omission se comprend facilement. A cet endroit, il y a deux citations qui commencent par le même nom. Il a recopié immédiatement la seconde sans se rendre compte qu'il avait sauté une ligne. Quant à la dernière omission, p. 134, l. 2, elle n'est pas très grave. Le premier *est* de la phrase manque, ce qui rend le texte moins clair sans en supprimer le sens.

(31) Cf. le colophon du f. 54r : *Finitum et completum est hoc opus Daventrie per me Richardum pafraet, anno domini M. CCCC. XCIX, vicesimoquartoAprilis.* Cet incunable se trouve à la Bibliothèque Royale de Bruxelles sous la cote A. 1668.

C'est surtout l'examen des fautes qui montre que l'imprimeur n'avait certainement pas une excellente connaissance du latin. En effet, p. 117, l. 26, il écrit *ipse* à la place de *ipsa* alors que ce démonstratif se rapporte de manière évidente à un féminin. P. 118, l. 61, on trouve *aliquid* à la place de *aliquod* alors qu'il s'agit d'un adjectif et non d'un pronom. De même, p. 119, l. 72, il confond féminin et neutre. Il remplace *ex quo* par *ex qua*, ne se rendant pas compte que ce féminin ne se rattache à rien. L'erreur de la page 126, l. 21-22 est elle aussi incompréhensible. Il écrit *quemlibet* à la place de *quaelibet* et on se demande ce que cet accusatif vient faire à cet endroit-là et pourquoi un masculin alors qu'il n'y a aucun substantif masculin dans la phrase. Il a probablement mal transcrit l'abréviation qu'il avait sous les yeux : comme l'abréviation de *quem* est très proche de celle de *quae*, il y a eu confusion entre les deux. C'est encore une faute de grammaire qu'il commet p. 128, l. 69 en mettant *sunt* à la place de *sint*. En effet, le subjonctif est commandé par *licet* et l'indicatif n'a donc pas de raison d'être ici. Il a à nouveau confondu adjectif et pronom p. 129, l. 82 en écrivant *aliquid* à la place de *aliquod*. Les quatre derniers accidents sont des variantes : p. 119, l. 67, *alio* à la place de *aliis*, p. 119, l. 74, *increpatione* à la place de *intentione*, p. 120, l. 88 *impossibile* à la place de *impossibilis* et p. 125, l. 8, *eodem* à la place de *eadem*[1].

Il faut donc remarquer à l'issue de cette analyse que A, tout en ayant pris O comme modèle, n'en est pas la reproduction fidèle comme le dit le *Gesamtkatalog der Wiegendrucke* (32). L'examen des erreurs faites par l'imprimeur de A montre bien qu'une série d'accidents se sont introduits dans le texte par sa faute alors qu'ils ne se trouvaient pas dans O.

Le stemma de cette famille peut donc s'établir comme suit :

Ces trois incunables sont les seuls à avoir été imprimés à Deventer. Il n'est donc pas surprenant que ces éditions soient les représentants d'une même famille qui n'a pas été contaminée par d'autres sources et qui n'a pas donné le jour à d'autres incunables imprimés dans différentes villes d'Europe.

(32) Cf. *Gesamtkatalog der Wiegendrucke...*, Bd 3 (1928), col. 52, n° 2830 : « Seitengetreuer Nachdruck von Nr. 2826 ».

2. *La famille de l'incunable (D) imprimé probablement à Cologne avant 1498*

Cette famille comprend cinq incunables qui ont reçu les sigles suivants :

[Köln, Kornelius von Zierikzee, vers 1499], 4°, 58 ff. : D
s.l.n.d. : M
[Köln, H. Quentell], 1498, 4°, 54 ff. : N
[Köln, in aedibus Quentell], 1503, 4°, 54 ff. : S
[Köln, J. Guldenschaff, vers 1490], 4°, 50 ff. : l

A l'issue des collations aucun doute n'est possible : D est le père de cette famille (33), car cet incunable ne contient pas les nombreux accidents introduits dans le texte par ses successeurs. Cette conclusion nous amène d'ailleurs à corriger sa date d'impression présumée. Cette édition a certainement été composée avant 1498 puisque un de ses descendants porte dans son colophon l'année 1498.

C'est un volume in 4° de 58 folios contenant 6 cahiers de 6 folios portant la signature de a1-6 à i1-6 et un cahier de 4 folios portant la signature k 1-4 (34). Sur le feuillet de garde on trouve le titre de l'œuvre sans aucune marque typographique. A la suite, viennent la table et le prologue qui occupent deux feuilles non foliotées. La foliotation ne commence qu'au folio suivant avec le début de la *Métaphysique*. Chaque page contient 36 lignes. Les lettrines des chapitres ont été omises. L'*explicit* qui se trouve au folio 55, en réalité folio 58, ne contient aucun renseignement en ce qui concerne le lieu et la date d'impression de l'incunable. Le *Gesamtkatalog der Wiegendrucke* pense qu'il s'agit d'une œuvre de Kornelius von Zierikzee (35). Il fut le dernier imprimeur qui exerça son activité à la fin du 15e siècle (36). On sait qu'il ne signait pas la plupart de ses travaux (37). Il ouvrit son atelier vers 1489 et sa dernière œuvre date de 1517 (38).

(33) Cette famille se caractérise par les accidents suivants : 3 omissions (p. 115, l. 83, *om.* rerum, p. 116, l. 2, *om.* et, p. 136, l. 45, *om.* dicit) ; 2 variantes (p. 121, l. 11, *non* à la place de *nec*, p. 129, l. 90, *vel* au lieu de *et*) ; une inversion (p. 136, l. 43, *genere quam specie* à la place de *specie quam genere*).

(34) Cet incunable est conservé à la Bibliothèque de l'Université de Cologne.

(35) Cf. *Gesamtkatalog der Wiegendrucke...*, Bd 3 (1928), col. 51, n. 2829.

(36) Cf. *Lexicon des Gesamten Buchwesens...* vol. 3 (1936), p. 6333a.

(37) Cf. F. Geldner, *Die deutschen Inkunabeldrucker...*, vol. 1 (1968), p. 107.

(38) Cf. E. Voullième, *Der Buchdruck Kölns...* (1903), p. lxxvi.

a. *L'incunable imprimé probablement à Cologne par Kornelius von Zierikzee avant 1498 (D) et l'édition faite probablement à Cologne par J. Guldenschaff avant 1498 (l)*

Comme l est le descendant direct de D, il est nécessaire de changer sa date présumée d'impression. Pour plus de facilité on peut donc dire que cette édition a vu le jour avant 1498 ([39]). Son imprimeur, Johannes Guldenschaff, originaire de Mayence, exerça son métier à Cologne à partir de 1477. Il semble tenir son nom de l'enseigne du magasin familial « zum guldenen Schaf » ([40]). Sa dernière œuvre datée est une édition des *Auctoritates Aristotelis...* qui fut réalisée en 1487 ([41]). Nous aurons l'occasion de l'étudier en établissant le classement d'une autre famille.

	L	O	F	A	V	I	Total
D et l	0	5	4	0	4	3	16
D	0	0	3	2	2	0	7
l	0	11	9	5	7	3	35

Total des bandes 1 et 3 = 51

Comme pour la famille précédente, l'examen de la première bande horizontale montre qu'il n'y a pas tellement de divergences entre le père de cette famille et le texte de base. Des accidents nombreux se sont ajoutés dans les descendants de D. Les premiers se trouvent dans l comme on peut le voir par l'étude de la 3e bande horizontale. Ces accidents sont passés pour la plupart dans la copie de l qui en a ajouté encore un grand nombre. Et ainsi, d'étape en étape, la dernière édition issue de ce groupe contiendra un texte sensiblement altéré par rapport au texte de D.

Les accidents propres à D qui sont recensés dans la 2e bande horizontale sont facilement explicables et peu importants. La première faute se trouve p. 126, l. 21-22 : *quemlibet* est écrit à la place de *quaelibet*. Les abréviations de *quae* et de *quem* se ressemblent fort et cela suffit à expliquer l'erreur. Cette même ligne contient une seconde bévue due probablement à l'inattention du prote qui a écrit *popotentia* à la place de *potentia*. La dernière faute est du même ordre : le prote a oublié une lettre, ce qui donne *aedficatio* à la place de *aedificatio*,

([39]) Cet incunable se trouve à la Bibliothèque Municipale du Mans.
([40]) Cf. *Lexicon des Gesamten Buchwesens...* vol. 2 (1936), p. 33a.
([41]) Cf. E. Voullième, *op. cit.*, p. xli.

p. 134, l. 97. Les deux additions sont, elles aussi, minimes : p. 124, l. 77, on trouve *sed ut acquirat.* Le *sed* a été ajouté alors qu'il ne vient rien faire dans le sens de la phrase ; l n'a d'ailleurs pas retenu cette addition de même que la suivante : p. 133, l. 87, où il y a un *in* avant *potentia.* C'est le seul incunable qui donne cette version. L'addition du *in* n'est pas nécessaire pour que la citation soit compréhensible. Il reste enfin deux variantes : p. 120, l. 88, *impossibile* à la place de *impossibilis* et p. 125, l. 8, *Eodem* à la place de *Eadem.*

L'examen de la 3e bande horizontale nous montre que l'imprimeur de l était peu soigneux et peu attentif. Ses descendants ont reproduit un grand nombre des accidents qu'il a introduits dans le texte. La plupart des omissions dont il est l'auteur rendent le texte incompréhensible : par exemple, p. 122, l. 45, l'oubli du second *remotio,* p. 123, l. 62, l'absence du premier *nec,* p. 125, l. 2, l'omission de *vivere,* celle de *et* p. 126, l. 40 et enfin celle de *in* p. 139, l. 1. De même, les fautes qu'il a commises sont le reflet de son manque de concentration. Certaines seront corrigées par ses descendants mais d'autres passeront comme telles dans la tradition : par exemple, p. 128, l. 69, *sunt* à la place de *sint* alors qu'on attend un subjonctif après *licet,* p. 128, l. 72, *nobilium* à la place de *mobilium,* ce qui rend la citation incompréhensible, p. 133, l. 84, *multiplex* à la place de *duplex* alors qu'il s'agit bien des deux différentes sortes de puissance.

Mais ce qui est bien plus important, ce sont les accidents positifs qui sont souvent le témoin de l'intervention personnelle de l'imprimeur : trois des additions se retrouvent dans ses descendants : p. 129, l. 92, *nec* avant *forma,* p. 139, l. 87, *est* après *prima* et *et quicquid est* après *passiva.* Quant aux variantes et aux inversions, certaines d'entre elles passeront dans la tradition : par exemple, p. 124, l. 95, *perditionis* à la place de *periclitationis,* p. 132, l. 50, *et* à la place de *vel*[2], p. 137, l. 56, *sua materia* à la place de *materia sua.*

Comme on peut le voir à l'issue de cet examen, le texte a subi de nombreuses modifications par la faute de l'imprimeur de l. On en retrouve un certain nombre dans M son descendant direct.

b. *L'incunable imprimé probablement à Cologne par J. Guldenschaff avant 1498 (l) et l'incunable qui ne comporte aucune mention de lieu ou de date d'impression (M)*

En étudiant les rapports qui existent entre les différents membres de cette famille, on remarque immédiatement le groupe formé par M,

N et S. Ces trois éditions ont, en effet, en commun une série de leçons qui ne se retrouvent ni dans D ni dans l. Il est évident que M est le père des deux autres, ce qui nous amène à tirer certaines conclusions quant au lieu et à la date d'impression probable de cet incunable. Comme tous les autres représentants de cette famille semblent avoir vu le jour à Cologne, il nous paraît raisonnable de supposer que M a été composé dans la même ville. Quant à sa date d'impression, elle est facile à déterminer. Le fils de M, N porte l'année 1498 dans son *explicit*.

On peut donc dire à coup sûr que M a vu le jour avant 1498 ([42]).

	L	O	F	A	V	I	Total
l et M	0	12	6	2	7	4	31
l	0	5	5	3	5	2	20
M	0	6	4	5	9	2	26

Total des bandes 1 et 2 = 51
Total des bandes 2 et 3 = 57

Comme on vient de le voir, un grand nombre d'accidents se sont introduits dans l. M a corrigé quelques fautes évidentes, mais il en a repris un grand nombre à son actif en y ajoutant encore quelques-unes de son crû. On voit donc que le texte se détériore de plus en plus au fur et à mesure de sa transmission.

Des 35 leçons propres à 1, M en a retenu 15. Mais il a rétabli 5 mots omis qui rendaient le sens des citations incompréhensible : p. 122, l. 45, le second *remotio*, p. 123, l. 62, le premier *nec*, p. 125, l. 2, le verbe *vivere*, p. 126, l. 30, la forme *sunt*, et enfin, p. 138, l. 67, un *in* avant *magnitudine*. Les 5 fautes propres à 1 sont les suivantes : p. 116, l. 7, *qua* au lieu de *quia*, p. 117, l. 22, *Simonidem* à la place de *Sinodem*, p. 117, l. 28, *causam* au lieu de *eam*, p. 133, l. 78, *ejus* à la place de *eorum*, et enfin, p. 137, l. 51, *habet* au lieu de *habent*. Le texte de 1 contient aussi trois additions qui n'ont pas été reproduites par l'imprimeur de M : p. 124, l. 79, on trouve *secundum* devant *veritatem*, p. 138, l. 84, *quae* a été imprimé une seconde fois, p. 132, l. 51, *est* a été ajouté après *prima*. Les 5 variantes se lisent p. 119, l. 67, où *sicut* remplace *quia*, p. 121, l. 22 et p. 121, l. 23, où *qui* a été imprimé dans les deux cas à la place de *quae*, p. 124, l. 78, où *et* remplace *vel* et p. 125, l. 00, où *possunt* est imprimé à la place de *potest*. Les deux inversions se situent p. 125, l. 1, où on lit *vel vivere sine cibo* au lieu de *sine cibo vel vivere*

([42]) Cet incunable est conservé à la Library of Congress de Washington.

et p. 125, l. 17, où *sunt semper* est imprimé à la place de *semper sunt.* Comme on peut le voir, ces accidents propres à l, bien que nombreux, sont peu importants, ce qui nous permet de dire que l est bien le père de M.

Tout en ayant rectifié à certains endroits le texte de son modèle, l'imprimeur de M a cependant introduit lui-même dans le florilège une série de leçons différentes qui seront en grande partie reprises par ses descendants. Les accidents les plus importants introduits à ce stade de transmission sont les suivants : p. 115, l. 90 une addition importante : *quia causas subjectorum scit* après *artifice,* p. 116, l. 10, il remplace *Scientia* par *Sapientia,* p. 119, l. 80, il écrit *consuetudinem entibus id est hominibus* à la place de *consuetudines mentium,* p. 121, l. 11, il substitue *mathematicis* à *immoventibus,* p. 123, l. 67, il change *ut puta* en *ut decem praedicamentis,* p. 125, l. 11, il fait une inversion en écrivant : *Uno modo ens per se est quod significat decem praedicamenta* à la place de *Ens per se est quod significat decem praedicamenta uno modo,* p. 125, il oublie la citation 133, p. 129, l. 92, il ajoute *nec* devant *forma,* p. 133, l. 67, il remplace *alia* par *nisi,* p. 133, l. 77, il ajoute *quae sit* après *materiam* et p. 133, l. 83, *Aristotelis* après *Metaphysicae,* p. 135, l. 25-26, il introduit une inversion importante : *Mensura debet esse suo mensurato homogenea id est ejusdem generis* à la place de *Mensura homogenea id est ejusdem generis debet esse suo mensurato,* p. 136, l. 42, il change *naturalem* en *numeralem* et enfin, p. 137, l. 53, il remplace *naturalium* par *rerum naturalium.*

c. *L'incunable qui ne comporte aucune mention de lieu ni de date d'impression (M) et l'incunable imprimé en 1498 probablement à Cologne par H.Quentell (N)*

Le descendant direct de M est N, comme nous l'indique le tableau qui suit ([43]). L'imprimeur présumé de N est Henri Quentell ([44]). C'est un des plus grands imprimeurs de Cologne, qui exerça son métier à la fin du 15e siècle. Un très grand nombre d'œuvres sortirent de son atelier. Il exerça son activité de 1479 à 1501, année de sa mort. Après cette date de nombreuses éditions virent encore le jour dans son imprimerie. Elles portaient la mention « in aedibus Quentell » ([45]). Nous aurons

([43]) Cet incunable, qui se trouve à la Bibliothèque Nationale de Paris sous la cote Rés. R. 798, porte l'année 1498 dans son colophon, au f. 54r : *Finiuntur autoritates circa presentis codicilli principium recitate, Anno incarnationis Christi, M. CCCC. XCVIII.*

([44]) Cf. *Gesamtkatalog der Wiegendrucke...,* Bd 3 (1928), col. 50, n. 2827.

([45]) Cf. E. Voullième, *Der Buchdruck Kölns...* (1903), p. xlv.

l'occasion d'étudier l'une d'entre elles puisque N a servi de modèle à une de ces productions.

	L	O	F	A	V	I	Total
M et N	0	14	6	9	13	6	48
M	0	4	3	0	2	0	9
N	0	4	7	2	8	0	21

Total des bandes 1 et 2 = 57
Total des bandes 1 et 3 = 69

Le total plus élevé de la première bande horizontale est le reflet du grand nombre d'accidents qui se sont ajoutés dans le texte en plus des leçons communes qui caractérisaient cette famille. L'imprimeur de N n'a apporté que peu de corrections à l'exemplaire qu'il a reproduit. Nous sommes en présence d'un homme soumis au texte de son modèle mais peu intelligent puisqu'il ne corrige pas les incohérences de son prédécesseur et qu'en plus il en ajoute de son propre crû. Il n'a rétabli que quatre mots omis par M : p. 115, l. 95, *et* entre *sapientiores* et *honorabiliores*, p. 116, l. 7, *a* avant *sensu*, p. 126, l. 40 *et* avant *principia* et p. 137, l. 59, *est* avant *immobilis*. Ces omissions étaient tellement manifestes dans le texte de M, qu'il était tout à fait normal d'y remédier. Il en est de même pour les trois fautes qu'il a corrigées : p. 124, l. 79, il écrit *veritatem* à la place de *veritate* et, de fait, l'accusatif est indispensable dans cette phrase, p. 128, l. 69, il remplace l'indicatif *sunt* par le subjonctif *sint* commandé par l'impersonnel *licet* et enfin, p. 133, l. 73, il corrige *rem* en *esse* puisque c'est ce mot qui est attendu dans la citation. Les deux variantes sont minimes : elles se situent p. 116, l. 7, où *sensibus* remplace *sensu* et p. 119, l. 67, où *alio* est imprimé à la place de *aliis*.

Mais ces quelques corrections mises à part, N introduit lui-même une série d'accidents qui seront recopiés pour la plupart par S, dernier descendant de cette famille. Au nombre de ceux-ci, on trouve des omissions : p. 120, l. 94, il oublie *tamen* avant *in* et p. 126, l. 30, *sunt* avant *in*. De la même manière, S retiendra deux fautes, p. 131, l. 28, *qualitatis* à la place de *qualitas* et p. 135, l. 19, la leçon *estis* en lieu et place de *est*. Les deux additions de N se retrouvent dans le texte de S : p. 128, l. 77, *secundum se* après *prima* et p. 139, l. 87, *est* après *prima*. Quant aux variantes, S en reproduit la majorité : p. 115, l. 93, *inventorum* à la place de *intentionis*, p. 115, l. 96, *sunt* à la place de *sint*, p. 116,

l. 7, *sensibus* à la place de *sensu*, p. 121, l. 11, *bonum* à la place de *finis*, p. 134, l. 98, *immanens* à la place de *imminens* et p. 139, l. 98, *concretus* à la place de *concreatus*.

Cet aperçu des accidents introduits par l'imprimeur de N dans le florilège qui avait déjà subi pas mal de modifications au cours de sa transmission, montre que le texte s'altère de plus en plus et nous allons constater que le contenu du dernier représentant de cette famille présente de nombreuses divergences par rapport au chef de file D.

d. *L'incunable imprimé en 1498 probablement à Cologne par H. Quentell (N) et l'édition de 1503 faite probablement à Cologne dans l'atelier de Quentell (S)* (46)

	L	O	F	A	V	I	Total
N et S	0	12	9	0	18	6	55
N	0	6	6	1	1	0	14
S	0	3	2	5	3	0	13

Total des bandes 1 et 2 = 69

Le total de la 1e bande horizontale est le reflet de l'accumulation des erreurs, omissions, additions et variantes qui se sont glissées dans le texte au fur et à mesure de sa transmission. Leur nombre a grandi à chaque étape comme nous avons eu l'occasion de nous en apercevoir en examinant les parentés existant entre les différents représentants de cette famille.

Une autre conclusion se dégage de l'examen de ce tableau. Tout en ayant retenu un grand nombre d'accidents introduits par son père, S n'en a pas ajouté énormément lui-même. Les 6 omissions propres à N se situent p. 124, l. 94, où *est* manque, p. 125, l. 11, où *modo* a été oublié, p. 125, l. 17, où la citation 133 a été omise, p. 134, l. 2, où *est*[1] manque, p. 136, l. 47, où *est*[2] a été oublié et p. 139, l. 1, où *in* a été omis. Les 6 fautes se lisent p. 116, l. 3 où *Sapientem* a été imprimé à la place de *Sapientis*, p. 117, l. 27, où *tum* remplace *etiam*, p. 118, l. 61, où l'imprimeur a écrit *aliquod* à la place de *aliquid*, p. 123, l. 60, où le prote a oublié une lettre dans le mot *oppositio*, ce qui donne *opposito*, p. 135, l. 19, où on trouve la leçon *incorruptibiles* au lieu de *incorruptibilis* et p. 136, l. 46, où *suis* remplace *sui*. La variante se situe p. 123, l. 65, où *ut* remplace *et*. Reste l'addition qui se lit p. 124, l. 77 où *sed* a été ajouté devant *ut*.

(46) Cette édition de 1503 est conservée à la Bibliothèque Royale de Bruxelles sous la cote III, 69.264, A.L.P.

L'examen de la 3e bande horizontale est assez révélateur. En effet, on a l'impression qu'une partie des accidents propres à S ne sont pas dus à l'intervention personnelle de l'imprimeur, mais que ce dernier devait avoir sous la main un exemplaire de l dont il s'est inspiré. Tout en appartenant au groupe M, N, S par une série de leçons qui leur sont propres, S partage cependant avec l quelques caractéristiques qui ne peuvent être uniquement un effet du hasard. La plus importante est la présence de la citation 133, p. 125 qui avait été omise par M et N. On s'explique mal, en effet, comment le texte intégral de cette citation aurait pu se trouver au bon endroit si S n'avait eu que N comme modèle. De plus, p. 115, l. 95, il rétablit le *et* avant *honorabiliores*, ce qui est la version donnée par l mais qui ne se trouve pas dans N. P. 124, l. 77, il supprime le *sed* qui avait été introduit par M et recopié par N devant *ut*, reproduisant ainsi le texte de l.

Le stemma de cette famille peut donc s'établir de la manière suivante:

Comme dans la famille précédente, tous les exemplaires ont probablement été imprimés dans la même ville. Il reste cependant deux incunables faits à Cologne par Johannes Guldenschaeff et qui ne figurent pas avec ceux-ci. Ils appartiennent à un autre groupe, ce qui peut paraître surprenant à première vue. Mais lorsqu'on sait que les imprimeurs voyageaient beaucoup, on comprend que des éditions faites à un endroit déterminé aient pu servir de modèles dans d'autres villes. C'est ainsi qu'un incunable de Cologne sera recopié dans différentes villes d'Allemagne et de France et deviendra père de la troisième famille que nous allons étudier.

3. *La famille de l'incunable (X) imprimé à Cologne par J. Guldenschaeff en 1487*

Cette famille comporte 11 représentants imprimés dans différentes villes d'Allemagne et de France :

[Lübeck, Drucker des Fliscus, vers 1480], 2°, 62 ff. : B
[Lyon, Jean de Vingle, vers 1495], 4°, 74 ff. : G
[Lyon, Janon Carcain, vers 1490/1495], 4°, 42 ff. : I
[Eichstadt, M. Reyser, 1480 ?], 4°, 68 ff. : K
Reutlingen, Michel Greyff, 8 novembre 1488, 4°, 64 ff. : R
Cologne, Johannes Guldenschaeff, 1487, 2°, 52 ff. : X
[Paris, Antoine Caillaut, 1485/1490], 4°, 58 ff. : Z
[Paris, Philippe Pigouchet, vers 1491], 4°, 46 ff. : g
Speyer, Konrad Hist, 1496, 4°, 60 ff. : h
[Paris, Ulrich Gering, vers 1490], 4°, 56 ff. : i
[Speyer, Johann und Konrad Hist, vers 1490], 4°, 68 ff. : k

Toutes ces éditions ont en commun une série d'accidents qui caractérisent leur famille : trois omissions, une addition, deux variantes et cinq inversions (47).

Le chef de file de ces éditions se distingue immédiatement parmi elles, à l'issue des collations. Il s'agit de X, incunable imprimé à Cologne par Johannes Guldenschaeff en 1487 (48). L'exemplaire que nous avons examiné se trouve à la Bibliothèque Nationale de Paris. C'est un volume in 2° de 21 × 29 cm, de 52 folios répartis en 7 cahiers. Le premier, qui comporte 8 folios, contient le feuillet de garde sur lequel se trouvent le titre du florilège et le cachet de la Bibliothèque impériale. Le deuxième folio, qui comprend la table et le début du prologue, porte la signature a^1. Le folio suivant, qui reproduit la fin du prologue et le début de la *Métaphysique*, porte la signature a^3. On trouve en-dessous des folios suivants les signatures a^{4-8}. Ensuite vient un cahier de 8 folios avec les

(47) Les omissions se trouvent p. 118, l. 43, *om.* Aristotelis ; p. 120, l. 6, *om.* Aristotelis ; p. 132, l. 48, *om.* non. L'addition est importante : il s'agit d'une citation ajoutée après la ligne 55 de la page 137 : *Ars est principium in alio, natura vero principium in se ipso.* Les trois variantes se situent p. 120, l. 95, *innuit*] *demonstrat* ; p. 124, l. 73, *putavit quod idem esset*] *putavit idem esse* et p. 128, l. 78, *eorum*] *aliorum*. Il reste enfin les cinq inversions : p. 118, l. 60, *semper est*] *est semper* ; p. 119, l. 72, *latenter auferunt*] *auferint latenter* ; p. 121, l. 15, *una est*] *est una* ; p. 134, l. 5, *esse sanum*] *sanum esse* et p. 139, l. 00, *est causata*] *causata est*.

(48) Cf. le colophon du folio 52r : *Finitum et completum est hoc opusculum per me iohannem guldenschoeff civem Coloniensem, Anno domini nostri M° CCCCLXXXVII.* Cet incunable est conservé à la Bibliothèque Nationale de Paris.

signatures b^{1-8}, puis un cahier de 6 folios qui portent les signatures c^{1-6}, un cahier de 8 folios avec les signatures d^{1-8}, à nouveau un cahier de 6 folios avec les signatures e^{1-6} et enfin 2 cahiers de 8 folios avec les signatures f^{1-8} et g^{1-8} [49]. Le feuillet de garde est précédé d'une feuille blanche. Le foliotage commence immédiatement après le feuillet de garde. Chaque page contient soit 37, soit 38 lignes. Les pages de 37 lignes sont celles qui comportent un titre d'œuvre ou de livre. En effet, ces titres sont imprimés en caractères plus grands que les caractères normaux utilisés pour le texte. Les initiales de chaque chapitre sont des lettrines de couleur bleue ou rouge. L'*explicit* se trouve au folio 52. Ce folio est suivi d'une feuille blanche. Quant à l'imprimeur Johannes Guldenschaeff, nous avons eu l'occasion d'en parler lors du classement de la famille précédente.

Le *Gesamtkatalog der Wiegendrucke* signale sous le n° 2809 une seconde édition de J. Guldenschaeff réalisée en 1487. Les quelques variantes mentionnées dans ce catalogue figurent dans le titre ainsi que dans le colophon. Ces variantes sont uniquement orthographiques. Nous avons examiné un exemplaire de cet incunable qui porte le sigle F. Cette édition nous a été communiquée par la *Bayer. Staatsbibl.* de Munich. Après avoir examiné attentivement cet incunable, nous n'avons remarqué aucune variante même orthographique ni dans le titre, ni dans le colophon. Pour solutionner ce problème il faudrait examiner tous les exemplaires conservés de ces deux éditions afin de voir s'il s'agit réellement de deux éditions différentes. Nous n'avons pas eu l'occasion de procéder à cet examen. Tant que nous n'aurons pas de renseignements complémentaires, nous considérerons que X et F constituent deux exemplaires d'une même édition.

a. *L'incunable imprimé à Cologne par J. Guldenschaeff en 1487 (X) et celui qui fut probablement fait à Lübeck par le « Drucker des Fliscus » après 1487 (B)*

Un des descendants directs du père de cette famille est B [50]. Cette filiation nous oblige à changer la date présumée d'impression de cet incunable. Il est impossible qu'il ait été imprimé vers 1480, comme le dit le *Gesamtkatalog der Wiegendrucke*, puisqu'il recopie une édition de

[49] La description donnée par le *Gesamtkatalog der Wiegendrucke* sous le n° 2808 n'est donc pas tout à fait conforme à la réalité.

[50] Cet incunable se trouve à la Staatsbibliothek de Berlin.

1487 ([51]). On peut donc dire qu'il a vu le jour après cette date. L'imprimeur de cet incunable serait le « Drucker des Fliscus ». Qui est cet imprimeur? D'après des recherches récentes, il semble qu'il s'agisse de Lucas Brandis, qui exerça son métier à Lübeck de 1475 à 1500 ([52]). En effet, l'auteur de l'édition des *Variationes sententiarum* de Stephanus Fliscus emploie les mêmes types d'impression que Lucas Brandis ([53]). Or on trouve la mention d'une édition des *Auctoritates Aristotelis*... dans la liste des productions de Lucas Brandis faites à Lübeck ([54]). Cette édition ne figure pas dans les catalogues d'incunables. Comme cet exemplaire n'est pas daté, on peut se demander s'il ne s'agit pas de celui qui est répertorié dans le *Gesamtkatalog* sous le nº 2806 et qui a été attribué au « Drucker des Fliscus ».

	L	O	F	A	V	I	Total
X et B	0	7	2	1	3	5	18
X	0	0	3	0	0	0	3
B	1	3	7	5	7	1	24

Table des bandes 1 et 2 = 21

La remarque qui a été faite à propos des pères des deux familles précédentes s'applique aussi au cas présent. Le total de la 1re bande horizontale est peu élevé. Il n'y a donc pas un grand écart entre le texte de X et celui de son modèle. Les trois fautes propres qu'il contient sont peu importantes et facilement explicables : p. 127, l. 49, l'imprimeur a écrit *ideest* à la place de *id est*; p. 128, l. 69, on trouve la leçon *sunt* alors qu'on attend normalement le subjonctif *sint* après *licet* et enfin p. 131, l. 25, une syllabe a été omise dans un mot (*praedimenta* au lieu de *praedicamenta*).

Le total des accidents introduits par B est plus impressionnant. Cet incunable semble n'avoir pas eu de descendance. Aucun des neuf autres exemplaires de cette famille ne s'en est servi comme modèle. L'examen de la 3e bande atteste la mauvaise qualité de l'imprimeur de B. Non seulement il n'est pas attentif et reproduit mal sa source, mais en plus il ajoute une série d'accidents qui sont dus à son intervention personnelle. La lacune se situe p. 124, l. 72, où il a oublié la citation 111.

([51]) Cf. *Gesamtkatalog der Wiegendrucke*, Bd 3 (1928), nº 2806.
([52]) Cf. F. GELDNER, *Die deutschen Inkunabeldrucker*..., vol. 1 (1968), pp. 209 et 215.
([53]) Cf. E. VOULLIÈME, *Die deutschen Drucker*... (1922), p. 97.
([54]) Cf. R. PROCTOR, *An index to the early printed books*... (1960), p. 169.

Les omissions se trouvent p. 137, l. 49, où le mot *Aristotelis* manque dans le texte, p. 137, l. 54, où *nec* ne figure pas avant *forma* et enfin p. 138, l. 70, où il a de nouveau oublié le nom d'Aristote dans le titre. Les fautes sont plus ou moins graves suivant les cas : p. 127, l. 58-59, on trouve *fortuitu* à la place de *fortuita*, alors qu'un ablatif n'a pas de sens à cet endroit, mais il peut très bien s'agir d'une erreur d'impression puisqu'une confusion de lettres est très facile en typographie. P. 131, l. 28, il a écrit *qualitatis* au lieu de *qualitas*; p. 135, l. 19, on trouve l'accusatif *voluntatem* alors qu'il faut un ablatif; p. 137, l. 59, il a mis *actione* à la place de *accidente*, ce qui donne un contresens à la phrase; p. 138, l. 76, on lit *quem* à la place de *quod*. Ce masculin est erroné puisque le pronom se rapporte à un substantif neutre. De même, p. 138, l. 82, il a remplacé un masculin par un féminin : on trouve la leçon *quae* au lieu de *qui*. Et enfin, p. 139, l. 2, il y a une dernière faute qui est peut-être une erreur d'impression : *frustia* au lieu de *frustra*.

Les accidents positifs sont au nombre de 13. Il y a d'abord cinq additions. P. 118, l. 43, l'imprimeur a suppléé le nom d'Aristote qui manquait dans le titre. P. 119, l. 67, il a ajouté *et* devant *vir*; cette addition n'a pas de sens. P. 126, l. 39, il a de nouveau ajouté le nom d'Aristote dans le titre alors qu'il ne figurait pas dans le texte de X. P. 128, l. 70, il donne une précision supplémentaire en ajoutant *omnium* après *subjectum*². Et enfin, p. 133, l. 79, l'addition de *est* après *dignius* est incompréhensible. Quant aux variantes, elles se trouvent p. 118, l. 58, où l'imprimeur a écrit *sic* à la place de *sicut*; p. 119, l. 67, où il remplace *aliis* par *alio*; p. 125, l. 8, où il a mis *Eodem* au lieu de *Eadem*; p. 131, l. 32, où il change *non noscit* en *nescit*; p. 132, l. 50, où il écrit *et* à la place de *vel*²; p. 134, l. 94, où il transforme *individuo* en *dividuo*; p. 135, l. 22, où il modifie *fit* en *est* et enfin p. 138, l. 74, où il met *universum* à la place de *universi*. Signalons enfin une inversion à la p. 117, l. 32, où on lit *causae sunt* au lieu de *sunt causae*.

b. *L'incunable imprimé à Cologne par J. Guldenschaeff en 1487 (X) et celui qui sortit probablement des presses de Johann et Konrad Hist à Spire en 1487 ou 1488 (k)*

Le second descendant direct de X est k ([55]). Cette filiation oblige à anticiper la date approximative de composition par rapport à celle que

([55]) Cet incunable est conservé à la Bibliothèque Municipale de Besançon.

lui attribue le *Gesamtkatalog der Wiegendrucke* (56). En effet, un des fils de k, R a été imprimé le 8 novembre 1488. A l'issue des collations, nous avons constaté que g et k sont deux exemplaires identiques d'une seule et même édition. Il n'existe aucune variante entre eux. Ils sont semblables jusque dans les graphies, ce qui nous amène à penser qu'il ne faut pas, ainsi que l'a fait le *Gesamtkatalog*, distinguer ces deux incunables absolument identiques (57). L'erreur s'explique facilement : lors de l'élaboration de leur catalogue, les auteurs n'ont pas eu accès à g et n'ont donc pas eu l'occasion de vérifier les renseignements qu'ils possédaient. Mais, comme nous l'avons mentionné plus haut, cet incunable est actuellement accessible à la Bibliothèque Municipale de Colmar (58). Nous pensons donc qu'il est probable que cette édition ait vu le jour à Spire dans les ateliers de Johann et Konrad Hist, entre 1487 et 1488, plutôt qu'à Paris, chez Philippe Pigouchet. Elle a, en effet, pris comme modèle une édition imprimée en Allemagne et trois de ses descendants directs, comme nous allons le voir, sont eux aussi sortis de presses allemandes. On sait que Johann et Konrad Hist travaillèrent ensemble de 1483 à 1492 dans un atelier de Spire, après quoi ils se séparèrent; seul le nom de Konrad figure sur les éditions postérieures à cette date (59).

	L	O	F	A	V	I	Total
X et k	0	6	2	1	3	5	17
X	0	1	3	0	0	0	4
k	0	5	11	0	4	0	20

Total des bandes 1 et 2 = 21
Total des bandes 1 et 3 = 37

Les trois fautes propres à X seul sont les mêmes que celles qui n'ont pas été reproduites par B, comme nous l'avons vu dans l'examen du tableau précédent. Faut-il supposer que B et k ont reproduit ces trois corrections d'après une édition qui aurait servi d'intermédiaire entre eux et X ? Mais comme B et k n'ont aucune autre ressemblance, nous nous demandons si ces trois corrections semblables ne sont pas dues

(56) Cf. *Gesamtkatalog der Wiegendrucke*, Bd 3 (1928), nº 2818, qui date cet incunable de 1490 environ.

(57) Cf. *Gesamtkatalog der Wiegendrucke*, Bd 3 (1928), après le nº 2819 et le nº 2818.

(58) Cf. p.

(59) Cf. F. GELDNER, *Die deutschen Inkunabeldrucker...*, vol. 1 (1968), pp. 193-194.

au hasard. X a d'ailleurs en plus une omission qui luiest propre, p. 122, l. 35, où *est* a été oublié devant *ens.*

Un certain nombre d'accidents introduits par k seront corrigés par ses descendants. D'autres, par contre, continueront à se transmettre de génération en génération. Parmi ces derniers, on trouve trois omissions : p. 131, l. 36, p. 137, l. 49, et p. 138, l. 70, le nom d'Aristote manque dans le titre du livre. Quant aux fautes, six des onze commises par k passeront dans la tradition. P. 127, l. 46, *rhetorica* remplace *theorica* alors que la citation donne l'énumération des trois sortes de sciences : active, théorique et spéculative. P. 127, l. 58, le prote a confondu *causalia* et *casualia,* alors qu'il est question du hasard. P. 130, l. 14, il a remplacé l'actif *dat* par le passif *datur.* P. 132, l. 46, il écrit *eaedem* à la place de *eadem,* alors que le substantif auquel cet adjectif se rapporte est au singulier. P. 134, l. 96, il fait une faute de grammaire en imprimant *materia* au lieu de *materiam,* alors que le verbe *transire,* marquant un mouvement, demande l'accusatif et non l'ablatif. Et enfin, p. 136, l. 47, il confond *actor* et *actus,* alors qu'il s'agit du premier moteur qui est acte pur. Il reste encore quatre variantes qui se transmettront dans ses descendants : p. 129, l. 84, *dispositio* à la place de *definitio*; p. 131, l. 23-24, *multitudo* au lieu de *multiplicatio*; p. 131, l. 33, *imponamus* au lieu de *imponimus* et p. 135, l. 22, *sit* à la place de *fit.*

c. *Les descendants de l'incunable imprimé probablement à Spire par Johann et Konrad Hist en 1487 ou 1488 (k)*

k a eu quatre descendants directs qui ont réagi très différemment devant leur modèle : il s'agit de K, R, h et i. Les rapports qui existent entre ces cinq incunables nous permettent de les dater avec plus de précision. K est postérieur à 1488 ou a été imprimé au plus tôt cette année-là, contrairement à ce qui a été conjecturé par le Catalogue du British Museum (60). L'imprimeur présumé de cet incunable est Michael Reyser, qui exerça son activité à Eichstadt à partir de 1484 (61). Il n'a donc pas eu la possibilité de composer cette édition en 1480, comme le conjecturait le Catalogue du British Museum.

Quant à R, qui a été imprimé à Reutlingen par Michel Greyff le 8 novembre 1488, c'est lui qui a permis de dater plus précisément k,

(60) Cf. *The British Museum...*, vol. 3 (1946), article ARISTOTLE, col. 94. Cet incunable est conservé au British Museum de Londres.

(61) Cf. F. GELDNER, *Die deutschen Inkunabeldrucker...*, vol. 1 (1968), pp. 261-262.

son modèle ([62]). Cet imprimeur qui était aussi *Magister artium liberalium* se spécialisa surtout dans l'édition d'œuvres théologiques, philosophiques et grammaticales. Sa première œuvre datée est de 1486 ([63]). Il exerça son métier jusqu'en 1514 ([64]).

h porte dans un colophon des renseignements précis sur son origine : cet incunable est sorti des presses de Konrad Hist à Spire en 1496 ([65]). Cet imprimeur débuta dans le métier avec son frère Johann, comme nous l'avons dit plus haut. Il continua seul à partir de 1492 et ce furent surtout des ouvrages théologiques, moraux et grammaticaux qui furent imprimés dans son atelier. Sa dernière édition date de 1515 ([66]).

Le dernier descendant de k, i, aurait été composé à Paris par Ulrich Gering, vers 1490 ([67]). La date approximative de sa composition n'est pas fausse puisque nous savons que cet incunable est postérieur à 1488. Il sort d'une presse célèbre. En effet, c'est Ulrich Gering qui importa l'art de l'imprimerie à Paris en 1470. Il fut invité par le Recteur de la Sorbonne, Jean de la Pierre, à venir exercer son métier dans la célèbre Université en compagnie de Michel Friburger, ancien *Magister artium liberalium*, et de Martin Cranz ([68]). Ces trois imprimeurs restèrent associés jusqu'en 1477, date à laquelle Ulrich Gering resta seul à la tête de l'atelier ([69]). Il continua son métier jusqu'en 1508 et mourut en 1510 ([70]).

	L	O	F	A	V	I	Total
k et K	0	11	13	1	7	5	37
k	0	0	0	0	0	0	0
K	0	1	1	0	3	0	5

Total des bandes 1 et 2 = 37
Total des bandes 1 et 3 = 42

([62]) Cf. le colophon du folio 64r : *Finitum est et completum hoc opusculum, per me Michahelem Gyffen Civem Rütlingensem, Octava die omnium sanctorum anno domini MCCCCLXXXVIII. De quo sit benedictus in secula. Amen.* Cet incunable se trouve à la Bibliothèque Royale de Bruxelles.

([63]) Cf. F. Geldner, *Die deutschen Inkunabeldrucker...*, vol. 1 (1968), pp. 224-225.

([64]) Cf. E. Voullième, *Die deutschen Drucker...* (1922), p. 136.

([65]) Cf. le colophon du folio 60r : *Impressum Spire per Conradum hist, Anno domini M. CCCC.XCVI. Laus Deo.* Cet incunable est conservé au British Museum de Londres.

([66]) Cf. F. Geldner, *Die deutschen Inkunabeldrucker...*, vol. 1 (1968), pp. 193-194.

([67]) Cf. *Gesamtkatalog der Wiegendrucke*, Bd 3 (1928), nº 2815. Cet incunable se trouve à la Bibliothèque de l'Arsenal à Paris.

([68]) Cf. A. Claudin, *Les origines de l'imprimerie à Paris...* (1899), pp. 8-10.

([69]) Cf. Ph. Renouard, *Répertoire des imprimeurs...* (1965), p. 168.

([70]) Cf. E.C. Bigmore et C.W.H. Wyman, *A bibliography...*, vol. 1 (1945), p. 262.

	L	O	F	A	V	I	Total
k et R	0	10	9	1	6	5	31
k	0	1	4	0	1	0	6
R	0	9	16	6	2	1	37

Total des bandes 1 et 2 = 37
Total des bandes 1 et 3 = 68

	L	O	F	A	V	I	Total
k et h	0	11	13	1	7	5	37
k	0	0	0	0	0	0	0
h	0	0	7	1	4	0	11

Total des bandes 1 et 2 = 37
Total des bandes 1 et 3 = 48

	L	O	F	A	V	I	Total
k et i	0	11	9	1	6	5	32
k	0	0	4	0	1	0	5
i	0	9	4	1	6	0	20

Total des bandes 1 et 2 = 37
Total des bandes 1 et 3 = 52

Le total des deux premières bandes horizontales est le même dans les quatre tableaux, ce qui prouve bien que ces quatre incunables sont tous fils de k. Mais chacun a réagi différemment devant son modèle; ce qui nous semble le plus significatif, c'est le zéro caractéristique qu'on rencontre dans la 2e bande horizontale de deux des tableaux. Deux des quatre incunables ont donc reproduit absolument tous les accidents qui se trouvaient dans leur modèle ([71]).

C'est dans le premier tableau que nous rencontrons le premier zéro caractéristique. K, non seulement a reproduit scrupuleusement le texte de k, mais il a fait preuve en outre d'une grande attention

([71]) Cf. J. Mogenet, *Autolycus de Pitane...* (1950), p. 63 : « La deuxième bande horizontale puisqu'elle comprend les accidents propres au seul manuscrit-père, doit théoriquement réaliser un 'zéro caractéristique', (qui n'est pas celui de Dom Quentin). En effet, la copie est censée être la reproduction exacte du modèle; dès lors, tous les accidents qui figurent dans le père, doivent également figurer dans le fils; le père ne peut donc rien posséder que ne possède également le fils ».

puisqu'il n'introduit que 5 accidents dans le florilège. L'omission se situe p. 134, l. 2, où l'imprimeur a oublié *est*[1]. La faute se lit p. 132, l. 40, où il a confondu l'actif *dant* avec le passif *dantur*, ce qui provoque un contresens dans la phrase. Quant aux variantes, elles se trouvent p. 119, l. 67, où il a écrit *alio* à la place de *aliis*; p. 131, l. 32, où on trouve la version *nescit* au lieu de *non noscit* et enfin p. 138, l. 74, où on lit *universum* à la place de *universi*.

L'imprimeur de R a ajouté une longue série d'accidents au texte qui lui servait de modèle, tout en corrigeant quelques erreurs manifestes qui lui sautaient aux yeux. En effet, k ne porte pas le nom d'Aristote dans le titre du livre p. 126, l. 39. Les quatre fautes se trouvent p. 118, l. 52, où on lit *practior* à la place de *practicae*, ce qui constitute une erreur puisqu'il s'agit de la distinction entre science spéculative et pratique; p. 122, l. 45, où *est* a été remplacé par *et*, ce qui rend la phrase dépourvue de sens; p. 134, l. 95, où il a confondu accusatif et nominatif: on trouve la leçon *potentiam* au lieu de *potentia* comme sujet d'un verbe à l'indicatif, et p. 136, l. 35, nouvelle faute de grammaire puisqu'il imprime *materiae* à la place du second *materia*, alors que ce substantif est sujet d'un verbe singulier. La variante se situe p. 122, l. 36, où *analoyce* remplace *analogice*.

Nous n'examinerons pas séparément chaque accident introduit par l'imprimeur de R dans le texte du florilège. Cette énumération ne présente aucun intérêt puisque R n'a servi de modèle à aucun autre incunable. La branche de cette famille s'arrête là. Ce qu'il faut souligner, c'est la mauvaise qualité de l'imprimeur de R qui détériore sensiblement le texte qu'il a pris comme source. Un cas comme celui-ci manifeste l'intérêt de la méthode que nous appliquons : montrer comment, à chaque niveau de transmission, le texte s'altère de plus en plus, et non pas donner la liste détaillée de toutes les erreurs introduites dans un incunable par un prote négligent, alors que cet exemplaire n'a pas eu de descendance. L'examen des accidents n'offre d'intérêt que dans les cas d'éditions ayant servi de modèle à des éditions ultérieures, parce qu'il permet de vérifier l'exactitude de la filiation.

Il est intéressant d'étudier les rapports qui existent entre k et h. C'est, en effet, la deuxième fois que nous rencontrons le zéro caractéristique dans la deuxième bande horizontale. Nous nous trouvons en face d'un imprimeur tellement soumis à son modèle qu'il en reproduit absolument tous les accidents, même les fautes flagrantes, les omissions manifestes, sans aucune modification. Cet incunable est resté lui aussi sans descendance. Aussi ne nous attarderons-nous pas à l'analyse détaillée des accidents, peu importants d'ailleurs, introduits dans le florilège par le prote de h.

Le quatrième incunable qui descend de k a servi lui aussi de modèle à des éditions ultérieures. Comme dans le cas de R, l'imprimeur a corrigé un certain nombre de fautes contenues dans le texte de son père : ainsi, p. 121, l. 24, k a la laçon *rerum* à la place de *verum*, ce qui constitue manifestement une erreur; p. 130, l. 11, on lit *duabus* au lieu de *duobus*, alors que ce nombre se rapporte à un substantif neutre. Les deux autres fautes propres à k ainsi que la variante sont les mêmes que celles que nous avons rencontrées lors de l'examen des rapports entre k et R : p. 134, l. 95, *potentiam*] *potentia*; p. 136, l. 35, *materiae*] *materia* et p. 122, l. 36, *analoyce*] *analogice*.

Le fait que R et i aient en commun trois corrections identiques pourrait nous faire croire qu'il y a eu un intermédiaire entre eux et leur père et qu'il auraient reproduit chacun les trois corrections introduites dans le texte de cet intermédiaire. Mais, comme il n'existe aucune autre ressemblance entre ces deux éditions, nous nous demandons si ces trois accidents communs ne sont pas l'effet du hasard.

Parmi les accidents propres à i, une série d'entre eux seront reproduits par ses descendants. Plusieurs omissions sont d'ailleurs toujours les mêmes. Tel l'oubli du verbe *sequuntur* en tête du titre des différents livres : on trouve cet accident p. 124, l. 84; p. 126, l. 39; p. 128, l. 75; p. 131, l. 36; p. 133, l. 83; p. 135, l. 20; p. 137, l. 49 et p. 138, l. 70. La faute se lit p. 131, l. 26, où *generatum* a été imprimé à la place de *generatam*, alors que ce participe se rapporte à un substantif féminin. On trouve une addition p. 131, l. 39, où l'imprimeur de k a ajouté *rei* après *esse*. A signaler enfin trois variantes : p. 123, l. 50, *affirmativo* au lieu de *affirmatio* ainsi que *negativo* à la place de *negatio* et pour finir, p. 123, l. 54, *quod* au lieu de *qui*.

d. *L'incunable imprimé probablement à Eichstadt par Michael Reyser après 1488 (K) et l'édition qui sortit probablement des presses d'Antoine Caillaut après cette date (Z)*

K n'a eu qu'un seul descendant, Z. Le *Gesamtkatalog der Wiegendrucke* le date approximativement des années 1485/1490 ([72]). On peut dire avec plus de précision qu'il a été imprimé au plus tôt en 1488, puisque son père est daté approximativement de cette année. Il semble

([72]) Cf. *Gesamtkatalog der Wiegendrucke*, Bd 3 (1928), n° 2807. Cet incunable se trouve à la Bibliothèque Nationale de Paris.

avoir vu le jour à Paris dans l'atelier d'Antoine Caillaut, qui ouvrit son imprimerie en 1483 et la garda jusqu'en 1506 (73). La plupart des éditions sorties de ses presses ne portent ni nom ni date d'impression (74).

	L	O	F	A	V	I	Total
K et Z	0	11	9	1	8	5	34
K	0	1	5	0	2	0	8
Z	0	15	8	0	4	0	27

Total des bandes 1 et 2 = 42

Les huit accidents propres à K sont les suivants : l'omission se trouve p. 124, l. 84 où le nom d'Aristote ne figure pas dans le titre du livre. Les cinq fautes se lisent p. 121, l. 24 : *rerum* à la place de *verum*, qui est la leçon attendue ; p. 130, l. 11, le prote a écrit *duabus* au lieu de *duobus*, ce qui constitue une erreur manifeste comme nous avons déjà eu l'occasion de le voir ; p. 132, l. 40, il a écrit l'actif *dant* au lieu du passif *dantur* ; p. 134, l. 95, il met à l'accusatif le sujet d'un verbe à l'indicatif, à savoir *potentiam* au lieu de *potentia*, et enfin p. 136, l. 35, il remplace *materia*¹ par *materiae*, alors qu'un nominatif singulier serait attendu dans la phrase. Les deux variantes se trouvent p. 119, l. 67, où l'imprimeur a écrit *alio* au lieu de *aliis* et p. 138, l. 74, où on lit *universum* à la place de *universi*.

L'énumération des accidents propres à Z serait fastidieuse. Elle est d'ailleurs inutile puisque cet incunable n'a pas eu de descendants. On peut donc se contenter de dire qu'à ce niveau de transmission le texte s'est détérioré en majeure partie à cause du grand nombre d'accidents négatifs dus à la néglignece et au manque d'attention de l'imprimeur.

e. *Les descendants de l'incunable imprimé probablement à Paris par Ulrich Gering vers 1490* (*i*)

Cette famille groupe trois incunables : G, I et i, qui se caractérisent par une série de leçons communes qui ne se trouvent pas dans les autres éditions. Il ne fait aucun doute que i soit le père des deux autres. En effet, il introduit une série d'accidents qui seront reproduits par G et I, tout en ne possédant pas les erreurs et variantes ajoutées par ces

(73) Cf. Ph. Renouard, *Répertoire des imprimeurs...* (1965), p. 65.

(74) Cf. A. Claudin, *Histoire de l'imprimerie...*, vol. 1 (1900), p. 297.

deux derniers. A l'issue des collations, on constate que G et I sont tous deux fils de i sans qu'il y ait de rapports entre eux.

G aurait été imprimé probablement à Lyon par Jean de Vingle vers 1495 ([75]). L'imprimeur de cet incunable commença à exercer son métier en 1492 et il le poursuivit jusqu'en 1513, année de sa mort ([76]). Il eut plusieurs enfants, parmi lesquels deux fils qui devinrent eux aussi imprimeurs. L'aîné, Pierre, ne peut être confondu avec son père puisqu'il a un prénom différent. Tandis que le second, Jean, est appelé Jean II pour éviter toute confusion entre le père et le fils. De toute manière, aucune confusion n'est possible en ce qui concerne notre texte, car Jean II se fixa à Pau et ne commença à imprimer que vers 1550 ([77]). Il semble donc bien que cette édition des *Auctoritates*... soit sortie des presses du père et non de celles du fils.

Quant à l'imprimeur de I, il s'agirait de Janon Carcain, qui aurait composé cette édition vers 1490/1495 ([78]). On sait qu'il s'installa à Lyon en 1485 ([79]) et qu'il entretenait des rapports fréquents avec les libraires parisiens ([80]).

	L	O	F	A	V	I	Total
i et I	0	20	9	2	12	5	48
i	0	0	4	0	0	0	4
I	0	0	4	1	4	0	9

Total des bandes 1 et 2 = 52

	L	O	F	A	V	I	Total
i et G	0	20	8	2	12	5	47
i	0	0	5	0	0	0	5
G	0	9	8	3	10	4	34

Total des bandes 1 et 2 = 52

([75]) Cf. *Gesamtkatalog der Wiegendrucke*, Bd 3 (1928), n° 2821. Cet incunable se trouve au Trinity College de Dublin.

([76]) Cf. *Bibliographie lyonnaise*..., vol. 12 (1921), p. 194.

([77]) Cf. *Bibliographie lyonnaise*... vol. 12 (1921), p. 219.

([78]) Cf. *Gesamtkatalog der Wiegendrucke*, Bd 3 (1928), n° 2819. Cet incunable se trouve à la Bibliothèque Municipale de Colmar.

([79]) Cf. A. Claudin, *Histoire de l'imprimerie*..., vol. 3 (1904), p. 452.

([80]) Cf. A. Claudin, *op. cit.*, vol. 3 (1904), p. 454.

Le total élevé de la première bande horizontale montre combien le texte s'est dégradé au cours de sa transmission.

Quand on examine les rapports qui existent entre i et I, on remarque que i n'a que 4 fautes propres : p. 118, l. 52, *practior* à la place de *practicae*. Comme il s'agit à cet endroit de la distinction entre science spéculative et science pratique, c'est *practicae* qui est normalement attendu dans la phrase. P. 122, l. 45, *et* remplace *est*. C'est une erreur qui s'explique facilement puisqu'elle ne porte que sur une lettre, mais elle modifie le sens de la citation. P. 124, l. 73, le copiste a écrit *id* à la place de *idem*. Ces deux mots sont très proches l'un de l'autre, mais la leçon *id* change la signification de la phrase. Enfin, p. 132, l. 46, on trouve *eaedem* au lieu de *eadem*, alors que ce pronom se rapporte au singulier *species*. Mais comme la forme du substantif est identique au singulier et au pluriel, l'imprimeur a confondu les deux par manque d'attention au contexte.

La troisième bande horizontale montre que le prote de I a reproduit soigneusement son modèle sans ajouter trop d'accidents de son cru. Les fautes se situent p. 115, l. 80, où il remplace *sapientiae* par *sapientis*; p. 117, l. 40, où il confond *Idem* et *Item*; p. 129, l. 86, où il écrit *forma* à la place de *formam* alors qu'on attend un accusatif, et enfin p. 135, l. 25, où il substitue *debetur* à *debet*. L'addition est peu importante : il restitue p. 120, l. 6, le nom d'Aristote dans le titre du livre. Il reste les quatre variantes : p. 119, l. 84, *familiaria* au lieu de *fabularia*; p. 123, l. 65, *ut* remplace *et*; p. 134, l. 98, on lit *in re manens* au lieu de *intra manens*, et enfin, p. 139, l. 98, on trouve la leçon *signat* à la place de *significat*.

Le texte du second incunable qui descend de i est sensiblement plus mauvais que celui de I. Cette conclusion s'impose lorsqu'on étudie le second tableau. Il est d'ailleurs intéressant de voir les réactions de deux imprimeurs différents vis-à-vis d'un même modèle. Autant le premier était soigneux, autant celui-ci se montre peu attentif. Il introduit dans le florilège un nombre considérable d'accidents.

Le total des deux premières bandes horizontales est identique à celui du tableau précédent, ce qui est tout à fait normal puisque ces deux incunables ont pris le même texte comme modèle. Les fautes propres à i sont les mêmes que celles qui avaient été corrigées par I. L'imprimeur de G en a corrigé une de plus : il s'agit d'une confusion faite par le prote de i, p. 127, l. 58, entre *casualia* et *causalia*. Le texte correct est *casualia*, qui est mis sur le même plan que *fortuita*, mais c'est la leçon *causalia* qui se trouve dans i.

Les accidents propres à G sont beaucoup plus nombreux que ceux qui avaient été introduits par I. Les omissions se trouvent p. 118, l. 55, où *ipse* a été oublié; p. 120, l. 6, et p. 122, l. 32, où dans les deux cas *Sequuntur* a été omis au début des titres de chaque livre; p. 122, l. 32, où le nom d'Aristote ne figure pas dans le titre; p. 127, l. 52, où on lit *Mathematica considerat* à la place de *Mathematica vero considerat*; p. 125, l. 7, où le second *est* ne se trouve pas; p. 131, l. 20, où le mot *libri* a été passé sous silence dans l'énoncé du titre et enfin p. 136, l. 45, où *dicit* manque après *Commentator*. Les erreurs sont soit des fautes de grammaire, soit des contresens : p. 118, l. 45, on lit *a* au lieu de *ad*[1], ce qui est manifestement une erreur de sens, peut-être due à une faute typographique; p. 119, l. 78: l'incunable porte la leçon *materia* à la place de *materiam*. Comme dans le cas précédent, cette omission de lettre a peut-être été introduite lors de la composition du texte. P. 125, l. 2, le prote a écrit *vestimentes* au lieu de *vestimentis* alors que, après *sine* on attend un ablatif et non un accusatif. P. 131, l. 24, on trouve *qua* à la place de *quas* qui est la leçon voulue à cet endroit. Encore une fois, s'agit-il vraiment d'une faute ou bien d'un oubli du typographe ? Dans le cas suivant, p. 132, l. 60, il n'y a pas de doute possible, l'erreur n'est pas due à l'impression, mais au prote lui-même, qui corrige *quam*, leçon correcte, en *quod*, alors que ce mot introduit un second terme de comparaison. P. 136, l. 44, il a remplacé *esse*[2] par *inesse*; p. 136, l. 47, *actus* par *auctor*, alors qu'il s'agit du premier moteur qui est acte pur, et enfin il commet une seconde faute dans la ligne suivante en remplaçant *potentia* par *impotentia*.

Les accidents positifs sont eux aussi nombreux, ce qui montre bien que l'imprimeur n'était pas seulement inattentif et passif devant son modèle. Les trois additions sont peu importantes : p. 128, l. 60, *sunt* devant le second *in*; p. 129, l. 89, *sunt* après *fiunt*, et p. 135, l. 23, *ex* après *quantitatem*. Les dix variantes sont les suivantes : *natura* à la place de *naturaliter* (p. 115, l. 82), *sunt* au lieu de *sint* (p. 115, l. 96), *qui ut talis* à la place de *qui est maxime tale* (p. 118, l. 55), *vel* au lieu de *et* (p. 123, l. 51), *ut* à la place de *et* (p. 123, l. 65), *sunt* au lieu de *stant* (p. 124, l. 81), *entiam* à la place de *ens* (p. 128, l. 62), *significat* au lieu de *signat* (p. 129, l. 87), *transmutationem* à la place de *transformationem* (p. 139, l. 95) et *signat* au lieu *significat* (p. 139, l. 98).

A l'issue de ce classement, le stemma de la famille peut donc s'établir de la manière suivante :

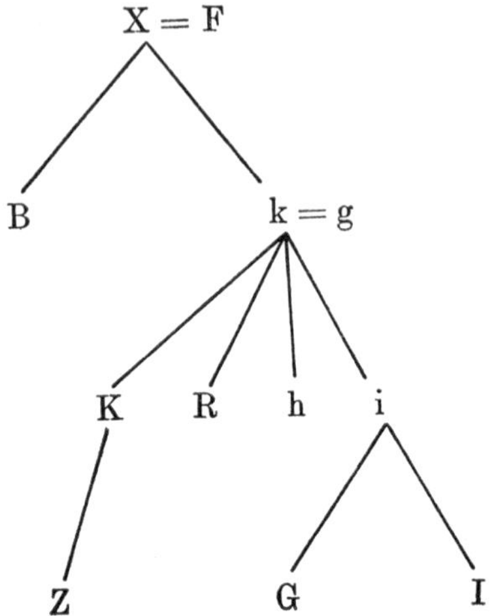

4. *La famille de l'incunable (E) imprimé à Paris par Philippe Pigouchet en 1491*

Cette dernière famille comprend 16 éditions, qui ont toutes été imprimées dans différentes villes de France :

Paris, Felix Baligault, 10 octobre 1498, 8°, 68 ff. : C
Paris, Philippe Pigouchet, 1491, 4°, 64 ff. : E
Paris, Pierre le Dru, 4 juillet 1502, 8°, 68 ff. : H
Caen, Michael Angier, [1515 ?], 16°, 68 ff. : J
[Paris], Michel le Noir, 26 septembre 1493, 4°, 92 ff. : Q
Paris. J. Poussin, 1518, 8°, 68 ff. : T
[Paris, 1520 ?], 68 ff.: U
Paris, J. Petit, s.d., 8°, 68 ff. : V
Lyon, Jean Flagollet, s.d., 16°, 56 ff. : Y
Paris, 1522, 8°, 68 ff. : a
Rouen, Jean le Bourgeois pour Robert Macé, 8°, 68 ff. : b
Paris, [Philippe Pigouchet pour] Geoffroi de Marnef, [vers 1498], 8°, 80 ff. : C
Paris, Felix Baligault, [pour Denis Roce et Durand Gerlier], 18 juillet 1500, 8°, 68 ff. : d.
Paris, Jean Lambert pour Denis Roce, [vers 1495], 8°, 68 ff. : e
[Paris, Jean Lambert, après 1500 (?)], 8°, 72 ff. : j
Paris, 1522, 12°, 68 ff. : m

Elle se distingue aisément des trois autres familles par une série de caractéristiques communes : dix omissions, une addition et six variantes ([81]). Au terme des collations, il ne fait aucun doute que E est bien le père de cette famille. En effet, c'est lui qui introduit la série d'accidents dans le texte du florilège, sans posséder ceux que ses descendants ajouteront à chaque étape de la transmission du texte. Cet incunable a été imprimé à Paris par Philippe Pigouchet en 1491, comme on peut le lire en-dessous du titre, sur la feuille de garde ([82]). Cet imprimeur travailla d'abord comme ouvrier dans l'atelier d'Antoine Caillaut ([83]). Il s'installa à son propre compte en 1488 et exerça son métier jusqu'en 1518 ([84]). En même temps qu'imprimeur, Philippe Pigouchet était libraire de l'Université de Paris ([85]). La plupart de ses éditions ne sont pas datées. Il a travaillé non seulement pour des libraires de Paris, mais aussi pour des libraires de Caen et de Lyon ([86]).

Cet incunable comprend 64 folios répartis en huit cahiers portant les signatures de a^{1-8} à h^{1-8}. Chaque folio comporte 33 lignes. Les lettrines ne se trouvent que sur les onze premiers folios de l'incunable. A partir du folio 12, une minuscule se trouve au début de chaque livre et occupe le milieu du carré réservé normalement à la lettrine ([87]). Comme cette édition ne nous a été conservée que dans un seul exemplaire, actuellement à la Free Library de Philadelphie, il ne nous a pas été possible de le consulter sur place; nous avons dû nous contenter de photocopies.

a. *L'édition de 1491* (*E*) *et celle de 1493* (*Q*)

Le descendant direct de E est Q, incunable imprimé par Michel le Noir le 26 septembre 1493 probablement à Paris ([88]). Cet imprimeur

([81]) Les omissions se trouvent p. 116, l. 3, *om.* oportet; p. 120, l. 6, *om.* Aristotelis; p. 124, l. 84, *om.* Aristotelis; p. 126, l. 39, *om.* Aristotelis; p. 128, l. 75, *om.* Aristotelis; p. 131, l. 36, *om.* libri *et* Aristotelis; p. 137, l. 49, *om.* Aristotelis; p. 138, l. 70, *om.* libri *et* Aristotelis. Il y a une addition p. 133, l. 67, où on lit *alia nisi quod* au lieu de *alia quod*. Et enfin les six variantes se situent p. 121, l. 10, *oporteat*] *oportet*; p. 121, l. 21, *fecerunt*] *fecerant*; p. 131, l. 32, *quod nescit*] *quod non noscit*; p. 132, l. 63, *transumptio*] *transmutatio*; p. 135, l. 23, *prima*] *primo* et enfin p. 139, l. 98, *concretus*] *concreatus*.

([82]) *Parisiis, Pigouchet, 1491.* Cet incunable se trouve uniquement à la Free Library de Philadelphie.

([83]) Cf. Ph. Renouard, *Répertoire des imprimeurs...* (1965), p. 65.

([84]) Cf. Ph. Renouard, *op. cit.* (1965), p. 346.

([85]) Cf. A. Claudin, *Histoire de l'imprimerie...*, vol. 2 (1901), p. 14.

([86]) Cf. A. Claudin, *op. cit.*, vol. 2 (1901), p. 56.

([87]) Cf. Ch. Beaulieux, *Manuscrits et imprimés en France...* (1910), p. 418.

([88]) Cf. le colophon du f. 92v : *Expliciunt Auctoritates Aristotelis, Senece, Boethii, Platonis, Apuley affricani, Empedoclis, Porphirii et Gilberti porritani per Michaelem nigrum morantem supra pontem sancti Michaelis, anno domini M. CCCC. XCIII, XXVI die Septembris.* Cet incunable est conservé à la Bibliothèque Royale de Bruxelles sous la cote A.619 (2).

commença par être libraire avant de se lancer dans l'imprimerie (89). Il garda son atelier à Paris, de 1486 à 1520 (90). Il édita surtout des œuvres en français, qui avaient pour objet des manuels d'enseignement et la littérature classique. Ses éditions latines sont beaucoup moins nombreuses (91).

	L	O	F	A	V	I	Total
E et Q	0	10	3	1	7	0	21
E	0	2	1	0	2	0	6
Q	0	6	7	1	5	1	20

Total des bandes 1 et 3 = 41

Comme nous l'avons vu pour les familles précédentes, il n'y a pas un très grand écart entre le texte du père et celui du texte de base. Les accidents propres à E sont peu nombreux et facilement explicables : le prote a oublié le nom d'Aristote dans le titre du livre p. 118, l. 43; p. 122, l. 31, il a omis un *et* entre *numero* et *singulare*, ce qui rend la phrase incompréhensible. Ces deux mots oubliés par l'imprimeur de E ont été réintroduits dans le texte de Q. La faute est tout aussi manifeste : p. 130, l. 11, on lit *duabus* au lieu de *duobus* alors que ce nombre se rapporte à un substantif neutre. Les deux variantes se trouvent p. 117, l. 40, où *est* remplace *etiam*, et p. 125, l. 8, où le prote a écrit *Eodem* à la place de *Eadem*.

Quant aux accidents propres à Q, quelques-uns passeront dans le texte de tous les autres représentants de cette famille : une omission, une faute, trois variantes et une inversion. L'omission se trouve p. 139, l. 94, où *de ipso* a été oublié. La faute se lit p. 132, l. 65, où le prote a écrit *cujus* au lieu de *ejus* alors qu'il s'agit d'un pronom démonstratif. Les trois variantes se situent p. 120, l. 1, où *perficit* remplace *percipit*; p. 126, l. 42, où *entia* est mis à la place de *essentia* et p. 139, l. 94, où l'on trouve la version *ipso* au lieu de *eo*. Enfin l'inversion a eu lieu p. 129, l. 85, où on lit *quidditatem habens* à la place de *habens quidditatem*. Certains accidents ne seront reproduits que dans quelques descendants de Q : trois omissions, quatre fautes et une variante. P. 120, l. 6, *Aristotelis* a été omis; p. 122, l. 45, c'est *nato* qui a été oublié, et p. 139, l. 91, *nisi* manque. Les fautes se trouvent p. 119, l. 83, où on lit *legis* à la place de *leges* alors qu'il s'agit d'un sujet

(89) Cf. A. Claudin, *op. cit.*, vol. 2 (1901), p. 163.

(90) Cf. Ph. Renouard, *op. cit.* (1965), p. 265.

(91) Cf. A. Claudin, *op. cit.*, vol. 2 (1901), p.167.

pluriel; p. 133, l. 78, où l'imprimeur de Q a écrit *ejus* au lieu de *eorum* alors que ce pronom se rapporte à un substantif pluriel; p. 134, l. 93, où il a confondu *facit* et *fit*, ce qui rend la phrase incompréhensible, et enfin p. 136, l. 39, où *feminam* remplace *feminum* alors qu'il s'agit, à cet endroit, de la distinction entre le genre masculin et le genre féminin, non de la distinction entre l'homme et la femme.

b. *L'édition de (Q) 1493 et celle qui fut imprimée avant 1498* (*c*)

Q a servi de modèle à c, incunable imprimé à Paris pour Geoffroi de Marnef, probablement par Philippe Pigouchet (92). On sait que de Marnef fut libraire de 1489 à 1518 (93). Il fut en rapport avec Antoine Caillaut et Philippe Pigouchet (94). Il vendit un grand nombre d'éditions latines et se spécialisa surtout dans la diffusion de traités de philosophie scolastique et de théologie (95). On peut modifier la date approximative de parution de cet incunable qui avait été établie par le *Gesamtkatalog der Wiegendrucke*, grâce aux rapports de filiation que nous avons établis dans cette famille. On verra, en effet, qu'un de ses fils porte dans un colophon la date de 1498. On peut donc dire sans se tromper que cette édition a été imprimée entre 1493 et 1498.

	L	O	F	A	V	I	Total
Q et c	0	15	6	1	12	1	35
Q	0	1	4	1	0	0	6
c	0	6	7	0	2	1	16

Total des bandes 1 et 2 = 41
Total des bandes 1 et 3 = 51

Les accidents propres à Q constituent des leçons tellement peu orthodoxes qu'elles n'ont pas été retenues par c. L'omission se trouve p. 134, l. 2, où le premier *est* a été oublié. Les quatre fautes sont évidentes : p. 131, l. 28, l'imprimeur de Q a écrit *qualitatis* au lieu de *qualitas* alors que ce substantif est sujet; p. 132, l. 56, il a confondu

(92) Cf. le colophon du f. 79v : *Expliciunt auctoritates Aristotelis, Senece, Boethii, Platonis, Apulei africani, Empedoclis, Porphirii et Gilberti porritani. Impresse parisius pro Goffrido de marnef. commorante in vico sancti iacobi in intersignio pellicani.* Cet incunable se trouve à la Bibliothèque Municipale d'Avignon sous la cote S.-A 227.

(93) Cf. Ph. Renouard, *op. cit.* (1965), p. 296.

(94) Cf. A. Claudin, *op. cit.*, vol. 2 (1901), p. 517.

(95) Cf. A. Claudin, *op. cit.*, vol. 2 (1901), p. 518.

nobilem et *mobilem*; p. 135, l. 18, il a oublié une syllabe dans un mot, ce qui donne *corruptilis* à la place de *corruptibilis*, et enfin p. 136, l. 39, il a remplacé *femininum* par *femininam*, alors qu'il s'agit de la distinction entre genre masculin et genre féminin. L'addition se lit p. 138, l. 67, où *in* a été ajouté devant *infinitam*, ce qui introduit une erreur manifeste. On comprend donc sans peine que c n'ait pas reproduit ces erreurs. Il a cependant ajouté lui-même une série d'accidents dont la plupart sont passés dans le texte de tous les autres représentants de la famille postérieurs à lui.

Parmi les seize leçons propres à c, onze sont passées dans tous ses descendants : il y a cinq omissions qui se situent p. 116, l. 6 où *sunt*[2] manque; p. 118, l. 43 et p. 120, l. 6, où le nom d'Aristote a été oublié dans le titre du livre; p. 128, l. 75, où *libri* a été omis, et enfin p. 132, l. 50, où *vel*[2] manque. Les quatre fautes se trouvent p. 124, l. 85, où *Quot* remplace *Tot*; p. 132, l. 48, où on lit *eadem* au lieu de *eaedem*, version normalement attendue puisque le démonstratif se rapporte à un substantif féminin pluriel; p. 134, l. 96, où la leçon *materia* est fautive puisqu'il s'agit d'un mouvement et que c'est donc l'accusatif *materiam* qui doit venir après *transiens*, et enfin p. 138, l. 84, où le prote a confondu masculin et féminin et imprime *qui* au lieu de *quae* alors que ce relatif a pour antécédent un féminin pluriel. Il reste une variante p. 118, l. 60, où on lit *in infimum* à la place de *in infinitum* et une inversion p. 124, l. 93, où *aliter se* remplace *se aliter*.

c. *Les descendants de l'incunable imprimé avant 1498* (*c*)

Trois éditions différentes ont pris cet incunable comme modèle, donnant ainsi naissance à trois branches différentes dans la famille. L'une d'elles n'a pas eu de descendance; la deuxième n'a eu qu'un fils; la troisième est à l'origine des neuf éditions restantes.

La première d'entre elles est C. C'est un incunable imprimé à Paris par Félix Baligault le 10 octobre 1498 ([96]). C'est d'après ce renseignement que nous avons d'ailleurs situé la date de parution de c avant 1498. On sait que Félix Baligault exerça son métier de 1492 à 1506, année de sa mort, et que presque toutes les éditions qui sortirent de

([96]) Cf. le colophon du f. 68r : *Expliciunt auctoritates Aristotelis, Senece, Boetii, Platonis, Apulei affricani, Empedoclis, Porphirii et Gilberti porritani. Impresse parisiis per felicem baligault civis parisiensis in monte sancte genovese ad intersigne divi stephani prima concurrente causa miro caractere exaravit anno immense reparationis M. quadringentesimo nonagesimo octavo, sole vero octobris claudente decimam.* Cet incunable se trouve à la Bibliothèque de l'Université à Fribourg en Brisgau.

ses presses ne portaient pas de date [97]. Il était libraire en même temps qu'imprimeur [98]. Il se spécialisa dans l'édition de livres latins, surtout à l'usage des étudiants. Il ne faut donc pas s'étonner de voir figurer parmi ses productions des grammaires, des dictionnaires, des traités de philosophie scolastique, des ouvrages de théologie etc. [99].

La deuxième édition qui descend de c est j. Elle a probablement été imprimée à Paris par Jean Lambert après 1500 [100]. Cet imprimeur garda son atelier de 1493 à 1514 [101]. Il était, lui aussi, libraire en même temps qu'imprimeur [102]. Il édita surtout des livres en français. En général ses éditions latines ne sont pas datées [103]. On sait qu'il était en relation avec Félix Baligault, l'imprimeur dont nous venons de parler [104].

Reste enfin la troisième édition, d, qui est sortie, elle aussi, des presses de Félix Baligault à Paris, le 18 juillet 1500 [105]. Il est assez curieux de remarquer que le même imprimeur refait une nouvelle édition des *Auctoritates* ... deux ans après la première qu'il a composée, et que cette édition n'est pas la reproduction identique de la première. Cette remarque nous amène à tirer deux conclusions. D'abord, les imprimeurs ne devaient pas garder les plaques de bois dont ils s'étaient servis pour faire une édition une fois que celle-ci était terminée et cela probablement pour ne pas encombrer inutilement leurs ateliers. La seconde conclusion, c'est que le texte du florilège devait être suffisamment demandé pour qu'on envisage de le réimprimer une seconde fois dans le même atelier à deux ans d'intervalle.

(97) Cf. Ph. Renouard, *Répertoire des imprimeurs*... (1965), p. 16.

(98) Cf. A. Claudin, *Histoire de l'imprimerie*..., vol. 2 (1901), p. 193.

(99) Cf. A. Claudin, *op. cit.*, vol. 2 (1901), p. 199.

(100) Cf. *Gesamtkatalog der Wiegendrucke*, Bd 3 (1928), nº 2822. Cette édition se trouve à la Bibliothèque Municipale de Poitiers sous la cote 15.

(101) Cf. Ph. Renouard, *op. cit.* (1965), p. 233.

(102) Cf. A. Claudin, *op. cit.*, vol. 2 (1901), p. 221.

(103) Cf. A. Claudin, *op. cit.*, vol. 2 (1901), p. 232.

(104) Cf. A. Claudin, *op. cit.*, vol. 2 (1901), p. 233.

(105) Cf. le colophon du f. 68r : *Expliciunt auctoritates Aristotelis, Senece, Boetii, Platonis, Apulei affricani, Empedoclis, Porphirii et Gilberti porritani. Impresse parisiis per felicem baligault civis parisiensis in monte sancte genovese ad intersigne divi stephani prima concurente causa miro caractere exaravit anno immense reparationis M. quinquagesimo* (sic), *sole vero iulii claudente decimam-octavam.* Cette édition est conservée à la Bibliothèque Municipale d'Avignon sous la cote S.-A 226.

	L	O	F	A	V	I	Total
c et C	0	20	12	1	12	2	47
c	0	1	1	0	2	0	4
C	0	0	4	0	1	1	6

Total des bandes 1 et 2 = 51

	L	O	F	A	V	I	Total
c et j	0	21	11	1	14	2	49
c	0	0	2	0	0	0	2
j	0	0	6	0	1	0	7

Total des bandes 1 et 2 = 51
Total des bandes 1 et 3 = 56

	L	O	F	A	V	I	Total
c et d	0	21	13	1	14	2	51
c	0	0	0	0	0	0	0
d	0	0	9	0	2	1	12

Total des bandes 1 et 2 = 51
Total des bandes 1 et 3 = 63

La comparaison des trois tableaux est concluante : on retrouve dans les trois cas le total 51 pour les deux premières bandes horizontales, ce qui prouve bien que ces trois éditions ont pris le même texte pour modèle.

L'examen des rapports qui existent entre c et C montre que l'imprimeur de C n'est pas resté passif devant son modèle. Il comble une omission de c p. 130, l. 00, où *in*[2] avait été oublié. Il corrige une faute p. 134, l. 94, en remplaçant *dividuo*, leçon erronée, par *individuo*. Enfin, il ne reproduit pas deux variantes : p. 123, l. 65, *ut* au lieu de *et*, et p. 132, l. 53, *factum erit* à la place de *factum est*. Les accidents qui lui sont propres sont peu nombreux. Bien que cette édition n'ait pas servi de modèle ultérieurement, nous croyons cependant utile de donner la liste des leçons divergentes introduites par l'imprimeur. En effet, elles sont assez semblables à celles que l'on trouvera dans la seconde édition faite par Félix Baligault deux ans plus tard. On peut donc reconnaître l'intervention de l'imprimeur dans ces accidents. Cependant, nous nous trouvons en présence de deux éditions différentes du même texte. En effet, les accidents propres à C sont moins nombreux que ceux qui seront introduits dans le texte de d et, en second lieu, dans cette première édition, Baligault corrige des fautes du modèle qu'il a sous les yeux, ce qu'il ne fera pas lors de la seconde édition. Voici la liste des leçons introduites dans le texte de C : quatre fautes (p. 115, l. 86, *operationis*] *operationes*; p. 116, l. 16, *acquisitus*] *acquisitis*; p. 120, l. 97, *iuramentum*] *iuvamentum*; p. 136, l. 39, *feminam*] *femininum*); une variante (p. 122, l. 46, *aliud*] *illud*) et une inversion (p. 130-131, l. 13-15, *Commentator* se trouve après *rebus* au lieu d'être imprimé après *rei*).

La réaction de l'imprimeur de j devant le texte de c est un peu différente. S'il corrige deux fautes contenues dans son modèle, il en ajoute lui-même six de son propre cru. Les deux erreurs propres à c se situent p. 117, l. 29, où on lit *vester* à la place de *videtur*, ce qui est manifestement fautif, et p. 119, l. 83, où l'imprimeur a confondu *legis* et *leges*, alors qu'il s'agit d'un sujet pluriel. Quant aux six fautes et à la variante introduites par j à ce niveau de transmission du texte, elles seront reproduites intégralement dans l'édition qui le prendra pour modèle. Les six fautes sont les suivantes : p. 118, l. 66, *se* remplace *esse*[1], alors qu'il s'agit de la distinction entre l'être et le non-être; p. 124, l. 74 on lit *differant* à la place de *differunt*, alors que le contexte est au présent; p. 127, l. 46, l'imprimeur a mis *rhetorica* au lieu de *theorica*, ce qui est erroné puisque la citation donne l'énumération des différentes sciences; p. 131, l. 17, il écrit *demonstrative* à la place de *demonstrativa*, alors que cet adjectif se rapporte à un sujet féminin; p. 131, l. 21, on trouve la leçon *transmutant* au lieu de *transmutent*, subjonctif normalement attendu après *ut*, et enfin, p. 135, l. 14, il se trompe manifestement en imprimant *suis proprias* au lieu de *suas proprias*. La variante se trouve p. 120, l. 1, où *esse* remplace *finem*.

Reste enfin le dernier fils de c, qui a reproduit intégralement le texte de son modèle. Or, comme nous l'avons vu, cette édition a été faite par le même imprimeur que celui qui composa C. Et, chose curieuse, la première fois il corrige certaines fautes contenues dans le texte qu'il a sous les yeux, tandis que deux ans plus tard il le reproduit sans y apporter la moindre correction. Nous rencontrons ainsi le zéro caractéristique pour la troisième fois. Mais cette soumission à sa source ne l'a cependant pas empêché d'introduire des accidents supplémentaires dans le florilège. Quelques-uns passeront dans le texte de ses descendants : quatre fautes, qui se trouvent p. 120, l. 97, où on lit *juramentum* au lieu de *juvamentum*, ce qui constitue une erreur manifeste; p. 123, l. 55, où l'imprimeur a écrit *vester* à la place de *videtur*, ce qui enlève tout sens à la phrase (il est probable que la faute est due à une mauvaise lecture de l'abréviation qu'il a sous les yeux) ; p. 125, l. 13, où la leçon *Et* remplace *Ens*, ce qui ne correspond pas au contenu de la citation, et p. 132, l. 48, où *variamur* et *variantur* ont été confondus. Deux variantes seront aussi reproduites par ses fils : p. 122, l. 46, *aliud* au lieu de *illud*, et p. 125, l. 18, *fecit* à la place de *facit*; ainsi qu'une inversion, p. 130-131, l. 13 à 15, où *Commentator* se trouve après *rebus* (l. 13), au lieu d'être imprimé après *rei* (l. 14).

d. *L'édition faite probablement à Paris par Jean Lambert après 1500 (j) et celle qui fut composée à Rouen par Jean le Bourgeois pour Robert Macé avant 1506 (b)*

j n'a eu qu'un fils : il s'agit de b, édition qui sortit des presses de Jean le Bourgeois à Rouen (106). Elle fut commandée à l'imprimeur par Robert Macé, libraire officiel de l'Université de Caen, de 1498 à 1506, date de sa mort. On sait qu'il s'adressa à des imprimeurs de Rouen et de Paris pour obtenir de nouvelles éditions (107). Il existait donc des rapports entre libraires et imprimeurs de différentes villes françaises et il ne faut pas s'étonner de voir qu'une édition faite à Rouen, par exemple, se vendait à Caen. La date de la mort de Robert Macé nous permet de dater cette édition de Jean le Bourgeois de manière plus précise que le *Gesamtkatalog der Wiegendrucke* ne l'a fait (108). Elle est probablement antérieure à 1506 ou, au plus tard, composée cette année-là.

	L	O	F	A	V	I	Total
j et b	0	21	16	1	15	2	55
j	0	0	1	0	0	0	1
b	0	0	5	0	0	1	6

Total des bandes 1 et 2 = 56

L'imprimeur de b s'est montré très soumis à son modèle puisqu'il l'a reproduit très soigneusement en corrigeant cependant une faute

(106) Cf. le colophon du f. 68r : *Expliciunt auctoritates Aristotelis, Senece, Boetii, Platonis, Apulei affricani, Empedoclis, Porphirii et Gilberti porretani. Noviter impresse Rothomagi per Iohannem le bourgoys pro Roberto mace librario Cadomi commorante.* Cette édition se trouve à la Bibliothèque Nationale de Paris sous la cote Rés. pR. 233.

(107) Cf. L. Delisle, *Catalogue des livres imprimés...*, vol. 2 (1904), pp. xxv-xxvii.

(108) Cf. *Gesamtkatalog der Wiegendrucke*, Bd 3 (1928) après le n° 2832, qui la date du XVIe siècle.

manifeste p. 136, l. 48, où on lit *sive* alors que la leçon correcte est *sine*. Il a ajouté peu d'accidents au texte de son père et ceux-ci sont dus bien plus à de la distraction qu'à une intervention personnelle ou à une mauvaise connaissance du latin. Avec b se termine cette deuxième ramification de la famille (*d*).

e. *Les descendants de l'édition imprimée à Paris par Félix Baligault le 18 juillet 1500* (*d*).

Deux éditions différentes ont utilisé d comme modèle. La première est e, qui fut imprimée à Paris par Jean Lambert pour Denis Roce vers 1495, disait le *Gesamtkatalog* (109). Nous pouvons préciser qu'elle n'a pas vu le jour avant le 18 juillet 1500 puisque son père n'a été imprimé qu'à cette date. Denis Roce, libraire et relieur de 1490 à 1517, vendait lui aussi un grand nombre d'éditions non datées (110). Il s'adressa à de nombreux imprimeurs parisiens pour se procurer des livres. Il semble s'être spécialisé surtout dans la diffusion d'ouvrages destinés aux prêtres et aux étudiants (111).

La seconde édition qui descend directement de d est H, qui fut composée à Paris par Pierre le Dru, le 4 juillet 1502 (112).

	L	O	F	A	V	I	Total
d et e	0	21	17	1	16	3	58
d	0	0	5	0	0	0	5
e	0	5	10	2	1	2	20

Total des bandes 1 et 2 = 63

(109) Cf. le colophon du f. 68r : *Expliciunt auctoritates Aristotelis, Senece, Boetii, Platonis, apulei affricani, Empedoclis, Porphirii et Gilberti porritani. Impresse parisius per iohannem Lambert pro Dyonisio Roce in vico sancti iacobi sub intersignio divi Martini commorante.* Cf. *Gesamtkatalog der Wiegendrucke*, Bd 3 (1928), nº 2822. Cette édition est conservée à la Bibliothèque Municipale du Havre sous la cote 3567.

(110) Cf. Ph. Renouard, *Répertoire des imprimeurs...* (1965), p. 375.

(111) Cf. A. Claudin, *Histoire de l'imprimerie...*, vol. 2 (1901), p. 532.

(112) Cf. le colophon du f. 68r : *Expliciunt auctoritates Aristotelis, Senece, Boetii, Platonis, Apulei affricani, Empedoclis, Prophirii* (*sic*) *et Gilberti porritani. Impressum Parisius per magistrum Petrum le Dru. Anno domini millesimo quingentesimo secundo, Die vero IIII mensis Iulii. Finit feliciter.* Cette édition se trouve au British Museum de Londres sous la cote 518 a 50. Pierre le Dru, *magister artium*, a exercé le métier de libraire et d'imprimeur de 1488 à 1515. Cf. Ph. Renouard, *op. cit.* (1965), pp. 428-429.

	L	O	F	A	V	I	Total
d et H	0	20	18	1	15	3	57
d	0	1	4	0	1	0	6
H	0	5	10	0	1	0	16

Total des bandes 1 et 2 = 63
Total des bandes 1 et 3 = 73

La comparaison des deux tableaux montre à nouveau que les totaux des deux premières bandes horizontales sont identiques.

L'imprimeur de e a introduit 20 accidents de son propre cru dans le texte du florilège. C'est surtout la somme des accidents négatifs qui montre sa négligence et son manque d'attention. Il a cependant corrigé cinq erreurs contenues dans le texte de son modèle. P. 116, l. 16, on lit *acquisitus* à la place de *acquisitis*; cette leçon est erronée puisqu'il s'agit à cet endroit d'un ablatif absolu. P. 119, l. 73, l'imprimeur de d a écrit *convertur* au lieu de *convertuntur*. La syllabe oubliée a été remplacée dans le texte de e. P. 119, l. 83, on trouve une faute de grammaire : *legis* et *leges* ont été confondus alors que ce substantif est sujet d'un verbe pluriel. P. 124, l. 91, il y a une erreur manifeste : *sub invicem* à la place de *sibi invicem*. Et enfin, p. 131, l. 30, on trouve *cognosciter* au lieu de *cognoscitur*, alors que c'est la troisième personne de l'indicatif présent passif de *cognoscere* qui est attendue à cet endroit.

La liste des accidents propres à e serait longue à énumérer; elle ne présente aucun intérêt pour nous, puisque cette édition n'a pas servi de modèle à d'autres éditions ultérieures; nous préférons donc ne pas la citer pour ne pas allonger démesurément ce classement.

Il est plus intéressant d'examiner les rapports qui existent entre d et H parce que c'est de H que descendront les derniers représentants de cette famille. Les six accidents propres à d sont les suivants : trois des fautes avaient déjà été corrigées par l'imprimeur de e (p. 119, l. 73; p. 124, l. 91 et p. 131, l. 30). La quatrième se trouve p. 136, l. 48, où on lit *sive* à la place de *sine*, alors que c'est cette dernière version qui est attendue dans la phrase. L'omission se situe p. 129, l. 93, où l'imprimeur a oublié *nisi*, ce qui rend la citation incompréhensible. Il reste enfin la variante p. 115, l. 96, où *sunt* remplace *sint*.

Parmi les accidents introduits par l'imprimeur de H un certain nombre passeront dans tous ses descendants : trois omissions, quatre fautes et une variante. Les omissions se trouvent p. 119, l. 67, où *vir* a été omis, ce qui rend la phrase incompréhensible; p. 121, l. 24, où *hoc* manque et enfin p. 125, l. 4, où *id est* a été oublié. La première faute se lit p. 116, l. 5, où l'imprimeur a confondu *dicent* et *docent*, version qui ne correspond pas au sens de la citation. La deuxième est une faute de grammaire : p. 120, l. 99, la leçon *veritatem* remplace *veritate*, ce qui ne convient pas au contexte : en effet, le *in* qui précède demande un ablatif et non un accusatif puisqu'il n'y a pas de mouvement. La troisième est elle aussi une faute de grammaire : p. 127, l. 48, on lit *speculativa* au lieu de *speculativae*, alors que cet adjectif se rapporte à un substantif féminin pluriel. La dernière faute se trouve p. 132, l. 53, où l'imprimeur a confondu *regens* et *agens*. Il reste enfin la variante p. 128, l. 67, où *reperitur* remplace *recipitur*.

f. *L'édition composée à Paris par Pierre le Dru en 1502 (H) et celle qui sortit des presses de Jean Petit après cette année (V)*

H a eu un descendant direct, V. Cette édition ne porte pas de date dans son colophon, mais on peut dire qu'elle est soit de la même année que la précédente, soit postérieure à elle (113). Jean Petit, son imprimeur, exerça son métier de 1492 à 1530 environ (114). Il semble avoir eu une succursale en Normandie. C'est un des imprimeurs les plus productifs de cette époque (115).

	L	O	F	A	V	I	Total
H et V	0	22	20	1	14	3	60
H	0	3	8	0	2	0	13
V	0	6	9	2	4	1	22

Total des bandes 1 et 2 = 73
Total des bandes 1 et 3 = 82

Le total de la deuxième bande horizontale paraît assez élevé. Mais tous les accidents propres à H sont très facilement explicables, ce qui permet de maintenir le classement tel que nous l'avons établi. De plus, c'est l'imprimeur de H qui a introduit une série d'accidents communs

(113) Cf. le colophon du f. 68r : *Expliciunt auctoritates Aristotelis, Senece, Boetii, Platonis, Apulei affricani, Empedoclis, Porphirii et Gilberti porritani. Venale habetur parisius in officina Iohannis petit, In vico sancti Jacobi ad intersignium leonis argentei.* Cette édition se trouve à la Bibliothèque Royale de Bruxelles sous la cote Inc. A. 675.

(114) Cf. Ph. Renouard, *op. cit.* (1965), p. 399.

(115) Cf. Ph. Renouard, *op. cit.* (1965), p. 340.

à tous ses descendants, comme nous l'avons vu, et cette édition ne possède pas les caractéristiques qui seront introduites dans le texte de V et reproduites par tous ses descendants. Les trois omissions propres à H se trouvent p. 117, l. 27, où *de* manque devant *deo*, ce qui rend la phrase incompréhensible; p. 131, l. 17, où *et* a été omis entre *individualis* et *demonstrativa* et p. 131, l. 27, où *ut* a été oublié après *necessarium*. Les fautes se lisent p. 115, l. 86, où l'imprimeur a écrit *operationis* au lieu de *operationes*, alors qu'il s'agit du sujet d'un verbe au pluriel; p. 116, l. 16, où on trouve la leçon *acquisitus*, alors qu'il s'agit d'un ablatif absolu et que la leçon attendue est *acquisitis*; p. 120, l. 89, où le prote a confondu *non* et *nos*, ce qui modifie complètement le sens de la citation; p. 132, l. 50, où il y a une faute de grammaire évidente puisque *suscipunt* remplace *suscipiunt*; p. 132, l. 60, où l'imprimeur commet le même genre d'erreur en écrivant *dignus* à la place de *dignius*, alors que cet adjectif détermine un substantif neutre; p. 134, l. 98-99, où manquent trois lettres dans un mot, ce qui donne *intectio* au lieu de *intellectio*, et p. 136, l. 39, où on lit *feminam* à la place de *femininum*, leçon normalement attendue puisqu'il s'agit de la distinction entre le genre masculin et le genre féminin. Quant aux deux variantes, elles sont assez peu importantes : p. 118, l. 60, on trouve *infimum* au lieu de *infinitum* et p. 122, l. 46, *aliud* remplace *illud*.

L'imprimeur de V a introduit lui-même dans le texte une série de leçons qui seront reproduites dans les éditions ultérieures. Parmi celles-ci, il y a cinq omissions : p. 115, l. 81, le mot *libri* a été oublié dans l'énoncé du titre; p. 117, l. 31, *ejus* manque; p. 120, l. 93, *in* ne figure pas devant *intelligendo*; p. 132, l. 65, *ut* a été omis et p. 134, l. 97, *et illa* n'a pas été imprimé. Il y a aussi deux fautes : p. 120, l. 97, où on trouve la version *curamentum* au lieu de *juvamentum*, et p. 126, l. 32, où on lit *Mora* à la place de *Mors*, ce qui est une erreur manifeste et ne convient pas au sens de la citation. L'imprimeur introduit encore deux additions, p. 119, l. 67, où il ajoute *aut* après *vir* et p. 119, l. 86, où *et semel* est imprimc après *simul*. Il reste enfin une variante p. 119, l. 81, où *id est* remplace *scilicet*, et une inversion p. 118, l. 56, où on lit *est maxime* à la place de *maxime est*. Quant aux autres accidents, certains sont propres à V seul, d'autres seront reproduits uniquement par l'une ou l'autre édition de la famille.

g. *L'édition faite à Paris par Jean Petit après 1502* (*V*) *et celle qui sortit des presses de Michael Angier probablement vers 1515* (*J*)

V a servi de modèle à une édition réalisée à Caen par Michel Angier, un des plus grands imprimeurs du 16e siècle (116). Avant d'ouvrir sa propre imprimerie, il fut d'abord au service de Robert Macé, libraire officiel de l'Université de Caen, qui, comme nous l'avons vu, était en rapport avec certains imprimeurs de Rouen et de Paris (117). Il ne faut donc pas s'étonner qu'une édition composée à Paris parvienne à Caen où elle sera reproduite. En 1503, Michael Angier partit à Morlaix en Bretagne, où il installa une imprimerie avec Roger Rogerie, un de ses amis. Mais, peu de temps après, il revint à Caen, où il s'associa avec Jean Macé (118). De très nombreuses éditions sortirent de ses presses.

	L	O	F	A	V	I	Total
V et J	0	27	22	2	16	4	71
V	0	1	7	1	2	0	11
J	0	7	11	2	2	1	23

Total des bandes 1 et 2 = 82
Total des bandes 1 et 3 = 94

Les onze accidents propres à V sont facilement explicables et on comprend aisément que l'imprimeur de J ne les ait pas reproduits. L'omission se trouve p. 139, l. 91, où *nisi* manque, ce qui altère le sens de la phrase. Les fautes sont les suivantes : p. 117, l. 29, le prote a écrit *vester* au lieu de *videtur*, ce qui est probablement dû à une mauvaise lecture de l'abréviation qu'il avait sous les yeux, mais qui constitue en fait une erreur manifeste dans la citation; p. 119, l. 77, on lit *prive* à la place de *prius*, ce qui n'a aucun sens; p. 121, l. 22, il y a une faute de grammaire puisque la leçon *dicerunt* remplace *dixerunt*; p. 122, l. 45, l'imprimeur se trompe en reproduisant *acto* au lieu de *apto*; p. 123, l. 55, même erreur que précédemment : il confond *vester* et *videtur*; p. 132, l. 48, il a changé *variantur* en *variamur* et enfin, p. 134, l. 7, il commet une erreur manifeste en écrivant *peccati* à la place de *peccatum*, alors que ce mot est sujet d'un verbe au singulier. L'addition se trouve

(116) Cf. le colophon du f. 68r : *Expliciunt auctoritates Aristotelis, Senece, Boetii, Platonis, Apulei africani, Empedoclis, Porphirii et Gilberti Poritani — Impresse Cadomi per Michaelem angier bibliopola ad intersignium divi Michaelis archan. Cadomi e regione conventus cardigerorum moram trahente.* L'année 1515 est conjecturée dans *The British Museum...*, vol. 3 (1946), article Aristotle, col. 94. Cette édition se trouve au British Museum de Londres sous la cote 520 a 11 (3).

(117) Cf. L. Delisle, *Catalogue des livres imprimés...*, vol. 2 (1904), pp. xxv-xxvii.

(118) Cf. L. Delisle, *op. cit.*, 2 (1904), vol. pp. xxxi-xxxii.

p. 132, l. 51, où il ajoute *et* après *materia* et les variantes se lisent p. 119, l. 84, où *familiaria* remplace *fabularia* et p. 125, l. 18, où *fecit* est imprimé à la place de *facit.*

Quant aux accidents introduits par l'imprimeur de J, certains sont communs à tous ses descendants, tandis que d'autres ne passeront que dans l'une ou l'autre des ramifications issues de lui. Les leçons communes sont les suivantes : deux omissions, deux fautes, une addition, une variante et une inversion. Les omissions se trouvent p. 118, l. 58, où *sic* manque et p. 119, l. 78, où *eo* a été oublié. Les deux fautes se lisent p. 120, l. 89, où *faciendum* remplace *sciendum,* ce qui constitue une erreur manifeste parce qu'il ne s'agit pas d'action mais de connaissance, et p. 136, l. 34, où l'imprimeur a changé *extremis* en *extremo,* alors que le pluriel serait beaucoup plus normal. L'addition se situe p. 130, l. 5, où *est* a été ajouté devant *definitio*; la variante, p. 119, l. 85, où *conferandam* est mis à la place de *conservandam*; enfin l'inversion a eu lieu p. 117, l. 26, où on trouve *melior et nobilior* au lieu de *nobilior et melior.*

h. *Les descendants de l'édition faite par Michael Angier à Caen vers 1515 (J)*

Cette édition a eu deux fils qui n'ont rien de commun entre eux. Le premier, T, mentionne dans un colophon l'année 1518 et sort des presses de J. Poussin à Paris (119). Cet imprimeur, qui n'est pas très connu, ouvrit un atelier à Paris de 1514 à 1518 (120). Le second a vu le jour à Paris en 1522 (121). Il s'agit de a. L'imprimeur n'est pas connu, mais nous croyons qu'il s'agit de Pierre Viart. En effet, le colophon de cette édition est absolument identique à celui d'une autre édition à qui elle a servi de modèle et qui porte sur sa page de garde la marque

(119) Cf. le colophon du f. 68r : *Expliciunt auctoritates Aristotelis, Senece, Boetii, Platonis, Apulei Affricani, Empedoclis, Porphirii et Gilberti Portiani* (*sic*). *Et finem ceperunt in domo Jacobi poussin, commorante in vico des Cannettes, Anno domini M.CCCCC.XVIII, die XV mensis Ianuarii.* Cette édition est conservée à la Bibliothèque Royale de Bruxelles sous la cote Inc.A 673, 2.

(120) Cf. Ph. Renouard, *Répertoire d'imprimeurs...* (1965), p. 351.

(121) Cf. le colophon f. 68r : *Auctoritates Aristotelis, Senece, Boetii, Platonis, Apulei affricani, Empedoclis, Porphirii et Gilberti porritani, hic parisius suam capiunt periodum pro Magistro petro baquelier gratianopolitano. Anno viginti* (sic) *partus M.d. XXII. Sole vero Octobris vicesimam claudente.* Cf. Ph. Renouard, *Imprimeurs et librairies parisiens du XVI*e *siècle,* t. I (1964), p. 6. Pierre Baquelier de Grenoble faisait imprimer des livres pour les étudiants. Cf. Ph. Renouard, *Répertoire des imprimeurs...* (1965), p. 18. Cette édition se trouve à la Bibliothèque Nationale de Paris sous la cote Rés. R. 2260.

typographique et le nom de Pierre Viart (122). Cette seconde édition est m, comme nous allons le voir ultérieurement. Nous serions donc à nouveau en présence de deux éditions différentes du même texte exécutées dans le même atelier. Mais cette fois ces deux éditions datent du même jour. L'imprimeur a-t-il été distrait en réimprimant le colophon de la première édition sur la seconde?

	L	O	F	A	V	I	Total
J et T	0	32	26	4	17	5	84
J	0	2	7	0	1	0	10
T	0	2	21	3	1	0	27

Total des bandes 1 et 2 = 94
Total des bandes 1 et 3 = 111

	L	O	F	A	V	I	Total
J et a	0	30	24	2	17	5	78
J	0	4	9	2	1	0	16
a	0	6	5	4	5	3	23

Total des bandes 1 et 2 = 94
Total des bandes 1 et 3 = 101

Comme on peut le constater en voyant les totaux des deux premières bandes horizontales, le texte se dégrade de plus en plus. Quand on examine les rapports qui existent entre J et T, on est frappé par le nombre d'accidents contenus dans J et qui ne sont pas reproduits dans T. Heureusement ce nombre ne porte pas à conséquence parce que ces accidents sont des leçons tellement erronées ou peu conformes au contexte qu'il ne faut pas s'étonner qu'elles aient été corrigées. Les deux omissions se trouvent p. 138, l. 75, où *non* a été oublié, et p. 139, l. 00, où *est* manque. Les fautes sont nombreuses : p. 116, l. 00-1, l'imprimeur a confondu *subvenientes* et *subservientes*; p. 129, l. 94, il écrit *generale* à la place de *generatur*, ce qui constitue une erreur manifeste; p. 131, l. 25, il change *alia* en *animalia*, ce qui n'a aucun

(122) Cf. le colophon de m, f. 67r : *Auctoritates Aristotelis, Senece, Boetii, Platonis, Apulei affricani, Empedoclis, Porphirii et Gilberti porritani, hic parisius suam capiunt periodum pro Magistro petro baquelier gratianopolitano. Anno viginti* (sic) *partus M.d. XXII. Sole vero Octobris vicesimam claudente.* Pierre Viart a été librairie-juré de l'Université de Paris de 1512 à 1523. Cf. Ph. Renouard, *op. cit.* (1965), pp. 428-429.

sens dans la phrase; cette faute est probablement due à une mauvaise lecture de l'abréviation; p. 132, l. 56, on lit *nobilem* à la place de *mobilem*, erreur due peut-être à la typographie; p. 134, l. 93, le prote a confondu *facit* et *fit*, leçon qui ne convient pas au sens de la citation; p. 138, l. 67, il faut une faute de grammaire en imprimant *potentia* à la place de *potentiam*, alors qu'il s'agit du sujet d'un verbe à l'infinitif, et p. 139, l. 93, il écrit *intellige* au lieu de *intelligit*, ce qui rend la phrase incompréhensible. La variante se trouve p. 129, l. 97, où il remplace *hoc* par *homo*.

Parmi les nombreux accidents propres à T, quelques-uns seront reproduits par son descendant : neuf fautes, une addition et une variante. Les fautes se trouvent p. 119, l. 76, où l'imprimeur a remplacé *scibile* par *sensibile*, ce qui ne correspond pas au sens de la citation; p. 120, l. 89, il a confondu *non* et *nos*, ce qui provoque un contresens; p. 122, l. 45, il a écrit *acto* au lieu de *apto*, ce qui constitue une erreur manifeste; p. 124, l. 85, il se trompe en changeant *Quot* en *Quod*; p. 124, l. 93, et p. 125, l. 5, il oublie une lettre en imprimant *alter* à la place de *aliter* et *thorica* au lieu de *theorica*; p. 127, l. 50, on lit *materia* au lieu de *materiae* (faute de grammaire puisque le datif est attendu après *conjunctas*); de même, p. 131, l. 26, on trouve la leçon *generata* à la place de *generatam*, alors que ce participe se rapporte à un substantif à l'accusatif; p. 138, l. 78, il y a un contresens là où le prote a confondu *volunt* et *nolunt*. L'addition se situe p. 132, l. 51, où il a ajouté *et* après *materia*, et la variante p. 119, l. 84, où il remplace *fabularia* par *familiaria*.

De même le total de la deuxième bande horizontale paraît élevé lorsqu'on étudie la filiation qui existe entre J et a. Deux omissions sont les mêmes que dans le tableau précédent (p. 138, l. 75 et p. 139, l. 00). Il y a aussi trois fautes qui avaient déjà été corrigées par l'imprimeur de T (p. 129, l. 94, p. 131, l. 25 et p. 139, l. 93). Les autres accidents avaient été reproduits tels quels dans T : deux omissions p. 118, l. 58, où *sic* a été oublié et p. 131, l. 27, où *ut* manque. Les six fautes qui restent se trouvent p. 122, l. 37, où l'imprimeur de J a écrit *dependunt* au lieu de *dependent*, ce qui constitue une erreur grammaticale; p. 127, l. 54, où il commet le même genre de faute en remplaçant *speculativae* par *speculativa*, alors que cet adjectif se rapporte à un *substantif féminin pluriel*; p. 131, l. 25, où il confond *Primum* et *Proprium*; p. 132, l. 46 et p. 132, l. 48, où on rencontre à nouveau deux fautes de grammaire : *idem* à la place de *eadem* et *eadem* au lieu de *eaedem*, ainsi qu'à la p. 139, l. 95, où il imprime *ei* à la place de *ejus*, alors que le génitif est attendu à cet endroit. Les deux additions sont

p. 128, l. 63, où *et* a été ajouté après *quantitatem* et p. 137, l. 53, où *et* figure entre *materia* et *forma*. Quant à la variante, on la lit p. 137, l. 57, où *generatio* remplace *aeternus*.

La plupart des accidents propres à a se sont transmis dans le texte de ses deux fils; des 23 qui sont mentionnés dans la troisième bande horizontale, 20 passeront dans le texte de ses descendants. Ce sont cinq omissions, les cinq fautes, trois additions, les cinq variantes et deux inversions. On rencontre les omissions p. 115, l. 80, où *nunc* manque; p. 126, l. 39, où *libri* a été oublié; p. 134, l. 6, où *est* ne figure pas; p. 139, l. 87, où on ne trouve pas le second *in*, et p. 139, l. 91, où *nisi* a été omis. Les fautes se lisent p. 117, l. 29, où *noster* remplace *videtur*; cette leçon est tout à fait inattendue et incompréhensible; p. 120, l. 89, l'imprimeur a confondu *non* et *nos*, ce qui provoque un contre-sens; p. 120, l. 99, il change *et* en *ad*, ce qui constitue une erreur manifeste; p. 122, l. 45, il se trompe en écrivant *acto* au lieu de *apto* et p. 139, l. 00, il y a une faute d'impression : *causat res* est devenu *causa tres*. Les additions se trouvent p. 124, l. 82, où *non* a été ajouté après *nomen*; p. 131, l. 29, où *et* a été joint à *scilicet* et p. 132, l. 51, où *et* a été ajouté après *materia*. On relève aussi cinq variantes : p. 116, l. 16, *patres*] *philosophi*; p. 119, l. 84, *familiaria*] *fabularia*; p. 121, l. 22-23 et p. 121, l. 23, *gustarunt*] *gustaverunt* et p. 139, l. 93, *quod*] *ut*. Quant aux deux inversions, elles se lisent p. 116, l. 6-7, où *sunt difficillima hominibus ad cognoscendum* remplace *difficillima sunt ad cognoscendum hominibus* et p. 128, l. 74, où *est prior* est mis à la place de *prior est*.

i. *L'édition de 1518 (T) et celle qui fut probablement composée à Paris en 1520 (U)*

T n'a servi de modèle qu'à une seule édition faite probablement à Paris en 1520 (123). Ces deux exemplaires sont remplis de fautes et cette branche de la famille peut être caractérisée par la mauvaise qualité de son texte.

	L	O	F	A	V	I	Total
T et U	0	32	35	5	18	5	95
T	0	2	12	2	0	0	16
U	1	5	10	3	2	0	21

Total des bandes 1 et 2 = 111

(123) Ce renseignement nous a été communiqué par le conservateur du British Museum. L'édition se trouve dans cette Bibliothèque sous la cote 1481 dd 4.

Le total de la deuxième bande horizontale est à nouveau fort élevé. Mais le texte de T contenait tant d'erreurs flagrantes qu'il est tout à fait normal qu'elles aient été corrigées par l'imprimeur de U. Comme nous arrivons au terme du *stemma* de cette famille, nous nous contenterons d'énumérer uniquement les accidents propres à T. Les deux omissions se trouvent p. 119, l. 67, où *vir* manque et p. 126, l. 30 où *sed* a été oublié. Les fautes sont les suivantes : p. 115, l. 99, *redde*] *reddere*; p. 117, l. 29, *vester*] *videtur*; p. 118, l. 51, *veritatis*] *veritas*; p. 121, l. 9, *quaerentis*] *quaerentes*; p. 123, l. 55, *vester*] *videtur*; p. 125, l. 4, *navium*] *navim*; p. 126, l. 40, *quatum*] *quantum*; p. 127, l. 50, *considera tres*] *considerat res*; p. 129, l. 89, *orsu*] *casu*; p. 129, l. 95 *Ultima*] *Universalia*; p. 131, l. 24, *qua*] *quas*; p. 139, l. 95, *Ultimo*] *Ultima*. Quant aux deux additions, elles se trouvent p. 126, l. 39, où *de* a été ajouté à *sexti* et p. 137, l. 59, où *et* a été joint à *immobilis*.

Les accidents introduits par U sont surtout négatifs. Comme l'édition termine cette ramification de la famille, nous nous contenterons de souligner le manque d'attention et la négligence de l'imprimeur qui, bien qu'ayant voulu corriger les fautes de son modèle, ne s'est pas rendu compte qu'il en commettait lui-même un bon nombre.

j. *Les descendants de l'édition de 1522 faite à Paris probablement dans l'atelier de Pierre Viart* (*a*)

Les deux dernières éditions de cette famille descendent de a. La première, Y, a été imprimée à Lyon par Jean Flagollet ([124]). Elle n'est pas datée, mais nous pouvons dire sans crainte de nous tromper qu'elle est certainement postérieure à 1522, année durant laquelle a fut publié. De plus, Jean Flagollet fut inscrit comme imprimeur à Lyon en 1535. Il imprima non seulement pour son propre compte mais aussi pour celui de différents libraires ([125]). Comme cet imprimeur n'ouvrit pas son atelier avant 1535, il faut donc considérer que Y est postérieur à cette année. La seconde édition qui a pris a comme modèle est m, qui sortit de l'imprimerie de Pierre Viart en 1522 ([126]).

([124]) Cf. le colophon du f. 56r : *Auctoritates Aristotelis, Senece, Boetii, Platonis, Apuleii affricani, Empedoclis, Porphirii et Gilberti porritani hic Lugduni expliciunt feliciter per Ioannem Flagollet, Expensis honesti viri Jacobi Giuncta Florentini.* Cette édition se trouve à la Bibliothèque Nationale de Paris sous la cote Rés. R. 1880.

([125]) Cf. *Bibliographie lyonnaise*... vol. 12 (1921), pp. 430-431.

([126]) Cette édition est conservée à la Bibliothèque de l'Université de Gand sous la cote Ph : 286.

	L	O	F	A	V	I	Total
a et Y	0	36	30	5	22	7	100
a	0	0	0	0	20	1	1
Y	1	4	18	1	1	0	25

Total des bandes 1 et 2 = 101

	L	O	F	A	V	I	Total
a et m	0	35	30	4	22	8	99
a	0	1	0	1	0	0	2
m	0	0	9	0	1	0	10

Total des bandes 1 et 2 = 101

L'examen de ces deux tableaux est révélateur. Les imprimeurs de Y et de m se sont montrés particulièrement attentifs en reproduisant leur modèle. En effet, Y ne laisse qu'une inversion propre à a : p. 116, l. 6, où on lit *sunt difficillima* au lieu de *difficillima sunt*, tandis que m lui laisse deux accidents : une omission, p. 118, l. 58, où *sic* a été oublié, et une addition, p. 123, l. 58, où *uni* a été ajouté devant *tertio*.

Ces deux éditions terminent elles aussi l'autre ramification de la famille. Aussi ne nous attarderons-nous pas à étudier systématiquement les accidents que chacune d'elles a introduits dans le texte du florilège à ce niveau de transmission. Contentons-nous de dire que l'imprimeur d'Y semble négligent puisqu'il est l'auteur d'un grand nombre d'accidents négatifs. Quant à l'imprimeur de m, il est plus soigneux que le précédent, bien qu'il ait ajouté neuf fautes au texte de son modèle.

A l'issue du classement de cette dernière famille, le stemma peut donc s'établir de la manière suivante :

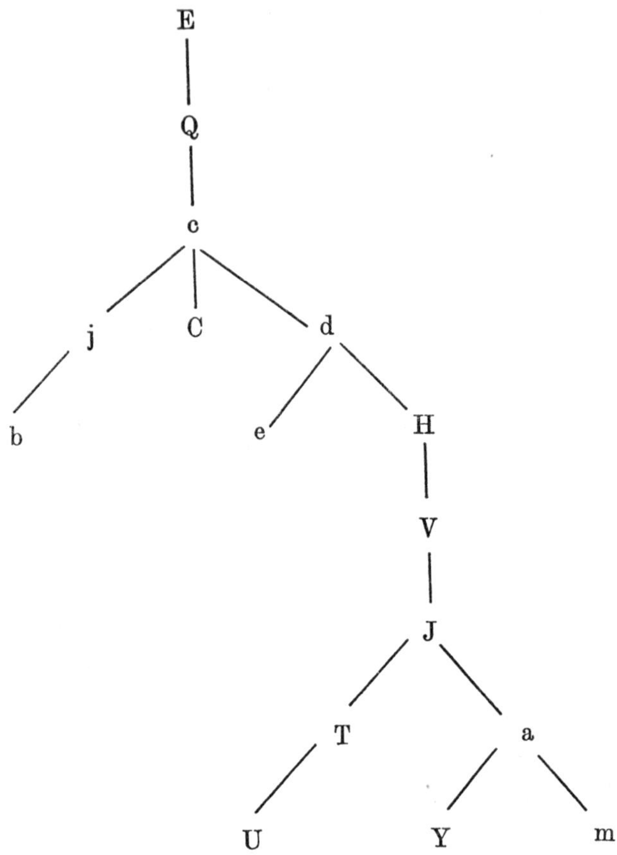

5. *Les exemplaires isolés*

Il reste deux incunables et un manuscrit qui n'appartiennent à aucune des familles précédentes et qui ont trop de divergences entre eux pour qu'on puisse leur attribuer une filiation. Il faut cependant remarquer — l'apparat le montre à l'évidence — qu'ils ont de temps à autre en commun l'une ou l'autre leçon avec l'un des pères des quatre familles. Mais ces rapprochements ne sont pas suffisants pour établir un rapport de parenté. Il faut donc conclure que ces trois exemplaires isolés remontent au même modèle que les chefs de file des familles par l'intermédiaire d'éditions ou de manuscrits disparus.

a. *L'incunable imprimé à Anvers par Gérard Leeu le 12 septembre 1487 (f)*

La première édition, f, sortit des presses de Gérard Leeu à Anvers le

12 septembre 1487 ([127]). L'exemplaire que nous avons examiné se trouve à la Bibliothèque Municipale de Charleville. C'est un volume in 4° de 21,5 × 15,5 cm. qui contient trois autres œuvres outre les *Auctoritates Aristotelis...* Il y a d'abord des *Proverbia*, qui occupent 22 folios non foliotés. L'incipit se lit au f. 1 : « *Incipiunt proverbia seriosa in theutonico prima, deinde in latino sibi invicem consonancia iudicio colligentis pulcherrima ac in hominum colloquiis communia.*

Achter rucke leert men best kennen Dicit
absente me quod non me residente... »

L'*explicit* se trouve au f. 22ᵛ : « *Os hostis raro loquitur bona non sibi charo* ». Le florilège suit cette première œuvre. Il se compose de 58 folios répartis en 10 cahiers. Les neuf premiers cahiers contiennent chacun 6 folios portant les signatures de a^{1-6} à i^{1-6}. Le dernier cahier ne comporte que 4 folios avec la signature de k^{1-4}. Lors de la reliure, deux folios ont été intervertis. C'est ainsi qu'à la place du folio 1 contenant le titre on trouve au début de l'œuvre le folio 4 qui donne les extraits du 5e livre de la *Métaphysique*, tandis que le folio 1 se trouve au beau milieu des citations de la *Métaphysique*, après le folio 3. Chaque folio contient soit 34, soit 35, soit 36 lignes suivant que le texte contient ou non un ou plusieurs titres. Les initiales de chaque livre sont de belles lettres rouges. L'*explicit* se trouve au f. 55ᵛ.

Après cette œuvre viennent neuf feuillets blancs qui ont été recouverts de notes manuscrites. Il s'agit d'extraits de la Bible. La dernière œuvre, qui est une table d'extraits de poètes, occupe 97 folios non foliotés. Le titre se trouve sur le recto du premier folio : « *Tabula circa flores poetarum de virtutibus et viciis ac donis sancti spiritus* ». On lit le colophon sur le recto du folio 97 : « *Impressum delff, Anno domini M. CCCC. LXXXVII* ».

L'imprimeur de cette édition des *Auctoritates...* est Gérard Leeu. Il était originaire de Gouda et commença par imprimer dans cette ville de 1477 à 1484 ([128]). Puis il partit pour Anvers, où sa première édition date de septembre 1484 ([129]). Il imprima dans plusieurs langues : latin, français, anglais, allemand, néerlandais. Il était en rapport avec des confrères d'autres pays voisins. Ce fut un des grands imprimeurs de

([127]) Cf. le colophon, f. 55ᵛ : *Finitum et completum est hoc opus per me Gerardum Leeu in mercuriali oppido Antwerpenum, Anno domini Millesimo CCCCLXXXVII, mensis septembris die duodecima.* Cet incunable est conservé à la Bibliothèque Municipale de Charleville sous la cote B. 14.

([128]) Cf. M.-L. Polain, *La situation d'Anvers dans l'imprimerie...* (1927), p. 243.

([129]) Cf. *Lexicon des Gesamten Buchwesens...* vol. 2 (1936), p. 305b.

nos provinces. Il mourut prématurément en 1493 alors qu'un grand nombre d'éditions étaient déjà sorties de ses presses ([130]).

Quand on examine l'apparat critique de notre édition, on se rend compte que f est très proche du texte que nous avons établi, exception faite de plusieurs fautes typographiques.

b. *L'édition faite à Anvers par Gérard Leeu le 1er juillet 1488 (P)*

Le même imprimeur refait une seconde édition du florilège dix mois plus tard ([131]). Il s'agit de P, incunable in 4°, de 20, 5 × 14,5 cm, qui comporte 58 folios répartis en 10 cahiers : 9 cahiers de 6 folios portant les signatures a^{1-6} à i^{1-6} et un cahier de 4 folios portant les signatures k^{1-4}. Il y a un feuillet blanc avant le feuillet de garde qui porte le titre de l'œuvre. Au verso de ce dernier commence la table. Les trois premiers feuillets ne sont pas foliotés. Le foliotage ne commence qu'au folio 4 avec les citations de la *Métaphysique*. Chaque folio contient soit 32, soit 35, soit 36 lignes. L'initiale de chaque livre est une lettrine rouge. L'*explicit* se trouve au verso du folio 55, qui est en réalité le folio 58. Après celui-ci on trouve encore un feuillet blanc.

Bien qu'ayant été imprimée dans le même atelier que l'édition précédente, il n'est pas possible d'établir un lien de parenté entre ces deux exemplaires. En effet, il existe trop de divergences entre eux pour qu'on puisse dire que P soit fils de f. Il ne fait aucun doute que les modèles ayant servi à ces deux éditions étaient différents. Il suffit de consulter l'apparat critique de l'édition pour s'en rendre compte : p. 115, l. 85, casum f] casuum P, p. 117, l. 26, ipsa f] ipse P, p. 119, l. 74, naturale f] neutrale P, p. 120, l. 7, Dubitatorum f] Habitatorum P, p. 121, l. 13, sit f] scit P, p. 121, l. 13, quae f] qui P, p. 121, l. 23, qui f] quae P, p. 124, l. 73, putavit quod idem esset f] putavit idem esse P, p. 126, l. 34, est f, *om.* est P, p. 128, l. 78, eorum f] aliorum P, p. 132, l. 57, dantur f] datur P, p. 132, l. 63, transmutatio f] transumptio P, p. 133, l. 68, qui f] quae P, p. 134, l. 93, fit f] sit P, p. 137, l. 53, Tria f] Tres P, p. 137, l. 55, scilicet f] sed P, p. 138, l. 78, principatuum f] principatum P, p. 138, l. 82, qui f] quae P.

Nous nous trouvons à nouveau devant un problème identique à celui que nous avons rencontré précédemment. Pourquoi un même

([130]) Cf. M.-L. POLAIN, *op. cit.* (1927), p. 245.

([131]) Cf. le colophon du f. 55v : *Finitum et completum est hoc opus per me Gerardum Leeu in mercuriali oppido antwerpiensi, Anno domini Millesimo CCCCLXXXVIII, prima die mensis Iulii.* Cet incunable se trouve à la Bibliothèque Nationale de Paris sous la cote Rés. R. 797.

imprimeur refait-il une édition différente d'un même texte à dix mois d'intervalle ? Nous sommes dans l'obligation de conclure qu'il n'avait pas gardé les tablettes de bois ayant servi à sa première édition et qu'il fut donc obligé de recomposer un nouveau texte d'après un modèle différent de celui qu'il avait suivi pour sa première édition. Il faut croire en outre que la demande de tels ouvrages devait être suffisamment grande pour nécessiter une nouvelle édition en si peu de temps.

c. *Le manuscrit de Gand, Bibl. der Rijksuniv., 13 (356), ff. 1r-27v (L)*

Ce codex de 158 folios en vélin contient huit œuvres différentes. Les *Auctoritates* commencent au recto du premier folio par la table des matières. Ensuite vient le prologue. Les premières citations de la *Métaphysique* commencent au verso du folio 1. Chaque folio comprend deux colonnes. Le nombre de lignes varie d'après les cas. On trouve des lettrines au début de chaque chapitre. L'*explicit* de l'œuvre se situe au folio 27r. L'écriture date du 15e siècle [132]. La reliure est ancienne et les ais de bois sont recouverts de cuir. Les fermoirs manquent.

Le texte de ce manuscrit n'est pas d'excellente qualité. Il contient un grand nombre de fautes et il ne nous a pas été possible de le rapprocher de l'une des familles d'incunables.

* * *

Au terme de ce classement, nous nous trouvons donc en face de sept exemplaires qui nous permettront d'établir l'édition du florilège. Il nous est difficile de déterminer la valeur de ces différents chefs de file les uns par rapport aux autres. Nous avons donc préféré les considérer comme ayant une autorité égale et nous avons essayé de ne pas suivre abusivement les leçons de l'un d'entre eux qui nous paraissait meilleur parce qu'il avait subi de multiples corrections.

A l'issue de cette étude, le *stemma editionum* s'établit comme suit :

(132) Cf. J. de Saint-Genois, *Catalogue méthodique...* (1849-1852), p. 276.

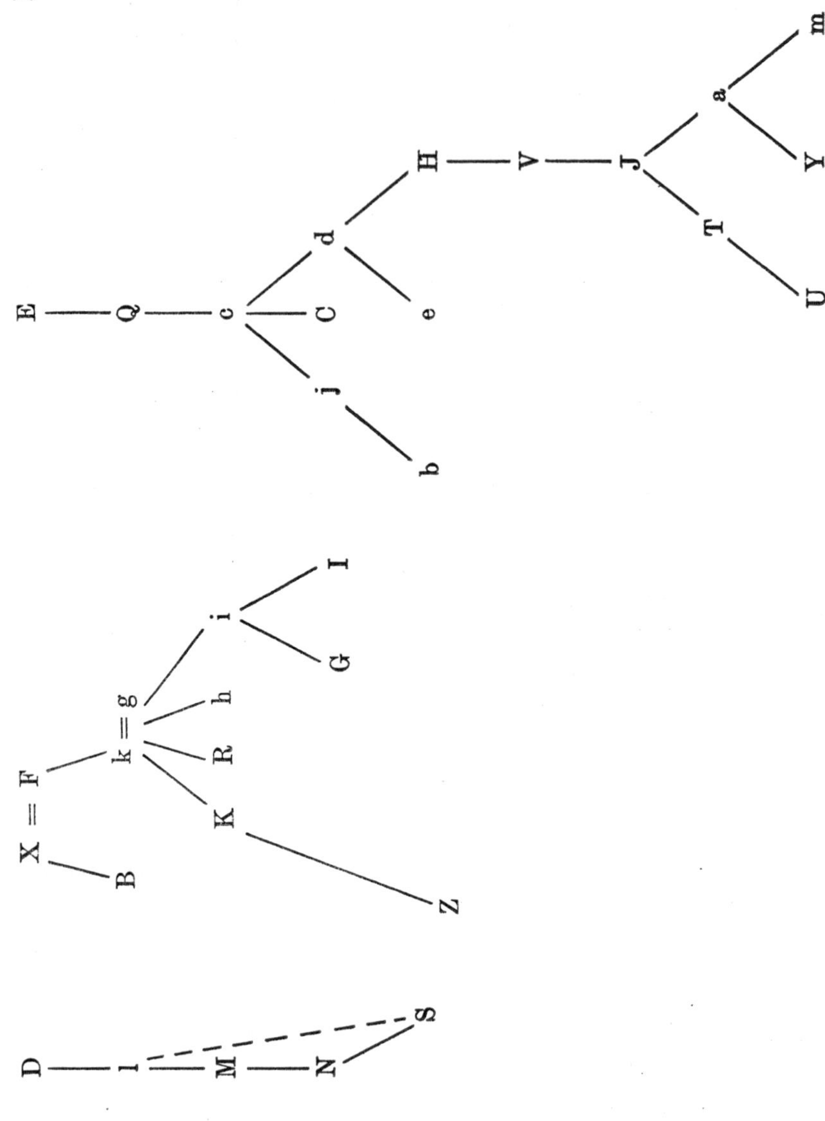
L
E Q c C j b d e H V J T U a Y m
X = F B k = g h R K Z i I G
D I M N S
W O A
P
f

CONCLUSION

En commençant l'étude des florilèges médiévaux d'Aristote, nous avions conscience d'aborder un vaste champ de recherches. Cette impression s'est accrue au cours de notre travail, chaque fois que nous étions confrontée à de nouveaux problèmes. Force nous a été d'établir un choix et de nous limiter à l'étude de certaines questions bien précises.

Un ensemble de conclusions se dégage de ce travail: les unes ont trait au florilège, à l'intérêt de son contenu, aux raisons de sa diffusion, aux renseignements qui concernent son origine et sa composition; les autres concernent les incunables et leur utilisation en vue d'une édition. Nous voudrions enfin souligner tout l'intérêt que présenterait une étude de la langue du florilège.

L'étude des *Auctoritates Aristotelis* s'est avérée très intéressante à plus d'un point de vue. La pénétration massive des œuvres d'Aristote dans le monde latin à partir du XIIe siècle a provoqué un regain d'intérêt pour les sciences profanes. Les écrits concernant la philosophie se sont multipliés pendant le XIIIe siècle et cette période se caractérise par le triomphe de l'aristotélisme. Le florilège que nous éditons en est le témoignage puisqu'il forme une anthologie destinée à tous ceux qui veulent s'initier à cette littérature nouvelle sans consulter l'œuvre, souvent inaccessible d'ailleurs, des auteurs cités ([133]). Comme ce recueil constituait un instrument de travail, il n'est pas étonnant qu'il ait été remanié au fur et à mesure de sa transmission et qu'il ait subi de profondes transformations dans la mesure où ses utilisateurs s'intéressaient davantage à l'une ou l'autre œuvre d'Aristote.

La diffusion très large de ce recueil n'a rien de surprenant dans un milieu universitaire. A la fin du XIIIe siècle, l'aristotélisme constituait la base de l'enseignement à la Faculté des arts. Il est donc normal que professeurs et étudiants aient utilisé un manuel de ce genre, d'autant plus que rares étaient les manuscrits contenant les différentes œuvres d'Aristote et celles des autres philosophes. Seuls quelques privilégiés pouvaient y accéder. Un autre phénomène caractéristique du moyen âge explique la diffusion de ce texte : la mobilité du personnel enseignant ainsi que celle des étudiants. Les documents relatifs à la vie

([133]) Cf. l'*explicit* du prologue des manuscrits : ...*qui totam philosophiam non valent sibi commode praeparare vel comparare.*

universitaire mentionnent les nombreux déplacements qu'effectuaient étudiants et professeurs. Marsile de Padoue, par exemple, fait ses études à la Faculté des arts de Padoue, puis il vient enseigner à Paris ; après son exil, il séjourne dans différentes villes d'Allemagne avant de mourir à Munich. Il ne constitue qu'un cas parmi bien d'autres : qu'on songe aux multiples voyages de Michel Scot, d'Albert le Grand et de Thomas d'Aquin.

Ce florilège est un bon témoin de la connaissance philosophique de l'époque. En effet, comme nous l'avons souligné, cette œuvre a probablement été composée à la Faculté des arts de Paris. Or, nous l'avons dit déjà, tous les étudiants, quelle que fût leur spécialité, passaient obligatoirement par cette Faculté avant d'aborder les autres disciplines: théologie, droit, médecine. Tous les universitaires étaient donc initiés à l'aristotélisme, mais on peut se demander de quelle manière. En effet, si le florilège est un reflet fidèle de l'enseignement donné à la Faculté des arts, les étudiants devaient attribuer à Aristote un grand nombre de citations qui n'appartenaient à aucune de ses œuvres, ainsi que nous l'avons montré dans la description du contenu philosophique du recueil. L'index d'identification des citations permettra d'ailleurs au lecteur de retrouver les sources véritables des extraits mis sous le nom d'Aristote. En outre, ces citations ne sont pas littérales et nombre d'entre elles ne donnent qu'un aperçu approximatif des doctrines du Stagirite, d'où la difficulté souvent éprouvée par les médiévistes d'identifier les citations attribuées à Aristote dans les œuvres d'auteurs médiévaux.

L'identification des citations nous a posé des problèmes considérables. Les instruments de travail dont nous disposons pour l'étude des traductions latines des œuvres d'Aristote ne sont pas toujours d'usage facile. Les traductions médiévales de certains traités du Stagirite ne sont pas éditées et, dans ce cas, nous avons été obligée de recourir aux manuscrits. Pour le *De animalibus*, par exemple, nous avons dû nous baser sur les manuscrits en ce qui concerne l'*Historia animalium*. Comme les citations de ces textes sont dispersées, nous avons été dans l'obligation de reprendre à plusieurs reprises la lecture intégrale de cet ouvrage.

Les citations du florilège ne sont pas uniquement extraites des œuvres aristotéliciennes. Un grand nombre de passages qui sont attribués à Aristote sont issus de commentaires ou de traités d'autres auteurs. Pour retrouver la source de ces citations, la consultation d'une très vaste littérature s'est révélée indispensable. La *Physique*, par exemple, contient un grand nombre de passages issus du *Commentaire* de saint Thomas, alors que cet auteur n'est jamais cité. Tous les extraits de la *Poétique* attribués à Aristote sont en réalité des citations littérales du *Commentaire* d'Averroès.

Les florilèges médiévaux d'Aristote n'ont jamais fait l'objet d'une étude approfondie. En éditant pour la première fois l'un de ces recueils, nous espérons avoir montré l'intérêt d'une telle étude et avoir apporté quelques renseignements supplémentaires concernant les productions de la Faculté des arts au début du 14e siècle. En publiant l'identification véritable des citations, nous avons essayé de constituer un instrument de travail à l'usage des médiévistes. Si nous n'avons pu démontrer de manière péremptoire que Marsile de Pasoue est l'auteur de cette œuvre, nous croyons cependant avoir rassemblé suffisamment d'arguments pour que cette attribution puisse être considérée comme probable.

Quant à l'édition du texte, nous nous sommes trouvée face à une situation difficile. Les remaniements profonds que trahit la tradition manuscrite rendaient impossible l'établissement d'une filiation des *codices*. A la limite, il aurait fallu éditer chaque manuscrit. Des recherches prolongées nous ont permis de retrouver 153 exemplaires différents du florilège. Grâce à cette documentation, nous avons pu déterminer entre autres la date et l'auteur du florilège.

La tradition imprimée du florilège de 1480 à 1520 est fort riche. Le texte qu'elle nous fournit remonte dans son intégralité aux manuscrits du moyen âge, comme nous l'avons montré. Quarante éditions différentes on été réalisées en l'espace de quarante ans. Fait assez surprenant, la diffusion de ce recueil s'est arrêtée brusquement en 1522. On ne trouve plus aucune édition du texte après cette date.

Cette état de choses nous a conduite à établir l'édition du florilège sur la base des incunables et des éditions anciennes. Leur grand nombre constitue un excellent témoignage du succès que le florilège a connu vers les années 1500. Ce fait n'a rien d'étonnant quand on sait que nombre d'imprimeurs de l'époque étaient les imprimeurs officiels d'une université et que certains avaient été étudiants à la Faculté des arts. Plusieurs d'entre eux exerçaient en même temps le métier d'éditeur et de libraire. Il est donc normal qu'ils aient imprimé les manuels qui connaissaient une diffusion suffisamment large parmi le public universitaire.

Nous savons comment les libraires procédaient pour avertir les étudiants de la parution d'une édition nouvelle. Ils faisaient distribuer en rue de petits billets sur lesquels ils annonçaient leur nouvelle publication. A. Claudin a retrouvé une de ces annonces qui porte le texte suivant : « *Ethica Aristotelis secundum veterem translationem a Magistro Petro Tartareto qui ea crastino die in collegio Remensi interpretaturus est, diligenter recognita, venalia sunt in Pelicano vici sancti Jacobi* » (134). Tous les étudiants savaient donc qu'ils trouveraient la nouvelle édition de l'*Éthique à Nicomaque* d'Aristote revue par leur professeur à la librairie de Marnef, au Pélican, rue Saint-Jacques.

Comme les professeurs et les étudiants, les imprimeurs voyageaint beaucoup. Certains allaient de ville en ville, d'autres apprenaient leur métier dans un grand centre d'imprimerie avant de regagner leur pays, afin de s'y installer à leur propre compte. Il ne faut donc pas s'étonner qu'un texte comme les *Auctoritates* se soit répandu rapidement dans différentes villes d'Europe.

Avant d'éditer le texte du florilège, nous avons essayé de regrouper les incunables par familles et d'établir leur filiation. Nous avons constaté qu'il était possible de classer les éditions comme des manuscrits et d'établir un *stemma editionum* grâce aux méthodes utilisées pour déterminer le *stemma codicum*. Nous voudrions souligner tout l'intérêt de cette application de la méthode de classement des manuscrits à celui des incunables. En effet, la technique élaborée par J. Mogenet pour l'établissement du *stemma codicum* s'est révélée tout aussi efficace pour l'établissement du *stemma editionum*, concrètement pour le groupe d'incunables et d'éditions anciennes que nous avions à examiner. Cette méthode claire, simple et objective nous a permis de retrouver la filiation des différentes éditions avec une relative facilité. Les conclusions auxquelles nous sommes arrivée ont d'ailleurs été confirmées dans la plupart des cas par les colophons des différents incunables contenant des renseignements précis quant à leur lieu et à leur date d'origine.

Certaines remarques s'imposent cependant concernant les différences qui existent entre variantes de manuscrits et variantes d'incunables. En effet, les copistes sont essentiellement passifs devant le texte de leur modèle. Il est donc normal qu'on trouve un grand nombre d'accidents négatifs dans les *codices*. Ces accidents sont dus, non pas à l'intervention personnelle du copiste, mais essentiellement à sa distraction, voire à son ignorance. La plupart des lacunes et omissions s'expliquent ainsi par un saut du même au même. Au contraire, dans le cas des incunables, ce sont les accidents positifs qui sont les plus nombreux et qui té-

(134) A. Claudin, *Histoire de l'imprimerie...*, vol. 2 (1901), p. 519.

moignent de l'intervention volontaire des imprimeurs. Ces derniers, comme nous l'avons vu, avaient souvent fait des études à la Faculté des arts avant d'exercer leur métier ou bien ils recouraient à des correcteurs pour vérifier leurs éditions. On comprend donc que les additions, variantes, inversions et corrections soient plus nombreuses dans les incunables que dans les manuscrits. Il faut enfin souligner un dernier trait caractéristique des éditions : les fautes d'impression. On rencontre souvent des inversions, des omissions ou des confusions de lettres qui ne sont pas attribuables aux corrections de l'imprimeur, mais qui résultent uniquement de la distraction du prote. Ces fautes n'entrent donc pas en ligne de compte dans le classement des incunables; nous avons essayé de les distinguer et de les signaler lorsque nous avons établi les filiations qui existent entre les différentes éditions.

Nous espérons avoir posé les premiers jalons d'une étude de la langue du florilège. En établissant la concordance de ce texte, nous songions avant tout à constituer un instrument de travail indispensable à une consultation efficace du recueil. La nécessité d'établir dans notre concordance un classement grammatical des formes, et non un simple classement alphabétique, nous a obligée à faire l'analyse morphologique de chaque mot du texte. Il a fallu en outre lemmatiser tous les mots du florilège. La concordance indique dès à présent au lecteur les néologismes contenus dans l'œuvre. Ceux-ci sont reconnaissables grâce à l'astérisque qui suit le lemme. L'examen de ce vocabulaire nouveau sera particulièrement intéressant du point de vue lexicographique et philosophique. Les médiévaux, en effet, ont été amenés à exprimer les concepts nouveaux qui leur étaient transmis par les textes grecs et arabes; il serait très utile de voir de quelle manière ils ont résolu ce problème. Nous nous proposons de procéder ultérieurement à l'étude syntaxique de ce texte et de réaliser de la sorte une étude philologique approfondie.

PRINCIPES D'ÉDITION

1. Nous avons adopté l'orthographe moderne. Il nous a été impossible de maintenir les graphies médiévales parce qu'il n'existe aucune constance à l'intérieur d'un même incunable. Les imprimeurs emploient indifféremment les graphies classiques et médiévales. Nous avons également corrigé ou complété la ponctuation des incunables.

2. Nous avons imprimé les titres en caractères gras; les notes de l'auteur du florilège qui ne constituent pas des citations figurent en italique.

3. Le texte est accompagné d'un apparat critique et de deux séries de notes. L'apparat critique donne la liste des variantes, la première série de notes contient l'identification des citations, la seconde permet au lecteur de retrouver le texte d'Aristote lorsque la citation est corrumpue.

4. Nous avons ajouté au début de chaque citation un chiffre entre parenthèses. (La concordance renvoie à ces numéros et permet une consultation plus aisée de l'édition).

5. La distinction des citations pourrait être différente d'après le texte original d'Aristote. Nous avons cependant respecté la distinction faite dans les incunables.

6. Dans les titres courants, un numéro d'ordre figure entre parenthèses à côté de l'œuvre citée. Ce numéro permet le renvoi aux œuvres dans les volumes de concordance et d'index.

Sigles du manuscrit et des incunables utilisés pour l'édition

Gent (manuscrit)	L
Paris, 1487	X
Paris, 1488	P
Paris, 1489	W
Charleville	f
Philadelphia	E
Köln	D

AUCTORITATES ARISTOTELIS, SENECAE, BOETHII, PLATONIS, APPULEII AFRICANI, PORPHYRII ET GILBERTI PORRETANI

Incipit Prologus compendii auctoritatum Philosophi et quorundam aliorum pro usu introductionis thematum ipsorum praedicatorum ad populum simul ac in artibus studere volentium.

Cum enim aristotelicae tam ad populum praedicanti quam in artibus studenti non modicum sententiae fulgentioris cognitionis cujuslibet scientiae praebeant robur atque fulcimen, ideo in praesentiarum pro magistralibus brevibusque sermonum introductionibus ad populum ac earundem sermonum suis certis in locis membrisque ornatioribus relucentiis ejusdem Aristotelis in via naturali. Fatur ut Commentator super primo libro Physicorum : « Luminis mundi cujus ortus primum carpsit hujus vitae auras anno quintodecimo Menonis, qui et Artaxerxes decimi regis Persarum, in Stragunia, civitate Traciae, quae est pars Macedoniae. Fuit autem filius Nicomati medici et Festiae, quae et ab Aesculapio descenderunt. Florens Athenis annis trecentis et circa octoginta ante Christi nativitatem, tempore Alexandri magni, decimi macedonii regis ».

Fiunt autem thematum in sermone intentum introductiones modis sequentibus et pluribus aliis, principio per magistralem sententiam : Verbi gratia sit thema illud Lucae XI : « Beati qui audiunt verbum Dei et cetera ». Introduc sic : « Dicit Aristoteles primo De animalibus :

1-3 Auctoritates ... Porretani] Compendium auctoritatum Philosophi et quorundam aliorum (scilicet Aristotelis, Senecae, Boethii, Platonis, Appuleii, Empedoclis, Porphyrii et Gilberti). Parisiis, Pigouchet, 1491 E; *om.* L. *Sequitur* : « Registrum denotans auctoritates librorum Aristotelis et quorundam philosophorum in quolibet folio contentas » *quod in editione nostra om.* 4 Incipit] Prologus. Incipit E 7-12 *Haec sententia verbo caret et incompleta videtur* 7 Cum] Um D 8 sententiae] sine LP 9 praesentiarum] praesentia cum L 11 earundem] eorundem W ornatioribus] ornationibus L 12 ut] et LP Commentator] Commentutor W 14 quintodecimo] quindecimo W 15 Stragunia] *sic in cod.* 16 Nichomati] Inchomati W; Nichometi D; Nicomachi L 16 et] est LPfD; *om.* X

13-19 Averroes, *In Phys.*, prologue, f. 4 H-I.
22 Lc., XI, 28

Omne animal habens aures habet eas mobiles praeter homines, et hoc ratione nobilis complexionis ». Nam ut dicitur ibidem : « Sicut aurum excellit omne metallum, sic homo omne animal, cum sit homo animal rationale, mortale, disciplinae susceptibile, mansuetum natura ». Igitur cum talis sit, jugiter verba salutis intendae attendat Domino dicente, Matthaei XIII, Lucae VIII et Apocalypsis II et III : « Qui habet aures audiendi, audiat ». In quibus verbis praetenditur virtus sensibilis sive sensualis audiendi, quae et in animalibus, intellectualis et affectualis, quae tantum in hominibus. Psalmus XLIIII : « Audi filia ... » Ecce primum « et vide », considera secundum « et inclina aurem tuam », perpende tertium. Et Augustinus, XII libro Confessionum : « Locutus es, Domine, voce forti ad aurem meam ». Qui igitur negligenter audit verbum Dei, tantum peccat ac si Christi corpus acceptum expueret in terram. I, q. 1 : « Interrogo vos fratres ». Et est textus Augustin<i> quem tamen caute lege : « Hujus etiam aures crescent in aures asininas, id est in aeternam confusionem ». Ut narrat Ovidius, libro VIII Metamorphoseos (a « meta », id est trans, et « morphosis », id est mutatio) : « De Mida, negligente auscultatore symphoniae, inter Phoebum, id est solem, et Pan, id est deum rusticorum ». Dictum est igitur : « Beati qui audiunt verbum Dei et custodiunt illud ». Item sit thema : « Non veni vocare justos sed peccatores », Matthaei IX, Lucae V. Introduc sic : « Dicit Augustinus super Ioannem : Magis est justificare impium quam caelum creare, subjungit causam. Caelum et terra transibunt. Electorum autem spiritualis justificatio permanebit ».

26 homo[2]] *om.* W 28 jugiter] jugitur WX 29 et] *om.* L 31 sive] sicut LD 32 quae] qui LWED 38 Augustin<i>] Augustinus *cod.*

24-25 ARIST., *Hist. animalium*, AII, 492 a 22-23.
25-27 *Locus non inventus.*
29-30 Mt., XIII, 9.
Lc., VIII, 8.
Apoc., II, 7, 11, 17, 71; III, 6, 13, 22.
32-33 Ps., XLIV, 11.
35 AUGUSTINUS, *Conf.*, XII, 11, 12.
38-39 *Locus non inventus.*
41-42 OVIDIUS, *Metamorph.*, XI, 161-164.
43 Lc., XI, 28.
44 Mt., IX, 13.
Lc., V, 32.
45-47 *Locus non inventus.*

Idem in libro De natura et gratia : « Non potest homo bene et ordinate vivere nisi lumine gratiae divinitus adjuvetur. Est enim gratia quasi quidam radius lucis aeternae. Quid qui perceperit, ei non resistendo illuminabitur. Qui vero eidem objicere ponit, in tenebris exterioribus permanebit. Causa autem adventus Christi in carnem fuit justificare impios, Lucae XIX : « Venit filius hominis quaerere et salvum facere quod perierat ». Et primo ad Timotheum I : « Christus venit in hunc mundum peccatores salvos facere ». Augustinus in libro De verbis Domini : « Tolle morbos, tolle vulnera et nulla erit causa medicinae ». Idem, XIII De trinitate : « Licet cui omnia aequaliter subjacent sanandae miseriae nostrae, alius fuerit modus possibilis, sed convenientior non fuit quam Christum incarnari ut homo et deus videri posset quem homo esset secuturus. Dicit ergo : « Non veni vocare justos, sed peccatores ». Secundo potest fieri introductio per quandam divisionem, ut, si thema fuerit de judicio, dic : « Quattuor requiruntur ad judicium Dei : primum est tuba populum convocans, secundum scriptura nefas declarans, tertium sententia condemnans, quartum minister sententiam judicis exsequens ». Tertio fieri potest a sensu contrario ipsius thematis. Item quarto syllogistice sic : « Quicumque adhaeret Deo, bonitatis ejus fontem largissime experitur. Sed corpus subditum peccatis Deo non adhaeret, cum sola caritas dividat inter filios Dei et Satanae. Igitur corpus subditum peccatis fontem bonitatis Dei non experitur ». Et sic consequenter in omni modo et figura. Multa alia hic adduci possent, de quibus ad praesens est supersedendum. Unum tamen est menti tenendum, quod introductio sermonis habet se sicut exordium sive harenga epistolaris. Ideo summopere cavendum ne sit nimis longa, ita ut impediat exsecutionem membrorum ipsius sermonis, alias esset vitiosa. Et semper debet generaliter congruere et coincidere cum

48 gratia] genera LWXPLD 49 lumine] sive L 50 Quid] quem W; quod E; quam D perceperit] praeceperit LXPf 53 salvum] salvuum D 54 ad] *om.* D Timotheum] Timotheo X 65 potest] *om.* L 73 harenga] origo W sit] fit LWXP

48-53 Augustinus, *De natura et gratia*, XVI, 29.
53-54 Lc., XIX, 10.
54-55 Tim., I, 1, 15.
56 Augustinus, *Sermo*, CLXXV, 1.
57-60 Augustinus, *De trinitate*, XIII, X, 13.
61-62 Mt., IX, 13.
Lc., V, 32.

materia thematis, ut sua vi quasi ad modum saetae introducat materiam thematis praeintentam. Et ad hoc permaxime valent dicta Aristotelis sapientumque aliorum. Igitur et cetera.

Explicit prologus

76-77 ut sua vi ... materia thematis] *om.* L   79 Explicit] Finit WPE; *om.* X prologus] *om.* X

Sequuntur nunc auctoritates Philosophi, id est amatoris sapientiae. Et primo primi libri Metaphysicae.

(1) Omnes homines naturaliter scire desiderant.

(2) Sensus visus multas nobis rerum differentias demonstrat.

(3) Solum hominum genus arte et ratione vivit.

(4) Experientia facit artem; inexperientia vero casum.

(5) Actus et operationes sunt circa singularia, quia medicus non sanat hominem in communi, sed Socratem vel aliquem alium in particulari, similiter et in aliis.

(6) Experientia est cognitio singularium; ars vero universalium.

(7) Artifex est sapientior experto, architector manuali artifice.

(8) Signum scientis est posse docere.

(9) Conveniens est quemlibet artificem invenientem ultra communes sensus extolli, non solum propter aliquam intentionis utilitatem, sed tamquam sapientem et ab aliis differentem.

(10) Scientes quorum scientiae ad usum non sunt, sapientiores et honorabiliores sint illis quorum scientiae sunt ad usum.

(11) Sapientia est scientia primarum et altissimarum causarum.

(12) Sapientem oportet scire omnia in universali et scire difficillima et habere scientiam certiorem et scire reddere causas ipsorum quae

80 amatoris] amatores L 82 Omnes] Mnes WD 83 rerum] *om.* D 85 casum] casuum LWXP 96 sint] sunt LE scientiae] sunt *add.* W

(1) ARIST., *Metaphys.*, A1, 980 a 21.
(2) ARIST., *Metaphys.*, A1, 980 a 26-27.
(3) ARIST., *Metaphys.*, A1, 980 b 27-28.
(4) ARIST., *Metaphys.*, A1, 981 a 3-5.
(5) ARIST., *Metaphys.*, A1, 981 a 16-20.
(6) ARIST., *Metaphys.*, A1, 981 a 15-16.
(7) ARIST., *Metaphys.*, A1, 981 b 30 - 982 a 1.
(8) ARIST., *Metaphys.*, A1, 981 b 7.
(9) ARIST., *Metaphys.*, A1, 981 b 13-17.
(10) ARIST., *Metaphys.*, A1, 981 b 18-20.
(11) ARIST., *Metaphys.*, A1, 981 b 27-29.
(12) ARIST., *Metaphys.*, A2, 982 a 8-17.
S. THOMAS, *In Metaphys.*, I, lect. 2, n. 43.

86 *operationes* : le texte d'Aristote dit *αἱ γενέσεις* et les traductions latines ont toutes la même version de *generationes*.

97 On retrouve la même idée en A 2, 982 b 9.

scit et habere scientiam quae subordinet alias scientias subservientes et habere scientiam quae sui ipsius sit causa et non alterius.

(13) Sapientis non est ordinari, sed ordinare oportet, id est sapientis est regere et non regi.

(14) Hi soli docent qui causas de singulis docent.

(15) Quae maxime sunt universalia difficillima sunt ad cognoscendum hominibus, quia a sensu sunt remotissima.

(16) Finis est bonum uniuscujusque rei et universaliter est optimum in omni natura.

(17) Scientia, id est metaphysica, non est scientia practica, sed speculativa, quia propter nullum est, sed est solum propter fugam ignorantiae.

(18) Propter admirari nunc homines et primo coeperunt philosophari.

(19) Philomythes, id est fabularum auditor, aliqualiter est philosophus, quia fabula ex miris et raris constituitur.

(20) Summi sacerdotes et antiqui philosophi acquisitis vitae necessariis incoeperunt philosophari.

(21) Qui dubitat et admiratur, ignorare videtur.

(22) Homo liber dicitur qui sui ipsius et non alterius gratia est.

(23) Humana natura multipliciter est ancilla tam ex parte animae quam corporis.

3 Sapientis] Sapientes L Oportet] *om.* E 13 et] *om.* *D*

---

(13) Arist., *Metaphys.*, A2, 982 a 17-19.
(14) Arist., *Metaphys.*, A2, 982 a 29-30.
(15) Arist., *Metaphys.*, A2, 982 a 23-25.
(16) Arist., *Metaphys.*, A2, 982 b 6-7.
(17) Arist., *Metaphys.*, A2, 982 b 11, 19-21.
S. Thomas, *In Metaphys.*, I, lect. 1, n. 33.
(18) Arist., *Metaphys.*, A2, 982 b 12-13.
(19) Arist., *Metaphys.*, A2, 982 b 18-19.
(20) S. Thomas, *In Metaphys.*, I, lect. 3, n. 54.
Arist., *Metaphys.*, A1, 981 b 20-25.
(21) Arist., *Metaphys.*, A2, 982 b 17-18.
(22) Arist., *Metaphys.*, A2, 982 b 25-26.
(23) Arist., *Metaphys.*, A2, 982 b 29-30.

---

5 *docent* : le texte d'Aristote donne le terme λέγοντες et toutes les traductions latines rendent ce mot par *dicunt*.

21-22 *tam ex parte animae quam corporis* : ces mots ne figurent pas dans le texte d'Aristote.

(24) Secundum Synodem : solus deus habet honorem et sapientiam, id est metaphysicam.

(25) Divinum non invidet.

(26) Multa mentiuntur poetae.

(27) Nulla scientia est nobilior et melior metaphysica, quia ipsa est maxime divina cum sit de deo, etiam quia deus maxime habet eam. Unde aliae necessariores sunt hominibus, dignior vero nulla.

(28) Deus videtur esse causa omnium et principium quoddam.

(29) Tunc unumquodque scire arbitramur, cum primam causam scire putamus, vel cum causas ejus cognoscimus.

(30) Quattuor sunt causae scilicet materialis, formalis, efficiens et finalis.

(31) In fundamento naturae, id est in materia prima, nihil est distinctum.

Commentator.

(32) Materia prima nullam formam habet omnino, nec universalem, nec particularem, sed recipit primo formam universalem et mediante illa, recipit omnes alias formas usque ad individuales.

(33) Item Commentator : species non est forma tantum, sed etiam quid aggregatum ex materia et forma.

(34) Item universale non habet esse, nisi secundum quod est in anima.

22 Synodem] sinodem XE; Simonidem W 26 ipsa] ipse LP 30 cum] cnm W 34 in[2]] iu P 34-35 distinctum] distinnctum X

---

(24) Arist., *Metaphys.*, A2, 982 b 30-31.
(25) Arist., *Metaphys.*, A2, 983 a 2-3.
(26) Arist., *Metaphys.*, A2, 983 a 3-4.
(27) Arist., *Metaphys.*, A2, 983 a 4-5, 9-11.
(28) Arist., *Metaphys.*, A2, 983 a 8-9.
(29) Arist., *Metaphys.*, A3, 983 a 25-26.
(30) Arist., *Metaphys.*, A3, 983 a 26-32.
S. Thomas, *In Metaphys.*, I, lect. 4, n. 70.
(31) Arist., *Metaphys.*, A8, 989 b 6-7.
Cf. S. Thomas, *In Metaphys.*, I, lect. 12, n. 198.
(32) Averroes, *In Metaphys.*, I, com. 17, f. 14 K.
(33) Averroes, *In Metaphys.*, I, com. 9, f. 10 D.
(34) Averroes, *In Metaphys.*, I, com. 27, f. 18 F.

34-35 Cette citation est extraite de la traduction arabo-latine de la *Métaphysique*.

Sequuntur auctoritates II libri Metaphysicae Aristotelis.

(35) Sicut se habet oculus nocticoracis ad lumen solis vel diei, sic se habet noster intellectus ad manifestissima naturae, ad deum, et ad substantias separatas, et ad naturas rerum subtilium.

(36) Non solum his dicere gratias justum est quorum opinionibus aliquis communicavit, sed etiam qui superficialiter enuntiarunt, quia hi etiam conferunt aliquid.

(37) Habitum enim nostrum praeexercitati sunt.

(38) Vocando philosophiam scientiam veritatis recte se habet.

(39) Finis scientiae speculativae veritas est, practicae vero opus.

(40) Verum nescimus sine causa.

(41) Quicquid est causa aliorum ut tale, illud est maxime tale, ut ignis qui est maxime tale ut ignis, est causa caloris aliis, ideo ipse maxime est talis. Illud quod est causa quare alia sunt vera, illud est verissimum.

(42) Unumquodque sicut se habet ad entitatem, sic se habet ad veritatem.

(43) In nullo genere causarum convenit ire in infinitum, sed semper est devenire ad aliquod quod est primum in illo genere, unde convenit devenire ad primum finem, primam materiam et primam formam.

(44) Primum est semper causa posterioris.

(45) Generatio unius est corruptio alterius.

(46) Generatio est medium inter esse et non esse.

43 Aristotelis] *om.* XE 44 Sicut] Icut D 45 deum] deu L 50 praeexercitati] praeexerciati L 51 Vocando] Vocare W recte se habet] equum est W 54 ut^2] quia D 55 qui ... ignis] *om.* W 56 maxime est] est maxime D 64 est semper] semper est X

(35) Arist., *Metaphys.*, α1, 993 b 9-11.
(36) Arist., *Metaphys.*, α1, 993 b 11-14.
(37) Arist., *Metaphys.*, α1, 993 b 14.
(38) Arist., *Metaphys.*, α1, 993 b 19-20.
(39) Arist., *Metaphys.*, α1, 993 b 20-21.
(40) Arist., *Metaphys.*, α1, 993 b 23-24.
(41) Arist., *Metaphys.*, α1, 993 b 24-27.
(42) Arist., *Metaphys.*, α1, 993 b 30-31.
(43) Arist., *Metaphys.*, α2, 994 a 1-11.
(44) Arist., *Metaphys.*, α2, 994 a 12-13.
(45) Arist., *Metaphys.*, α2, 994 b 5-6.
(46) Arist., *Metaphys.*, α2, 994 a 27.

65 Le texte d'Aristote dit exactement l'inverse.

(47) Dupliciter dicitur aliquid fieri ex aliis, vel quia ex puero fit vir, ex aurora dies, vel sic ex aere fit aqua et universaliter ex incompleto completum.

(48) Impossibile est principium sempiternum ex quo fit generatio corrumpi, scilicet materiam primam.

(49) Qui infinitum agunt, naturam boni auferunt latenter, ex quo habetur quod finis et bonum convertuntur.

(50) Nullum agens naturale sive intellectuale ab intentione finis absolvitur.

(51) Infinitum non est scibile.

(52) Quicquid intellectus intelligit, ipsum prius scivit.

(53) In omni eo quod movetur, necesse est intelligi materiam.

(54) Tunc scire putamus rem, cum causas ejus cognoscimus.

(55) Auditiones contingunt secundum consuetudines mentium.

(56) Sicut consuevimus, ita dignamur loqui.

(57) Consuetum semper notius est.

(58) Quantam vim habeant quae consueta sunt, leges ostendunt.

(59) In quibusdam fabularia puerilia magis valent propter veritatem conservandam.

(60) Absurdum est simul habere scientiam et modum sciendi.

67 aliis] alis XPf; alio W 72 auferunt latenter] latenter auferunt XD 73 bonum] bonnm f 74 Nullum] Nullnm W naturale] neutrale LWP intentione] intentiove W 77 intelligit] intelllgit f 84 veritatem] veritate L

---

(47) ARIST., *Metaphys.*, α2, 994 a 22-26, b 2.
(48) ARIST., *Metaphys.*, α2, 994 b 6-9.
(49) ARIST., *Metaphys.*, α2, 994 b 12-13.
Cf. S. THOMAS, *In Metaphys.*, II, lect. 4, n. 317.
(50) ARIST., *Metaphys.*, α2, 994 b 13-14.
(51) ARIST., *Metaphys.*, α2, 994 b 21-23.
(52) S. THOMAS, *In Metaphys.*, XII, lect. 8, n. 2544.
(53) ARIST., *Metaphys.*, α2, 994 b 25-26.
(54) ARIST., *Metaphys.*, α3, 994 b 29-30.
(55) ARIST., *Metaphys.*, α3, 994 b 32.
(56) ARIST., *Metaphys.*, α3, 994 b 32 - 995 a 1.
(57) ARIST., *Metaphys.*, α3, 995 a 3.
(58) ARIST., *Metaphys.*, α3, 995 a 3-4.
(59) ARIST., *Metaphys.*, α3, 995 a 4-6.
(60) ARIST., *Metaphys.*, α3, 995 a 13-14.

Commentator.

(61) Comprehensio veritatis non est impossibilis in multis rebus, et hoc ideo est quia nos habemus desiderium naturale ad sciendum veritatem.
(62) Nihil est otiosum in natura.
(63) Principia se habent in scientia sicut janua in domo quam nullus ignorat. Quod Aristoteles nostrum intellectum assimilat in intelligendo substantias separatas oculo vespertilionis, non tamen in hoc impossibilitatem demonstrat, sed difficultatem.
(64) Nullus per se potest invenire scientias speculativas et practicas in majori parte, quia non complentur nisi per juvamentum prioris ad subsequentem, et si prior non fuisset subsequens non esset.
(65) Prima causa est magis digna in esse et veritate quam alia omnia, quia omnia entia acquirunt veritatem et esse a prima causa.
(66) Qui destruit finem, destruit omne bonum et nihil percipit.
(67) Consuetudo audiendi apologos et fabulas magnum est impedimentum in cognitione veritatis.
(68) Ars logicae est quaedam utilis via in omnibus scientiis et est modus sciendi in unaquaque scientia.

Sequuntur auctoritates III libri Metaphysicae Aristotelis.

(69) Dubitatorum solutio est veritatis inquisitio.
(70) Ignorantis non est solvere, id est determinare.

89 hoc] hot D est] *om.* D 95 demonstrat] innuit X 97 juvamentum] juuamentum P 98 fuisset] fussset f 1 bonum] bonnm W 6 Metaphysicae] Metamorphi W 7 Dubitatorum] Habitorum LP; Rgumentorum W; Ubitatorum D

---

(61) Averroes, *In Metaphys.*, II, com. 1, f. 28 K.
(62) Averroes, *In Metaphys.*, II, com. 1, f. 28 K.
(63) Averroes, *In Metaphys.*, II, com. 1, f. 29 A-C.
(64) Averroes, *In Metaphys.*, II, com. 2, f. 29 G.
(65) Averroes, *In Metaphys.*, II, com. 4, f. 30 C.
(66) Averroes, *In Metaphys.*, II, com. 8, f. 33 B.
(67) Averroes, *In Metaphys.*, II, com. 14, f. 34 I.
(68) Averroes, *In Metaphys.*, II, com. 15, f. 35 F.
(69) Arist., *Metaphys.*, β1, 995 a 28-29.
(70) Arist., *Metaphys.*, β1, 995 a 29-30.

---

7 *veritatis* : la notion de vérité ne se trouve pas dans le texte d'Aristote. On trouve le terme *priorum* à cet endroit, dans la traduction de Guillaume de Moerbeke.

(71) Veritatem quaerentes sine dubitatione similes sunt ignorantibus quo ire oportet.

(72) In immoventibus nec est movens neque finis.

(73) Finis et bonum idem sunt.

(74) Magis dicimus illum scire ratione qui scit affirmative quam qui scit negative.

(75) Unius rei est una definitio.

(76) Ens et unum non sunt genera.

(77) Differentiae non sunt extra rationem generis.

(78) Non contingit ponere domum praeter hanc vel istam domum vel particularem.

(79) Unum numero et singulare non differunt.

(80) Omnes theologi qui antiquitus fecerant deos, faciebant principia entium et dixerunt prima esse principia immortalia qui gustaverunt nectar et manna; illa vero mortalia qui non gustaverunt. Sed tamen hoc non est verum.

(81) Aeterna non indigent cibo.

(82) Corruptibilium et incorruptibilium non sunt eadem principia.

(83) Impossibile est aliquid fieri ex non ente.

9 sine] sive W 10 oportet] oporteat E 11 nec] non D 12 et] est W 13 scit] sit Xf qui] quae f 15 est una] una est X 21 fecerant] fecerunt E 22 qui] quae WD 23 qui] quae LWPE

---

(71) Arist., *Metaphys.*, β1, 995 a 34-36.
(72) Arist., *Metaphys.*, β2, 996 a 22-23, 27-29.
(73) Arist., *Metaphys.*, β2, 996 a 23-24.
(74) Arist., *Metaphys.*, β2, 996 b 15-16.
(75) S. Thomas, *In Metaphys.*, III, lect. 8, n. 430. Cf. Arist., *Metaphys.*, β3, 998 b 12.
(76) Arist., *Metaphys.*, β3, 998 b 22.
(77) S. Thomas, *In Metaphys.*, III, lect. 8, n. 433. Cf. Arist., *Metaphys.*, β3, 998 b 23-26.
(78) Arist., *Metaphys.*, β4, 999 b 19-20.
(79) Arist., *Metaphys.*, β4, 999 b 33-34.
(80) Arist., *Metaphys.*, β4, 1000 a 9, 11-13. Cf. S. Thomas, *In Metaphys.*, III, lect. 11, n. 468.
(81) Arist., *Metaphys.*, β4, 1000 a 17-18.
(82) S. Thomas, *In Metaphys.*, III, lect. 11, n. 482. Cf. Arist., *Metaphys.*, β4, 1000 a 20-24.
(83) Arist., *Metaphys.*, β4, 999 b 8.

---

9 *veritatem* : de même que dans la citation précédente, il n'y a pas de concept de vérité à cet endroit de la *Métaphysique*. La phrase commence par *Quaerentes*.

Commentator.

(84) Qui nescit quid quaerit, nescit quid invenit.

(85) Finis est melior omnibus causis.

(86) Idem numero et singulare idem sunt cum particulari.

Sequuntur auctoritates IIII libri Metaphysicae Aristotelis.

(87) Prima philosophia, id est metaphysica, considerat ens et passiones et principia entis secundum quod ens.

(88) Ens secundum quod est ens dicitur multis modis non aequivoce, sed secundum attributionem omnium in unum, id est analogice.

(89) Substantia est primum ens a quo omnia dependent.

(90) Ens et unum convertuntur.

(91) Idem est homo et unus homo.

(92) Eadem sunt quorum generatio et corruptio est eadem, vel quae eadem generatione generantur et corrumpuntur.

(93) Ejusdem scientiae est opposita considerare, hoc est oppositorum eadem est disciplina.

(94) Negatio et privatio differunt, quia negatio est alicujus simpliciter remotio, sed privatio est remotio alicujus in subjecto apto nato ad illud.

(95) Circa idem genus versatur metaphysicus et sophista.

(96) Primum principium in aliqua scientia notissimum esse debet, in ea non conditionale nec demonstratum.

32 Aristotelis] *om.* XE 33 philosophia] physica W 35 est] *om.* W 40 vel] ea *add.* W 42 considerare] considarare W

---

(84) AVERROES, *In Metaphys.*, III, com. 1, f. 37 F-G.

(85) AVERROES, *In Metaphys.*, III, com. 3, f. 41 I.

(86) AVERROES, *In Metaphys.*, III, com. 14, f. 53 D.

(87) ARIST., *Metaphys.*, Γ1, 1003 a 21-22.

(88) ARIST., *Metaphys.*, Γ2, 1003 a 33-34.

(89) ARIST., *Metaphys.*, Γ2, 1003 b 16-18.

(90) ARIST., *Metaphys.*, Γ2, 1003 b 22-23.

(91) ARIST., *Metaphys.*, Γ2, 1003 b 26-27.

(92) S. THOMAS, *In Metaphys.*, IV, lect. 2, n. 551. Cf. ARIST., *Metaphys.*, Γ2, 1003 b 26-30.

(93) ARIST., *Metaphys.*, Γ2, 1004 a 9-10.

(94) ARIST., *Metaphys.*, Γ2, 1004 a 14-16.

(95) ARIST., *Metaphys.*, Γ2, 1004 b 22-23.

(96) ARIST., *Metaphys.*, Γ3, 1005 b 11-13, 14. Cf. S. THOMAS, *In Metaphys.*, IV, lect. 6, n. 596.

(97) Prima dignitas est de quolibet affirmatio vel negatio, alias de quolibet esse vel non esse et de nullo simul.
(98) Qui negat loquelam, ponit loquelam.
(99) Qui non unum intelligit, nihil intelligit.
(100) Qui non unum significat, nihil significat.
(101) Non omne quod videtur verum et apparet verum est verum.
(102) Necessarium non potest se aliter habere.
(103) Movens naturaliter prius est moto.
(104) Accidens non est accidens, nisi in quantum ambo tertio accidunt.
(105) Unum creatum refertur ad unum.
(106) Contradictio est oppositio cujus secundum se non est medium.

Commentator.

(107) Ens nec est univocum, nec aequivocum, sed est nomen significans plura uni attributa, et est medium inter univocum et aequivocum, id est analogum.
(108) Omnia quae attribuuntur uni vel attribuuntur alicui fini et omnia sana sano quod est in animali, vel uni agenti ut omnia medicinalia ad artem medicinae, vel subjecto ut puta substantiae. Et idem vult Aristoteles.
(109) Exercitium dicitur sanum eo quod conservat sanitatem.
(110) Una scientia non est tantum unius univoci, sed etiam bene unius analogi.

---

58 ambo tertio] *om.* W accidunt] accidat W 60 medium] medinm f 65 et] ut E

---

(97) Arist., *Metaphys.*, Γ3, 1005 b 19-20, 23-24.
(98) Arist., *Metaphys.*, Γ4, 1006 a 26.
(99) Arist., *Metaphys.*, Γ4, 1006 b 10.
(100) Arist., *Metaphys.*, Γ4, 1006 b 7.
(101) Arist., *Metaphys.*, Γ5, 1010 b 1-2, Γ6, 1011 a 18.
(102) Arist., *Metaphys.*, Γ5, 1010 b 28-29.
(103) Arist., *Metaphys.*, Γ5, 1010 b 37 - 1011 a 1.
(104) Arist., *Metaphys.*, Γ4, 1007 b 2-4.
(105) Arist., *Metaphys.*, Γ6, 1011 b 7-8.
(106) Arist., *Metaphys.*, Γ7, 1011 b 23-24.
(107) Averroes, *In Metaphys.*, IV, com. 2, f. 65 D-E.
(108) Averroes, *In Metaphys.*, IV, com. 2, f. 65 E-F.
(109) Averroes, *In Metaphys.*, IV, com. 2, f. 65 F-G.
(110) S. Thomas, *In Metaphys.*, IV, lect. 1, n. 534.

(111) Avicenna inservit scientiam suam cum lege.

(112) Avicenna putavit idem esse unum quod convertitur cum ente et principium numeri. Quod non est verum, quia differunt multum.

(113) Res non est ens vel una per dispositionem sibi additam, sed est ens et una per suam essentiam.

(114) Sophista intendit se videri philosophum et non est ut acquirat gloriam vel aliquam gratiam humanam, sed philosophus tantum intendit scire veritatem.

(115) Qui negat primum principium secundum quod duo contradictoria non stant simul, impossibile est ipsum philosophari.

(116) Ratio quam significat nomen est definitio. Hoc est verum in speciebus, sed non in individuis.

Sequuntur auctoritates quinti libri Metaphysicae Aristotelis.

(117) Tot modis dicitur principium, quot modis dicitur causa, quia omnes causae sunt principia, sed non e converso.

(118) Principium et primum idem sunt, quia omne principium est primum.

(119) Quattuor sunt causae, scilicet materialis, formalis, efficiens et finalis.

(120) Aliqua sibi invicem possunt esse causae, ut exercitium est causa sanitatis et e converso.

(121) Idem se aliter habens est causa oppositorum, sicut gubernator navis per suam praesentiam est causa salutis navis, sed per suam absentiam est causa periclitationis ejusdem.

73 putavit idem esse] putavit quod idem esset XfD unum] unu L 77 est] sed *add.* D ut] qui L 78 aliquam] *om.* D 84 Aristotelis] *om.* E 85 Tot] Ot W

---

(111) AVERROES, *In Metaphys.*, IV, com. 3, f. 67 B.
(112) AVERROES, *In Metaphys.*, IV, com. 3, f. 67 B.
(113) AVERROES, *In Metaphys.*, IV, com. 3, f. 67 B.
(114) AVERROES, *In Metaphys.*, IV, com. 5, f. 70 K.
(115) Cf. S. THOMAS, *In Metaphys.*, IV, lect. 6, n. 608.
(116) S. THOMAS, *In Metaphys.*, IV, lect. 16, n. 733.
(117) Cf. ARIST., *Metaphys.*, Δ1, 1013 a 16-17.
Cf. S. THOMAS, *In Metaphys.*, V, lect. 1, n. 750.
(118) ARIST., *Metaphys.*, Δ1, 1013 a 17-19.
(119) ARIST., *Metaphys.*, A3, 983 a 26-32.
S. THOMAS, *In Metaphys.*, I, lect. 4, n. 70.
(120) ARIST., *Metaphys.*, Δ2, 1013 b 9-10.
(121) ARIST., *Metaphys.*, Δ2, 1013 b 11-15.

(122) Finis est optimum rei.

(123) Causae secundum actum et effectus simul sunt.

(124) Causa et effectus debent esse proportionata.

(125) Materia omnium liquefactibilium est aqua.

(126) Necessarium uno modo dicitur sine quo res non potest esse, ut animal non potest esse sine cibo vel vivere. Secundo modo sine quo non potest bene esse, ut vivere sine vestimentis. Tertio modo idem est quod violentum et sic dicitur ista res necessario projicitur extra navim, id est violenter.

(127) Quarto modo dicitur necessarium quod non contingit aliter se habere.

(128) Continuum est cujus motus est unus.

(129) Eadem numero sunt quorum materia est una, eadem specie sunt quorum forma est una.

(130) Ens est duplex, scilicet per se et per accidens.

(131) Ens per se est quod significat decem praedicamenta uno modo. Alio modo significat veritatem uniuscujusque.

(132) Ens per accidens est quando unum accidens dicitur de alio, ut album est musicum, vel accidens de subjecto, ut homo est albus, vel subjectum de accidente, ut album est homo, vel musicum est homo.

(133) Extrema relationis semper sunt diversa, vel re, vel ratione.

(134) Unum in substantia facit idem.

(135) Unum in quantitate facit aequale, unum in qualitate facit simile.

96 optimum] oprimum W   8 numero] nnmero P   9 forma] fortuna L   11 est] *om.* W

---

(122) ARIST., *Metaphys.*, Δ2, 1013 b 26.

(123) ARIST., *Metaphys.*, Δ2, 1014 a 20-22.

(124) S. THOMAS, *In Phys.*, II, lect. 6, n. 197.

(125) ARIST., *Metaphys.*, Δ4, 1015 a 7-10.

(126) ARIST., *Metaphys.*, Δ5, 1015 a 20-26.

(127) ARIST., *Metaphys.*, Δ5, 1015 a 33-35.

(128) ARIST., *Metaphys.*, Δ6, 1016 a 5-6.

(129) ARIST., *Metaphys.*, Δ6, 1016 b 32-33.

(130) ARIST., *Metaphys.*, Δ7, 1017 a 7-8.

(131) ARIST., *Metaphys.*, Δ7, 1017 a 22-23, 31.

(132) ARIST., *Metaphys.*, Δ7, 1017 a 7-10.

(133) S. THOMAS, *In Metaphys.*, V, lect. 11, n. 912.

(134) S. THOMAS, *In Metaphys.*, IV, lect. 2, n. 561.
ARIST., *Metaphys.*, Δ15, 1021 a 11.

(135) S. THOMAS, *In Metaphys.*, IV, lect. 2, n. 561.
ARIST., *Metaphys.*, Δ15, 1021 a 11-12.

(136) Prius est quod principio est propinquius.

(137) Potentia activa et passiva ad invicem se respiciunt, unde quaelibet potentia activa correspondet potentiae passivae et e converso. Quantum est quod est divisibile in partes quarum unaquaque est hoc aliquid in actu.

Commentator.

(138) Perfectum est extra quod nihil est et est duplex, scilicet perfectum simpliciter extra quod nihil est simpliciter, et hoc est quod dicit Commentator quod illa est dispositio primi principii in quo sunt perfectiones et nobilitates omnium entium nobiliori modo quam sunt in se ipsis, sed perfectum in genere est extra quod nihil est alicujus determinati generis.

(139) Mors metaphorice dicitur finis.

(140) Quotiens dicitur principium, totiens dicitur terminus, et adhuc amplius, quia quod principium est terminus initialis et non e converso.

(141) Omne attingens suum finem est perfectum.

(142) Quaedam relativa dicuntur esse natura quorum esse est ad aliud essentialiter comparatum.

Sequuntur auctoritates VI libri Metaphysicae Aristotelis.

(143) Metaphysica considerat causas et principia entium in quantum entia.

(144) Substantia et essentia rei non possunt cognosci, nisi per demonstrationem.

21 Potentia] popotentia D 33 principium] pricipium P 34 quod] est *add.* WXfED 39 Sequuntur] Sequunrur P Aristotelis] *om.* XE 40 Metaphysica] Etaphysica WD 41 entia] comparatum *add.* L

(136) Arist., *Metaphys.*, Δ11, 1018 b 9, 10-11.
(137) Arist., *Metaphys.*, Δ15, 1021 a 14-19, Δ13, 1020 a 7-8.
(138) Cf. Arist., *Metaphys.*, Δ16, 1021 b 12-13.
Averroes, *In Metaphys.*, V, com. 21, f. 131 B.
(139) Arist., *Metaphys.*, Δ16, 1021 b 28-29.
(140) Arist., *Metaphys.*, Δ17, 1022 a 10-13.
(141) Arist., *Metaphys.*, Δ16, 1021 b 23-25.
(142) Arist., *Metaphys.*, Δ15, 1021 a 26-28, b 3-4.
(143) Arist., *Metaphys.*, E1, 1025 b 3-4.
(144) S. Thomas, *In Metaphys.*, VI, lect. 1, n. 1150.
Cf. Arist., *Metaphys.*, E1, 1025 b 10, 14.

42-43 S. Thomas et Aristote disent exactement le contraire du contenu de la citation.

(145) Nulla ars particularis probat suum subjectum esse, sed supponit ipsum esse.

(146) Omnis scientia vel est activa, vel factiva, vel theorica, vel speculativa.

(147) Tres sunt partes philosophiae speculativae, scilicet naturalis, mathematica et divina, id est metaphysica.

(148) Naturalis considerat res conjunctas motui et materiae secundum esse, sed separatas secundum rationem.

(149) Mathematica vero considerat res separatas a materia et motu secundum esse et rationem. Idem vult Commentator.

(150) Theoricae scientiae, id est speculativae, aliis scientiis sunt delectabiliores et metaphysica theoricis.

(151) De ente per accidens non est speculatio.

(152) Entium quaedam sunt semper, quaedam ut frequenter, quaedam raro, et prima sunt entia secundum accidens, ut casualia et fortuita, ex quo habetur quod non omnia eveniunt ex necessitate.

54-55 delectabiliores] declinabiliores W

---

(145) S. Thomas, *In Metaphys.*, VI, lect. 1, n. 1151.
Cf. Arist., *Metaphys.*, E1, 1025 b 16-17.
(146) Arist., *Metaphys.*, E1, 1025 b 25.
(147) Arist., *Metaphys.*, E1, 1026 a 18-19.
(148) S. Thomas, *In Metaphys.*, VI, lect. 1, n. 1162.
(149) S. Thomas, *In Metaphys.*, VI, lect. 1, n. 1162.
(150) Arist., *Metaphys.*, E1, 1026 a 22-23.
(151) Arist., *Metaphys.*, E2, 1026 b 3-4.
(152) Cf. S. Thomas, *In Metaphys.*, VI, lect. 2, n. 1182.
Cf. Arist., *Metaphys.*, E2, 1026 b 27-33.

50-53 Il semble y avoir confusion entre les deux citations. En effet, S. Thomas explique très bien le texte d'Aristote (E1, 1025 b 26 - 1026 a 16), alors que dans le florilège on attribue *separatas secundum rationem* aux choses physiques, ce qui convient en fait aux *mathematica* et *separatas a materia et motu secundum esse et rationem* est attribué aux *mathematica*, alors que cela convient seulement aux objets de la métaphysique. Il semble y avoir eu un téléscopage et une réduction de trois *auctoritates* à deux. On pourrait conjecturer le texte de la manière suivante : *Naturalis considerat res conjunctas motui et materiae secundum esse, mathematica autem considerat res conjunctas motui et materiae secundum esse sed separatas secundum rationem.* En remplaçant *Mathematica* par *Methaphysica* à la ligne 14, le texte devient : *Metaphysica vero considerat res separatas a materia et motu secundum esse et rationem. Idem vult Commentator.*

57-59 Le texte d'Aristote est corrompu. La traduction latine de Guillaume de Moerbeke donne à cet endroit : *Quoniam igitur in entibus sunt haec quidem semper similiter se habentia et ex necessitate, non secundum vim dicta, sed secundum quod dicimus in non contingere aliter, illa vero ex necessitate quidem non sunt, nec semper, sed quasi secundum magis, hoc principium et haec causa eius est, quod est accidens esse.*

(153) Bonum et malum sunt in rebus, sed verum et falsum in anima.

(154) Entium quoddam est per se et quoddam per accidens.

(155) Ens per se aliud est in anima, aliud extra animam, et dividitur in decem praedicamenta, scilicet substantiam, quantitatem, qualitatem et sic de aliis.

Commentator.

(156) Naturalia sunt in quorum definitione ens recipitur in natura, divina in quorum definitione recipitur deus, voluntaria in quorum definitione recipitur voluntas.

(157) Licet omnes scientiae sint nobiles, tamen scientia dei et ejus subjectum est nobilissimum subjectum aliarum scientiarum subalternatarum metaphysicae.

(158) Res immobiles divinae sunt causae rerum divinarum mobilium, id est corporum caelestium.

(159) Substantia prior est accidente, natura, tempore et definitione.

Sequuntur auctoritates VII libri Metaphysicae Aristotelis.

(160) Accidentia non sunt entia, sed quid entis.

(161) Materia prima nec est quid, nec est quantum, nec quale, nec aliquid aliorum quibus ens est determinatum.

60 sunt] suut P 66 recipitur] recipit D 70-71 subjectum est nobilissimum subjectum aliarum scientiarum subalternatarum metaphysicae] subjectum aliarum scientiarum est nobilissimum subalternatarum metaphysicae L; subjectum aliarum scientiarum est nobilissimum subjectum subalternatarum metaphysicae E 75 Aristotelis] *om.* XE 76 Accidentia] Ccidentia WD 78 aliorum] eorum XfD

---

(153) Arist., *Metaphys.*, E4, 1027 b 25-27.
Cf. S. Thomas, *In Metaphys.*, VI, lect. 4, n. 1230.

(154) Arist., *Metaphys.*, Δ7, 1017 a 7-8.

(155) S. Thomas, *In Metaphys.*, VI, lect. 4, n. 1241 et 1243.

(156) Averroes, *In Metaphys.*, VI, com. 2, f. 146 G-H.

(157) Averroes, *In Metaphys.*, VI, com. 2, f. 146 I.

(158) Averroes, *In Metaphys.*, VI, com. 2, f. 146 D.

(159) Arist., *Metaphys.*, Z1, 1028 a 32-33.

(160) Arist., *Metaphys.*, Z1, 1028 a 18-20.

(161) Arist., *Metaphys.*, Z3, 1029 a 20-21.

62-64 Cette citation présente un texte corrompu. Aristote (E4, 1027 b 29-31) et S. Thomas disent tous les deux que l'*ens in anima* est différent de l'*ens per se*.

(162) Disciplina fit in omnibus per magis nobis nota.

(163) Definitio est sermo indicans quid est esse rei per essentialia.

(164) Definitio accidentium fit per additamentum, scilicet substantiae.

(165) Unde accidens definitur per aliquod extraneum a sua natura, scilicet per substantiam.

(166) Compositorum non est definitio, sed simplicium terminorum.

(167) In entibus per se idem est quidditas et habens quidditatem.

(168) Omne accidens concretum duo signat, scilicet formam accidentalem et subjectum ejus, sicut album signat albedinem et subjectum albedinis.

(169) Omnia quae sunt, vel fiunt a natura, vel ab arte, vel a casu.

(170) Materia est ex qua res potest esse et non esse.

(171) Ex sanitate in anima fit sanitas in natura.

(172) Materia non fit forma, sed totum compositum.

(173) Particulare non generat nisi particulare, sed universale nec generat nec generatur.

(174) Universalia non sunt separata a singularibus secundum esse, ut voluit Plato, sed sunt in eis secundum esse, quia praedicantur de eis praedicatione essentiali et directa, ut dicendo hoc est homo.

(175) Omnis praedicatio fit a forma.

84 definitio] definitis L 85 quidditas] quodditas L 86 Omne] Omve f 90 et] vel D 96 sunt] sund L

(162) Arist., *Metaphys.*, Z4, 1029 b 4-5.
Cf. Arist., *Metaphys.*, Z4, 1029 b 7-8.

(163) Arist., *Metaphys.*, Z5, 1031 a 12-13.

(164) Cf. S. Thomas, *In Metaphys.*, VII, lect. 4, n. 1345.
Cf. Arist., *Metaphys.*, Z5, 1031 a 1-3.

(165) *Locus non inventus.*

(166) S. Thomas, *In Metaphys.*, VII, lect. 4, n. 1350.
Cf. Arist., *Metaphys.*, Z5, 1031 a 5-6.

(167) S. Thomas, *In Metaphys.*, VII, lect. 5, n. 1362.
Cf. Arist., *Metaphys.*, Z6, 1032 a 5-6.

(168) Arist., *Metaphys.*, Z6, 1031 b 22-24, 27-28.

(169) Arist., *Metaphys.*, Z7, 1032 a 12-13.

(170) Arist., *Metaphys.*, Z7, 1032 a 20-22.

(171) Arist., *Metaphys.*, Z7, 1032 b 11.

(172) Arist., *Metaphys.*, Z8, 1033 b 17-18.
S. Thomas, *In Metaphys.*, VII, lect. 7, n. 1423.

(173) S. Thomas, *In Metaphys.*, I, lect. 1, n. 21.
Cf. Arist., *Metaphys.*, Z8, 1033 b 20-29.

(174) Cf. Arist., *Categoriae*, 5, 2 a 19-27.

(175) S. Thomas, *In Metaphys.*, VII, lect. 10, n. 1496.

(176) Omnes partes definitionis sunt formae.
(177) Natura humana non est nisi in his carnibus et in his ossibus.
(178) Generans et generatum conveniunt in specie et sunt univoca.
(179) Sperma facit ad generationem sicut artifex ad artificialia.
(180) Definitio est sermo habens partes.
(181) Nihil contingit uno nomine tantum definiri.
(182) Singularium nec est scientia, neque definitio, quia quando recedunt a sensu, tunc non est certum aut manifestum utrum sint vel non sint.
(183) Materia secundum se est ignota.
(184) Nihil aliud debet esse in definitione nisi genus et differentia.
(185) Definitio est una propter ultimam differentiam.
(186) Ex duobus entibus in actu non fit tertium in natura.
(187) Actus separat et distinguit.
(188) Forma est causa essendi in rebus.
(189) Unde forma dat esse rei.

8 Materia] enim *add.* W 10 differentiam] deferentiam E 11 duobus] duabus LXPfE

---

(176) Arist., *Metaphys.*, Z10, 1035 b 34.
(177) Arist., *Metaphys.*, Z8, 1034 a 5-6.
Cf. Arist., *Metaphys.*, Z11, 1036 b 3-4.
(178) Arist., *Metaphys.*, Z8, 1033 b 29-31.
(179) Arist., *Metaphys.*, Z9, 1034 a 33-34.
(180) Arist., *Metaphys.*, Z10, 1034 b 20.
(181) S. Thomas, *In Metaphys.*, VII, lect. 9, n. 1460.
(182) Arist., *Metaphys.*, Z15, 1039 b 27 - 1040 a 5.
Cf. S. Thomas, *In Metaphys.*, VII, lect. 10, n. 1495.
(183) Arist., *Metaphys.*, Z10, 1036 a 8-9.
(184) Arist., *Metaphys.*, Z12, 1037 b 29-30.
(185) S. Thomas, *In Metaphys.*, VII, lect. 12, n. 1564.
Cf. Arist., *Metaphys.*, Z12, 1037 b 23-25, 1038 a 18-20.
(186) Arist., *Metaphys.*, Z13, 1039 a 4-5.
S. Thomas, *In Metaphys.*, VII, lect. 13, n. 1588.
(187) Arist., *Metaphys.*, Z13, 1039 a 7.
(188) Arist., *Metaphys.*, Z17, 1041 b 8.
Cf. S. Thomas, *In Metaphys.*, VII, lect. 17, n. 1668.
(189) S. Thomas, *In Metaphys.*, VII, lect. 17, n. 1668.
Cf. Arist., *Metaphys.*, H2, 1043 a 2.

---

11 *natura* : Aristote et S. Thomas donnent la même version de *actu* à cet endroit.

Commentator.

(190) Individuum substantiae est prius individuis accidentium.

(191) Substantia individualis et demonstrativa non est una nisi per formam.

(192) Sicut extra materiam non cognoscuntur duae formae, sic nec in anima.

(193) Impossibile est ut duae formae separatae a materia transmutent materiam immediate, quia nihil transmutat materiam nisi corpus.

(194) Causa multitudinis generabilium ab uno generante est multiplicatio materiarum in quas agens agit.

(195) Proprium est substantiae inter omnia alia praedicamenta ut ante substantiam generatam sit alia substantia sibi similis, sed non est necessarium ut ante qualitatem generatam sit alia qualitas agens, sed bene est aliquid ante qualitatem, ut est potentia qualitas, scilicet materia.

(196) Materia non cognoscitur per se, sed per formam.

(197) Qui nescit rem, nullum nomen ei imponit sive dat, quia nullus aliquod nomen dat ei quod non noscit. Unde habemus quod rebus nobis notis nomina imponimus.

(198) Forma non est elementum, nec elementatum, sed est substantia addita elemento, ut dicit Aristoteles.

Sequuntur auctoritates VIII libri Metaphysicae Aristotelis.

(199) Omnes substantiae sensibiles materiam habent.

(200) Triplex est substantia, scilicet forma, materia et compositum.

(201) Substantia, id est forma substantialis, dat esse.

26 generatam] generatum W 28 qualitas] qualitatis W 32 non noscit] noscit LXPf; nescit E 36 Aristotelis] *om.* E 37 Omnes] Mnes WD

---

(190) Averroes, *In Metaphys.*, VII, com. 2, f. 153 I.

(191) *Locus non inventus.*

(192) *Locus non inventus.*

(193) Averroes, *In Metaphys.*, VII, com. 28, f. 178 C.

(194) Averroes, *In Metaphys.*, VII, com. 28, f. 178 H.

(195) Averroes, *In Metaphys.*, VII, com. 32, f. 182 D-E.

(196) Averroes, *In Metaphys.*, VII, com. 35, f. 187 I.

(197) Averroes, *In Metaphys.*, VII, com. 54, f. 202 M.

(198) Averroes, *In Metaphys.*, VII, com. 60, f. 209 B.

(199) Arist., *Metaphys.*, H1, 1042 a 25-26.

(200) Arist., *Metaphys.*, H1, 1042 a 26-27, 28-30.

(201) Arist., *Metaphys.*, H2, 1043 a 2-4.

(202) Definitiones essentiales quaedam dantur per formam tantum, quaedam per materiam tantum et quaedam per utrumque et primae sunt definitiones perfectae.

(203) In separatis a materia idem est quidditas et quidditatem habens, sed in aliis non sunt idem, sed differunt.

(204) Definitiones et formae rerum comparantur numero, quia sicut in numero addita unitate vel ablata non manet eadem species numeri sed alia et alia, sic ablata vel addita aliqua definitione vel forma non manent eaedem species, sed variantur.

(205) Item sicut numerus non suscipit magis et minus, sic nec definitiones vel formae magis vel minus suscipiunt.

(206) Licet omnium sit una materia prima tamen cujuslibet est materia propria.

(207) Si agens fuerit diversum et materia diversa, factum est diversum.

(208) Forsan sunt quaedam naturalia quae non habent materiam, vel si habent, non habent talem qualem generabilia et corruptibilia, sed solum habent materiam mobilem secundum locum.

(209) Hic dicit Commentator quod per hoc dantur intelligi corpora caelestia in quibus non est materia cujus esse est in potentia ad corruptionem, sed materia eorum est aliquid existens in actu scilicet corpus, ideo dignius habet nomen subjectum quam materia.

(210) Non omnium est materia, sed solum quorum est generatio et transmutatio ad invicem et quaecumque sunt intransmutabilia, horum non est materia.

(211) Causa unitatis definitionis est quod una pars ejus est ut materia,

43 est] *om.* L quidditas] quodditas L 57 dantur] datur LWP 58 caelestia] sunt *add.* W materia] materiia W 60 subjectum] subjectu L 62 est[2]] *om.* LWX 63 transmutatio] transumptio LPE; est *add.* W

---

(202) Cf. S. Thomas, *In Metaphys.*, VIII, lect. 2, n. 1700.
Cf. Arist., *Metaphys.*, H2, 1043 a 14-19.
(203) Cf. Arist., *Metaphys.*, Z11, 1037 a 33 - b 5.
(204) Arist., *Metaphys.*, H3, 1043 b 34 - 1044 a 2.
(205) Arist., *Metaphys.*, H3, 1044 a 9-10.
(206) Arist., *Metaphys.*, H4, 1044 a 15-18.
(207) Arist., *Metaphys.*, H4, 1044 a 31-32.
(208) Arist., *Metaphys.*, H4, 1044 b 6-8.
S. Thomas, *In Metaphys.*, VIII, lect. 4, n. 1740.
(209) Averroes, *In Metaphys.*, VIII, com. 12, f. 220 E-F.
(210) Arist., *Metaphys.*, H5, 1044 b 27-29.
(211) Arist., *Metaphys.*, H6, 1045 a 7-8, 23-25, b 16-22.

et alia ut forma, sed causa unitatis materiae et formae non est alia quod unum eorum est in potentia, aliud vero in actu, unde nulla est alia causa unitatis eorum, nisi motor qui extrahit materiam de potentia in actum.

Commentator.

(212) Forma secundum definitionem est a materia separata, sed non secundum esse, quia impossibile est formam separari a materia secundum esse.

(213) Essentia materiae est medium inter esse in actu et non esse in actu.

(214) Forma dat esse rei.

(215) Corpora caelestia non habent materiam in potentia ad corpus, sed ejus materia est aliquid existens in actu, scilicet corpus, ideo dignius habet nomen subjectum quam materia.

(216) Sicut transmutatio facit scire materiam, sic operatio formam.

(217) Exitus alicujus de potentia ad actum non largitur ei multitudinem, sed perfectionem.

Sequuntur auctoritates IX libri Metaphysicae.

(218) Duplex est potentia, scilicet activa et passiva.

(219) Potentia activa est principium transmutandi aliud in quantum aliud.

(220) Potentia passiva est principium transmutandi ab altero in quantum ab altero.

67 alia] quam *add.* W; nisi *add.* E   68 qui] quae LP   78 ejus] eorum W   81 alicujus] alius G   81-82 multitudinem] corruptionem W   84 Duplex] Uplex WD   potentia] potenxia W   85 in] in *add.* D.   87 Potentia] Porentia f

(212) Averroes, *In Metaphys.*, VIII, com. 3, f. 210 H.
(213) Averroes, *In Metaphys.*, VIII, com. 4, f. 211 E.
(214) S. Thomas, *In Metaphys.*, VII, lect. 17, n. 1668.
(215) Averroes, *In Metaphys.*, VIII, com. 12, f. 220 M.
(216) Averroes, *In Metaphys.*, VIII, com. 12, f. 220 G.
(217) Averroes, *In Metaphys.*, VIII, com. 15, f. 224 A.
(218) S. Thomas, *In Metaphys.*, IX, lect. 1, n. 1782.
Cf. Arist., *Metaphys.*, Θ1, 1046 a 19-22.
(219) Arist., *Metaphys.*, Θ1, 1046 a 9-11.
(220) Arist., *Metaphys.*, Θ1, 1046 a 11-13.

(221) Nihil agit in se ipsum. Nihil patitur a se ipso.

(222) Potentia rationalis valet ad opposita, irrationalis vero ad unum tantum.

(223) Eadem est scientia contrariorum.

(224) Nihil fit quod impossibile est fieri.

(225) Actus simpliciter praecedit potentiam, in uno autem individuo potentia praecedit actum.

(226) Duplex est actio: quaedam est transiens in materiam extra ut aedificatio et illa dicitur factio vel operatio factiva, quaedam est imminens sive intra manens in operante et est visio vel intellectio et illa dicitur actio activa.

(227) Sempiternum prius est corruptibili.

(228) Non est timendum quod caelum stet, id est a motu quiescat.

(229) Materia cujus esse est in potentia est causa fatigationis.

(230) In bonis est actus melior potentia.

(231) In malis vero est potentia melior actu, quod patet quia actu sanum esse est melius quam posse fieri sanum, sed posse fieri infirmum melius est quam actu esse infirmum.

(232) In aeternis non est malum, neque corruptio, neque peccatum.

(233) Malum semper sequitur poena.

90 opposita] oppsita f   93 fit] sit LP   94 individuo] dividuo LXPfE   97 aedificatio] aedficatio D   5 sanum esse] esse sanum X

(221) Cf. Arist., *Metaphys.*, Θ1, 1046 a 28.
(222) Arist., *Metaphys.*, Θ2, 1046 b 4-6.
(223) Arist., *Metaphys.*, Θ2, 1046 b 10-11.
(224) Cf. Arist., *Metaphys.*, Θ3, 1047 a 12-13.
(225) S. Thomas, *In Metaphys.*, IX, lect. 7, n. 1847.
Arist., *Metaphys.*, Θ8, 1049 b 5, 18-23.
(226) S. Thomas, *In Metaphys.*, IX, lect. 8, n. 1862 et 1865.
Cf. Arist., *Metaphys.*, Θ8, 1050 a 30 - b 1.
(227) Arist., *Metaphys.*, Θ8, 1050 b 6-7.
(228) Arist., *Metaphys.*, Θ8, 1050 b 22-23.
(229) Arist., *Metaphys.*, Θ8, 1050 b 26-28.
(230) Arist., *Metaphys.*, Θ9, 1051 a 13-15.
(231) Arist., *Metaphys.*, Θ9, 1051 a 15-17.
(232) Arist., *Metaphys.*, Θ9, 1051 a 19-21.
(233) Arist., *Metaphys.*, Θ9, 1051 a 18-19.

8 *poena*: le texte d'Aristote parle de *potentia*.

(234) Omne quod cognoscitur, cognoscitur secundum quod est in actu.

(235) Circa entia vere in actu, id est circa substantias separatas, non fit deceptio, sed ignorantia, non tamen talis ignorantia sicut est caecitas.

Commentator.

(236) Qui tollit a rebus suas proprias operationes non habet cerebrum aptum natum ad omne bonum, quia tollit ab eis eorum proprias essentias.

(237) Nihil agit actionem aliquam ad quam non habet potentiam.

(238) O dii deorum quorum opifex ego sum, natura vestra corruptibilis est mea autem voluntate incorruptibilis.

Sequuntur auctoritates X libri Metaphysicae.

(239) In unoquoque genere est dare aliquod primum et minimum quod fit metrum et mensura omnium illorum quae sunt in illo genere.

(240) Mensura priom debetur quantitati et per quantitatem consequenter debetur aliis.

(241) Mensura homogenea, id est ejusdem generis, debet esse suo mensurato.

(242) Numerus est unitatum pluralitas.

(243) Contraria sunt quae sub eodem genere posita sunt, et maxime a se invicem distant, et eidem susceptibili vicissim insunt, et mutuo se expellunt.

11 non tamen talis ignorantia] *om.* W 20 Metaphysicae] Aristotelis *add.* L 21 In] N D 22 fit] est W 23 primo] prima E 23-24 consequenter] consequenti LXPfE 25 esse] cum *add.* W 28 sunt[1]] suut f 30 mutuo se] mutuose LP

---

(234) S. Thomas, *In Metaphys.*, IX, lect. 10, n. 1894.
Cf. Arist., *Metaphys.*, 1051 a 29-31.

(235) Arist., *Metaphys.*, Θ10, 1051 b 30-32, 1052 a 2-3.

(236) Averroes, *In Metaphys.*, com. 7, f. 231 H-I.

(237) Averroes, *In Metaphys.*, com. 7, f. 231 G.

(238) Plato, *Timaeus*, 41 A.

(239) Arist., *Metaphys.*, I1, 1052 b 18-19, 31-32.

(240) Arist., *Metaphys.*, I1, 1052 b 20-25.

(241) Cf. Arist., *Metaphys.*, I1, 1053 a 24-25.

(242) Arist., *Metaphys.*, I1, 1053 a 30.

(243) S. Thomas, *In Metaphys.*, X, lect. 5, n. 2032, 2033 et 2034.
Cf. Arist., *Metaphys.*, Δ10, 1018 a 25-29; I4, 1055 a 5-33.

(244) Privatio et habitus sunt radices contrariorum.

(245) Unum tantum uni est contrarium.

(246) Numerus est multitudo unitate mensurata.

(247) Media sunt in eodem genere cum extremis.

(248) Materia negative ostenditur, id est materia cognoscitur, per privationem formarum.

(249) Vir et femina non differunt specie, sed sunt unum in specie animalis.

(250) Masculinum et femininum sunt differentiae sexus animalis.

(251) Contrarietas secundum formam facit diversitatem specificam, sed contrarietas secundum materiam non facit diversitatem specificam, sed naturalem.

(252) Corruptibile et incorruptibile plus differunt specie quam genere.

(253) Accidens contingit in esse et non esse.

Commentator dicit.

(254) Mensura cujuslibet rei est sui generis.

(255) Primum in genere substantiae est primus motor qui est actus purus sine potentia.

37 unum] uuum f 43 specie quam genere] genere quam specie D 44 non] in *add.* WE 45 dicit] *om.* LD 47 qui] quae L

(244) ARIST., *Metaphys.*, I4, 1055 a 33.
(245) ARIST., *Metaphys.*, I5, 1055 b 30.
(246) ARIST., *Metaphys.*, I6, 1056 b 23-24.
(247) ARIST., *Metaphys.*, I7, 1057 a 19-20.
(248) S. THOMAS, *In Metaphys.*, X, lect. 10, n. 2125.
ARIST., *Metaphys.*, I8, 1058 a 23.
(249) ARIST., *Metaphys.*, I9, 1058 a 29-31.
(250) ARIST., *Metaphys.*, I9, 1058 a 31-34.
(251) S. THOMAS, *In Metaphys.*, X, lect. 11, n. 2131-2132.
ARIST., *Metaphys.*, I9, 1058 a 34-35, b 1-2, 6.
(252) S. THOMAS, *In Metaphys.*, X, lect. 12, n. 2137[2].
ARIST., *Metaphys.*, I10, 1058 b 26-29.
(253) ARIST., *Metaphys.*, I10, 1059 a 2-3.
(254) AVERROES, *In Metaphys.*, X, com. 4, f. 254 D.
(255) AVERROES, *In Metaphys.*, X, com. 7, f. 257 A-B.

42 *naturalem* : d'après le texte de S. Thomas et d'Aristote, on attendrait plutôt la version *materialem*.

44 Le texte de cette citation est corrompu. La traduction latine de ce passage dans la version de Guillaume de Moerbeke est la suivante : *Nam accidens contingit non existere ...*

Sequuntur auctoritates XI libri Metaphysicae Aristotelis.

(256) Omnis substantia sensibilis est mutabilis.

(257) Quaecumque transmutantur habent materiam.

(258) Generatio est ex ente in potentia.

(259) Tria sunt principia naturalium, scilicet materia, forma et privatio.

(260) Materia non fit nec forma, neque privatio, sed totum compositum.

(261) Triplex est substantia, scilicet materia, forma et compositum.

(262) Nulla forma est materia sua, sed diversorum diversa sunt principia.

(263) Motus caeli est aeternus.

(264) Primus motor est actus sine omni potentia, substantia sine omni accidente, simplex sine omni composito et est immobilis, impassibilis et aeternus.

(265) Primus motor movet sicut animatum et desideratum.

(266) A primo principio dependet caelum et tota natura.

(267) Speculatio est optimum et delectabilissimum.

(268) Deum dicimus esse sempiternum et optimum.

49 Aristotelis] *om.* E 50 Omnis] Mnis WD 53 Tria] Tres LWPE principia] rerum *add.* W 54 totum] rotum f *Post* compositum *add.* X « Ars est principium in alio, natura vero principium in se ipso » 55 scilicet] sed P

---

(256) Arist., *Metaphys.*, Λ1, 1069 b3.
(257) Arist., *Metaphys.*, Λ2, 1069 b 24-25.
(258) Cf. Arist., *Metaphys.*, Λ2, 1069 b 15-16.
(259) Arist., *Metaphys.*, Λ2, 1069 b 32-34
(260) Cf. S. Thomas, *In Metaphys.*, XII, lect. 2, n. 2442.
Cf. Arist., *Metaphys.*, Λ3, 1069 b 35.
(261) S. Thomas, *In Metaphys.*, XII, lect. 3, n. 2446.
Arist., *Metaphys.*, Λ3, 1070 a 9-12.
(262) Cf. Arist., *Metaphys.*, Λ5, 1071 a 5-6.
Cf. S. Thomas, *In Metaphys.*, XII, lect. 4, n. 2483.
(263) S. Thomas, *In Metaphys.*, XII, lect. 6, n. 2516.
Arist., *Metaphys.*, Λ7, 1072 a 21-23.
(264) Arist., *Metaphys.*, Λ7, 1072 b 7-8, 30, 1073 a 4-11.
Cf. S. Thomas, *In Metaphys.*, XII, lect. 6, n. 2518.
(265) Cf. S. Thomas, *In Metaphys.*, XII, lect. 8, n. 2536.
Cf. Arist., *Metaphys.*, Λ7, 1072 b 3.
(266) Arist., *Metaphys.*, Λ7, 1072 b 13-14.
(267) Arist., *Metaphys.*, Λ7, 1072 b 24.
(268) Arist., *Metaphys.*, Λ7, 1072 b 28-29.

---

61 *animatum* : le texte d'Aristote (1072 b 26), ainsi que celui de S. Thomas, donne *intellectum* au lieu de *animatum*.

(269) Actio intellectus est vita.
(270) Primus motor nullam habet magnitudinem corporalem.
(271) Impossibile est esse in magnitudine finita potentiam infinitam.
(272) Stellarum natura est aeterna.
(273) Impossibile est esse aliquas substantias separatas non moventes.

Sequuntur auctoritates XII libri Metaphysicae Aristotelis.

(274) Unum tantum est caelum et non plures.
(275) Primum principium extra se nihil intelligit.
(276) In separatis a materia idem est intelligens et intellectum.
(277) Bonum universi consistit in ordine, quia omnia habent ordinem, licet non eodem modo.
(278) Etiam bonum universi consistit in primo principio ad quod omnia ordinantur.
(279) Entia nolunt male disponi, nec est bonum pluralitas principatuum; sit ergo unus princeps.

Commentator.

(280) Apud Aristotelem ipsa universalia sunt collecta a particularibus ab intellectu qui concipit inter ea similitudinem et facit ex eis unam intentionem.
(281) Natura nihil facit, nisi rememorata a causis superioribus quae sunt deus et intelligentiae.

69 separatas] separaras D 70 libri] *om.* E Aristotelis] *om.* E 71 Unum] Num WD 78 principatuum] principatum LPE principum W 82 qui] quae LP

---

(269) Arist., *Metaphys.*, Λ7, 1072 b 26-27.
(270) Arist., *Metaphys.*, Λ7, 1073 a 5-6.
(271) Arist., *Metaphys.*, Λ7, 1073 a 7-8.
(272) Arist., *Metaphys.*, Λ8, 1073 a 34-35.
(273) Cf. Arist., *Metaphys.*, Λ7, 1074 a 19-23.
Cf. S. Thomas, *In Metaphys.*, XII, lect. 12, n. 2588.
(274) Arist., *Metaphys.*, Λ8, 1074 a 31.
(275) S. Thomas, *In Metaphys.*, XII, lect. 11, n. 2614.
Cf. Arist., *Metaphys.*, Λ9, 1074 b 23-24.
(276) Arist., *Metaphys.*, Λ9, 1075 a 3-4.
(277) Arist., *Metaphys.*, Λ10, 1075 a 11-12, 14, 16.
(278) Arist., *Metaphys.*, Λ10, 1075 a 13-15.
(279) Arist., *Metaphys.*, Λ10, 1076 a 3-4.
(280) Averroes, *In Metaphys.*, XII, com. 4, f. 292 D.
(281) *Locus non inventus.*

(282) Opus naturae est opus intelligentiae.

(283) Quicquid est in materia prima potentia passiva, in primo motore est potentia activa.

(284) Quicquid est accidentale creaturis, essentiale est creatori.

(285) Corpora caelestia sunt animata et non habent alias virtutes animae, nisi intellectum et voluntatem.

(286) In separatis a materia idem est finis et efficiens.

(287) Non est idem quod de primo principio intelligit motor Saturni cum eo quod intelligit de ipso motor primi mobilis.

(288) Ultima prosperitas hominis est per transformationem ejus sive continuationem cum intellectu separato.

(289) In separatis a materia idem est disponens et dispositum.

(290) Omnis terminus concreatus duo signat, scilicet formam et subjectum illius formae.

(291) Scientia dei causat res, sed nostra scientia causata est a rebus.

(292) Optima dispositio intelligentiarum consistit in movendo.

(293) Unde si esset aliqua intelligentia non movens, illa esset frustra.

Auctoritates circa primum librum Physicorum Aristotelis.

(1) Scire et intelligere contingit circa omnes scientias quarum principia sunt causa et elementa ex eorum cognitione.

92 est] *om.* L 95 sive] sine W 98 Omnis] Omne W terminus] *om.* W concreatus] concretus E; concretum W 00 causata est] est causata X 1 movendo] monendo D 3 circa primum librum] primi libri E Aristotelis] *om.* E 4 contingit] contigit LED 5 ex eorum cognitione] *om.* W

(282) *Locus non inventus.*
(283) *Locus non inventus.*
(284) *Locus non inventus.*
(285) *Locus non inventus.*
(286) *Locus non inventus.*
(287) *Locus non inventus.*
(288) *Locus non inventus.*
(289) *Locus non inventus.*
(290) Arist., *Metaphys.*, Z6, 1031 b 22-24.
(291) *Locus non inventus.*
(292) *Locus non inventus.*
(293) *Locus non inventus.*
(1) Arist., *Phys.*, A1, 184 a 10-12.

98 *concreatus* : nous avons maintenu la version *concreatus* en suivant la majorité des témoins de la tradition imprimée, alors que le sens du texte d'Aristote demanderait *concretus*. Il nous a semblé préférable de laisser cette version parce que la citation devait être connue telle quelle à l'époque.

(2) Tunc unumquodque arbitramur scire, cum causas et principia ejus cognoscimus usque ad elementa.
(3) Innata est nobis via cognoscendi a communioribus ad propria.
(4) Totum secundum sensum notius est.
(5) Pueri primo appellant omnes viros patres et omnes mulieres matres, postea determinant unumquodque horum.
(6) Contra negantem principia non est disputandum.
(7) Uno inconvenienti dato, plura contingunt.
(8) Quod naturae est, nulli accidit.
(9) Ratio finiti et infiniti soli quantitati congruit.
(10) Continuum est divisibile usque ad infinitum.
(11) Quaecumque uni et eidem sunt eadem, inter se sunt eadem.
(12) Indivisibile neque finitum neque infinitum est.
(13) Principium dicitur dupliciter, scilicet temporis et magnitudinis.
(14) Quod vere est, nulli accidit.
(15) Omnis forma accidentalis in concreto duo significat, scilicet formam et subjectum.

6 causas] causae LP 8 cognoscendi] praecedendi W 11 matres] matees D 13 contingunt] contingit Xf 14 naturae] naturale W 16 usque] *om.* D ad] in XfD 17 eadem[1]] *om.* LWP se] *om.* D

(2) Arist., *Phys.*, A1, 184 a 12-14.
(3) Arist., *Phys.*, A1, 184 a 16-18, 23-24.
(4) Arist., *Phys.*, A1, 184 a 24-25.
(5) Arist., *Phys.*, A1, 184 b 12-14.
(6) Arist., *Phys.*, A1, 185 a 1-2.
(7) Arist., *Phys.*, A2, 185 a 11-12.
(8) Arist., *Phys.*, A3, 186 b 4-5.
(9) S. Thomas, *In Phys.*, I, lect. 3, n. 23.
Cf. Arist., *Phys.*, A2, 185 b 2-3.
(10) Arist., *Phys.*, A2, 185 b 10-11.
(11) S. Thomas, *In Phys.*, I, lect. 3, n. 22.
Cf. Arist., *Phys.*, A2, 185 b 15-16.
(12) Arist., *Phys.*, A2, 185 b 16-18.
Cf. S. Thomas, *In Phys.*, I, lect. 3, n. 23.
(13) S. Thomas, *In Phys.*, I, lect. 5, n. 33.
Cf. Arist., *Phys.*, A3, 186 a 13-14.
(14) Arist., *Phys.*, A3, 186 b 4-5.
(15) S. Thomas, *In Phys.*, I, lect. 4, n. 45.
Cf. Arist., *Phys.*, A3, 186 b 22-23.

14 On retrouve la même citation à la ligne 20. On peut se demander si *naturae* et *vere* ne sont pas issus à l'origine d'une même abréviation manuscrite.

(16) Secundum omnes philosophos, ex nihilo nihil fit.

(17) Tria sunt principia naturae, scilicet materia, forma et privatio.

(18) Ex infinitis secundum speciem nihil contingit scire.

(19) Subjectum est prius praedicato.

(20) Principia non fiunt ex aliis neque ex alterutris, sed ex his fiunt omnia alia.

(21) Principia semper oportet manere.

(22) Infinitum secundum quod hujusmodi semper est ignotum.

(23) Intellectus qui quaerit accidens a subjecto separato, est vanus et impossibilia quaerens.

(24) In divisione carnis contingit devenire ad minimam carnem quae, si ultra dividitur, non manet eadem species carnis; similiter et in aliis rebus naturalibus, unde in naturalibus est dare minimum et maximum.

(25) Omne corpus finitum per depositionem alicujus finiti tandem consumitur.

(26) Melius est ponere principia finita quam infinita, ex quo habetur quod peccatum est fieri per plura quod potest fieri per pauciora.

27 fiunt] sunt LP 29 oportet] oporet D 30 quod] *om.* LPfD 34 si] non E et] est X 35-36 minimum et maximum] maximum et minimum E 37 depositionem] dispositionem LWXP

---

(16) Arist., *Phys.*, A4, 187 a 27-29.
(17) S. Thomas, *In Phys.*, I, lect. 13, n. 118.
Cf. Arist., *Phys.*, A7, 191 a 8-17.
(18) Arist., *Phys.*, A4, 187 b 10-11.
(19) S. Thomas, *In Phys.*, I, lect. 11, n. 91.
Cf. Arist., *Phys.*, A6, 189 a 31-32.
(20) Arist., *Phys.*, A5, 188 a 27-28.
(21) Arist., *Phys.*, A6, 189 a 19-20.
(22) Arist., *Phys.*, A4, 187 b 7.
(23) Arist., *Phys.*, A4, 188 a 8-9.
(24) S. Thomas, *In Phys.*, I, lect. 9, n. 65-66.
Averroes, *In Phys.*, VIII, com. 62, f. 401 I.
Cf. Arist., *Phys.*, A4, 187 b 16-21.
(25) Arist., *Phys.*, A4, 187 b 25-26.
(26) Cf. S. Thomas, *In Phys.*, I, lect. 9, n. 74.
Arist., *Phys.*, A4, 188 a 17-18.

---

24 On retrouve la même citation dans la *Métaphysique*, p. 137, l. 53 (Λ12, 1069 b 32-34).

(27) Universale secundum intellectum notius est quam particulare secundum sensum; unde communiter dicitur universale dum intelligitur, particulare dum sentitur.

(28) Nihil est sibi ipsi contrarium.

(29) Materia non cognoscitur nisi per analogiam, id est per comparationem ad formam.

(30) Materia cum forma est causa omnium rerum quae fiunt, sicut mater, id est substantia composita, est causa omnium accidentium.

(31) Forma est divinum quoddam, optimum et appetibile.

(32) Materia appetit formam sicut femina virum et turpe bonum.

(33) Privatio quae est in materia multotiens machinatur ad maleficium.

(34) Nihil appetit illud quod in se habet.

(35) Nihil appetit illud quod sibi contrarium est.

(36) Omnis resolutio stat ad materiam primam.

41 quam] *om.* D 44 est sibi ipsi] sibi ipsi est E; sibi est LWPf 50 appetibile] appetible L 51 virum] vir L 55 contrarium est] est contrarium EX

---

(27) Arist., *Phys.*, A5, 189 a 5-8.

(28) S. Thomas, *In Phys.*, I, lect. 11, n. 83.
Cf. Arist., *Phys.*, A6, 189 a 22-25.

(29) S. Thomas, *In Phys.*, I, lect. 13, n. 118.
Cf. Arist., *Phys.*, A7, 191 a 8-11.

(30) Cf. S. Thomas, *In Phys.*, I, lect., 15, n. 135.
Cf. Arist., *Phys.*, A9, 192 a 13-14.

(31) Arist., *Phys.*, A9, 192 a 16-17.
S. Thomas, *In Phys.*, I, lect. 15, n. 135.

(32) Arist., *Phys.*, A9, 192 a 22-23.

(33) Arist., *Phys.*, A9, 192 a 14-15.

(34) Arist., *Phys.*, A9, 192 a 20.

(35) Arist., *Phys.*, A9, 192 a 21.

(36) Arist., *Phys.*, A9, 192 a 32-33.

---

41 *quam* : le texte d'Aristote ainsi que la traduction latine de Guillaume de Moerbeke omettent ce mot. Nous avons préféré le maintenir, bien qu'il change quelque peu le sens du texte original, suivant en cela la majorité des témoins de la tradition imprimée, puisque cette tradition semble indiquer que la citation était connue telle quelle à l'époque.

52 *machinatur* : le texte d'Aristote, ainsi que le commentaire de S. Thomas (I, lect. 15, n. 135), donne la version *imaginabitur* (φαντασθείη, 192 a 15).

(37) Materia secundum se ex qua fit aliud per se et non per accidens.

Commentator in prologo hujus libri.

(38) Ultima perfectio hominis est ut sit perfectus per scientias speculativas, et hoc est sibi ultima felicitas et vita perfecta.

(39) Philosophus vel sapiens est, vel virtuosus naturaliter secundum omnes sensus virtutum moralium quae sunt justitia, castitas, liberalitas et similia.

(40) Liber physicorum est principium et radix totius philosophiae naturalis.

(41) Nomen auctoris hujus libri est Aristoteles, filius Nichometi vel Anthomaci, sapientissimus graecorum qui scientias invenit et complevit. Invenit, quia quicquid scriptum est ab antiquis in scientiis non est dignissimum quod sit pars scientiae vel principium. Complevit, quia nullus eorum qui secuti sunt eum usque ad illud tempus, quod est mille et quingentorum annorum, addidit aliquid, nec invenit in dictis ejus errorem alicujus quantitatis et talem virtutem in unico individuo esse miraculosum est et extraneum, et quia haec dispositio in uno homine fuit. Ideo dici dignius est divinus potius quam humanus.

(42) Scientiarum quaedam est perfecta et est illa quae fit per causam, quaedam est imperfecta et est illa quae fit sine causa, sicut exponit Alexander Aristotelem per principia intelligit causas efficientes. Per causas intelligit causas finales et per elementa intelligit materiam et formam.

57 se[1]] est *add.* E 61 est] *om.* LWPD 62 moralium] mortalium W 66 est] *om.* L 69 dignissimum] dignum W sit] fit X principium] printipium X 71 mille] nulle L 76 est illa] illa est ELWP 76-77 per causam, quaedam est imperfecta et est illa quae fit] *om.* L 77 est illa] illa est LWPE

(37) ARIST., *Phys.*, A9, 192 a 31-32.
(38) AVERROES, *In Phys.*, prologue, f. 1 H.
(39) AVERROES, *In Phys.*, prologue, f. 1 I.
(40) AVERROES, *In Phys.*, prologue, f. 4 G.
(41) AVERROES, *In Phys.*, prologue, f. 4 H-I, 5 A-B.
(42) AVERROES, *In Phys.*, com. 1, f. 6 A-C.

66-67 *Nichometi vel Anthomaci* : nous avons maintenu cette leçon donnée par tous les incunables au lieu de conjecturer *Nicomachi*. La tradition imprimée suit ici la version de plusieurs manuscrits de la *Vita Aristotelis*.

(43) Totum nihil aliud est nisi omnes partes simul sumptae.

(44) In spermate et prima generatione hominis non cessant partes spermatis corrumpi et fieri partes hominis donec forma humana sit completa, et hoc verum est si forma recipit participationem, si autem non, illud necessitate accidit in accidentibus propriis formae generatae.

(45) Transmutatio accidentalis et substantialis conveniunt in hoc quod sunt mutatio rerum de una dispositione in aliam, sed differunt quia transmutatio substantialis transmutat nomen et definitionem rei accidentalis vero tantum nomen transmutat.

(46) Materia prima nullam in se habet formam, sed est in potentiis ad recipiendum omnes formas.

(47) Materia non est sua potentia, quia potentia est in genere relationis, materia in genere substantiae.

(48) Consuetudo est altera natura.

(49) Materia prima non potest separari ab omni forma.

Sequuntur auctoritates II libri Physicorum Aristotelis.

(50) Natura est principium et causa motus et quietis in quo est primo per se et non per accidens.

(51) Omne ens artificiale movetur ab extrinseco.

(52) Caecus natus non potest disputare de coloribus quantum ad rem, sed quantum ad nomen.

(53) Tota substantia artificialium est eorum materia.

84 est] sit LWXf 87 et] ad LW 89 transmutat] transumtat E 90 definitionem] distinctionem W 91 potentiis] potentia E 94 in genere] genere de W 3 Tota substantia artificialium est eorum materia] *om.* LPf

---

(43) Averroes, *In Phys.*, com. 17, f. 16 M.
(44) Averroes, *In Phys.*, com. 62, f. 37 H.
(45) Averroes, *In Phys.*, com. 63, f. 37 M.
(46) Averroes, *In Phys.*, com. 66, f. 39 I.
(47) *Locus non inventus.*
(48) Averroes, *In Phys.*, com. 71, f. 42 C.
(49) Averroes, *In Phys.*, com. 76, f. 44 A.
(50) Arist., *Phys.*, B1, 192 b 20-23.
(51) Arist., *Phys.*, B1, 192 b 28-32.
(52) Arist., *Phys.*, B1, 193 a 7-9.
(53) S. Thomas, *In Phys.*, II, lect. 2, n. 149. Cf. Arist., *Phys.*, B1, 193 a 11-17.

(54) Forma et materia non sunt secundum rem separata, sed secundum nomen et rationem.

(55) Forma dicitur natura, materia dicitur natura, sed forma dicitur magis natura quam materia, quia unumquodque non magis dicitur secundum id quod est in potentia quam secundum id quod est in actu.

(56) Subjectum et ejus propria passio sunt ejusdem considerationis.

(57) Abstrahentium non est mendacium.

(58) Naturalia definiuntur cum motu a materia sensibili.

(59) Materia et forma sunt ejusdem considerationis.

(60) Ars imitatur naturam in quantum potest.

(61) Forma est finis materiae.

(62) Finis non est solum rei ultimum, sed etiam ultimum et optimum.

(63) Non sumus quodammodo finis omnium.

(64) Nos utimur omnibus quae sunt tamquam propter nos.

(65) Homo generat hominem et sol.

(66) Materia proportianata formae est de consideratione naturalis.

(67) Quattuor sunt causae et cetera.

9 *Post* actu *add.* LPf « Tota substantia artificialium est eorum materia » 10 Subjectum] Snbjectum f 12 Naturalia] Naturalium *add.* non L 14 imitatur] mutatur X 17 Non] Nos EW

---

(54) S. Thomas, *In Phys.*, II, lect. 2, n. 151.
Cf. Arist., *Phys.*, B1, 193 b 3-5.

(55) S. Thomas, *In Phys.*, II, lect. 2, n. 152, 153.
Arist., *Phys.*, B1, 193 a 28-31, b 6-8.

(56) Cf. Arist., *Phys.*, B2, 193 b 26-28.

(57) Arist., *Phys.*, B2, 193 b 34-35.

(58) S. Thomas, *In Phys.*, II, lect. 3, n. 162, 163.
Cf. Arist., *Phys.*, B2, 193 b 33 - 194 a 7.

(59) S. Thomas, *In Phys.*, II, lect. 4, n. 172.
Arist., *Phys.*, B2, 194 a 22-27.

(60) Cf. Arist., *Phys.*, B2, 194 a 21-22.

(61) S. Thomas, *In Phys.*, II, lect. 4, n. 173.
Cf. Arist., *Phys.*, B2, 194 a 27-28.

(62) Arist., *Phys.*, B2, 194 a 29-33.

(63) Arist., *Phys.*, B2, 194 a 34-35.

(64) Arist., *Phys.*, B2, 194 a 34-35.

(65) Arist., *Phys.*, B2, 194 b 13.

(66) S. Thomas, *In Phys.*, II, lect. 4, n. 173.

(67) Arist., *Phys.*, B3, 195 a 15-16.

---

17 *Non* : le texte d'Aristote est *Nos*, mais nous avons maintenu la version donnée par la majorité des témoins de la tradition imprimée.

(68) Aliqua sibi invicem possunt esse causae.

(69) Idem aliter se habens est causa oppositorum.

(70) Eadem causa est causa contrariorum.

(71) Cujus praesentia est causa salutis, ejus absentia est causa periclitationis et mortis.

(72) Causa et effectus simul sunt et non sunt.

(73) Causa et effectus debent esse proportionata.

(74) In caelestibus nihil videmus fieri a casu.

(75) Causae per se sunt finitae, sed causae per accidens sunt infinitae.

(76) Infinita uni accidunt.

(77) Fortuna est causa secundum accidens in his quae fiunt a proposito secundum finem.

(78) Bona fortuna est quando aliquid boni accidit, mala autem quando aliquid mali accidit.

(79) Eufortunium est quando aliquod magnum bonum evenit.

(80) Qui parum discit apud intellectum quasi nihil discit.

(81) Fortuna non est nisi in agentibus a proposito, sed casus bene est in animalibus et rebus agentibus non a proposito, unde dicitur quod equus venit ad stabulum a casu et ibi salvatus est a lupo et tripes a casu cecidit et ibi stetit.

24 causa[1]] *om.* W 32-33 a proposito] apposito L 34 aliquid] aliquod D 38 a proposito] apposito L 39 non] *om.* E a proposito] apposito L

(68) Arist., *Phys.*, B3, 195 a 8-9.
(69) Arist., *Phys.*, B3, 195 a 11-13.
(70) Arist., *Phys.*, B3, 195 a 11-12.
(71) Arist., *Phys.*, B3, 195 a 12-14.
(72) Cf. Arist., *Phys.*, B3, 195 b 16-18.
(73) S. Thomas, *In Phys.*, II, lect. 6, n. 197.
Cf. Arist., *Phys.*, B3, 195 b 21-28.
(74) Arist., *Phys.*, B4, 196 b 2-3.
(75) Arist., *Phys.*, B5, 196 b 27-28.
(76) Arist., *Phys.*, B5, 196 b 28-29.
(77) Arist., *Phys.*, B5, 197 a 5-6.
(78) Arist., *Phys.*, B5, 197 a 25-26.
(79) Arist., *Phys.*, B5, 197 a 26-27.
(80) Arist., *Phys.*, B5, 197 a 27-30.
(81) S. Thomas, *In Phys.*, II, lect. 10, n. 230, 232.
Cf. Arist., *Phys.*, B6, 197 b 1-17.

37 Cette citation est un résumé qui n'a plus de rapport avec le texte de sa source. En effet, la traduction latine de ce passage dans la version de Guillaume de Moerbeke est la suivante : *Quocirca et cum parum abest ut quis malum seu bonum capiat magnum, infortunatum vel bene fortunatum esse dicitur : quoniam sicut est dicit intellectus; quod enim parum, tanquam nihil distare videtur.* On pourrait peut-être conjecturer la phrase suivante : *Quod parum distat, apud intellectum quasi nihil distat.*

(82) Frustra et vanum est illud quod est ordinatum ad aliquem finem et illum non includit.
(83) Omne per accidens reducitur ad aliquod per se.
(84) Illud quod est per se est prius eo quod dicitur per accidens.
(85) Forma et effectus, finis et efficiens saepe coincidunt.
(86) Materia vero et efficiens numquam coincidunt, similiter materia et finis.
(87) Entia non mota amplius non sunt physicae considerationis.
(88) Quae sunt moventia et mota, illa sunt considerationis naturalis.
(89) Natura agit propter finem.
(90) Finis ponit necessitatem his quae sunt ad finem.
(91) Finis in operabilibus est sicut principium in speculabilibus.

Commentator.

(92) Formae accidentales dicuntur ipsae formae artificiales in substantiis materialibus.
(93) Anima humana est media inter formas naturales et abstractas.
(94) Qui dicit naturam non agere propter finem, tollit sollicitudinem dei circa illa inferiora.

43 illum] illud E 45 dicitur] est XE 47 vero] *om.* X 55 accidentales] accidentalis D

---

(82) Arist., *Phys.*, B6, 197 b 22-27.
(83) S. Thomas, *In Phys.*, VIII, lect. 2, n. 973.
(84) Cf. Arist., *Phys.*, B6, 198 a 8-9.
(85) S. Thomas, *In Phys.*, II, lect. 11, n. 242.
Cf. Arist., *Phys.*, B7, 198 a 24-27.
(86) S. Thomas, *In Phys.*, II, lect. 11, n. 242.
(87) Arist., *Phys.*, B7, 198 a 27-28.
(88) S. Thomas, *In Phys.*, II, lect. 11, n. 242.
Cf. Arist., *Phys.*, B7, 198 a 27.
(89) S. Thomas, *In Phys.*, II, lect. 12, n. 250.
Arist., *Phys.*, B8, 198 b 10-11.
(90) S. Thomas, *In Phys.*, II, lect. 15, n. 270.
Cf. Arist., *Phys.*, B9, 200 a 7-10.
(91) S. Thomas, *In Phys.*, II, lect. 15, n. 273.
Cf. Arist., *Phys.*, B9, 200 a 15-16.
(92) Averroes, *In Phys.*, II, com. 13, f. 52 L.
(93) Averroes, *In Phys.*, II, com. 26, f. 59 C-D.
(94) Averroes, *In Phys.*, II, com. 75, f. 75 M.

Sequuntur auctoritates III libri Physicorum Aristotelis.

(95) Ignorato motu necesse est ignorare naturam.
(96) Omnis motus fit in tempore et in loco.
(97) Tot sunt species motus, quot sunt species entis.
(98) In quolibet reperitur actus et potentia.
(99) Motus est actus entis in potentia secundum quod in potentia.
(100) Omne movens naturale in movendo movetur.
(101) Actio et passio sunt unus motus et in passo sicut in subjecto.
(102) Quodcumque fit, necesse est accipere finem.
(103) In perpetuis non differunt esse et posse.
(104) Nullum corpus est actu in infinitum.
(105) Infinitum secundum quod hujusmodi est ignotum.
(106) Unumquodque resolvitur in id ex quo componitur.
(107) Idem est motus totius et partis.
(108) Continuum est divisibile in infinitum.
(109) Infinitum habet rationem partis et non totius et habet rationem materiae et non formae.
(110) Totum et perfectum est cui nihil deficit.
(111) Numerus causatur ex divisione continui.
(112) Continuum est infinitum secundum divisionem, numerus vero secundum appositionem.

60 auctoritates] autoritates W   libri] *om.* E   62 fit] sit LP   in tempore et in loco] in loco et in tempore D   67 unus] unius E   70 in] *om.* XPfE

(95) Arist., *Phys.*, Γ1, 200 b 14-15.
(96) Cf. Arist., *Phys.*, Γ1, 200 b 20-21.
(97) Arist., *Phys.*, Γ1, 201 a 8-9.
(98) Arist., *Phys.*, Γ1, 201 a 9-10.
(99) Arist., *Phys.*, Γ1, 201 a 10-11.
(100) Arist., *Phys.*, Γ1, 201 a 23-25.
(101) S. Thomas, *In Phys.*, III, lect. 5, n. 314.
Cf. Arist., *Phys.*, Γ3, 202 b 5-22.
(102) Arist., *Phys.*, Γ4, 203 b 8-9.
(103) Arist., *Phys.*, Γ3, 203 b 30.
(104) Arist., *Phys.*, Γ5, 206 a 1-2.
(105) Arist., *Phys.*, Γ6, 207 a 25-26.
(106) Arist., *Phys.*, Γ5, 204 b 33-34.
(107) Arist., *Phys.*, Γ5, 205 a 11.
(108) Arist., *Phys.*, Γ7, 207 b 16-17.
(109) Arist., *Phys.*, Γ6, 207 a 26-28, 21-22.
(110) Arist., *Phys.*, Γ6, 207 a 8-10.
(111) S. Thomas, *In Phys.*, III, lect. 12, n. 394.
(112) Arist., *Phys.*, Γ7, 207 b 1-5.

73 *motus* : le texte d'Aristote (205 a 10) est *locus*.

Commentator in prologo hujus III libri.

(113) Quidam homines ita erant consueti comedere venenum quod erat eis cibus.

(114) Quidam propter usum audiendi fabulas negaverunt principia vera per se nota, ut est illud : ex nihilo nihil fit.

(115) Fides vulgi fortior est quam fides philosophorum.

(116) Qui in principio addiscit philosophiam non bene potest audire leges, sed qui in principio addiscit leges non impeditur posse audire philosophiam.

Sequuntur auctoritates IV libri Physicorum Aristotelis.

(117) Quod non est, nusquam est.

(118) Rebus mobilibus quaeritur locus.

(119) Omne corpus est in loco et in omni loco est corpus, unde dici solet quod non est corpus sine loco, nec est locus sine corpore.

(120) Locus duplex est, scilicet communis et proprius. Communis est in quo plura sunt corpora. Proprius est in quo tantum est unum corpus. Locus est terminus corporis continentis immobilis primum, id est locus est ultima superficies corporis continentis.

(121) Ex rebus intellectualibus nulla est magnitudo.

(122) Forma et materia non separantur a re, sed locus separatur.

82 consueti] consuete LXPfE; consnete W 83 eis] ejus LXPf 87 addiscit] addiscitur LP bene] *om.* LWP 88 addiscit] addiscitur L 90 libri] *om.* E 94 est locus] locus est LWPED 96 tantum est] est tantum LWPE 98 continentis] continent LP

---

(113) *Locus non inventus.*
(114) *Locus non inventus.*
(115) *Locus non inventus.*
(116) *Locus non inventus.*
(117) Arist., *Phys.*, Δ1, 208 a 30.
(118) S. Thomas, *In Phys.*, IV, lect. 7, n. 478.
Cf. Arist., *Phys.*, Δ1, 208 a 29-32, b 1-3.
Cf. Arist., *Phys.*, Δ4, 211 a 12-13.
(119) Cf. Arist., *Phys.*, Δ1, 209 a 26-27.
(120) Arist., *Phys.*, Δ2, 209 a 32 - b 2.
(121) *Locus non inventus.*
(122) Arist., *Phys.*, Δ2, 209 b 22-24.

(123) Multipliciter dicitur aliquid in altero, uno modo sicut pars in suo toto, alio modo sicut digitus in manu, tertio modo sicut totum in partibus, ut domus in parietibus et fundamento, quarto modo sicut species in genere, ut homo in animali, quinto modo sicut genus in specie, ut animal in homine, sexto modo sicut forma in materia, septimo modo sicut effectus in suo efficiente, octavo modo sicut aliquid in fine quo locatum est in loco.

(124) Nihil est in se ipso primo et per se.

(125) Locus continet et conservat locatum.

(126) Unumquodque tunc pulcherrime demonstratur, cum ostenditur quid est ipsum et cum accidentia propria ostenduntur sibi inesse et cum opposita circa ipsum solvuntur.

(127) Locus est aequalis locato.

(128) Omne corpus in quantum est per se est in loco.

(129) Unumquodque refertur naturaliter ad locum sibi proprium.

(130) Non est vacuum in natura.

(131) Vacuum est locus in quo nullum est corpus, in quo tamen aptum natum est esse corpus.

(132) Non entis non sunt species et differentiae.

(133) Vacui ad plenum vel non entis ad ens nulla est proportio vel comparatio.

4 ut] et W 6 modo] *om.* LWP 7 aliquid] aliquod LWP quo] sive W 10 demonstratur] demonstratnr f 11 quid] quod LWP ostenduntur] ostendunt L 19 species] specie LXPfE

(123) ARIST., *Phys.*, Δ3, 210 a 14-23.
(124) ARIST., *Phys.*, Δ3, 210 b 22.
(125) S. THOMAS, *In Phys.*, IV, lect. 5, n. 446. Cf. ARIST., *Phys.*, Δ3, 210 b 34 - 211 a 1.
(126) ARIST., *Phys.*, Δ4, 211 a 7-11.
(127) S. THOMAS, *In Phys.*, IV, lect. 5, n. 446. Cf. ARIST., *Phys.*, Δ3, 211 a 2.
(128) ARIST., *Phys.*, Δ5, 212 b 7-8.
(129) ARIST., *Phys.*, Δ4, 211 a 4-5.
(130) ARIST., *Phys.*, Δ8, 216 a 20-21.
(131) ARIST., *Phys.*, Δ7, 213 b 31-34.
(132) Cf. ARIST., *Phys.*, Δ8, 215 a 10-11.
(133) Cf. ARIST., *Phys.*, Δ8, 215 b 19-20.

1-7 Dans cette citation, les deux premiers modes n'en font qu'un dans le texte d'Aristote, tandis que les deux derniers (qui concernent la fin et le lieu) ont été réunis en un seul dans le florilège.

14 Il faudrait conjecturer *mobile* avant *per* dans cette phrase, comme l'indique le texte d'Aristote (212 b 8).

(134) Necesse est dividi excellens et excellentiam et in illud quod excellitur, unde excellens et excessum semper debent in aliquo convenire.

(135) Contrariorum eadem est materia.

(136) Tempus exsequitur motum, quia qui non apprehendit tempus non apprehendit motum.

(137) Tempus est numerus motus secundum prius et posterius, id est prius et posterius sunt in motu prout nata sunt comprehendi in anima.

(138) Nihil habemus de tempore, nisi nunc et praesens tempus.

(139) Tempus est mensura motus rerum mobilium.

(140) Omnia quae fiunt in tempore tabescunt et senescunt simul cum tempore.

(141) Sempiterna non sunt sub tempore.

(142) Tempus est passio motus et praecipue motus caeli.

Commentator.

(143) Caelum non est in loco per se, sed per accidens, scilicet ratione centri.

(144) Quantitas non est de genere virtutum activarum simpliciter.

22 in] *om.* W 38 sed] neque W

---

(134) Arist., *Phys.*, Δ8, 215 b 16-17.
(135) Arist., *Phys.*, Δ9, 217 a 22.
Cf. Arist., *De caelo et mundo*, B3, 286 a 25.
(136) Cf. S. Thomas, *In Phys.*, IV, lect. 17, n. 572.
Cf. Arist., *Phys.*, Δ11, 218 b 33, 219 a 3-8.
(137) Cf. Arist., *Phys.*, Δ11, 219 b 1-2, 220 a 24-26.
(138) Cf. S. Thomas, *In Phys.*, IV, lect. 18, n. 588.
Cf. Arist., *Phys.*, Z3, 233 b 33-35.
(139) Arist., *Phys.*, Δ12, 220 b 32 - 221 a 1.
(140) Arist., *Phys.*, Δ12, 221 a 30-32.
(141) Arist., *Phys.*, Δ12, 221 b 3-5.
(142) S. Thomas, *In Phys.*, IV, lect. 23, n. 626.
Cf. Arist., *Phys.*, Δ14, 223 b 18-22.
(143) *Locus non inventus.*
(144) *Locus non inventus.*

---

22 *et*[1] : le texte de la *Physique* donne *in* à cet endroit. Dans toute cette citation, il y a eu confusion entre *excellens* et *excedens* (version d'Aristote).

(145) Successio motus causatur ex resistentia medii, vel mobilis, vel ex resistentia utriusque.

(146) Tempus est numerus priorum et posteriorum existentium in motu.

Sequuntur auctoritates V libri Physicorum Aristotelis.

(147) Omnis motus recipit denominationem a termino ad quem.

(148) Medium comparatum ad unum extremorum habet rationem alterius extremi.

(149) Fuscum comparatum ad album nigrum esse dicitur.

(150) Motus est transmutatio successiva quae fit in tempore, sed mutatio est transmutatio subitanea quae fit in instanti.

(151) Mutationes proprie dictae sunt duae species, scilicet generatio et corruptio.

(152) Generatio est mutatio de non esse ad esse.

(153) Corruptio est mutatio de esse ad non esse.

(154) Ad substantiam non fit motus, quia substantiae nihil est contrarium.

(155) Motus tantum est in tribus praedicamentis quae sunt quantitas, qualitas et ubi.

(156) Motus in qualitate dicitur alteratio. In quantitate dicitur augmentatio vel diminutio. In ubi dicitur locatio vel secundum locum mutatio.

45 Physicorum] Phsicorum D   Aristotelis] *om.* LWPE   49 nigrum esse dicitur] dicitur esse nigrum X   52 sunt duae] duae sunt X   55 ad] et W

---

(145) Averroes, *In Phys.*, IV, com. 71, f. 162 A.
(146) Averroes, *In Phys.*, IV, com. 102, f. 181 K-L.
(147) Arist., *Phys.*, E1, 224 b 7-8.
(148) Arist., *Phys.*, E1, 224 b 30-31.
(149) Arist., *Phys.*, E1, 224 b 34-35.
(150) *Locus non inventus.*
(151) Cf. Arist., *Phys.*, E1, 225 a 25-27, 32, 34-b 1.
(152) S. Thomas, *In Phys.*, V, lect. 2, n. 654.
Cf. Arist., *Phys.*, E1, 225 a 12-17.
(153) S. Thomas, *In Phys.*, V, lect. 2, n. 655.
Cf. Arist., *Phys.*, E1, 225 a 17-20.
(154) Arist., *Phys.*, E2, 225 b 10-11.
(155) Arist., *Phys.*, E1, 225 b 5-9.
Arist., *Phys.*, E2, 226 a 24-25.
(156) Arist., *Phys.*, E2, 226 a 26-27, 29-31, 32-33.

(157) Omnis motus fit a contrario in contrarium.

(158) Continua sunt quorum ultima sunt unum, ut cutis et caro.

(159) Contigua sunt quorum ultima sunt simul, ut cutis et camisia.

(160) Consequenter se habentia sunt inter quae non est medium ejusdem generis, licet inter ea sunt alia media, ut domus consequenter se habet ad aliam domum inter quas non est aliqua domus media.

(161) Quies est privatio motus.

Commentator.

(162) Omnes gentes ponunt principia nominationum esse nomen et verbum cujuslibet formae mobilis.

(163) Elementa sunt contraria secundum suas qualitates, non secundum species et formas.

(164) Qualitates elementorum non sunt eorum formae substantiales, licet assimilentur formis substantialibus, unde caliditas non est forma substantialis ignis.

Sequuntur auctoritates VI libri Physicorum Aristotelis.

(165) Continua sunt quorum ultima sunt unum, ut cutis et caro.

(166) Nullum continuum potest esse ex indivisibilibus, unde linea non potest componi ex punctis.

64 unum] simul E 67 sunt] suus W 72 nomen] nomine LXP 76 sunt] inter E 79 Sequuntur] *om.* L Aristotelis] *om.* E 80 ultima] ultimum LP sunt[2]] snnt f 81 indivisibilibus] indinisibilibus W

---

(157) Arist., *Phys.*, E2, 226 b 2-3.
(158) Arist., *Phys.*, E3, 227 a 11-13.
Arist., *Phys.*, Z1, 231 a 22.
(159) S. Thomas, *In Phys.*, V, lect. 5, n. 693.
Cf. Arist., *Phys.*, E3, 227 a 6-7, 21-23.
Cf. Arist., *Phys.*, Z1, 231 a 2-3.
(160) S. Thomas, *In Phys.*, V, lect. 5, n. 689.
Arist., *Phys.*, E3, 226 b 34 - 227 a 4.
Arist., *Phys.*, Z1, 231 a 23.
(161) Arist., *Phys.*, E6, 229 b 25.
(162) Averroes, *In Phys.*, V, com. 9, f. 215 B-C.
(163) Averroes, *In Phys.*, V, com. 10, f. 216 A.
(164) Averroes, *In Phys.*, V, com. 10, f. 215 G-H.
(165) Arist., *Phys.*, Z1, 231 a 22.
(166) Arist., *Phys.*, Z1, 231 a 24-25.

(167) Definitum et definitio sunt ejusdem materiae.

(168) Omnis quantitas est divisibilis.

(169) Inter quaelibet puncta signata in continuo est dare lineam incontinuam, id est mediam.

(170) Punctum nec est continuum, nec contiguum, nec frequenter se habens cum alio.

(171) Continuum est divisibile in semper divisibilia.

(172) Omne corpus est mobile et omne mobile corpus.

(173) Omnis motus est in tempore.

(174) Omne quod movetur est divisibile, quia partim est in termino ad quem movetur.

(175) Terminus cujuslibet rei est semper divisibilis.

(176) Indivisibile moveri non potest, nisi secundum accidens.

(177) Nulla mutatio est infinita secundum terminos, sed secundum tempus bene potest esse infinita, ut motus caeli.

(178) Indivisibile est terminus indivisibilis.

Commentator.

(179) Forma est res indivisibilis.

87 frequenter] sequenter X 98 Indivisibile est terminus indivisibilis] *om.* L

---

(167) Cf. Arist., *Metaphys.*, H4, 1044 b 8.
(168) Arist., *Phys.*, Z2, 232 a 23.
(169) Cf. Arist., *Phys.*, Z1, 231 a 9.
Cf. S. Thomas, *In Phys.*, VI, lect. 1, n. 756.
(170) S. Thomas, *In Phys.*, VI, lect. 1, n. 752.
Cf. Arist., *Phys.*, Z1, 231 a 29 - b 7.
(171) Arist., *Phys.*, Z2, 232 b 24-25.
(172) S. Thomas, *In Phys.*, IV, lect. 23, n. 626.
Cf. Arist., *Phys.*, Δ14, 223 a 17-20, H5, 249 b 30, Θ6, 258 b 25, Θ10, 267 a 22-23.
(173) Arist., *Phys.*, Z2, 232 b 20.
(174) Cf. Arist., *Phys.*, Z4, 234 b 10-22.
Cf. S. Thomas, *In Phys.*, VI, lect. 5, n. 796-797.
(175) Cf. Arist., *Phys.*, Z3, 233 b 35 - 234 a 5, Z5, 236 a 13.
Cf. S. Thomas, *In Phys.*, VI, lect. 5, n. 789.
(176) Arist., *Phys.*, Z10, 240 b 8-9.
(177) Arist., *Phys.*, Z10, 241 a 26-27, b 11-12, 18-20.
Cf. Arist., *Phys.*, Δ14, 223 a 17-20.
(178) S. Thomas, *In Phys.*, VI, lect. 7, n. 822.
Cf. Arist., *Phys.*, Z3, 233 b 35 - 234 a 5, Z5, 236 a 13.
(179) Averroes, *In Phys.*, VI, com. 45, f. 274 L.

---

87 *frequenter* : le texte de S. Thomas, comme celui d'Aristote, a la version *consequenter*.
94 *divisibilis* : le florilège donne à nouveau une version erronée du texte de ses sources. La leçon correcte est *indivisibilis*.

(180) Generatio et corruptio sunt termini alterationis.

(181) Alteratio est divisibilis.

(182) Generatio et corruptio est indivisibilis.

Sequuntur auctoritates VII libri Physicorum Aristotelis.

(183) Omne quod movetur ab aliquo movetur.

(184) In moventibus et motis non est ire in infinitum et ergo necesse est devenire ad primum motorem.

(185) Movens et motum simul sunt et inter ea non est dare medium.

(186) Virtus est dispositio perfecti ad optimum.

(187) Unumquodque tunc dicitur perfectum, cum attingit virtutem ejus propriam.

(188) Ab experientia particularium accipimus universalem scientiam.

(189) In quiescendo et cedendo, scilicet mundanis anima fit sciens et prudens.

(190) Infantes ita bene non possunt judicare virtutem sicut senes.

(191) Alteratio solum est in tertia specie qualitatis.

(192) Sola univoca et non aequivoca sunt comparabilia.

(193) Aequivocationes latent in generibus.

4 libri] *om.* E Aristotelis] *om.* E 6 motorem] movens E 7 ad primum motorem] *om.* L 12 particularium] partitularium f scientiam] *om.* L 13 cedendo] sedendo W scilicet] secundum Lf; a *add.* D 15 virtutem] veritatem E 17 Sola] Solum D

---

(180) Averroes, *In Phys.*, VI, com. 45, f. 274 M.

(181) Averroes, *In Phys.*, VI, com. 46, f. 276 A.

(182) Averroes, *In Phys.*, VI, com. 45, f. 274 L.

(183) Arist., *Phys.*, H1, 241 b 24.

(184) Cf. Arist., *Phys.*, H1, 242 a 15-20.

(185) Arist., *Phys.*, H2, 243 a 3-6.

(186) Arist., *Phys.*, H3, 246 a 13.

(187) Arist., *Phys.*, H3, 246 a 13-14.

(188) Arist., *Phys.*, H3, 247 b 5-7.

(189) Cf. Arist., *Phys.*, H3, 247 b 9-11.

(190) Arist., *Phys.*, H3, 247 b 18 - 248 a 1.

(191) Arist., *Phys.*, H3, 248 a 6-9.
Cf. S. Thomas, *In Phys.*, VII, lect. 4, n. 910.

(192) Cf. Arist., *Phys.*, H4, 248 b 6-7, 9, 249 a 4-5.
Cf. S. Thomas, *In Phys.*, VII, lect. 7, n. 939.

(193) Arist., *Phys.*, H4, 249 a 22-24.
Cf. S. Thomas, *In Phys.*, VII, lect. 8, n. 947.

(194) Omne corpus est mobile et e converso.

Commentator.

(195) Quaedam sunt propositiones in quibus nec antecedens est verum neque consequens, tamen in ipsis consequentia est, ut si asinus volat, asinus habet pennas.
(196) Vidi arietem ambulare huc et illuc multotiens, et hoc non posset fieri si principium motus esset in capite, ut dixit Galienus.
(197) Perfectio rerum consistit in divisibilibus.
(198) Virtus est perfectio quaedam.

Sequuntur auctoritates VIII libri Physicorum Aristotelis.

(199) Motus est quaedam vita hominibus in natura subsistentibus.
(200) Peccat voluntarius sciens, quando ex contrario utitur scientia.
(201) Motus est aeternus.
(202) Mundus est aeternus.
(203) Prius oportet esse combustibile antequam comburatur.
(204) Finiti et infiniti nulla est proportio.
(205) Homo dicitur minor mundus.

24 illuc] illud Xf 26 in] fine *add.* W 27 quaedam] et cetera *add.* X 28 libri] *om.* E Aristotelis] *om.* E 29 hominibus] omnibus W 30 ex] *om.* LPE 33 comburatur] comburat L

(194) S. Thomas, *In Phys.*, IV, lect. 23, n. 626.
Cf. Arist., *Phys.*, Δ14, 223 a 17-20, H5, 249 b 30, Θ6, 258 b 25, Θ10, 267 a 22-23.
(195) Averroes, *In Phys.*, VII, com. 2, f. 308 B-C.
(196) Averroes, *In Phys.*, VII, com. 4, f. 309 C.
(197) Averroes, *In Phys.*, VII, com. 18, f. 320 L.
(198) Averroes, *In Phys.*, VII, com. 18, f. 320 I.
(199) Arist., *Phys.*, Θ1, 250 b 14-15.
(200) Arist., *Phys.*, Θ1, 251 a 32 - 251 b 1.
(201) Arist., *Phys.*, Θ1, 252 a 3-4.
(202) S. Thomas, *In Phys.*, VIII, lect. 2, n. 974.
(203) Arist., *Phys.*, Θ1, 251 a 15-16.
(204) Cf. Arist., *Phys.*, Θ1, 252 a 13.
(205) S. Thomas, *In Phys.*, VIII, lect. 4, n. 999.
Cf. Arist., *Phys.*, Θ2, 252 b 26-27.

19 Cette citation est la même que celle de la page 154, l. 90.
29 *hominibus* : la leçon *omnibus* serait la traduction exacte du texte d'Aristote. Nous avons cependant préféré garder la version de la majorité des témoins imprimés.
34 Cette citation présente une version corrompue du passage d'Aristote.

(206) Moveri ex se ipso proprium est animalis.

(207) Gutta ultima in virtute praecedens cavat lapidem, sed non praecedens.

(208) Gravia et levia per se non moventur a generante, sed moventur a removente prohibens per accidens.

(209) Primum movens movet magis quam ultimum.

(210) Infinitis non est dare primum principium.

(211) Omne quod movetur ab aliquo movetur.

(212) Accidens non est necessarium, sed contingit non esse.

(213) Possibili posito in esse, nullum sequitur impossibile.

(214) Quandocumque aliqua conjuncta sunt in unum, si unum potest esse sine altero, et alterum e converso sine ipso, ut si contingit dare aliquod quod simul movetur et aliquod quod tantum movetur, ergo etiam est dare aliquod quod tantum movetur et non movetur.

(215) Impossibile est movens movere eo motu quo movetur.

(216) Omne quod movetur ex se divisibile est in partem moventem et motam.

37 in] *om.* LWPE 37-38 praecedens] praecedentis WD 41 ultimum] ultimam LP 42 Infinitis] In infinitis W 46 Quandocumque] Quantumque L conjuncta] convincta LP 48 simul] movet et D et] ei L 49 ergo etiam est dare aliquod quod tantum movetur] *om.* L 51 movere] moveri LWXPfE movetur] movetnr f

---

(206) ARIST., *Phys.*, Θ4, 254 b 15-16.

(207) S. THOMAS, *In Phys.*, VIII, lect. 5, n. 1008.
Cf. ARIST., *Phys.*, Θ3, 253 b 15-21.

(208) Cf. S. THOMAS, *In Phys.*, VIII, lect. 8, n. 1035.
Cf. ARIST., *Phys.*, Θ4, 255 b 14-17, 19-21, 26-27, 35 - 256 a 2.

(209) ARIST., *Phys.*, Θ5, 256 a 8-10.

(210) ARIST., *Phys.*, Θ4, 256 a 2-3.

(211) ARIST., *Phys.*, Θ4, 256 a 2-3, 5, 256 a 19-20 ...

(212) ARIST., *Phys.*, Θ5, 256 b 9-10.

(213) ARIST., *Phys.*, Θ5, 256 b 10-11.
S. THOMAS, *In Phys.*, VIII, lect. 9, n. 1043.

(214) S. THOMAS, *In Phys.*, VIII, lect. 9, n. 1044.
Cf. ARIST., *Phys.*, Θ5, 256 b 20-24, 27-29.

(215) S. THOMAS, *In Phys.*, VIII, lect. 9, n. 1046.

(216) ARIST., *Phys.*, Θ5, 257 a 33-34, b 12-13.

---

37 *praecedens* : à cet endroit du commentaire de S. Thomas, on trouve la leçon *omnium.*

39 *non* : le sens de ce passage dans le texte d'Aristote ainsi que dans le commentaire de S. Thomas exigerait la suppression de ce mot.

(217) Primus motor omnino est immobilis per se et per accidens.
(218) Primus motor tantum est unus et aeternus sive perpetuus.
(219) Motus localis est primus omnium motuum.
(220) Solus motus localis est continuus vere et perpetuus, quia non est medium inter motum et quietem.
(221) Motus circumflexus non est continuus, quia est interpolatus quiete media.
(222) Motus circularis est ab eodem ad idem.
(223) In circulo non est dare principium et finem in actu.
(224) Motus circularis est primus motus omnium et est mensura omnium motuum et solus uniformis.
(225) Primus motor nullam habet magnitudinem, nec finitam, nec infinitam, unde ipse est incorporeus, indivisibilis et aeternus.
(226) Perpetuum prius est corruptibili.
(227) Impossibile est in corpore finito esse potentiam infinitam.
(228) Primus motor est ibi, ubi velocissimus est motus, scilicet in oriente.

55 sive] fuit LD 57 vere] verus W 60 media] inedia Wf 61 ad] et L 62 actu] actum L 69 in] *om.* L 70 oriente] moriente L

---

(217) Arist., *Phys.*, Θ6, 258 b 13-15.
Cf. S. Thomas, *In Phys.*, VIII, lect. 12, n. 1069.
(218) Arist., *Phys.*, Θ6, 259 a 13-15.
(219) Arist., *Phys.*, Θ7, 261 a 27-28.
(220) S. Thomas, *In Phys.*, VIII, lect. 15, n. 1098.
Cf. Arist., *Phys.*, Θ7, 261 a 27 - b 7.
(221) Arist., *Phys.*, Θ8, 262 a 12-15.
Cf. S. Thomas, *In Phys.*, VIII, lect. 16, n. 1111.
(222) Arist., *Phys.*, Θ8, 264 b 18-19.
(223) Cf. Arist., *Phys.*, Θ9, 265 a 32-34.
Cf. S. Thomas, *In Phys.*, VIII, lect. 20, n. 1136.
(224) Arist., *Phys.*, Θ9, 265 b 8-12.
(225) S. Thomas, *In Phys.*, VIII, lect. 21, n. 1141.
Cf. Arist., *Phys.*, Θ10, 266 a 10-11, 267 b 18-26.
(226) Cf. Arist., *Phys.*, Θ9, 265, a 22-25.
(227) Arist., *Phys.*, Θ10, 266 b 25-26.
(228) S. Thomas, *In Phys.*, VIII, lect. 23, n. 1168.
Cf. Arist., *Phys.*, Θ10, 267 b 7-9.
Cf. Arist., *De caelo et mundo*, B2, 285 b 17-18.

Commentator.

(229) In prologo hujus libri VIII, hoc nomen homo dicitur aequivoce de eo qui est perfectus per scientias speculativas et de aliis hominibus, hoc est de sciente et ignorante.

(230) Sapiens naturaliter est virtuosus.

(231) Agens non posse agere est impossibile et diminutio agentis cum hoc sit contra naturam agentis, sed ipsum dicere posse agere est impossibile est error et deceptio.

(232) Ex nihilo nihil fit.

(233) Homo dicitur parvus mundus.

(234) Experimentum sermonum verorum est ut conveniat rebus sensatis.

(235) Generans dat generato formam et omnia accidentia convenientia ad formam.

(236) In causis essentialiter subordinatis non potest ire in infinitum, sed in accidentaliter subordinatis, et hoc non est impossibile.

(237) Primum antiquum nihil agit in istis inferioribus sine secundo antiquo.

(238) Inter omnia entia quantitas adhaeret immediatius substantiae.

(239) In caelo non est infinita potentia activa sed passiva.

(240) Primus motor est in oriente et propter hoc leges quaedam adorant ipsum versus orientem.

Incipiunt auctoritates super primum librum De caelo et mundo.

(1) Continuum est divisibile in semper divisibilia.

85 ire] iri W 86 accidentaliter] accidentialiter LP 91 hoc] *om.* LWP 93 Incipiunt] *om.* D

(229) Averroes, *In Phys.*, I, prologue, f. 1 H-I.
(230) Averroes, *In Phys.*, I, prologue, f. 1 I.
(231) Averroes, *In Phys.*, VIII, com. 4, f. 341 F.
(232) Averroes, *In Phys.*, VIII, com. 4, f. 341 C.
(233) Averroes, *In Phys.*, VIII, com. 17, f. 353 H.
(234) Averroes, *In Phys.*, VIII, com. 22, f. 357 B-C.
(235) Averroes, *In Phys.*, VIII,com. 32, f. 370 G.
(236) Averroes, *In Phys.*, VIII, com. 34, f. 375 C-D et com. 47, f. 388 K-L.
(237) Averroes, *In Phys.*, VIII, com. 43, f. 383 G.
(238) S. Thomas, *In Phys.*, VII, lect. 5, n. 917.
(239) Averroes, *In Phys.*, VIII, com. 79, f. 426 M.
(240) Averroes, *In Phys.*, VIII, com. 84, f. 432 E-F.
(1) Arist., *De caelo et mundo*, A1, 268 a 6-7.

(2) Nihil est perfectu<m> nisi trinitas.

(3) Perfectum est cui nihil deficit.

(4) Omne totum et perfectum super tria ponimus.

(5) Totum universum esse perfectum necesse est.

(6) Natura apta nata est facere sicut fecit, ex quo habetur quod ad perfectionem unius cujuslibet rei tria requiruntur, scilicet substantia sive natura, virtus et operatio.

(7) Mixto non competit motus, nisi ratione elementi praedominantis in ipso.

(8) Motus circularis non habet contrarium.

(9) Unum tantum uni est contrarium.

(10) Motus circularis est primus omnium motuum.

(11) Perfectum naturaliter prius est imperfecto.

(12) Caelum nec est grave neque leve.

(13) Totum et pars moventur ad eundem locum.

(14) Si alicui inest unus motus praeter naturam, etiam inest alius motus secundum naturam.

(15) Caelum est ingenerabile et incorruptibile, inaugmentabile et inalterabile.

(16) Caelum elongatum est a contrariis.

(17) Caelum non potest suscipere peregrinas impressiones.

95 perfectu<m>] perfectus *cod.* 2 praedominantis] praedominatis LX 9 eundem] eundum W 14 contrariis] conrtraiis E

---

(2) S. Thomas, *In De caelo...*, I, lect. 2, n. 12.
Cf. Arist., *De caelo et mundo*, A1, 268 a 9-24.

(3) Arist., *De caelo et mundo*, A1, 268 b 4.

(4) Arist., *De caelo et mundo*, A1, 268 a 10-11, 17, 23-24.

(5) Arist., *De caelo et mundo*, A1, 268 b 8-9.

(6) S. Thomas, *In De Caelo...*, I, lect. 4, n. 39.

(7) Arist., *De caelo et mundo*, A2, 269 a 1-2, 4-5, 28-30.

(8) Arist., *De caelo et mundo*, A3, 270 a 19-20, A4, 270 b 32.

(9) Arist., *De caelo et mundo*, A2, 269 a 10.

(10) Arist., *De caelo et mundo*, A3, 269 a 24-25.

(11) Arist., *De caelo et mundo*, A2, 269 a 19-20.

(12) Arist, *De caelo et mundo*, A3, 270 a 6.

(13) Arist., *De caelo et mundo*, A3, 270 a 3-5.

(14) S. Thomas, *In De caelo...*, I, lect. 5, n. 55.
Cf. Arist., *De caelo et mundo*, A2, 269 a 15-17.

(15) Arist., *De caelo et mundo*, A3, 270 a 12-14.

(16) Arist., *De caelo et mundo*, A3, 270 a 20-21.

(17) Cf. Arist., *De caelo et mundo*, A3, 270 a 27-35.

(18) Deus et natura nihil faciunt frustra.

(19) Parvus error in principio, maximus erit in fine.

(20) Principia sunt minima in quantitate, maxima vero in identitate.

(21) Non est dare aliquod corpus actu infinitum.

(22) Finiti ad infinitum nulla est proportio.

(23) Non sunt plures mundi, nec impossibile est plures esse mundos.

(24) Individua alicujus speciei non differunt specie, sed numero.

(25) Differt dicere caelum et hoc caelum quod habet formam in materia.

(26) Non sunt plures mundi, quia tota materia a sua forma est comprehensa.

(27) Tripliciter accipitur caelum, scilicet pro octava sphaera, pro corpore quinto et pro toto universo.

(28) Extra caelum nullum est corpus, sive nihil est.

(29) Extra caelum nec est locus, neque tempus, neque vacuum, sed ibi sunt entia inalterabilia, impassibilia, optimam vitam ducentia quam toto aeterno perficiunt.

(30) A primo quidem ente communicatum est omnibus esse et vivere, his quidem clarius, his vero obscurius.

18 identitate] indemptitate LXPf 21 est plures esse] est esse plures E 29 Extra caelum nullum est corpus sive nihil est] *om.* L 31 inal terabilia] inalternabilia LWXPfD

(18) Arist., *De caelo et mundo*, A4, 271 a 33.
(19) Arist., *De caelo et mundo*, A5, 271 b 8-9, 12-13.
(20) Arist., *De caelo et mundo*, A5, 271 b 6-12.
(21) Arist., *De caelo et mundo*, A6, 273 b 28-29.
Cf. Arist., *Phys.*, Γ5, 206 a 7-8.
(22) Arist., *De caelo et mundo*, A6, 274 a 7-8.
(23) Arist., *De caelo et mundo*, A9, 277 b 27-28.
(24) S. Thomas, *In De caelo...*, I, lect. 17, n. 167.
Cf. Arist., *De caelo et mundo*, A9, 278 a 15-20.
(25) S. Thomas, *In De caelo...*, I, lect. 19, n. 189.
Cf. Arist., *De caelo et mundo*, A9, 278 a 12-15.
(26) Arist., *De caelo et mundo*, A9, 278 a 25-27.
(27) S. Thomas, *In De caelo...*, I, lect. 20, n. 199.
Cf. Arist., A9, 278 b 9-24.
(28) Arist., *De caelo et mundo*, A9, 278 b 23-24.
(29) Arist., *De caelo et mundo*, A9, 279 a 11-12, 20-22.
(30) Arist., *De caelo et mundo*, A9, 279 a 28-30.

21 *nec* : le texte d'Aristote est *et*.

(31) Omnia quae moventur, quando veniunt ad locum proprium, quiescunt.

(32) Oportet inquisitores veritatis non esse inimicos.

(33) Impossibile est aliquid esse aeternum quod habeat potentiam, nisi sit aliquando.

(34) Omne quod est generabile, id est novum a parte ante, non potest esse perpetuum a parte post.

(35) Quicquid est incorruptibile et ingenerabile, hoc est perpetuum et e converso.

(36) Omne corruptibile de necessitate corrumpitur.

(37) Virtus est optimum alicujus quod potest.

(38) Virtus activa terminatur ad maximum, virtus autem passiva ad minimum.

(39) Materia est causa esse vel non esse.

Commentator.

(40) Caelum est quasi medium et ligamentum quoddam inter generabilia et corruptibilia et aeterna.

(41) In caelestibus non sunt plura individua sub una specie.

(42) Caelum non habet materiam quae est in potentia ad esse, sed ejus materia est corpus in actu.

40 a parte] aperte XPf 41 a parte] aperte LXPf post] potest LXPfE 43 e converso] e contra E 51 et[1]] *om.* E 53 ad esse] abesse LPfE 54 materia] materiia E

---

(31) Arist., *De caelo et mundo*, A9, 279 b 1-2.
(32) Arist., *De caelo et mundo*, A10, 279 b 10-12.
(33) Cf. Arist., *De caelo et mundo*, A10, 279 b 30-31.
(34) Cf. Arist., *De caelo et mundo*, A10, 279 b 17-18, 33.
(35) S. Thomas, *In De caelo...*, I, lect. 28, n. 266.
Cf. Arist., *De caelo et mundo*, A12, 281 b 25-26, 282 a 30 - b 1.
(36) Arist., *De caelo et mundo*, A12, 283 a 24-25.
(37) Arist., *De caelo et mundo*, A12, 281 a 11-12.
(38) S. Thomas, *In De caelo...*, I, lect. 25, n. 252.
(39) Arist., *De caelo et mundo*, A12, 283 b 4-5.
(40) Averroes, *In De caelo...*, I, com. 22, f. 17 L.
(41) *Locus non inventus.*
(42) *Locus non inventus.*

38-39 Cette citation présente une version corrompue du texte correspondant d'Aristote. Pour ce passage la traduction latine de Guillaume de Moerbeke est la suivante : *Si autem hoc, non utique erit incorruptibilis, neque si aliter habebat aliquando, neque si possibile aliter habere.*

(43) Res est intellectiva per formam et est sensitiva per materiam.

(44) Unde activa definitur in ultimo augmenti sui, sed passiva in ultimo detrimenti sui.

Sequuntur auctoritates II libri De caelo et mundo.

(45) Caelum movetur sine labore et poena.

(46) Amabile est a melioribus persuaderi.

(47) Caelum est animatum et habet principium sui motus in se.

(48) Cujuscumque rei est aliqua operatio, illa est finaliter propter ipsam.

(49) Oportet motum caeli esse circa aliquod fixum, sicut est terra.

(50) Nullum violentum est perpetuum.

(51) Si unum contrariorum est in natura et reliquum est in natura, eadem est materia contrariorum.

(52) Caelum est rotundae figurae.

(53) Figura sphaerica et rotunda est nobilissima omnium figurarum.

(54) Unum est prius multo et simplex composito.

(55) Motus caeli est mensura omnium motuum.

(56) Motus caeli est continuus, perpetuus et uniformis.

60 persuaderi] persuadere WE 68 rotundae] rotunda L

---

(43) *Locus non inventus.*

(44) *Locus non inventus.*

(45) Arist., *De caelo et mundo*, B1, 284 a 14-15.
S. Thomas, *In De caelo...*, II, lect. 1, n. 294.

(46) Cf. Arist., *De caelo et mundo*, B1, 284 a 2-3.

(47) Arist., *De caelo et mundo*, B2, 285 a 29-30.

(48) Arist., *De caelo et mundo*, B3, 286 a 8-9.
S. Thomas, *In De caelo...*, II, lect. 4, n. 334.

(49) S. Thomas, *In De caelo...*, II, lect. 4, n. 335.
Cf. Arist., *De caelo et mundo*, B3, 286 a 13-14, 20.

(50) Arist., *De caelo et mundo*, B3, 286 a 17-18.
S. Thomas, *In De caelo...*, II, lect. 4, n. 335.

(51) Arist., *De caelo et mundo*, B3, 286 a 23-25.

(52) Arist., *De caelo et mundo*, B3, 286 b 10.

(53) S. Thomas, *In De caelo...*, II, lect. 5, n. 345.
Cf. Arist., *De caelo et mundo*, B4, 286 b 21-24.

(54) Arist., *De caelo et mundo*, B4, 286 b 16-17.

(55) Arist., *De caelo et mundo*, B4, 287 a 23.
S. Thomas, *In De caelo...*, II, lect. 6, n. 353.

(56) Arist., *De caelo et mundo*, B4, 287 a 23-24.
S. Thomas, *In De caelo...*, II, lect. 6, n. 356.

(57) Natura ex possibilibus facit semper quod optimum est.

(58) Omnis motus naturalis est debilis in principio, in fine fortior, sed e converso motus violentus in principio est fortior, in fine debilior.

(59) Omnis motus in potentia et defectu est accidens praeter naturam.

(60) Opposita juxta se posita magis elucescunt.

(61) Stellae sunt ejusdem naturae cujus est caelum.

(62) Stellae in istis inferioribus calorem generant a lumine.

(63) Motus natus est calefacere et ignire.

(64) Magis diligimus illa scire de quibus maximam dubitationem habemus per quasdam rationes debiles quam notiora per rationes efficaciores.

(65) Mirabilia naturae sunt multa.

(66) Illud quod per paucas rationes acquiritur, facilius acquiritur, sed quod per plures rationes acquiritur, difficilius acquiritur.

(67) Illud quod bonitatem per pauciores actiones participat nobilius est quam quod per plures eam participat.

77 praeter] per D 79 ejusdem] einsdem D 80 a] *om.* W lumine] suo *add.* W
88 Illud] Istud f 89 eam] causa LW

---

(57) Arist., *De caelo et mundo*, B5, 288 a 2-3.
S. Thomas, *In De caelo...*, II, lect. 7, n. 365.
(58) S. Thomas, *In De caelo...*, I, lect. 17, n. 173, 174.
(59) S. Thomas, *In De caelo...*, II, lect. 9, n. 375.
Cf. Arist., *De caelo et mundo*, B6, 288 b 14.
(60) S. Thomas, *In De caelo...*, II, lect. 9, n. 381.
Cf. Arist., *De caelo et mundo*, B4, 287 a 7-8.
(61) S. Thomas, *In De caelo...*, II, lect. 10, n. 383.
Cf. Arist., *De caelo et mundo*, B7, 289 a 14-15.
(62) S. Thomas, *In De caelo...*, II, lect. 10, n. 393.
(63) Arist., *De caelo et mundo*, B7, 289 a 21-22.
(64) Arist., *De caelo et mundo*, B12, 291 b 26-28.
(65) S. Thomas, *In De caelo...*, II, lect. 12, n. 453.
Cf. Arist., *De caelo et mundo*, B12, 291 b 28-29.
(66) S. Thomas, *In De caelo...*, II, lect. 18, n. 460.
Cf. Arist., *De caelo et mundo*, B12, 292 a 30-32.
(67) S. Thomas, *In De caelo...*, II, lect. 18, n. 462.
Cf. Arist., *De caelo et mundo*, B12, 292 b 3-12.

---

77 Le texte de cette citation ne rend pas le sens du commentaire de S. Thomas qui dit : *Omnis autem impotentia et defectus est praeter naturam.* On pourrait peut-être reconstituer la citation primitive en écrivant : *Omnis motus, impotentia et defectus tes accidens praeter naturam.*

86-87 *rationes* : le commentaire de S. Thomas parle de *actiones* et non de *rationes.*

Commentator.

(68) Necesse est omne animatum corpus nobilius esse inanimato.

(69) Omnia entia nihil intendunt per suas operationes, nisi quod assimilentur primo principio mobili.

(70) Absentia materiae est causa aeternitatis.

(71) Entia divina et aeterna agunt propter se prima intentione, secundaria vero intentione propter conservationem inferiorum.

(72) Stella est densior pars sui orbis.

(73) Melius est scire modicum de rebus nobilibus quam multum de rebus ignobilibus.

Sequuntur auctoritates III libri De caelo et mundo.

(74) Plurima consideratio scientiae naturalis est de corporibus.

(75) Impossibile est divisibile componi ex indivisibilibus.

(76) Ordo est a propria natura rerum naturalium.

(77) Elementa non sunt infinita et sunt quattuor, scilicet ignis, aer, aqua et terra.

(78) Elementa sunt generabilia et corruptibilia.

(79) Fini nihil est contrarium.

(80) Omne leve sursum et omne grave deorsum.

94 Absentia materiae est causa aeternitatis] *om.* L 00 Sequuntur] Sequuntnr P
6 et] sed W

---

(68) *Locus non inventus.*
(69) *Locus non inventus.*
(70) *Locus non inventus.*
(71) *Locus non inventus.*
(72) *Locus non inventus.*
(73) Cf. Arist., *De part. animalium*, 15, 644 b 24-25, 31-33.
(74) Arist., *De caelo et mundo*, Γ1, 298 b 2-3.
(75) Cf. Arist., *De caelo et mundo*, Γ1, 299 a 11-20.
(76) Arist., *De caelo et mundo*, Γ2, 301 a 5-6.
(77) Cf. Arist., *De caelo et mundo*, Γ5, 304 b 21-22.
Cf. Arist., *De generatione et corruptione*, B3, 330 a 33 - b 3.
(78) Arist., *De caelo et mundo*, Γ6, 305 a 13-14.
(79) Arist., *De caelo et mundo*, Γ8, 307 b 8.
(80) Arist., *De caelo et mundo*, Γ2, 301 b 23-25.
Cf. Arist., *De caelo et mundo*, Δ1, 308 a 29-31.

---

3 *a* : le sens de ce passage du *De caelo et mundo* demanderait la suppression de ce mot.

(81) Si totum universum de novo generaretur, necesse esset vacuum esse.
(82) Elementa sunt prima corpora ex quibus constant alia corpora.

Commentator.

(83) Qualitates primae elementorum non sunt eorum formae.
(84) Tria fecerunt Avicennam errare in naturalibus, scilicet experientia, confidentia proprii ingenii et ignorantia logicae.
(85) Ex quo ex materia prima aliquod fit, necesse est ipsam situatam esse in universo.

Sequuntur auctoritates IIII libri De caelo et mundo.

(86) Extremum caeli dicitur sursum, sed medium dicitur deorsum.
(87) Leve dicitur quod sursum movetur, grave vero quod deorsum.
(88) Ignis est levis, terra vero gravis.
(89) Vacuum nihil est.
(90) Omnia corpora inferiora habent gravitatem praeter ignem.
(91) Medium contrarium est extremo.
(92) Formae est continere, sed materiae est contineri.
(93) Gravia et levia moventur ex se ipsis in sua propria loca, nisi sit impediens. Verum est immediate, quia mediate moventur a generante, vel a removente.

9 esset] est LXPfE 15 ignorantia] ignorantie X 18 libri] *om.* E 26 sit] fuerit W 27 est] et E 28 removente] prohibens *add.* W

---

(81) Arist., *De caelo et mundo*, Γ2, 301 b 33 - 302 a 1.
(82) Arist., *De caelo et mundo*, Γ3, 302 a 12.
(83) Cf. Arist., *De caelo et mundo*, Γ8, 306 b 29-31.
(84) *Locus non inventus.*
(85) *Locus non inventus.*
(86) Arist., *De caelo et mundo*, Δ1, 308 a 15-17, 21, 22-24.
(87) Arist., *De caelo et mundo*, Δ1, 308 a 29-31.
(88) Arist., *De caelo et mundo*, Γ1, 300 a 3-5.
(89) Cf. Arist., *De caelo et mundo*, Γ6, 305 a 21.
(90) Arist., *De caelo et mundo*, Δ4, 311 b 5.
(91) Arist., *De caelo et mundo*, Δ4, 312 a 8-9.
(92) Arist., *De caelo et mundo*, Δ4, 312 a 12-13.
(93) Arist., *De caelo et mundo*, Δ4, 311 b 14-16.
Cf. Arist., *De caelo et mundo*, A7, 276 a 11-12.

Commentator.

(94) Agens non habet aeterna, nisi secundum similitudinem in quantum, scilicet agens dicitur forma, finis et conservans.

(95) Agens transmutans materiam ad formam substantialem transmutat ipsam ad accidentia propria illius formae.

(96) Finitatio et terminatio inveniuntur in rebus per suas formas.

Incipiunt auctoritates super primum librum De generatione.

(1) Omnium transmutationum habentium ad se invicem eadem est materia.

(2) Pauca respicientes de facili enuntiant.

(3) Generatio est quando totum, scilicet compositum ex materia et forma, transmutatur in totum, nullo subjecto sensibiliter remanente in eodem.

(4) Qualitas symbol<i>, id est sim<ilitudinis>, scilicet in specie et non in numero eadem manet in generato et corrupto.

(5) Ex nihilo nihil fit.

(6) Passiones non sunt separabiles a subjectis.

(7) Generatio unius est corruptio alterius; propter hoc generatio et corruptio sunt aeterna.

(8) Quod non est cognitum, non est ens.

32 ad] et D 36 transmutationum] transmutationem W 40 transmutatur] transmutantur LP 42 symbol<i>] symbola *cod.* sim<ilitudinis>] simul *cod.* 43 manet] manent D 44 fit] sit f 45 Passiones] Passibiles LP

(94) *Locus non inventus.*
(95) *Locus non inventus.*
(96) *Locus non inventus.*
(1) ARIST., *De generatione et corruptione*, A1, 314 b 29 - 315 a 2.
(2) ARIST., *De generatione et corruptione*, A2, 316 a 8-10.
(3) ARIST., *De generatione et corruptione*, A4, 319 b 14-17.
(4) Cf. S. THOMAS, *In De generatione...*, I, lect. 10, n. 78.
Cf. ARIST., *De generatione et corruptione*, A4, 319 b 21-22.
(5) ARIST., *De sophisticis elenchis*, 5, 167 b 14-15.
Cf. ARIST., *De generatione et corruptione*, A2, 316 a 28-29, b 26-27, 317 b 2-3.
(6) ARIST., *De generatione et corruptione*, A10, 327 b 22.
(7) ARIST., *De generatione et corruptione*, A3, 318 a 23-25.
(8) ARIST., *De generatione et corruptione*, A3, 318 b 23.

42 *sim<ilitudinis>* : cette conjecture se justifie par le texte de la citation 31, p. 169, l. 90, dans laquelle se trouve la version suivante : *In habentibus symbolum, id est similitudinem...*.

(9) Hyle, id est materia prima, maxime et proprie est subjectum generationis et corruptionis susceptibile, unde subjectum generationis et corruptionis est materia prima.

(10) Materia non est quantitas, sed est illud cujus terminus est quantitas.

(11) Materia numquam separatur ab aliqua forma.

(12) Omne agens naturaliter in agendo repatitur.

(13) Agens et patiens sunt in principio dissimilia et in fine sunt similia, similia in genere, dissimilia vero in specie.

(14) Agens et patiens non agunt, nisi approximata.

(15) Finis non agit nisi metaphorice.

(16) Habitibus praesentibus existentibus in materia cessat omnis motus et transmutatio.

(17) Elementa non manent actu in mixto, sed virtute.

(18) Mixtis est miscibilium alteratorum unio.

Commentator.

(19) Omne ens naturaliter est cognitum a nobis et quod non est cognitum a nobis, non est ens naturaliter.

(20) Non est credendum quod ille primus magister, scilicet Aristoteles, aliquid sine forti ratione dixerit.

Albertus.

(21) Quid mihi de miraculis divinis cum de rebus naturalibus loquor.

57 similia[2]] *om.* W

(9) Arist., *De generatione et corruptione*, A4, 320 a 2-3.
(10) *Locus non inventus.*
(11) Arist., *De generatione et corruptione*, A5, 320 b 16-17.
(12) Arist., *De generatione et corruptione*, A7, 324 b 9-10.
(13) Arist., *De generatione et corruptione*, A7, 324 a 10-14, 323 b 31-33.
(14) Arist., *De generatione et corruptione*, A6, 322 b 23-24.
Cf. Arist., *De generatione et corruptione*, A8, 326 b 1-2.
(15) Arist., *De generatione et corruptione*, A7, 324 b 14-15.
(16) Arist., *De generatione et corruptione*, A7, 324 b 16-17.
(17) Arist., *De generatione et corruptione*, A10, 327 b 22-26.
(18) Arist., *De generatione et corruptione*, A10, 328 b 22.
(19) Averroes, *In De generatione...*, I, com. 19, p. 31, l. 6-8.
(20) Averroes, *In De generatione...*, I, com. 38, p. 50, l. 1-2.
(21) *Locus non inventus.*

55 Il faudrait ajouter *non* en tête de cette citation pour restituer le sens du texte d'Aristote.

(22) Compositio secunda praesupponit primam compositionem, quia compositio prima est secundae compositionis causa.

(23) Prima compositio est composita ex materia et forma, sed compositio secunda est accidens et subjecti.

Sequuntur auctoritates II libri De generatione Aristotelis.

(24) Elementa activa et passiva sunt ad invicem cum subjecto.

(25) Calidum est quod congregat homogenea, in quantum homogenea, id est quae sunt ejusdem generis, et segregat heterogenea, id est quae sunt diversi generis.

(26) Frigidum est quod congregat tam heterogenea quam homogenea.

(27) Humidum est quod male est determinabile termino proprio, bene tamen terminabile termino alieno.

(28) Siccum est quod bene est terminabile termino proprio, male autem termino alieno.

(29) Calidum et frigidum, humidum et siccum sunt primae qualitates elementorum ad quas omnes aliae reducuntur.

(30) Quattuor sunt elementa, scilicet terra quae est frigida et sicca, aqua est frigida et humida, aer est calidus et humidus et ignis qui est calidus et siccus.

(31) In habentibus symbolum, id est similitudinem, facilis est transitus, id est transmutatio.

(32) Facilius est unum transmutare quam multa.

(33) Flamma est fumus ardens.

71 primam compositionem] compositionem primam D 72 secundae] secundum LPfE; secunda D 74 accidens] accidentis W et] *om.* E 75 Aristotelis] *om.* E 76 cum subjecto] subjecto cum L 78 quae] qui LXPf 81-82 proprio bene tamen terminabile termino] *om.* LD 83 Siccum] Dictum L 89 qui] quae fD; *om.* L 90 habentibus] habentious D

(22) *Locus non inventus.*

(23) *Locus non inventus.*

(24) Arist., *De generatione et corruptione*, B2, 329 b 22-24.

(25) Arist., *De generatione et corruptione*, B2, 329 b 26-28.

(26) Arist., *De generatione et corruptione*, B2, 329 b 29-30.

(27) Arist., *De generatione et corruptione*, B2, 329 b 30-31.

(28) Arist., *De generatione et corruptione*, B2, 329 b 31-32.

(29) Arist., *De generatione et corruptione*, B2, 330 a 24-25.

(30) Arist., *De generatione et corruptione*, B3, 330 a 30, b 3-5.

(31) Arist., *De generatione et corruptione*, B4, 331 a 23-26.

(32) Arist., *De generatione et corruptione*, B4, 331 a 25-26.

(33) Arist., *De generatione et corruptione*, B4, 331 b 25-26.

(34) Infinita pertransire est impossibile.

(35) Necesse est corpora mixta per se stare ex elementis omnibus et non ex uno tantum.

(36) Ex eisdem sumus et nutrimur.

(37) Materia est causa quare aliqua possunt esse.

(38) Ignis est contrarius aquae et aer terrae.

(39) Materia est pati, agere vero alicujus potentiae, scilicet formae.

(40) Ignis sine superiori agente quod est caelum deterius agit quam organum artificis sine artifice.

(41) Motus solis et aliorum planetarum in obliquo circulo est causa generationis et corruptionis rerum inferiorum.

(42) Contrariorum contrariae sunt causae.

(43) Idem manens idem semper aptum natum est facere idem.

(44) Generatio et corruptio sunt perpetua.

(45) Adveniente sole animalia redibunt, recedente vero peribunt.

(46) Vita et tempus uniuscujusque numerum habet et mensuratur circa periodo, id est certa revolutione et mensura.

(47) Natura desiderat semper quod melius est.

(48) Melius est esse quam non esse.

97 eisdem] ejusdem LWPE sumus] sumns f 9 habet] habent W mensuratur] mensurantur W 10 circa] certa WE 11 de-siderat semper] semper desiderat D 12 Melius est esse quam non esse] *om.* W

---

(34) Arist., *De caelo et mundo*, A4, 272 a 3.

(35) Arist., *De generatione et corruptione*, B8, 334 b 31-32, 335 a 8-9.

(36) Arist., *De generatione et corruptione*, B8, 335 a 10-11.

(37) Arist., *De generatione et corruptione*, B9, 335 a 32-33.

(38) Arist., *De generatione et corruptione*, B8, 335 a 5-6.

(39) Arist., *De generatione et corruptione*, B9, 335 b 29-31, 35.

(40) S. Thomas, *In De generatione...*, II, lect. 9, n. 254 (Ce commentaire a été revu par Pierre d'Auvergne).
Cf. Arist., *De generatione et corruptione*, B9, 336 a 11-12.

(41) Arist., *De generatione et corruptione*, B10, 336 a 32.

(42) Arist., *De generatione et corruptione*, B10, 336 a 30-31.

(43) Arist., *De generatione et corruptione*, B10, 336 a 27-28.

(44) Arist., *De generatione et corruptione*, B10, 336 a 24-25, b 25-26.

(45) Arist., *De generatione et corruptione*, B10, 336 b 17-18.

(46) Arist., *De generatione et corruptione*, B10, 336 b 10-15.

(47) Arist., *De generatione et corruptione*, B10, 336 b 27-28.

(48) Arist., *De generatione et corruptione*, B10, 336 b 28-29.

---

00 *alicujus* : le texte d'Aristote est *alterius* et non *alicujus*.

(49) Impossibile est omnia manere eodem numero propter longe distare a primo principio.

(50) Generatio et corruptio perpetuantur circulariter et non secundum rectitudinem.

(51) Quorum substantia deperit, non redeunt eodem numero, sed specie.

Commentator.

(52) Concavum orbis lunae est quasi forma ignis.

(53) Tempora anni circulariter currunt propter motum solis circularem.

Incipiunt auctoritates super primum librum Meteororum.

(1) Mundus constat ex quattuor elementis.

(2) Totus mundus sensibilis contiguus est lationibus superioribus caeli sensibilis ut inde tota ejus virtus gubernetur.

(3) Motus caeli est perpetuus.

(4) Motus caeli est primus omnium motuum inferiorum.

(5) Corpora caelestia motu suo generant calorem in istis inferioribus; ipsa tamen non recipiunt peregrinas impressiones, quia calefieri non possunt.

13 eodem] idem D 17 redeunt] redennt D 25 contiguus] contignus f
29 motu] moto X generant] generantur LXPfE

(49) Arist., *De generatione et corruptione*, B10, 336 b 30-31.
(50) Cf. Arist., *De generatione et corruptione*, B10, 337 a 1-6, B11, 338 a 6-11.
(51) Arist., *De generatione et corruptione*, B11, 338 b 16-17.
(52) Averroes, *In De generatione...*, II, com. 50, p. 139, l. 52-53.
(53) Averroes, *In De generatione...*, II, com. 69, p. 160, l. 37-39.
(1) Cf. Arist., *Meteora*, A2, 339 a 15-16, 19-20.
(2) Arist., *Meteora*, A2, 339 a 21-23.
(3) Arist., *Meteora*, A2, 339 a 25.
Cf. S. Thomas, *In Meteor.*, I, lect. 2, n. 14.
(4) Cf. S. Thomas, *In Meteor.*, I, lect. 2, n. 13.
Cf. Arist., *Meteora*, A2, 339 a 23-24.
(5) Cf. S. Thomas, *In Meteor.*, I, lect. 5, n. 33, 37.
Cf. Arist., *Meteora*, A3, 341 a 17-23, 35-36.

13 *eodem* : pour respecter le sens de ce passage du *De generatione et corruptione*, il faudrait corriger *eodem* en *eadem*.

17 *eodem* : à cet endroit du texte d'Aristote, il faudrait également corriger *eodem* en *eadem* pour que le sens soit conforme à l'original.

(6) Aer et ignis moventur circulariter.

(7) Cometa non est stella, sed est quaedam impressio aeris.

Sequuntur auctoritates II libri Meteororum Aristotelis.

(8) Dum congelantur nubes fit nix, sed cum vapor congelatur fit pluvia, cum autem congelatur pruina fit grando.

(9) Interiora terrae et etiam animalium in aestate sunt frigida et in hieme sunt calida.

(10) Contrarium circumstans suum contrarium fortificat ipsum per antiperistatim, id est per resistentiam.

(11) Dulce propter levitatem fertur sursum, sed salsum propter gravitatem subtus manet et ergo aqua pluvialis dulcis est, maris autem salsa.

Sequuntur auctoritates III libri Meteororum Aristotelis.

(12) Humidum non est sine sicco, nec siccum sine humido.

(13) Aquae magis fluunt de nocte quam de die.

(14) Ventus est vapor terreus aeris superiora transcendens eum percutiendo et fortiter impellens.

(15) Motus terrae causatur ex vapore in terra incluso.

33 Cometa] Commentator LXPfED 34 libri] *om.* E 35 Dum] Cum E 36 congelatur] congelatnr f 40 antiperistatim] anaperistatim W 41 salsum] falsum LWPfD 44 libri] *om.* E Aristotelis] *om.* E 46 Aquae] Aqua LPED 47 transcendens] trancendens D

---

(6) Cf. S. Thomas, *In Meteor.*, I, lect. 5, n. 30.
Cf. Arist., *Meteora*, A3, 340 b 28-29, 341 a 1-3.

(7) Cf. S. Thomas, *In Meteor.*, I, lect. 11, n. 73.
Cf. Arist., *Meteora*, A7, 344 a 16-21.

(8) Arist., *Meteora*, A11, 347 b 22-24.

(9) Cf. Arist., *Meteora*, A12, 348 b 2-5.

(10) S. Thomas, *In Meteor.*, I, lect. 14, n. 109.
Cf. Arist., *Meteora*, A12, 348 b 2-3, 349 a 7-9.

(11) Arist., *Meteora*, B1, 355 a 32-34, b 4-6.

(12) Arist., *Meteora*, B4, 359 b 32-33.

(13) Arist., *Meteora*, B4, 360 a 2-3.

(14) Cf. Arist., *Meteora*, B5, 361 a 30-31.

(15) Arist., *Meteora*, B8, 365 b 22-23, 366 a 4-5.

37-38 Le sens de cette citation d'après le texte d'Aristote est valable uniquement pour la terre et pas pour les animaux.

(16) Tonitrus fit ex vapore igneo in ventre nubis incluso qui cum ventrem nubis exire debet ipsum violenter rumpit et strepitum facit sive sonum.

Sequuntur auctoritates IIII libri Meteororum Aristotelis.

(17) Qualitates primae elementorum sunt quattuor inter quas duae sunt activae, scilicet frigidum et calidum; duae vero passivae, scilicet humidum et siccum.

(18) Putrefactio est ultima resolutio.

(19) Omnia elementa putrefiunt praeter ignem.

(20) Oppositorum oppositae sunt causae.

(21) Quaecumque a frigido componuntur, a calido resolvuntur et e converso.

(22) Excellentia frigiditatis impedit putrefactionem.

(23) Digestio fit a calido naturali.

(24) Quaecumque liquescunt sunt ad modum aquae.

(25) Omnia corpora ignita et sub igne facta habent calidum in potentia, ut caementum sive calx.

(26) Unumquodque entium naturalium est determinatum ad quandam operationem et in quantum potest dicitur ens, in quantum vero non potest non dicitur ens, ut homo mortuus, non dicitur homo nisi aequivoce et oculus dum potest facere operationem quae est videre dicitur oculus dummodo non potest non dicitur oculus nisi aequivoce, scilicet depictus vel lapideus.

51 rumpit] rumpir W 53 libri] *om.* E Aristotelis] *om.* WPE 54 Qualitates] Ualitates WD quattuor] quatnor f 66 caementum] cementium LfD

---

(16) Arist., *Meteora*, B9, 369 a 25-29.
Bf. Petrus de Alvernia, *In Meteor.*, II, lect. 16, n. 245.

(17) Arist., *Meteora*, Δ1, 378 b 10-13.

(18) Airst., *Meteora*, Δ1, 379 a 5-6.

(19) Arist., *Meteora*, Δ1, 379 a 14-15.

(20) Arist., *De generatione et corruptione*, B10, 336 a 30-31.
Arist., *Meteora*, Δ7, 384 b 2-3.

(21) Cf. Arist., *Meteora*, Δ6, 382 b 32 - 383 a 4.

(22) Cf. Arist., *Meteora*, Δ2, 379 a 29-30.

(23) Arist., *Meteora*, Δ2, 379 b 18-19.

(24) Arist., *Meteora*, Δ6, 382 b 28.

(25) Cf. Arist., *In Meteor.*, Δ11, 389 b 3-5.

(26) Cf. Arist., *In Meteor.*, Δ12, 390 a 10-13, 389 b 31.

Auctoritates super primum librum De anima Aristotelis.

(1) Scientia est de numero bonorum honorabilium.

(2) Una scientia est melior alia, vel quia est de nobiliori subjecto, vel quia est certior altera et propter hoc utraque scientia de anima est nobilior et melior aliis scientiis naturalibus.

(3) Cognitio de anima utilis est ad omnem veritatem et maxime ad scientiam naturalem.

(4) Anima est tamquam principium omnium animalium.

(5) Aliorum alia sunt principia.

(6) Animal universale, aut nihil est, aut posterius est, quia nihil non est in rerum natura, ut voluit Plato, vel si est tunc posterius est, ut motio rei sive intentio posterior est ipsa re.

(7) Accidentia magnam partem conferunt ad cognoscendum quod quid est, id est subjectum sive definitio subjecti.

(8) Omnis demonstrationis principium est quod quid est, id est definitio subjecti.

(9) Omnes operationes quae sunt in anima<t>is sunt totius compositi ex corpore et anima et non ex anima tantum.

(10) Unde nulla operatio animae est propria in qua non communicetur corpori, unde ipsum intelligere non est proprium animae, sed totius conjuncti.

73 super primum librum] ex primo libro W Aristotelis] *om.* E 75 nobiliori] nobilior L 76 est certior] certior est LWPE utraque] *om.* W 77 scientiis] *om.* D 82 est[2]] singulis id est *add.* W 83 est tunc] tunc est LWP 86 sive] id est D 89 anima<t>is] animalis *cod.*

---

(1) Arist., *De anima*, A1, 402 a 1.
(2) Arist., *De anima*, A1, 402 a 1-4.
(3) Arist., *De anima*, A1, 402 a 4-6.
(4) Arist., *De anima*, A1, 402 a 6-7.
(5) Arist., *De anima*, A1, 402 a 21-22.
(6) Arist., *De anima*, A1, 402 b 7-8.
Cf. S. Thomas, *In De anima*, I, lect. 1, n. 13.
(7) Arist., *De anima*, A1, 402 b 21-22.
(8) Arist., *De anima*, A1, 402 b 25-26.
(9) Cf. Arist., *De anima*, A1, 403 a 3-4, 16-17.
(10) Cf. Arist., *De anima*, A1, 403 a 7-8, 10-12.

---

89 *animatis* : nous avons corrigé la leçon *animalis* des incunables parce que grammaticalement cette dernière ne pouvait pas s'expliquer.

(11) Intellectus vel est phantasia, vel non est sine phantasia.

(12) Triplex est definitio : una quae datur ad materiam tantum, ut cum dicitur domus est quid constans ex lapidibus et lignis; alia est quae datur per formam tantum, ut cum dicitur domus est quoddam cooperimentum defendens nos a caumatibus et imbribus; tertia quae datur per utrumque, scilicet cum dicitur domus est cooperimentum quoddam defendens nos a caumatibus et imbribus constans ex lapidibus et lignis.

(13) Naturalis definit per materiam tantum, vel per materiam et formam simul. Impossibile est corpora animalium resurgere.

(14) Dicere animam gaudere vel tristari simile est ac si quis dicat eam texere vel aedificare.

(15) Si senex haberet oculos ut juvenis, videret ut juvenis.

(16) Intellectus est quid divinum, impassibile et incorruptibile.

(17) Melius est dicere quod homo intelligat per animam quam quod anima intelligat per hominem. Intelligere nostrum corrumpitur aliquo interius corrupto, scilicet phantasia.

(18) Oportet artificem uti organis, animam vero corpori.

(19) Non quaelibet anima potest intrare quodlibet corpus, sed quaelibet anima requirit proprium corpus.

(20) Anima secundum Platonem est res manens se ipsam movens.

94 vel[1]] non D 95 definitio] distinctio W 96 quid] quoddam LWPE 98 quoddam] constans ex lapidibus *add.* L 99 utrumque] utrnnque P; utrimque L 4 vel] ver L dicat] diccit L 7 impassibile] impossibile L 10 corrupto] incorrupto LWPD 11 corpori] *om.* L 14 manens] *om.* W se ipsam] seipsum LXPfED

(11) Cf. Arist., *De anima*, A1, 403 a 8-9.

(12) Arist., *De anima*, A1, 403 b 3-7.

(13) Cf. Arist., *De anima*, A1, 403 b 7-9, 11-12.
Cf. Arist., *De anima*, A3, 406 b 4-5.
Cf. S. Thomas, *In De anima*, I, lect. 6, n. 81.

(14) Arist., *De anima*, A4, 408 b 11-13.

(15) Arist., *De anima*, A4, 408 b 21-22.

(16) Arist., *De anima*, A4, 408 b 29-30.

(17) Arist., *De anima*, A4, 408 b 13-15, 24-25.

(18) Cf. Arist., *De anima*, B1, 412 a 27 - b 4, 412 b 11-12.

(19) Arist., *De anima*, B2, 414 a 19-27.

(20) Arist., *De anima*, A4, 408 b 32-33.

14 *res manens se ipsam movens* : cette citation semble transmettre une version corrompue du texte d'Aristote *numerus seipsum movens* (d'après la traduction de Guillaume de Moerbeke).

(21) Rectus est judex sui et obliqui.

(22) Egrediente anima a corpore corpus marcescit et exspirat.

Commentator.

(23) Artes non differunt a se invicem, nisi vel demonstrationis confirmatione, vel nobilitate subjecti, vel utroque modo.

(24) Subjectum scientiae de anima nobilius est subjectis aliarum scientiarum et demonstratio ejus magis est firma et ideo praecedit alias scientias.

(25) Animalia sunt nobilissima corpora generabilium et corruptibilium.

(26) Actus et potentia sunt differentiae maxime oppositae et reperiuntur in unoquoque praedicamento.

(27) Intellectus agens causat universalitatem in rebus.

(28) Intellectus secundum Aristotelis scientiam est abstractus a corpore et tamen impossibile est ut intelligat aliquid sine imaginatione.

(29) Membra leonis non differunt a membris cervi, nisi propter diversitatem animae leonis ab anima cervi.

Themistius.

(30) Cum multa sunt dicta Aristotelis quae utique aliquis mirabitur magis omnibus mirari convenit negotium de anima.

(31) Si veritatem de anima cognovimus, valde introductorium est nobis ad omnem veritatem. Nam ad omnes partes philosophiae insignes dat occasiones.

15 Rectus] Rectum LWXPfD 20 nobilius] nobilior LXPfED 21 est] et LWXPf 28 abstractus] abstrascus X 36 introductorium] introductorum LW

---

(21) Arist., *De anima*, A4, 411 a 5-6.

(22) Arist., *De anima*, A5, 411 b 8-9.

(23) Averroes, *In De anima*, I, com. 1, p. 4, l. 13-16.

(24) Averroes, *In De anima*, I, com. 1, p. 4, l. 22-24.

(25) Averroes, *In De anima*, I, com. 2, p. 5, l. 22-23.

(26) Averroes, *In De anima*, I, com. 6, p. 10, l. 20-21.

(27) Averroes, *In De anima*, I, com. 8, p. 12, l. 25-26.

(28) Averroes, *In De anima*, I, com. 13, p. 19, l. 28-31.

(29) Averroes, *In De anima*, I, com. 53, p. 75, l. 17-19.

(30) Themistius, *In De anima*, I, p. 1, 8-10.

(31) Themistius, *In De anima*, I, p. 2, 31-33.

(32) Anima se ipsam cognoscens digna est de aliis fidem facere, sed si ipsa decepta fuerit de quo tunc fidem facere putabitur quasi dicat de nullo.

(33) Nihil est otiosum in natura, sed unicuique enti est opus attributum.

(34) Genus est quidam conceptus summatim collectus ex similitudine singularium.

(35) Intellectu nihil est divinius.

(36) His qui secundum apparentias poeticas recipiunt fabulas nihil videtur esse derisibilius sicut nec in his qui occultum quaerunt intellectum in eis.

Sequuntur auctoritates II libri De anima Aristotelis.

(37) Triplex est substantia rerum, scilicet materia, forma et compositum.

(38) Materia est potentia, forma vero actus.

(39) Duplex est actus, scilicet primus et secundus : primus ut scientia, secundus ut speculari secundum scientiam.

(40) Naturalia sunt principia artificialium.

(41) Anima est actus corporis organici physici vitam habentis in potentia, scilicet ad opera vitae.

(42) Anima est substantia, id est forma substantialis corporis.

(43) Non oportet quaerere utrum ex anima et corpore fiat unum et universaliter ex materia et forma.

(44) Si oculus esset animal, visus esset utique anima ejus.

45 Intellectu] Intellectum L 47 derisibilius] derisibilibus LWP in] *om.* E
50 Triplex] Riplex WD 54 scientiam] scientam E

---

(32) Themistius, *In De anima*, I, p. 3, 38-40.
(33) Themistius, *In De anima*, I, p. 14, 21-22.
(34) Themistius, *In De anima*, I, p. 8, 22, p. 9, 1.
(35) Themistius, *In De anima*, I, p. 25, 92-93.
(36) Themistius, *In De anima*, II, p. 66, 20-22.
(37) Arist., *De anima*, B1, 412 a 6-9, B2, 414 a 14-16.
(38) Arist., *De anima*, B1, 412 a 9-10.
(39) Arist., *De anima*, B1, 412 a 10-11.
(40) S. Thomas, *In De anima*, II, lect. 1, n. 218.
Cf. Arist., *De anima*, B1, 412 a 12-13.
(41) Arist., *De anima*, B1, 412 a 19-22, 27-28, b 5-6.
(42) Arist., *De anima*, B1, 412 a 19-20.
(43) Arist., *De anima*, B1, 412 b 6-8.
(44) Arist., *De anima*, B1, 412 b 18-19.

(45) Animatum differt ab inanimato in vivendo.

(46) Vivere dicitur quadrupliciter, scilicet vegetare, sentire, intelligere et moveri secundum locum et si unum istorum alicui inest, hoc dicitur vivere.

(47) Anima movet corpus ad omnem differentiam positionis, scilicet sursum, deorsum, sinistrorsum, dextrorsum, ante et retro.

(48) Animal est animal propter sensum tactus.

(49) Anima est principium quo primo et principaliter vivimus, intelligimus, sentimus et movemur secundum locum.

(50) Quattuor sunt potentiae animae principales, scilicet vegetativa, sensitiva et secundum locum motiva et intellectiva. Hae sic se habent ad invicem quod vegetativa potest esse absque sensitiva, ut patet in plantis, et non e converso, et sensitiva sine motiva secundum locum manet, ut patet in quibusdam animalibus conchylibus, et non e converso, et tam secundum locum motiva quam sensitiva possunt esse sine intellectiva, ut patet in animalibus brutis, et non e converso.

(51) In plantis est una anima in actu, sed multae in potentia, et ideo partes eorum abscisae vivunt.

(52) Intellectus separatur ab aliis potentiis animae sicut perpetuum a corruptibili.

(53) Non solum scimus scientia, sed etiam anima et etiam non solum sanamur sanitate, sed sanamur corpore.

(54) Unde non solum omnis comparatio dependet a forma, sed etiam dependet a materia, principalius tamen dependet a forma.

64 moveri] movere LD 69-70 intelligimus] intellgimus W 70 movemur] movetur LXPfE 79 una anima] anima una LWPE multae] sunt *add.* E 80 eorum] earum W 83 etiam[2]] entia LWPf 84 corpore] copore f

---

(45) ARIST., *De anima*, B2, 413 a 21-22.

(46) ARIST., *De anima*, B2, 413 a 22-25.

(47) S. THOMAS, *In De anima*, II, lect. 3, n. 257.
Cf. ARIST., *De anima*, B2, 413 b 1-5.

(48) ARIST., *De anima*, B2, 413 b 1-5.

(49) ARIST., *De anima*, B2, 414 a 12-13.
Cf. ARIST., *De anima*, B2, 413 a 21-25.

(50) Cf. ARIST., *De anima*, B3, 414 a 29 - b 2, 415 a 1-10.

(51) ARIST., *De anima*, B2, 413 b 16-19.

(52) ARIST., *De anima*, B2, 413 b 26-27.

(53) ARIST., *De anima*, B2, 414 a 4-8.

(54) Cf. ARIST., *De anima*, B3, 414 a 12-14.

(55) Actus activorum sunt in patiente praedisposito.

(56) Potentiae cognoscuntur per actus, actus vero per objecta.

(57) Naturalissimum enim operum est in omnibus viventibus quaecumque perfecta sunt et non orbata et quae generationem non habent spontaneam generare sibi simile ut esse divinum et immortale participant secundum id quod possunt.

(58) Nihil de numero corruptibilium contingit idem numero manere semper tamen potest unum permanere in specie per generationem.

(59) Scientia est universalium.

(60) Universalia sunt in anima, sed particularia sunt extra animam.

(61) Anima intelligit quando vult, sed non sentit quando vult, quia objectum intellectus est in anima, ut universale, objectum sensus est extra animam, ut particulare.

(62) Duplex est sensibile, scilicet per se et per accidens: per accidens ut aliqua substantia particularis, ut Diarii filius.

(63) Sensibile per se est duplex, scilicet commune et proprium.

(64) Communia sensibilia sunt quinque, scilicet magnitudo, motus, quies, numerus et figura. Sed proprium est quod per se sentitur ab uno sensu, ut color a visu, et sic de singulis.

(65) Quinque sunt sensus, scilicet visus, auditus, odoratus, tactus et gustus.

(66) Sensus non decipitur circa proprium objectum.

94 tamen potest] potest tamen XE   specie] spetie X   1 per accidens] *om.* LX
2 Diarii] Dyarii Xf; Darii D

---

(55) Arist., *De anima*, B2, 414 a 11-12.
(56) S. Thomas, *In De anima*, II, lect. 6, n. 308.
Cf. Arist., *De anima*, B4, 415 a 16-21.
(57) Arist., *De anima*, B4, 415 a 26 - b 1.
(58) Arist., *De anima*, B4, 415 b 3-7.
(59) Arist., *De anima*, B5, 417 b 22-23.
(60) Arist., *De anima*, B5, 417 b 23-24, 27-28.
(61) Arist., *De anima*, B5, 417 b 22-28.
(62) Arist., *De anima*, B6, 418 a 8-9, 20-21.
(63) Arist., *De anima*, B6, 418 a 9-11.
(64) Arist., *De anima*, B6, 418 a 11-20.
(65) Arist., *De anima*, Γ1, 424 b 22-24.
(66) Arist., *De anima*, B6, 418 a 14-15.

(67) Color est visibilis per se, lumen est actus diaphoni secundum quod diaphonum.

(68) Diaphonum est aliquod corpus perspicuum, ut aer et aqua et corpus caeleste. Lumen nec est corpus, nec est fluxus corporis.

(69) Impossibile est duo corpora esse in eodem loco.

(70) Illuminatio non fit successive et in tempore, sed fit in instanti.

(71) Tenebra est privatio luminis.

(72) Color non est visibilis sine lumine.

(73) Sensibile positum extra sensum non facit sensationem.

(74) Sonus causatur ex collisione corporum aerem violenter frangentium.

(75) Echo est sonus secundario factus ex repercussione soni prius facti.

(76) Vox est sonus animati tantum.

(77) Vox est repercussio aeris inspirati ad vocalem arteriam cum imagine significandi.

(78) Inanimatum nullum vocat.

(79) Linguae congruunt duo officia seu opera naturae, scilicet in gustum et loquelam.

(80) Homo prave odorat et odoratum habet peiorem multis anima-

19-20 frangentium] fragentium LE 25 nullum] nulli L vocat] vocale est W 26-27 in gustum et loquelam] gustus et loquela W 28 peiorem] preiorem D

---

(67) Arist., *De anima*, B7, 418 a 29-30, b 9-10.
(68) Arist., *De anima*, B7, 418 b 4-7, 13-15.
(69) Arist., *De anima*, B7, 418 b 17.
(70) S. Thomas, *In De anima*, II, lect. 14, n. 410. Cf. Arist., *De anima*, B7, 418 b 23-26.
(71) Arist., *De anima*, B7, 418 b 18-19.
(72) Arist., *De anima*, B7, 419 a 7-9.
(73) Arist., *Dc anima*, B7, 419 a 12-13, 26-27, 30-31.
(74) Arist., *De anima*, B8, 419 b 19-22.
(75) Arist., *De anima*, B8, 419 b 25-27.
(76) Arist., *De anima*, B8, 420 b 5-6.
(77) Arist., *De anima*, B8, 420 b 27-33.
(78) Arist., *De anima*, B8, 420 b 5-6.
(79) Arist., *De anima*, B8, 420 b 16-18.
(80) Arist., *De anima*, B9, 421 a 9-11, 18-21.

10, 11, 12 *diaphonum* : il faudrait conjecturer *diaphanum* pour que ces citations aient un sens. Cependant comme on retrouve encore cette leçon *diaphonum* dans quatre autres passages du florilège (6, 123; 6, 321; 7, 36; 7, 38) dans le sens de *diaphanum*, nous avons préféré conserver la version des incunables.

18 *extra* : le sens de ce passage d'Aristote demanderait la leçon *supra* à la place de *extra*.

libus, similiter et gustum, sed tactum certiorem omnibus animalibus.

(81) Anima est causa corporis viventis in genere triplicis causae, scilicet formalis, finalis et efficientis.

(82) Duplex est finis, scilicet finis gratia cujus et finis gratia quo, id est finis intra et finis extra.

(83) Nihil proprie nutritur naturaliter, nisi vivum.

(84) Tres sunt potentiae animae vegetativae, scilicet nutritiva, augmentativa et generativa.

(85) Radices in plantis similes sunt oribus in animalibus, quia ambo nutrimentum suscipiunt.

(86) Ignis augmentatur in infinitum quousque fuerit combustibile.

(87) Omnium natura constantium positus est terminus et ratio magnitudinis et augmenti.

(88) Alimentum ante decoctionem est contrarium et dissimile alito, sed post decoctionem erit sibi simile.

(89) Necesse est omne vivens quamdiu vivit nutriri.

(90) Nihil generat se ipsum, sed salvat.

(91) Agens et patiens in principio sunt dissimilia, in fine vero similia.

(92) Duplex est potentia, scilicet propinqua et remota sive potentia conjuncta actui et distans ab actu, remota ut puer dicitur habere potentiam militandi, propinqua ut homo adultus.

(93) Omnia appellare a fine justum est.

33 gratia[2]] *om.* LP 35 vivum] vinum D

---

(81) Arist., *De anima*, B4, 415 b 7-12.
(82) Arist., *De anima*, B4, 415 b 2-3, 20-21.
(83) Arist., *De anima*, B4, 415 b 27-28.
(84) Arist., *De anima*, B4, 415 a 25-26, b 25-27.
(85) Arist., *De anima*, B1, 412 b 3-4.
Cf. S. Thomas, *In De anima*, II, lect. 8, n. 326.
(86) Arist., *De anima*, B4, 416 a 15-16.
(87) Arist., *De anima*, B4, 416 a 16-17.
(88) Arist., *De anima*, B4, 416 b 6-7.
Cf. S. Thomas, *In De anima*, II, lect. 9, n. 339.
(89) Arist., *De anima*, B4, 416 b 14-15.
(90) Arist., *De anima*, B4, 416 b 16-17.
(91) Arist., *De anima*, B5, 417 a 18-21.
Cf. S. Thomas, *In De anima*, II, lect. 10, n. 351.
(92) S. Thomas, *In De anima*, II, lect. 12, n. 381.
Cf. Arist., *De anima*, B5, 417 b 30-32.
(93) Arist., *De anima*, B4, 416 b 23-24.

(94) Passio dicitur dupliciter. Uno modo capitur pro transmutatione quadam quae fit cum abjectione contrarii, et illa dicitur passio proprie dicta.

(95) Alio modo idem est quod salus et perfectio alicujus in potentia ab aliquo quod non est in actu, et illa dicitur passio metaphorice ut est sentire, intelligere et sic de aliis.

(96) Scientia est universalium.

(97) Gustum et tactum habemus certiorem omnibus animalibus, unde nullum animal praecellit hominem in gustando et tangendo.

(98) Homo est prudentissimum animal.

(99) Molles carne mente aptos dicimus, duros vero ineptos.

(100) Nihil est gustabile sine humido.

(101) Caro non est medium tactus, sed aliquid circa carnem sicut nervus.

(102) Medium comparatum ad unum extremorum habet rationem alterius extremi.

(103) Omnis sensus est susceptivus omnium specierum sensibilium sine materia, sicut cera suscipit figuram sigilli auri sine auro.

(104) Excellens sensibile corrumpit sensum.

(105) Abeuntibus sensibilibus remanet species in phantasia.

(106) Non est necesse omne movens moveri.

62 Molles] molle E   duros] auros W   vero] *om.* X   65 habet] habetur LWXfE
67 susceptivus] susceptius LWX   70 remanet] remanent Xf   71 moveri] moneri f

---

(94) S. Thomas, *In De anima*, II, lect. 11, n. 365.
Cf. Arist., *De anima*, B5, 417 b 2-3.

(95) S. Thomas, *In De anima*, II, lect. 11, n. 366.
Cf. Arist., *De anima*, B5, 417 b 3-16.

(96) Arist., *De anima*, B5, 417 b 22-23.

(97) Arist., *De anima*, B9, 421 a 18-22.

(98) Arist., *De anima*, B9, 421 a 22-23.

(99) Arist., *De anima*, B9, 421 a 25-26.

(100) Arist., *De anima*, B10, 422 a 10-11, 17-18.
Cf. S. Thomas, *In De anima*, II, lect. 21, n. 512.

(101) Arist., *De anima*, B11, 423 b 26.
Cf. S. Thomas, *In De anima*, II, lect. 23, n. 545.

(102) Arist., *De anima*, B11, 424 a 6-7.
Cf. S. Thomas, *In De anima*, II, lect. 23, n. 547.

(103) Arist., *De anima*, B12, 424 a 17-20.

(104) Arist., *De anima*, B12, 424 a 28-30.

(105) Cf. Arist., *De anima*, Γ2, 425 b 24-25.

(106) Arist., *De anima*, Γ2, 426 a 5-6.

---

56 *non* : le sens de ce passage exigerait la suppression de ce mot.

64 Cette citation dit exactement le contraire du texte d'Aristote.

(107) Sensus communis est potentia, animae quae discernit sensibilia diversorum sensuum in uno et eodem tempore, sicut dulce et album in lacte.

(108) Sicut dicit Homerus, talis est intellectus in hominibus terrenis qualem inducit pater filiorum deorumque, id est sol.

(109) Deceptio et ignorantia magis proprie est in animalibus quam scientia, quia in ipsis magis perficitur ignorantia quam scientia.

(110) Eadem est scientia contrariorum.

(111) Phantasia est motus factus a sensu secundum actum secundum quem animalia multa agunt et patiuntur.

Commentator.

(112) Anima est substantia et non accidens.

(113) Substantia est dignior omni accidente.

(114) Formae substantiales aequivocae esse in subjecto dicuntur, quia subjectum formae substantialis est ens in potentia quod non est in actu, nisi per formam, sed subjectum accidentis est aliquod existens in actu, scilicet compositum ex materia et forma. Unde habemus quod omne quod advenit enti in actu est accidens. Compositum ex forma et materia non dicitur, nisi quia forma est una.

76 qualem] quale LPfE filiorum] virorum W deorumque] *om.* L 85 substantiales] substantialis LXPfED

---

(107) S. Thomas, *In De anima*, III, lect. 3, n. 610.
(108) Cf. Arist., *De anima*, Γ2, 426 b 12-16, 24.
Cf. Arist., *De anima*, Γ3, 427 a 25-26.
(109) Cf. Arist., *De anima*, Γ3, 427 b 1-2.
Cf. S. Thomas, *In De anima*, III, lect. 4, n. 624.
(110) Arist., *De anima*, Γ3, 427 b 5-6.
(111) Arist., *De anima*, Γ3, 429 a 1-2, 4-6.
(112) Averroes, *In De anima*, II, com. 2, p. 130, l. 12-13, 16-17.
(113) Averroes, *In De anima*, II, com. 2, p. 130, l. 18.
(114) Averroes, *In De anima*, II, com. 4, p. 133, l. 32 - p. 134, l. 2.
Averroes, *In De anima*, II, com. 7, p. 139, l. 44-45.

75-76 Le texte d'Aristote est le suivant : *τὸ δ'αὐτὸ τούτοις βούλεται καὶ τὸ 'Ομήρου "τοῖος γὰρ νόος ἐστιν,,*. La fin de la citation semble donc être issue de la traduction latine de Guillaume de Moerbeke qui est la suivante pour ce passage d'Aristote : *Idem autem his vult et id, quod est Homeri « Talis enim intellectus est in terrenis hominibus, qualem ducit in diem pater virorumque deorumque ».*

(115) Forma rerum artificialium sunt accidentia.

(116) Individuum non est nisi per formam suam.

(117) Corpora caelestia non habent de virtutibus animae, nisi intellectum et desiderium.

(118) Sollicitudo divina cum non potuit facere unum individuum numero semper permanere, miserta est ei dando sibi virtutem per quam semper potest permanere idem in specie.

(119) Omne ens naturale desiderat permanentiam aeternam.

(120) Natura semper agit propter aliquid tamquam propter finem.

(121) Diversitas formarum est causa diversitatis materiarum.

(122) Omne recipiens debet esse denudatum a natura recepti.

(123) Lux non requiritur in videndo propter ipsos colores, sed propter ipsum diaphonum.

(124) De exemplo non requiritur verificatio, sed manifestatio.

(125) Stellae non videntur de die propter majus lumen solis.

(126) Homo boni tactus semper est discretus, sic etiam est de aliis sensibus.

(127) Odor est in medio non formaliter, sed intentionaliter.

(128) Vultures et tigrides venerunt ad loca proelii propter odorem qui accidit in terra graecorum a quingentis milliaribus.

Albertus.

(129) Clade facta in terra graecorum venerunt vultures et tigrides a quingentis milliaribus ad cadavera mortuorum.

92 accidentia] accidens LW 98 semper potest] potest semper X 99 aeternam] aeterna L

(115) Averroes, *In De anima*, II, com. 8, p. 140, l. 23-24.
(116) Averroes, *In De anima*, II, com. 8, p. 141, l. 52-53.
(117) Averroes, *In De anima*, II, com. 32, p. 178, l. 24-25.
(118) Averroes, *In De anima*, II, com. 34, p. 181, l. 53 - p. 183, l. 1.
(119) Averroes, *In De anima*, II, com. 34, p. 183, l. 59-60.
(120) Averroes, *In De anima*, II, com. 37, p. 187, l. 41-42.
(121) Averroes, *In De anima*, II, com. 60, p. 221, l. 53-54.
(122) Averroes, *In De anima*, III, com. 4, p. 385, l. 67-68.
(123) Averroes, *In De anima*, II, com. 67, p. 231, l. 15-17.
(124) Averroes, *In De anima*, II, com. 67, p. 234, l. 102-103.
(125) Averroes, *In De anima*, II, com. 72, p. 240, l. 34.
(126) Averroes, *In De anima*, II, com. 94, p. 273, l. 23-24.
(127) Averroes, *In De anima*, II, com. 97, p. 277, l. 30-33.
(128) Averroes, *In De anima*, II, com. 97, p. 277, l. 39-43.
(129) Averroes, *In De anima*, II, com. 97, p. 277, l. 39-43.

4 *diaphonum* : cf. note de la page 180.

Commentator.

(130) Locus est similis et aequalis locato.

(131) Sensus semper dicit verum non in universalibus, sed in propriis, sed intellectus semper dicit verum in universalibus, non autem in propriis.

Themistius.

(132) Omnia artificialia habent rationem accidentis respectu naturalium.

(133) Quibuscumque de numero mortalium natura dedit intellectum, his promisit singulas potentias in mysterium intellectus.

(134) Sensus non decipitur circa suum sensibile proprium servatis tribus conditionibus quae sunt debita dispositio medii, debita dispositio organi et debita objecti distantia.

(135) Ea quae scimus sunt minima respectu eorum quae ignoramus.

Sequuntur auctoritates III libri Aristotelis De anima.

(136) Intellectus est pars animae. Intelligere est pati.

(137) Sicut se habet sensus ad sensibilia, sic se habet intellectus ad intelligibilia.

(138) Intellectus possibilis nihil est in actu de numero entium antequam intelligit ea.

24 promisit] permisit W 28 quae] qui W 29 Aristotelis] *om.* D Aristotelis De anima] De anima Aristotelis X 30 Intellectus] Ntellectus WD

---

(130) Averroes, *In De anima*, I, com. 72, p. 98, l. 22-23.
(131) Averroes, *In De anima*, II, com. 152, p. 362, l. 37-41.
(132) Themistius, *In De anima*, II, p. 93, 65-66.
(133) Themistius, *In De anima*, III, p. 114, 77-78.
(134) Themistius, *In De anima*, III, p. 132, 38-41.
(135) Themistius, *In De anima*, V, p. 201, 26-27.
(136) Cf. Arist., *De anima*, Γ4, 429 a 10-11, 13-14.
(137) Arist., *De anima*, Γ4, 429 a 16-18.
(138) Arist., *De anima*, Γ4, 429 b 30-31.

---

24 *mysterium* : la leçon correcte dans ce passage serait *ministerium*.
30 *pati* : il faudrait normalement ajouter *quoddam* après *pati* pour respecter le texte d'Aristote.

(139) Intellectus non habet organum in corpore, sed est ab omni organo corporali separatus.

(140) Anima intellectiva est specierum intelligibilium locus.

(141) Intellectus cum intelligit valde intelligibilia non minus intelligit immo magis.

(142) Intellectus cum intellexerit alia, potest se ipsum intelligere.

(143) In omnibus habentibus formam in materia differt res et rei esse.

(144) Entia sive quidditas rei est proprium objectum intellectus.

(145) Intellectus est simplex, impassibilis et immixtus.

(146) Intellectus possibilis est primo tamquam tabula rasa in qua nihil est depictum, possibilis tamen depingi.

(147) Intellectus noster intelligit se sicut alia per species aliarum.

(148) In separatis a materia idem est intelligens et intellectum.

(149) Sicut in omnium rerum natura est aliquod quod potest primo fieri et facere omnia illius generis, sic etiam in anima est necesse haec duo esse, unum secundum quod potest fieri omnia intelligibilia et recipere ea, et hoc est intellectus possibilis, aliud vero quod potest facere omnia intelligibilia, et hoc est intellectus agens. Unde duplex est potentia animae intellectivae, scilicet agens et passibilis. Intellectus agens est sicut lumen, quia lumen facit colores in potentia actu visibiles, sic intellectus agens potentia intelligibilia facit actu intelligibilia.

37 Anima ... locus] Intellectus cum intelligit valde intelligibilia non minus intelligit immo magis L 38-39 Intellectus ... magis] Anima intellectiva est specierum intelligibilium locus L 48 aliquod] aliquid E

---

(139) Cf. Arist., *De anima*, Γ4, 429 a 24-27, b 5.
(140) Arist., *De anima*, Γ4, 429 a 27-28.
(141) Arist., *De anima*, Γ4, 429 b 3-4.
(142) Arist., *De anima*, Γ4, 429 b 5-6, 9-10.
(143) S. Thomas, *In De anima*, III, lect. 8, n. 706.
Cf. Arist., *De anima*, Γ4, 429 b 10-14.
(144) S. Thomas, *In De anima*, III, lect., 11, n. 762.
(145) Arist., *De anima*, Γ4, 429 b 22-25.
Cf. Arist., *De anima*, Γ5, 430 a 17-18.
(146) Arist., *De anima*, Γ4, 429 b 30 - 440 a 2.
(147) S. Thomas, *In De anima*, III, lect. 9, n. 724, 725.
(148) Arist., *De anima*, Γ4, 430 a 3-4.
(149) Arist., *De anima*, Γ5, 430 a 10-17.

---

42 *Entia* : le sens de cette citation demanderait la leçon *essentia* à la place de *entia*.
45 *possibilis* : la version *possibile* se justifierait mieux dans ce passage d'Aristote.

(150) Agens est nobilius et honorabilius passo et forma materia.

(151) Intellectus est immortalis et perpetuus.

(152) Duplex est operatio intellectus : una quae dicitur simplicium terminorum apprehensio.

(153) Alia simplicium terminorum apprehensorum compositio et divisio sub qua comprehenditur tertia, scilicet ratiocinatio remota.

(154) Privatio cognoscitur per habitum.

(155) Intellectus noster est ens in potentia.

(156) Potentia in uno individuo praecedit actum, sed actus simpliciter praecedit potentiam.

(157) Omnia quae fiunt, ab uno ente in actu fiunt.

(158) Duplex est intellectus possibilis, scilicet practicus et speculativus. Speculativus considerat rem simpliciter. Practicus considerat ipsam per comparationem ad opus.

(159) Sicut res habet esse, sic habet intelligi.

(160) Omne ens aut est sensibile, aut intelligibile.

58 immortalis] immoitalis W 68 fiunt[1]] sunt LW fiunt[2]] sunt L

---

(150) Arist., *De anima*, Γ5, 430 a 18-19.

(151) Arist., *De anima*, Γ5, 430 a 23.

(152) S. Thomas, *In De anima*, III, lect. 11, n. 746.
Cf. Arist., *De anima*, Γ6, 430 a 26-27.

(153) Cf. S. Thomas, *In De anima*, III, lect. 11, n. 760.
Cf. Arist., *De anima*, Γ6, 430 a 27-28.

(154) Cf. S. Thomas, *In De anima*, III, lect. 11, n. 759.
Cf. Arist., *De anima*, Γ6, 430 b 21-23.

(155) S. Thomas, *In De anima*, III, lect. 11, n. 759.
Cf. Arist., *De anima*, Γ6, 430 b 23-24.

(156) S. Thomas, *In De anima*, III, lect. 10, n. 740.
Cf. Arist., *De anima*, Γ7, 431 a 2-3.
Cf. Arist., *Metaphys.*, Θ8, 1049 b 5, 18-23.

(157) Arist., *De anima*, Γ7, 431 a 3-4.

(158) Cf. S. Thomas, *In De anima*, III, lect. 15, n. 820.
Cf. Arist., *De anima*, Γ10, 433 a 14-15.

(159) Cf. S. Thomas, *In De anima*, III, lect. 11, n. 764.
Cf. Arist., *De anima*, Γ7, 431 a 1-2.

(160) Arist., *De anima*, Γ8, 431 b 22.

---

57 *forma* : à cet endroit, le texte d'Aristote est *principium* et non *forma*.

66-67 On retrouve la même citation dans la *Métaphysique*, p. 134, l. 94-95.

68 *uno* : ce mot semble avoir été ajouté parce qu'il ne figure pas dans ce passage du *De anima*.

(161) Anima est quoddammodo omnia.

(162) Scientiae secantur quemadmodum res de quibus sunt scientiae.

(163) Lapis non est in anima sed species ejus.

(164) Manus est organum organorum.

(165) Intellectus est species specierum, id est formarum.

(166) Duplex est appetitus, scilicet intellectivus et ille dicitur voluntas et sensitivus et ille dividitur in duas, scilicet in irascibilem et concupiscibilem.

(167) Necesse est quemcumque intelligentem phantasmata speculari.

(168) Natura nihil facit frustra, unde non deficit in necessariis, nec abundat in superfluis.

(169) Intellectus principiorum semper est rectus.

(170) Appetibile semper movet appetitum sub ratione boni, sive hoc sit bonum apparens, sive existens.

(171) Tria requiruntur ad motum animalis, scilicet movens, motum et organum motus.

(172) Duplex est motus, scilicet movens mobile quod est appetibile, et movens motum quod est potentia appetitiva in homine. Motum autem est organum animalis, puta ipsum cor.

75 scientiae] *om.* E 80 dividitur] diniditur f et] in *add.* D 82 quemcumque] quecumque L 85 principiorum] prinpiorum D

---

(161) Arist., *De anima*, Γ8, 431 b 21.
(162) Arist., *De anima*, Γ8, 431 b 24-25.
(163) Arist., *De anima*, Γ8, 431 b 29 - 432 a 1.
(164) Arist., *De anima*, Γ8, 432 a 1-2.
(165) Arist., *De anima*, Γ8, 432 a 2.
(166) S. Thomas, *In De anima*, III, lect. 14, n. 802-803.
Cf. Arist., *De anima*, Γ9, 432 b 5-6.
(167) Arist., *De anima*, Γ8, 432 a 8-9.
(168) Cf. Arist., *De anima*, Γ9, 432 b 21-23.
(169) S. Thomas, *In De anima*, III, lect. 15, n. 826.
Cf. Arist., *De anima*, Γ10, 433 a 26.
Cf. Arist., *Analytica posteriora*, B 19, 100 b 7-8, 12.
(170) Arist., *De anima*, Γ10, 433 a 27-29.
(171) Arist., *De anima*, Γ10, 433 b 13-14.
(172) Arist., *De anima*, Γ10, 433 b 14-19.

---

90 Pour respecter le sens de ce passage d'Aristote, il faudrait remplacer *motus* par *movens* et *movens* par *immovens*.

(173) Necesse est omne quod vivit habere animam vegetativam a principio generationis suae usque ad finem.

(174) Necesse est omne animal habere sensus.

(175) Impossibile est corpus animalis esse simplex elementum.

(176) Sensus gustus et tactus necessarii sunt omni animali, alii autem de bene esse.

(177) Non videmus extramittendo, sed intus suscipiendo.

(178) Sensus tactus est primus omnium sensuum, quia sine eo anima esse non potest.

(179) Excellens sensibile corrumpit sensum.

(180) Excellens tangibile corrumpit animal.

(181) Linguam habet animal ut significet aliquid alteri.

Commentator.

(182) Intellectus non est corpus, nec virtus in corpore.

(183) Sermo in principiis debet esse longus, ut ait Plato.

(184) Aristoteles adinveniens intellectum possibilem invenit quoddam novum genus materiae.

(185) Species humana est aeterna.

93-94 Necesse est ... finem] Necesse est omne animal habere sensus L 94 ad] in D 95 Necesse... sensus] Necesse est omne quod vivit habere animam vegetativam a principio generationis suae usque ad finem L 97 necessarii] necessarium LE 99 intus] intns f 00 tactus] actus LWXP primus] prius E

---

(173) ARIST., *De anima*, *Γ*11, 434 a 22-23.
(174) ARIST., *De anima*, *Γ*12, 434 a 30.
(175) ARIST., *De anima*, *Γ*13, 435 a 11-12.
(176) ARIST., *De anima*, *Γ*12, 434 b 21-24.
(177) Cf. ARIST., *De anima*, *Γ*12, 435 a 5-8.
(178) ARIST., *De anima*, *Γ*13, 435 b 17.
Cf. ARIST., *De anima*, B2, 413 b 4-5, 8-9, 414 a 4-5.
(179) ARIST., *De anima*, *Γ*13, 435 b 7-9.
(180) ARIST., *De anima*, *Γ*13, 435 b 17-19.
(181) ARIST., *De anima*, *Γ*13, 435 b 24-25.
(182) AVERROES, *In De anima*, III, com. 4, p. 383, l. 8-9.
(183) AVERROES, *In De anima*, III, com. 4, p. 384, l. 31-32.
(184) *Locus non inventus.*
(185) AVERROES, *In De anima*, III, com. 5, p. 407, l. 577.

---

00 *anima* : pour rendre cette citation compréhensible, il faudrait modifier *anima* en *animal.*

(186) Necesse est in omni intelligibili abstracto aliquid simile esse materiae et aliquid simile esse formae, scilicet potentiam et actum.

(187) Nulla forma est liberata a potentia simpliciter, nisi prima forma quae extra se nihil intelligit.

(188) Omnis forma separata a materia est intellectiva.

(189) Credo quod ille homo, scilicet Aristoteles fuit in natura regula et exemplar quoddam. Nam advenit ad demonstrandum ultimam perfectionem in materia.

(190) Habitus est secundum quem habens ipsum potest agere quando vult.

(191) Operatio intellectus possibilis est intelligere, sed operatio intellectus agentis est abstrahere, intelligere, facere.

(192) Intelligere est recipere intelligibilia, sed abstrahere est potentia intelligibilia facere actu intellecta denudando ea a materia et a conditionibus materiae.

(193) Universalia non habent esse extra animam, ut voluit Plato.

(194) Intellectus possibilis est ultimus in ordine intelligentiarum separatarum.

(195) Prima principia per nihil aliud quam solo lumine intellectus cognoscuntur.

(196) Quandocumque homo fuerit copulatus intellectui per scientiam omnium rerum, tunc est quasi deus.

Themistius.

(197) Si aliquis est intellectus in quo non est potentia, ille nec intelligit privationes nec mala, et talis est prima causa.

16 natura] et *add.* L 17 advenit] adinvenit D 28 separatarum] separata LP

---

(186) Averroes, *In De anima*, III, com. 5, p. 409, l. 659-661.
(187) Averroes, *In De anima*, III, com. 5, p. 410, l. 664-666.
(188) Averroes, *In De anima*, III, com. 20, p. 450, l. 201-202.
(189) Averroes, *In De anima*, III, com. 14, p. 433, l. 142-145.
(190) Averroes, *In De anima*, III, com. 18, p. 438, l. 25-28.
(191) Averroes, *In De anima*, III, com. 18, p. 439, l. 71-76.
(192) Averroes, *In De anima*, III, com. 18, p. 439, l. 76-78.
(193) Averroes, *In De anima*, III, com. 18, p. 440, l. 96-97.
(194) Averroes, *In De anima*, III, com. 19, p. 442, l. 63-64.
(195) Averroes, *In De anima*, III, com. 36, p. 496, l. 493-496.
(196) Averroes, *In De anima*, III, com. 36, p. 501, l. 616-619.
(197) Themistius, *In De anima*, VI, p. 250, 32-35.

(198) Ille intellectus qui plura intelligit non est dignior, sed qui nobiliora intelligit, ille est nobilior et dignior.

(199) Intellectus divinus est ipsa veritas et ergo semper verum intelligit.

Commentator super tertium De anima.

(200) Prius est scire actiones animae quam ejus substantiam.

(201) Intellectus est omnibus communis, cognitio autem non.

(202) Scire genus praecedit ipsum scire differentiam.

(203) Prima perfectio sensus est virtus in corpore.

(204) Minimus error in principio est causa maximi erroris in fine.

(205) Virtutes passivae sunt mobiles ab eo cui attribuuntur.

(206) Activae movent cui attribuuntur.

(207) Anima rationalis indigna est inspicere et considerare intentiones quae sunt in imaginativa.

(208) Sicut sensus indiget inspicere sensibilia, sic intellectus intelligibilia.

(209) Formae rerum extrinsecarum movent intellectum.

(210) Mens, id est intellectus agens, aufert formas a materiis et facit ea intellectiva in actu postquam erunt intellectiva in potentia.

(211) Intellectus recipit omnes formas naturales.

(212) Omne recipiens debet esse denudatum a natura recepti.

38 ergo] non LXPfED intelligit] intelligerit LW 41 autem] aut Xf 43 sensus] ensus f 44 maximi] maxime LP 55 denudatum] denndatum f

(198) Themistius, *In De anima*, VI, p. 251, 41-42.
(199) Themistius, *In De anima*, VI, p. 251, 45-46.
(200) Averroes, *In De anima*, III, com. 1, p. 380, l. 40-41.
(201) Averroes, *In De anima*, III, com. 1, p. 380, l. 44-45.
(202) Averroes, *In De anima*, III, com. 2, p. 380, l. 6-7.
(203) Averroes, *In De anima*, III, com. 2, p. 381, l. 23-24.
(204) Averroes, *In De anima*, III, com. 4, p. 384, l. 32-33.
(205) Averroes, *In De anima*, III, com. 4, p. 384, l. 36-37.
(206) Averroes, *In De anima*, III, com. 4, p. 384, l. 37-38.
(207) Averroes, *In De anima*, III, com. 4, p. 384, l. 45-47.
(208) Averroes, *In De anima*, III, com. 4, p. 384, l. 45-47.
(209) Averroes, *In De anima*, III, com. 4, p. 384, l. 47-48.
(210) Averroes, *In De anima*, III, com. 4, p. 384, l. 49 - p. 385, l. 50.
(211) Averroes, *In De anima*, III, com. 4, p. 385, l. 65-67.
(212) Averroes, *In De anima*, III, com. 4, p. 385, l. 67-68.

(213) Intellectus possibilis nihil habet in sui natura in formis naturalibus.

(214) Formae naturales non sunt separabiles.

(215) Extrema in specie differunt a mediis.

(216) Intellectus possibilis est illud quod est in potentia ad omnes intentiones formarum naturalium universalium et non est in actu ad aliquod entium antequam intelligat.

(217) Diversitas materiae receptae facit diversitatem naturae recipientis.

(218) Omne generabile et corruptibile est particulare.

(219) Intellectus non est hic, id est particularis, neque corpus, neque est forma in corpore.

(220) Intellectus qui creat et generat intelligibilia est intellectus agens.

(221) Anima non intelligit sine imaginatione, sicut sensus non sentit sine praesentia sensibilis.

(222) Impossibile est easdem intentiones ponere, quandoque corruptibiles, quandoque aeternas.

(223) Natura corruptibilis sive passibilis non potest transmutari in aeternam.

(224) Color non movet visum, nisi per praesentiam lucis.

(225) In formis abstractis non est nisi unum individuum in una specie.

(226) Ab uno instrumento non potest venire nisi una actio.

(227) Intellectus agens ut possibilis neque est generabilis neque corruptibilis.

(228) Omne ens sensibile dividitur in materiam et formam.

68 qui] quae LPE 70 praesentia] potentia LXfE 76 unum] indi *add.* L

(213) Averroes, *In De anima*, III, com. 4, p. 385, l. 74-76.
(214) Averroes, *In De anima*, III, com. 4, p. 386, l. 85-86.
(215) Averroes, *In De anima*, III, com. 4, p. 386, l. 98.
(216) Averroes, *In De anima*, III, com. 5, p. 387, l. 23-26.
(217) Averroes, *In De anima*, III, com. 5, p. 388, l. 53-54.
(218) Averroes, *In De anima*, III, com. 5, p. 389, l. 60.
(219) Averroes, *In De anima*, III, com. 5, p. 389, l. 60-62.
(220) Averroes, *In De anima*, III, com. 5, p. 390, l. 109-110.
(221) Averroes, *In De anima*, III, com. 5, p. 391, l. 130-132.
(222) Averroes, *In De anima*, III, com. 5, p. 391, l. 140-142.
(223) Averroes, *In De anima*, III, com. 5, p. 391, l. 142-143.
(224) Averroes, *In De anima*, III, com. 5, p. 401, l. 403-404.
(225) Averroes, *In De anima*, III, com. 5, p. 403, l. 477-478.
(226) Averroes, *In De anima*, III, com. 5, p. 404, l. 492-494.
(227) Averroes, *In De anima*, III, com. 5, p. 408, l. 622-623.
(228) Averroes, *In De anima*, III, com. 5, p. 409, l. 657-658.

(229) Nisi esset hoc genus entium intellectus non possemus intelligere multitudinem in rebus abstractis.

(230) Scire de anima necessarium est in sciendo primam philosophiam.

(231) Sicut se habet lux ad diaphonum, sic intellectus agens ad possibilem, quia sicut lux est perfectio diaphoni, sic intellectus agens est perfectio intellectus possibilis.

(232) Hoc nomen intellectus aequivoce dicitur de intellectu agente et speculativo.

(233) Omnis virtus existens in corpore composito est ex primis qualitatibus.

(234) Virtus imaginativa est in interiore parte cerebri, et cogitativa est de genere existentium virtutum in corpore.

(235) Omnes partes animae sunt formae in materiis praeter rationalem.

(236) Locus nihil est eorum quae existunt in eo.

(237) Virtus cogitativae est de genere virtutum sensibilium.

(238) Primum intelligens extra se nihil intelligit.

(239) Movens et motum debent esse ejusdem speciei.

(240) Intellectus cum fuerit in actu potest intelligere se ipsum per intentionem quam extrahit a se.

(241) Intellectus abstrahit quidditatem ab habenti quidditatem et non cessat abstrahere donec venit ad simplicem quidditatem.

(242) Rectum est in continuo sicut simitas in naso.

81 intellectus] *om.* D 85 quia] iquia W 87 intellectus] ntellectus W 93 speculativo] speculatio LXP 91 interiore] interiori X 94 quae] qui LWXP eo] ea W 95 de] in D 2 continuo] curvo E

---

(229) Averroes, *In De anima,* III, com. 5, p. 409, l. 661 - p. 410, l. 663.
(230) Averroes, *In De anima,* III, com. 5, p. 410, l. 676-677.
(231) Averroes, *In De anima,* III, com. 5, p. 410, l. 688 - p. 411, l. 693.
(232) Averroes, *In De anima,* III, com. 5, p. 412, l. 741-742.
(233) Averroes, *In De anima,* III, com. 6, p. 414, l. 17-18.
(234) Averroes, *In De anima,* III, com. 6, p. 415, l. 49-51.
(235) Averroes, *In De anima,* III, com. 6, p. 417, l. 99-100.
(236) Averroes, *In De anima,* III, com. 6, p. 417, l. 102-103.
(237) Averroes, *In De anima,* III, com. 7, p. 419, l. 55-56.
(238) Averroes, *In De anima,* III, com. 8, p. 420, l. 28-29.
(239) Averroes, *In De anima,* III, com. 9, p. 421, l. 16-18.
(240) Averroes, *In De anima,* III, com. 8, p. 420, l. 31-34.
(241) Averroes, *In De anima,* III, com. 10, p. 424, l. 27-30.
(242) Averroes, *In De anima,* III, com. 11, p. 425, l. 8-9.

84-85 *diaphonum, diaphoni* : cf. note de la page 180.

(243) Si non esset materia, non esset passio.

(244) Intelligere est passio et non actio.

(245) In eo quod intelligibile est ex se intelligens, et intelligens et intellectum erunt idem in omnibus modis.

(246) Ea quae agunt et patiuntur in subjecto communicant.

(247) Propria passio est aliqua privatio et nullam habet naturam propriam praeter naturam subjecti.

(248) Unum oppositorum per reliquum intelligitur.

(249) Anima est unum entium naturalium rerum.

(250) Consideratio de anima est consideratio naturalis.

(251) Nihil agit nisi per suam formam.

(252) Actus intellectus agentis est sua substantia.

(253) Species humanas deficere est impossibile.

(254) Formae immateriales ex se sunt intellectivae.

(255) Ubi non est vera generatio, ibi non est verum agens.

(256) Per virtutem cogitativam homo differt ab omnibus animalibus.

(257) Intellectus agens tantum est in actu et non est in potentia.

(258) Perfectio humana est intelligere res abstractas.

(259) Aeternum in sua actione non indiget corruptibili.

(260) Omne factum habet quidditatem.

17 verum] unum LD

---

(243) Averroes, *In De anima*, III, com. 12, p. 427, l. 19-20.
(244) Averroes, *In De anima*, III, com. 12, p. 427, l. 22-23.
(245) Averroes, *In De anima*, III, com. 13, p. 427, l. 8-9.
(246) Averroes, *In De anima*, III, com. 14, p. 428, l. 13-14.
(247) Averroes, *In De anima*, III, com. 14, p. 431, l. 80-82.
(248) Averroes, *In De anima*, III, com. 21, p. 455, l. 23.
(249) Averroes, *In De anima*, III, com. 17, p. 436, l. 21-22.
(250) Averroes, *In De anima*, III, com. 17, p. 436, l. 20-21.
(251) Averroes, *In De anima*, III, com. 18, p. 440, l. 84.
(252) Averroes, *In De anima*, III, com. 19, p. 443, l. 90-91.
(253) Averroes, *In De anima*, III, com. 20, p. 448, l. 143-144.
(254) Averroes, *In De anima*, III, com. 20, p. 450, l. 201-202.
(255) Averroes, *In De anima*, III, com. 20, p. 453, l. 293.
(256) Averroes, *In De anima*, III, com. 20, p. 454, l. 315-316.
(257) Averroes, *In De anima*, III, com. 25, p. 463, l. 51.
(258) Averroes, *In De anima*, III, com. 36, p. 487, l. 212-213.
(259) Averroes, *In De anima*, III, com. 36, p. 490, l. 309-310.
(260) Averroes, *In De anima*, III, com. 36, p. 490, l. 326-327.

(261) Impossibile est ut aliquod generabile et corruptibile sit materia aeterni.

(262) Intellectus passibilis intelligit formas materiales et formas abstractas.

(263) Quarum differentia sunt eadem, illa sunt eadem.

(264) Illud quod existit in anima est forma tantum et non materia.

(265) Imaginationes sunt de genere rerum sensibilium.

(266) Ratio non existit in omnibus animalibus.

(267) Si motor est unus mobile, erit unum.

(268) Intellectus non movet sine voluntate.

Sequuntur auctoritates De sensu et sensato.

(1) Naturalis philosophi est sanitatis et infirmitatis prima principia invenire.

(2) Naturalis sumit considerationem suam ab eis quae sunt de consideratione medicinae, sed medicus incipit ex eis quae sunt de consideratione naturalis. Unde ubi dimittit naturalis, ibi incipit medicus.

(3) Necesse est animal in quantum animal habere sensum.

23-24 corruptibile sit materia aeterni] corruptibile esse aeternum W 27 Quarum... eadem[2]] *om.* W illa sunt eadem] *om.* LXPfD 30 non] nou D 31 unus] uvus f 33 Sequuntur] Incipiunt X 34 Naturalis] Aturalis WD infirmitatis] infirmatis LfED

---

(261) AVERROES, *In De anima*, III, com. 36, p. 497, l. 524-525.

(262) AVERROES, *In De anima*, III, com. 36, p. 499, l. 561-562.

(263) AVERROES, *In De anima*, III, com. 38, p. 504, l. 19-20.

(264) AVERROES, *In De anima*, III, com. 38, p. 504, l. 29-30.

(265) AVERROES, *In De anima*, III, com. 39, p. 506, l. 40.

(266) AVERROES, *In De anima*, III, com. 41, p. 509, l. 40-41.

(267) AVERROES, *In De anima*, III, com. 50, p. 519, l. 19-20.

(268) AVERROES, *In De anima*, III, com. 50, p. 519, l. 30-31.

(1) ARIST., *De sensu et sensato*, 1, 436 a 17-18.

(2) Cf. S. THOMAS, *In De sensu...*, I, lect. 1, n. 16.
ARIST., *De sensu et sensato*, 1, 436 a 19 - b 1.

(3) ARIST., *De sensu et sensato*, 1, 436 b 10-11.

---

36 *sumit* : dans le texte d'Aristote ainsi que dans le commentaire de S. Thomas, on trouve la version *finit* à la place de *sumit*.

36 *ab eis* : ces mots sont remplacés par *ad ea* aussi bien dans ce passage du *De sensu et sensato* que dans son commentaire.

(4) Auditus magnam partem ad intelligendam prudentiam confert.

(5) Sermo audibilis existens ex causa disciplinae non per se, sed per accidens, id est in quantum, significat aliquid.

(6) Visus nobis multas rerum differentias demonstrat.

(7) Caecus a nativitate naturaliter sapientior est surdo et muto a nativitate.

(8) Thomas dicit : omnis surdus a nativitate est mutus et non e converso.

(9) Visus attribuitur aquae, quia aqua, ratione quae est perspicua, est potens recipere species coloris.

(10) Visiva virtus non est in extremitate oculi sita, sed infra oculum circa cerebrum.

(11) Odor est fumalis evaporatio, id est fit ex fumali evaporatione.

(12) Cerebrum est pars frigidior et humidior omnibus partibus corporis.

(13) Cor est oppositum cerebro et est calidissima pars corporis.

(14) Color est extremitas perspicui in corpore terminato.

(15) Manifestius est nobis genus saporum quam odorum.

(16) Odoratum habemus pejorem omnibus animalibus, tactum vero certiorem respectu omnium animalium.

44 multas] multarum W 47 mutus] motus X 49 quae] qua D 50 coloris] caloris LWP 53 fumalis] finalis L

---

(4) Arist., *De sensu et sensato*, 1, 437 a 11-12.
(5) Arist., *De sensu et sensato*, 1, 437 a 12-15.
(6) Arist., *De sensu et sensato*, 1, 437 a 5-7.
(7) Arist., *De sensu et sensato*, 1, 437 a 15-17.
(8) S. Thomas, *In De sensu...*, I, lect. 2, n. 32.
(9) S. Thomas, *In De sensu...*, I, lect. 4, n. 53.
Cf. Arist., *De sensu et sensato*, 2, 438 a 12-14, b 10-11, 3, 439 b 7-8.
(10) Cf. Arist., *De sensu et sensato*, 2, 438 b 27-29.
(11) Arist., *De sensu et sensato*, 2, 438 b 24-25.
(12) Arist., *De sensu et sensato*, 2, 438 b 29-30.
(13) Arist., *De sensu et sensato*, 2, 439 a 2-4.
(14) Arist., *De sensu et sensato*, 3, 439 b 11-12.
(15) Arist., *De sensu et sensato*, 4, 440 b 30-31.
(16) Arist., *De sensu et sensato*, 4, 440 b 31 - 441 a 2.

---

42 *ex* : c'est la leçon *est* qui figure à cet endroit du texte d'Aristote.
44 On trouve la même citation dans la *Métaphysique* (A1, 980 a 26-27), p. 115, l. 83.

(17) Ignis non agit, neque patitur ratione qua ignis, sed ratione qua calidus. Unde a forma substantiali non egreditur aliqua operatio, nisi mediante forma accidentali.

(18) Omnia quae nutriuntur, dulci nutriuntur, id est comedendo dulcia.

(19) Dulcis sapor et amarus sunt sapores extremi ex quibus commiscentur alii sapores, sicut ex albo et nigro alii colores.

(20) Duplex est odorabile : unum quod confert ad nutrimentum, aliud quod non confert ad nutrimentum, sed tantum ad confirmationem cerebri.

(21) Fumositas cibi veniens ad cerebrum infrigidata propter locum ejus facit hominibus rheumata.

(22) Fumus carbonum facit hominibus gravamen capitis.

(23) Simplex elementum non nutrit, sed oportet omnem cibum compositum esse et mixtum ex elementis.

(24) Intellectus noster nihil intelligit sine sensu.

(25) Superabundantes et minimae partes corporis separatae a toto resolvuntur in continenti, ut minus sapor amarus infusus in alium resolvitur.

(26) Illuminatio fit subito et non successive.

64 nutriuntur[1]] nutruntur X comedendo] comedenda L 65 sapores] vapores LWPE 65-66 commiscentur] commisceretur LX 67 quop confert ad nutrimentum aliud] *om.* E 67-68 aliud quod non confert ad nutrimentum sed] *om.* L 76 minimae] minima L 79 fit] sit Lf

---

(17) S. Thomas, *In De sensu...*, I, lect. 10, n. 135-137.
Cf. Arist., *De sensu et sensato*, 4, 441 b 11-15.

(18) Cf. Arist., *De sensu et sensato*, 4, 442 a 2.

(19) Arist., *De sensu et sensato*, 4, 442 a 12-13.

(20) S. Thomas, *In De sensu...*, I, lect. 13, n. 178, 185.
Cf. Arist., *De sensu et sensato*, 5, 443 b 16-17, 19-21, 26-27, 444 a 8-9.

(21) Arist., *De sensu et sensato*, 5, 444 a 12-13.

(22) Arist., *De sensu et sensato*, 5, 444 b 31-32.

(23) Arist., *De sensu et sensato*, 5, 445 a 17-19.

(24) Cf. Arist., *De sensu et sensato*, 6, 445 b 16-17.

(25) Arist., *De sensu et sensato*, 6, 446 a 7-10.

(26) S. Thomas, *In De sensu...*, I, lect. 16, n. 252.
Cf. Arist., *De sensu et sensato*, 6, 447 a 9-10.

---

68 *confirmationem* : le commentaire de S. Thomas donne la version *contemperandum frigiditatem* à cet endroit.

77 *amarus* : ce mot ne figure pas dans ce passage du *De sensu et sensato*.

78 *alium* : le texte d'Aristote donne la version *mare* à la place de *alium*.

(27) Unus sonus numero non potest pervenire ad aures plurium, sed unus in specie.
(28) Motus majores expellunt minores.
(29) Operatio non est sine virtute.
(30) Opinio non est sine veritate.
(31) Unius rei non est nisi solus unus motus in uno tempore.
(32) Contrariorum contrarii sunt motus.

Commentator.

(33) Visus obscuratur in locis frigidis ubi fuerit nix, vel aqua multa.
(34) Palpebrae positae sunt in oculis hominum ad preservationem eorum a rebus extrinsecis, sicut vagina gladii.
(35) Instrumentum auditus est aer positus in auribus. Instrumentum odoratus est aer positus in naso.
(36) Color causatur ex commixtione corporum, lucidi cum diaphono.
(37) Color albus et niger sunt extremi colores.
(38) Lux est perfectio corporis diaphoni interminati. Est enim in superficie diaphoni terminati.
(39) Ignis non lucet per se, sed natura ignis lucet cum adunatur cum aliquo alio corpore.

80 Unus] Unde LWXPfD sonus] unus *add.* W 89 preservationem] perseverationem LWPfD 90 vagina] viagna D

---

(27) S. Thomas, *In De sensu...*, I, lect. 16, n. 238.
Cf. Arist., *De sensu et sensato*, 6, 446 b 23-25.
(28) Arist., *De sensu et sensato*, 7, 447 a 21-22.
(29) Arist., *De sensu et sensato*, 7, 449 a 1-2.
(30) *Locus non inventus.*
(31) Arist., *De sensu et sensato*, 7, 447 b 17-19.
Cf. S. Thomas, *In De sensu...*, I, lect. 17, n. 261.
(32) Arist., *De sensu et sensato*, 7, 448 a 1-2.
(33) Averroes, *In De sensu...*, p. 6, l. 64-65.
(34) Averroes, *In De sensu...*, p. 7, l. 10-12.
(35) Averroes, *In De sensu...*, p. 8, l. 17-18, 20-21.
(36) Averroes, *In De sensu...*, p. 15, l. 37-38.
(37) Averroes, *In De sensu...*, p. 16, l. 52-53.
(38) Averroes, *In De sensu...*, p. 16, l. 57-58.
(39) Averroes, *In De sensu...*, p. 17, l. 66-67.

95-96 *diaphoni* : cf. note de la page 180.

(40) Anima bestialis in animalibus existens non impetit actiones naturae.

(41) Artifex secundum posse suum intendit se similare naturae.

(42) Ars imitatur naturam in quantum potest.

(43) Formae sensibilium extra animam habent esse corporale omnino, sed in anima habent esse spirituale omnino. In medio autem habent medium inter corporale et spirituale.

(44) Auditus in homine est via ad disciplinam.

(45) Disciplina non redditur, nisi per auditum.

(46) Intelligere quid verba significent non est ipsius auditus, sed ipsius intellectus.

Albertus.

(47) Gratissimi medici incipiunt suam considerationem ab his quae demonstrat naturalis.

(48) Medicina habet communicationem cum scientia naturali eo quod principia sua ab eo accipit et est sub ipsa.

(49) Sensatio dicitur passio, quia cum passione fit.

(50) Omnes sensus in animali sunt causa salutis animalis.

(51) Non est idem sensibile et esse sensibile.

(52) Librum De plantis non fecit Aristoteles, sed discipulus ejsu Theophrastus.

(53) Aurum non putrescit.

(54) Sanguis in angustis venis circa cerebrum existens subtilis est

99 impetit] impedit E   10 quae] qui LP

---

(40) Averroes, *In De sensu...*, p. 19, l. 27 - p. 20, l. 29.
(41) Averroes, *In De sensu...*, p. 19, l. 22-23.
(42) Averroes, *In De sensu...*, p. 21, l. 45-50.
(43) Averroes, *In De sensu...*, p. 26, l. 37-43.
(44) Averroes, *In De sensu...*, p. 43, l. 47-48.
(45) Averroes, *In De sensu...*, p. 43, l. 48-49.
(46) Averroes, *In De sensu...*, p. 43, l. 49-50.
(47) Alexander Aphrodisiensis, *In De sensu...*, 436 a 19 - b 1.
(48) Alexander Aphrodisiensis, *In De sensu...*, 436 a 19 - b 1.
(49) Alexander Aphrodisiensis, *In De sensu...*, 436 b 12.
(50) Albertus Magnus, *In De sensu...*, tr. I, c. 1.
(51) Albertus Magnus, *In De sensu...*, tr. III, c. 1.
(52) Alexander Aphrodisiensis, *In De sensu...*, 442 b 23-26.
(53) Alexander Aphrodisiensis, *In De sensu...*, 443 a 16-21.
(54) Alexander Aphrodisiensis, *In De sensu...*, 444 a 8-19.

et purus et de facili passibilis, propter quod indiget extrinseco adjutorio ad suarum partium frigiditatem temperandam.

Sequuntur auctoritates libri De memoria et reminiscentia.

(55) Memoria nec est praesentium, nec futurorum, sed tantum praeteritorum. Unde sensus est praesentium, memoria praeteritorum, spes vero vel opinio futurorum.

(56) Memoria est alicujus apprehensi sensu, vel intellectu iterata resumptio.

(57) Intellectus noster non intelligit sine continuo et tempore.

(58) Species vel similitudo rei considerata secundum se existens in anima est imaginabilis et intelligibilis, sed considerata ut est alicujus similitudo quod prius fuit sensatum vel intellectum, sic est memoralis.

(59) Meditationes memoriam salvant.

(60) Meditari est aliquid considerare multotiens non secundum se, sed secundum imaginem alicujus.

(61) Reminiscentia differt a memoria, quia reminiscentia tantum est in hominibus, sed memoria etiam est in aliis animalibus.

(62) Reminiscentia non est memoria, sed sequitur memoriam, quia procedit ab aliquo retento in memoria.

(63) Omnis reminiscentia vel fit a re ipsa, velsibi simili, ut a contrario.

(64) Consuetudo est altera natura.

23 libri] *om.* E 27 sensu] sensus D 30 similitudo] similitndo D 34 Meditationes memoriam salvant] *om.* LD 41 fit] sit Lf

(55) Arist., *De memoria...*, 1, 449 b 10-11, 13, 15, 27-28.
(56) Averroes, *In De memoria...*,p. 48, l. 11-12.
(57) Arist., *De memoria...*, 1, 450 a 7-9.
(58) S. Thomas, *In De memoria...*, I, lect. 3, n. 341-343.
(59) Arist., *De memoria...*, 1, 451 a 12-13.
(60) Arist., *De memoria...*, 1, 451 a 13-14.
(61) Arist., *De memoria...*, 2, 453 a 6-9.
Cf. S. Thomas, *In De memoria...*, I, lect. 1, n. 299.
(62) S. Thomas, *In De memoria...*, I, lect. 4, n. 357.
(63) Arist., *De memoria...*, 2, 451 b 16-20.
Cf. S. Thomas, *In De memoria...*, I, lect. 5, n. 364.
(64) Arist., *De memoria...*, 2, 452 a 27-28.

41 *simili* : dans le texte d'Aristote, on trouve *vel* après ce terme.

(65) Quae ordinem habent, bene reminiscibilia sunt.

(66) Quidam semel videntes magis memorantur quam alii multotiens videntes.

(67) Quidam volentes reminisci non possunt dimittere reminiscentiam sicut melancholici, quia phantasmata maxime movent eos contra velle eorum.

(68) Pueri et multum senes immemores sunt propter nimium motum accidentalem corporibus eorum.

Commentator.

(69) Quattuor sunt virtutes animae sensitivae interioris, scilicet sensus communis : imaginatio sive phantasia quod est aestimativa quae in hominibus dicitur cogitativa et memoria. Imaginatio est in interiori parte cerebri, aestimativa in medio, memoria vero in posteriori parte.

Sequuntur auctoritates libri De somno et vigilia.

(70) Cujus est potentia, ejus est actus.

(71) Necesse est omne quod vigilat etiam dormire.

(72) Somnus est quasi ligamentum omnium sensuum, vigilia vero solutio eorum.

(73) Somnus est requies quaedam quae data est animalibus propter salutem eorum.

(74) Omnia animalia sanguinem habentia habent cor.

46 volentes] nolentes D dimittere reminiscentiam] *om.* W 50 accidentalem] accidentale LXE; in *add.* D 52 scilicet] *bis* D 57 libri] *om.* E; Aristotelis *add.* D 58 Cujus] Ujus WD; Cujns f

(65) Arist., *De memoria...*, 2, 452 a 2-3.
(66) Arist., *De memoria...*, 2, 451 b 15-16.
(67) Arist., *De memoria...*, 2, 453 a 16-19.
(68) Arist., *De memoria...*, 2, 453 b 4-6.
(69) Averroes, *In De memoria...*, p. 51, l. 53 - p. 53, l. 4 et p. 57, l. 48-51.
(70) Arist., *De somno...*, 1, 454 a 8.
(71) Arist., *De somno...*, 1, 454 b 7-8.
(72) Averroes, *In De somno...*, p. 80, l. 2-4.
Cf. Arist., *De somno...*, 1, 454 a 32 - b 1, 10, 25-27.
(73) Arist., *De somno...*, 3, 458 a 31-32, 2, 455 b 20-22.
(74) Arist., *De somno...*, 2, 456 a 4-5.

44-45 Le texte exact de cette citation d'après Aristote est le suivant : *Quaedam semel videntes, magis memoramur quam altera multotiens.*

(75) Cor est principium sensus et motus in animalibus.

(76) Nutrimentum ultimum omnibus sanguinem habentibus est sanguinis materia.

(77) Loca sanguinis sunt venae.

(78) Cor est principium venarum.

(79) Somnus causatur ex evaporatione cibi quae ascendit ad cerebrum et infrigidata descendit et facit somnum, unde post cibum fortem sunt somni validi.

(80) Somnus assimilatur epilepsiae, id est morbo caduco.

(81) Vinum bibere non convenit pueris, nec nutricibus eorum.

(82) Omnium eorum quae sunt in corpore frigidissimum est cerebrum.

(83) In somno fit propulsio caloris ad interiora animalis, unde superiora et exteriora membra in somno sunt frigida et interiora sunt calida.

(84) Animalia magis nutriuntur et augentur in somnis quam in vigiliis.

(85) Abeuntibus sensibilibus remanent species eorum in organo sentiendi.

(86) Visus non solum patitur a visibili, sed etiam agit. Hoc verum est per accidens, scilicet ratione vaporis in videndo ab oculo existentis. In speculis valde puris, si mulieres menstruosae inspiciant in

69 quae] qui W 71 infrigidata] infrigitata LWXPED 72 fortem] forte LPED 73 assimilatur] assimilantur f 85 existentis] exeuntis D 86 speculis] speculo LX

(75) Arist., *De somno...*, 2, 456, a 5-6.
(76) Arist., *De somno...*, 3, 456 a 34-35.
(77) Arist., *De somno...*, 3, 456 b 1.
(78) Arist., *De somno...*, 3, 456 b 1.
(79) Arist., *De somno...*, 3, 456 b 18-28.
(80) Arist., *De somno...*, 3, 457 a 8-9.
(81) Arist., *De somno...*, 3, 457 a 14-15.
(82) Arist., *De somno...*, 3, 457 b 29-30.
(83) Arist., *De somno...*, 3, 457 b 1-7.
(84) Averroes, *In De somno...*, p. 93, l. 14-15.
Cf. Arist., *De somno...*, 1, 454 b 32 - 455 a 2.
(85) Arist., *De insomniis*, 2, 459 a 26-28.
(86) Arist., *De insomniis*, 2, 459 b 27-32.

67 *materia* : la leçon correcte dans ce passage serait *natura* (φύσις), d'après le texte d'Aristote.

superficie speculi, fit quasi nubes sanguinea et, si novum est speculum, non facile est abstergere maculam hujusmodi, si vero vetus, facile.

(87) Purum subito demonstrat quicquid acceperat.

(88) Delectatio major expellit minorem.

(89) Pueri non habent somnia propter nimium metum qui est in eis.

(90) Principia omnia sunt parva, unde et principia aegritudinis sunt parva.

(91) Quaedam somnia sunt signa futurorum, quaedam causae quaedam accidentia sunt illorum.

(92) Multa praevisa et consilia quae fieri expediebat obmittuntur propter nobiliores inchoationes.

(93) Noctes silentiores sunt quam dies.

(94) Aer noctis magis est quietus quam diei.

(95) Melancholici maxime somniantur.

(96) Notorum notiores sunt motus.

(97) Noti de se invicem maxime sunt solliciti.

(98) Non omne quod futurum est, de necessitate fit.

Commentator.

(99) Somnus fit propter caloris recessum naturaliter et contractionem ejusdem ad cor.

87 fit] sit LXE 90 acceperat] acceperit W 92 qui] quae E 97 expediebat] expetebat L; expediret W 1 somniantur] somniant E 4 fit] sit LPf 6 fit] sit LWE naturaliter] naturalis XED 6-7 contractionem] contractione L

---

(87) Arist., *De insomniis*, 2, 460 a 13.
(88) Arist., *De insomniis*, 3, 461 a 2-3.
(89) Arist., *De insomniis*, 3, 461 a 12-14.
(90) Arist., *De divinatione per somnium*, 1, 463 a 18-20.
(91) Arist., *De divinatione per somnium*, 1, 463 a 30 - b 1.
(92) Cf. Arist., *De divinatione per somnium*, 2, 463 b 25-28.
(93) Cf. Arist., *De divinatione per somnium*, 2, 464 a 14-15.
(94) Arist., *De divinatione per somnium*, 2, 464 a 14.
(95) Arist., *De divinatione per somnium*, 2, 463 b 17-18.
(96) Arist., *De divinatione per somnium*, 2, 464 a 31-32.
(97) Arist., *De divinatione per somnium*, 2, 464 a 28-29.
(98) Arist., *De divinatione per somnium*, 2, 463 b 28.
(99) Averroes, *In De somno...*, f. 33 B.

---

92 *metum*: le texte d'Aristote est *motum* (κίνησις).

(100) Nullus homo est qui non vidit somnium quod non adnuntiavit sibi aliquid futuri.

(101) Famosum secundum rationem non est falsum.

(102) Vulgus dicit quod somnia fiunt ab angelis, deviationes sive vexationes a daemonibus, prophetiae a deo.

(103) Gentes diversificantur duobus modis : uno modo naturaliter secundum virtutes eorum et secundum entia eis propria in suis regionibus, secundo secundum leges secundum quas receperunt fidem a nativitate, scilicet de primo principio et de angelis et de resurrectione.

(104) Homo debet esse medius ad somnum et vigiliam non declinando ad alterum.

Auctoritates libri De longitudine et brevitate vitae.

(105) Gentes quae sunt in calidis regionibus sunt longioris vitae quam quae sunt in frigidis.

(106) Corruptis animalibus corrumpuntur scientiae et sanitates quae in eis sunt.

(107) Quicquid corrumpitur a suo contrario corrumpitur.

(108) Id quod in se est corruptibile in nullo alio loco est corruptibile.

(109) Impossibile est habenti materiam non existere in contrario.

(110) Minor flamma consumitur a majori per accidens, quia alimentum quod illa consumit multo tempore, hoc multa flamma consumit parvo tempore.

18 medius] modius L 21 Gentes] Entes WD 27 contrario] contrarium D 29 consumit] *om.* E

(100) Averroes, *In De somno...*, f. 33 L-M.
(101) Averroes, *In De somno...*, f. 33 M.
(102) Averroes, *In De somno...*, f. 33 M - 34 A.
(103) Averroes, *In De somno...*, f. 36 E.
(104) Averroes, *In De somno...*, f. 36 D.
(105) Arist., *De longitudine...*, 1, 465 a 9-10.
(106) Arist., *De longitudine...*, 2, 465 a 25-26.
(107) Arist., *De longitudine...*, 3, 465 b 4-5.
(108) Cf. Arist., *De longitudine...*, 3, 465 b 1-23.
(109) Arist., *De longitudine...*, 3, 465 b 11-12.
(110) Arist., *De longitudine...*, 3, 465 b 23-25.

26 *alio* : le sens de cette citation exigerait la suppression de ce mot.
26 *corruptibile* : il faudrait remplacer *corruptibile* par *incorruptibile* pour que cette phrase ait un sens.

(111) Locus continens rem vel operatur ad generationem, vel ad conservationem rei, vel contraria rei operatur.

(112) Inter animalia longissimae vitae sunt cervus et corvus.

(113) Vita animalis fit per calidum et humidum.

(114) Senectus frigida est et sicca.

(115) Animalia multum coeuntia multum senescunt, quia sperma quod est superfluum nutrimenti emissum exsiccat et propter hoc mulus longioris est vitae quam asinus, vel equus ex quibus generatur quia ipse non generat.

(116) Masculi, si coitum non faciunt, naturaliter sunt longioris vitae quam femellae, quia masculus calidior est quam femella, sed si masculi multum coeunt, brevioris sunt vitae femellis.

(117) Labor exsiccat et senectutem inducit, unde multum laborantes magis senescunt.

Commentator.

(118) Complexio juvenum est calida et humida, senum vero est frigida et sicca.

(119) Qui multum coeunt, parum vivunt.

(120) Castrati plus vivunt quam non castrati propter paucitatem coitus.

31-32 conservationem] conversationem D 37 mulus] nullus L 38 longioris est] est longioris L 40 coitum non] non coitum X 43 laborantes] loborantes E 46 est] *om.* X 49 paucitatem] paucietatem Xf

---

(111) Arist., *De longitudine...*, 3, 465 b 26-27.
(112) Arist., *De longitudine...*, 4, 466 a 12-14.
(113) Arist., *De longitudine...*, 5, 466 a 18-19.
(114) Arist., *De longitudine...*, 5, 466 a 19.
(115) Arist., *De longitudine...*, 5, 466 b 7-11.
(116) Arist., *De longitudine...*, 5, 466 b 10-11, 14-16.
(117) Arist., *De longitudine...*, 5, 466 b 13-14, 12-13.
(118) Averroes, *In De longitudine...*, p. 138, l. 35-36.
(119) Averroes, *In De longitudine...*, p. 138, l. 36-37.
(120) Averroes, *In De longitudine...*, p. 138, l. 36-38.

---

33 *cervus et corvus* : dans cette citation, les exemples choisis par Aristote ne sont pas le cerf et le corbeau, mais bien l'homme et l'éléphant. Il faudrait donc remplacer ces mots par *homo et elephans*.

39 *quia ipse non generat* : ces mots ne se trouvent pas dans ce passage d'Aristote.

(121) Propter paucitatem coitus vivit plus mulus quam equus vel asinus et femellae plus quam masculi.

(122) Qui habitant in regionibus calidis et humidis longioris sunt vitae per accidens propter paucitatem putrefactionis.

Sequuntur auctoritates libri De senectute et juventute.

(123) Cor primo fit in animali, unde cor primum est vivens et ultimum moriens.

(124) Principium sensus est in corde.

(125) Locus medius est locus principalis.

(126) Natura semper ex possibilibus facit quod optimum est.

(127) Cor est principium caloris naturalis et vitae animalis, unde destructo cordis calore destruitur et animal.

(128) Vita conservatur per calidum.

(129) Jejunia calefactoria sitim faciunt.

Sequuntur auctoritates libri De respiratione et inspiratione.

(130) Quaecumque animalia habent pulmonem, illa respirant.

(131) Pisces non respirant per aeris attractionem, sed refrigerium cordis fit ipsis ab aqua quam recipiunt per branchias.

(132) Idem est principium sanguinis et venarum, scilicet cor.

(133) Respiratio fit in animali ad refrigerandum cor et loca vicina cordi, unde quae magis calida sunt magis indigent respiratione.

52 plus] *om.* D 56 Cor] Or D fit] sit f 65 libri] *om.* E 66 Quaecumque] Uaecumque WD 68 fit] sit LWfE branchias] brantias E 70 refrigerandum] frigerandum X

(121) Averroes, *In De longitudine...*, p. 139, l. 40-41.
(122) Averroes, *In De longitudine...*, p. 139, l. 40-44.
(123) Arist., *De juventute...*, 3, 468 b 28.
(124) Arist., *De juventute...*, 3, 469 a 5-6.
(125) Cf. Arist., *De juventute...*, 4, 469 a 29-30.
(126) Arist., *De juventute...*, 4, 469 a 28-29.
(127) Arist., *De juventute...*, 4, 469 b 9-11, 13-15.
(128) Arist., *De juventute...*, 4, 469 b 18-19.
(129) Arist., *De juventute...*, 6, 470 a 24-25.
(130) Arist., *De respiratione...*, 1, 470 b 12-13.
(131) Cf. Arist., *De respiratione...*, 3, 471 a 26-28, 10, 476 a 1-2, 10-11, 16, 478 a 32-34.
(132) Arist., *De respiratione...*, 8, 474 b 5-6, 7.
(133) Cf. Arist., *De respiratione...*, 16, 478 a 28-31, 13, 477 a 14-16.

56-57 *Unde cor primum est vivens et ultimum moriens* : la fin de la citation ne figure pas dans ce passage d'Aristote.

64 Le texte d'Aristote est le suivant : *αἱ δὲ νηστεῖαι θερμάινουσι καὶ δίψας ποιοῦσιν.*

(134) Unum organum tantum est necessarium ad unum opus.

(135) Naturam nihil videmus facere frustra.

(136) Homo habet pulmonem multum sanguineum et calidum.

(137) Unumquodque maxime conservatur loco et tempore sibi connaturali, at vero in contrario corrumpitur.

Sequuntur auctoritates libri De morte et vita.

(138) Mors et vita sunt communia omnibus animalibus.

(139) Mors senum est sine dolore et tristitia, quia nullo dolore eis contingente moriuntur.

(140) Vita est mansio animae in corpore.

(141) Animalia respirantia suffocantur et moriuntur in humido.

(142) Sanguis prius fit in corde, quia, nondum distinctis venis, sed solo corde generato, videtur animal habere sanguinem.

(143) Cor semper movetur et venae semper moventur, quia omnes venae sunt a corde.

(144) Aeris ingressus in pectus animalis vocatur inspiratio, exitus autem respiratio.

(145) Calor cordis humidi qui in ipso est tumescere faciens et ebulire, facit pulsum cordis.

(146) Pulmo habet se circa cor, sicut follis.

73 videmus] vidimus W 76 contrario] contrarium E 78 Mors] Ors D 79 nullo dolore] dolore nullo X eis] *om.* W 82 et] vel XfD 83 fit] sit Lf nondum] nundum E 89 qui] quae X in ipso est] est in ipso XfD

---

(134) Arist., *De respiratione...*, 10, 476 a 11-13.
(135) Arist., *De respiratione...*, 10, 476 a 12-13.
(136) Cf. Arist., *De respiratione...*, 11, 476 a 19-22.
(137) Cf. Arist., *De respiratione...*, 14, 477 b 16, 478 a 6-7.
(138) Arist., *De vita...*, 1, 478 b 22-23.
(139) Arist., *De vita...*, 1, 479 a 20-22.
(140) Arist., *De vita...*, 2, 479 a 30.
(141) Arist., *De vita...*, 3, 479 b 8-9.
(142) Arist., *De vita...*, 4, 480 a 6-9.
(143) Arist., *De vita...*, 4, 480 a 11-12.
(144) Arist., *De vita...*, 5, 480 b 9-10.
(145) Arist., *De vita...*, 4, 480 a 2-4.
(146) Cf. Arist., *De vita...*, 5, 480 a 20-22.

---

89 *humidi* : la leçon *humidum* serait plus exacte dans cette citation.

Sequuntur auctoritates libri De motibus animalium.

(1) Omnis motus requirit aliquod fixum circa quod fiat.

(2) Caelum est incorruptibile.

(3) Virtutes sensibiles non sunt passibiles ad invicem, secundum quod earum excessus patiuntur ad invicem.

(4) Illud quod secundum se est simplex et immobile a nullo potest moveri. Unde dicit Homerus : Si omnes dii omnesque deae laborarent multum, Jovem summum non moverent de caelo in terram.

(5) Movens est prius moto et generans generato, sed nihil est prius se ipso, ergo nihil se ipsum movet et generat.

(6) Appetibile est primum movens in animali et est movens, non motum, sed appetitus non movet et est motum.

(7) Quaecumque non ratiocinantes operantur, velociter operantur.

(8) Principium motus in animali est in corde.

(9) Motus cordis est voluntarius.

(10) Aestimandum est animal constare quemadmodum civitatem bene legibus rectam atque munitam, quia in civitate, quando semel stabilitus est ordo, non oportet ejus principem interesse singulis operationibus civitatis, sic nec necesse est animam existere a qualibet parte corporis, sed uno principio tantum, scilicet in corde tantum, et hoc est verum quantum ad potentiam motivam.

93 Omnis] Mnis WD 99 terram] terra L 8 rectam] reuctam D 11 a] in W

---

(1) Cf. Arist., *De mot. animalium*, 1, 698 a 14-16.
(2) Arist., *De mot. animalium*, 4, 699 b 21.
(3) Arist., *De mot. animalium*, 3, 699 a 35 - b 1.
(4) Arist., *De mot. animalium*, 4, 699 b 36 - 700 a 3.
(5) Arist., *De mot. animalium*, 6, 700 a 35 - b 3.
(6) Arist., *De mot. animalium*, 6, 700 b 23-24, 35 - 701 a 1.
(7) Arist., *De mot. animalium*, 7, 701 a 28-29.
(8) Cf. Arist., *De mot. animalium*, 10, 703 a 14.
(9) Arist., *De mot. animalium*, 11, 703 b 6.
(10) Arist., *De mot. animalium*, 10, 703 a 29-32, 36-37.

---

95 *sensibiles* : il faudrait remplacer ce mot par *aequales* ou bien *similes* pour traduire le terme grec *ἴσαι* qui se trouve dans le texte d'Aristote.
96 *quod* : ce mot devrait être supprimer pour respecter le sens de ce passage. Le texte de cette citation a dû être corrompu au cours de sa transmission.
97 *simplex* : la leçon *simpliciter* serait plus conforme au texte du *De motibus animalium.*
2 *non* : ce mot ne se trouve pas dans la phrase d'Aristote.
6 *voluntarius* : le texte d'Aristote est *involuntarius.*
11 *a* : il faudrait remplacer *a* par *in* pour traduire exactement le terme d'Aristote.

Sequuntur auctoritates super primum librum Aristotelis De animalibus.

(1) Quemadmodum pluma est in avibus, sic squama in piscibus.

(2) Omnia animalia quae gignunt sibi similia, habent oculos, praeter talpam quae est privata oculis, quod patet quia omnino non videt, sed si quis abscindit coreum quod est supra loca oculorum ejus, subtiliter inveniet loca oculorum ejus.

(3) Nobilissimum et altissimum apud nos, notius et magis fixum animal est homo.

(4) Sicut omnia metalla et omnia frusta auri et argenti ad aurum mundissimum manifestantur, ita dispositiones omnium animalium manifestantur, cum ad hominem comparantur.

(5) Partes corporis in homine sunt creatae et positae secundum creationem ex typo totius mundi.

(6) Umbilicus est radix ventris.

(7) In cerebro omnino non est sanguis, neque vena.

(8) Non movetur facies in aliquo animali, praeterquam in homine.

(9) Frons parva significat bonitatem motus.

(10) Frons lata significat pravitatem discretionis.

(11) Frons rotunda significat iracundiam.

13 Sequuntur] *om.* XE 13-14 Aristotelis De animalibus] De animalibus Aristotelis X 15 Quemadmodum] Uemadmodum WD 17 privata] privatis LWXPfD 19 inveniet] invenit X 22 frusta] frustra LWXED 26 typo] typum LWXPfE 30 bonitatem] bonitate L 32 rotunda] rotnnda f significat] signifitat W

---

(1) ARIST., *Hist. animalium*, A1, 486 b 21-22.
(2) ARIST., *Hist. animalium*, A9, 491 b 26-33.
(3) Cf. ARIST., *Hist. animalium*, A7, 491 a 22-23.
(4) ALBERTUS MAGNUS, *De animalibus*, p. 39, l. 27-31.
Cf. ARIST., *Hist. animalium*, A7, 491 a 20-21.
(5) ALBERTUS MAGNUS, *De animalibus*, p. 40, l. 10-15.
Cf. ARIST., *Hist. animalium*, A15, 494 a 26-29.
(6) ARIST., *Hist. animalium*, A13, 493 a 17-18.
(7) ARIST., *Hist. animalium*, A16, 495 a 4-5.
(8) ARIST., *Hist. animalium*, A9, 491 b 9-10.
(9) ARIST., *Hist. animalium*, A9, 491 b 13.
(10) ARIST., *Hist. animalium*, A9, 491 b 13.
(11) ARIST., *Hist. animalium*, A9, 491 b 14.

---

11 *uno* : avant ce mot on trouve *in* dans ce passage du *De motibus animalium.*

11-12 *tantum scilicet in corde tantum et hoc est verum quantum ad potentiam motivam* : la fin de la citation ne se trouve pas dans ce passage d'Aristote.

29 *movetur* : pour rendre le sens de cette phrase d'Aristote, il faudrait remplacer *movetur* par *nominatur.*

(12) Omne animal habens aures habet eas mobiles, praeter hominem.

(13) Aures multum praeeminentes et magnae stoliditatem et garrulitatem significant.

(14) Sternitio secundum quod fugiunt homines est signum verificationis facti aut dicti illius temporis.

(15) Nasus elephantis est magnus et fortis et utitur eo loco manus in accipiendo cibum et potum et alia quibus indiget.

(16) Os leonis collo est continuum.

(17) Splen hominis est similis spleni porci.

(18) Venter, id est stomachus, hominis est similis ventri canis.

(19) Extremitas virgae virilis dicitur praeputium.

(20) Situs cordis est in medio pectoris in brutis, sed in homine declinat modicum ad sinistram partem.

Sequuntur auctoritates II libri Aristotelis De animalibus.

(21) Dentes canum juvenum sunt albi et acuti, senum vero obtusi et nigri.

(22) Masculi naturaliter sunt plurium dentium quam femellae.

(23) Dentes equorum senum albescunt.

(24) Omne quadrupes generans sibi simile habet dentes.

(25) Homo in comparatione sui corporis habet parvum os.

---

33 hominem] homines X 36 fugiunt] fingunt XED est] et LWXPfE 39 accipiendo] accipiendoo D 46 libri] *om.* E 47 Dentes] Entes WD; Mentes P 49 plurium] plurimi LWP 50 albescunt] albe sunt L 52 Homo] Homi L

---

(12) Arist., *Hist. animalium*, A11, 492 a 22-23.
(13) Arist., *Hist. animalium*, A11, 492 b 2-3.
(14) Albertus Magnus, *De animalibus*, p. 79, l. 16-18.
Cf. Arist., *Hist. animalium*, A11, 492 b 6-8.
(15) Arist., *Hist. animalium*, A11, 492 b 17-20.
(16) Arist., *Hist. animalium*, B1, 497 b 16-17.
(17) Arist., *Hist. animalium*, A17, 496 b 20-21.
(18) Arist., *Hist. animalium*, A16, 495 b 24.
(19) Arist., *Hist. animalium*, A13, 493 a 29-30.
(20) Arist., *Hist. animalium*, A17, 496 a 14-17.
(21) Arist., *Hist. animalium*, B2, 501 b 11-14.
(22) Arist., *Hist. animalium*, B3, 501 b 19-20.
(23) Arist., *Hist. animalium*, B3, 501 b 15-16.
(24) Arist., *Hist. animalium*, B1, 501 a 9-10.
(25) Arist., *Hist. animalium*, B7, 502 a 8.

---

40 Le texte de cette citation est corrompu. Le texte grec correspondant est le suivant : *καὶ ὅ γε λέων τὸ τοῦ αὐχένος ἔχει ἓν ὀστοῦν, σφονδύλους δ᾽οὐκ ἔχει.*

(26) Non est mulier utens manu dextra sicut sinistra.

(27) Simea utitur manibus sicut pedibus.

(28) Alae avium sunt eis loco manuum.

(29) Simea mixtae est naturae conveniens in natura hominum et quadrupedum.

(30) Cornua omnium animalium sunt vacua, praeter cornua cervi quae sunt dura et non est in eis concavitas.

(31) In mari est quidam piscis navem tenens, quoniam ipse prohibet recedere navem potentia sua naturali.

(32) Omnes pisces audiunt.

(33) Omne animal carens pulmone caret voce.

(34) Omnium animalium feminae sunt gracilioris et acutioris vocis quam masculi, praeter vaccam.

(35) Omne animal vocat suum comparem tempore coitus propria voce et hoc facit specialiter rana.

(36) Vociferatio avium est magis tempore coitus.

(37) Gallinus sive gallus vociferat post proelium et victoriam.

(38) Omne animal quod facit ova habet ea in matrice et non in ventre, quia, si haberet in ventre, digererentur sicut cibus.

Sequuntur auctoritates III libri De animalibus Aristotelis.

(39) Os post abscisionem non crescit, neque solidatur.

55 sunt] in *add.* fE 67 facit specialiter] specialiter facit L 71 quia] et W digererentur] digerentur X 72 libri] *om.* E De animalibus Aristotelis] Aristotelis De animalibus L; De animalibus E

(26) *Locus non inventus.*

(27) Arist., *Hist. animalium*, B8, 502 b 10-11.

(28) Albertus Magnus, *De animalibus*, p. 253, l. 9-11. Cf. Arist., *Hist. animalium*, B12, 503 b 34-35.

(29) Arist., *Hist. animalium*, B8, 502 a 16-17.

(30) Arist., *Hist. animalium*, B1, 500 a 6-8.

(31) Albertus Magnus, *De animalibus*, p. 259, l. 27-29.

(32) Cf. Arist., *De part. animalium*, B10, 656 a 34-35.

(33) Cf. Arist., *Hist. animalium*, Δ9, 535 b 14-15.

(34) Arist., *Hist. animalium*, E14, 544 b 32-33, 545 a 14-19.

(35) Cf. Arist., *Hist. animalium*, Δ9, 536 a 11-15.

(36) Cf. Arist., *Hist. animalium*, Δ9, 536 a 25-26.

(37) Cf. Arist., *Hist. animalium*, Δ9, 536 a 27-28.

(38) Cf. Arist., *Hist. animalium*, Δ11, 538 a 7-10.

(39) Cf. Arist., *Hist. animalium*, Γ8, 516 b 33.

(40) Ossa leonum ita dura sunt quod, si collidantur, reddunt ignem.

(41) Proprium hominis est canescere in senectute.

(42) In castratis pubes non barbescit.

(43) Lac animalium habentium multas mamillas non convenit ad caseum.

(44) Omne animal multi sanguinis est multi seminis.

(45) Omne corpus sanguineum cito putrescit.

(46) Testiculi et matrices sunt organa principalia ad generationem.

(47) Mulieres habentes matrices densas et duras non concipiunt.

(48) Homo inter animalia est multi seminis.

(49) Lac ovis, caprae et vaccae multum convenit caseo.

(50) Lac nigrarum mulierum est melius et purius lacte albarum mulierum.

(51) Coagulum leporis multum valet contra fluxum ventris.

(52) Nullum animal mutat cornua, nisi cervus.

(53) Animal diversorum pilorum est diversi coloris in coreo.

(54) Gallinae multum ovantes cito moriuntur.

(55) Ova longa acutioris capitis producunt mares, ova vero rotunda et obtusa feminas.

(56) Gemellae non inveniuntur in ovis in quibus sunt duo vitella.

(57) Masculus columbae cubat ova per diem, femina vero per noctem.

87 multum] *om.* fD

---

(40) Arist., *Hist. animalium*, Γ7, 516 b 9-11.
(41) Cf. Arist., *Hist. animalium*, Γ11, 518 a 7-8.
(42) Arist., *Hist. animalium*, Γ11, 518 a 31-32.
(43) Cf. Arist., *Hist. animalium*, Γ20, 522 a 33 - b 2.
(44) *Locus non inventus.*
(45) Arist., *Hist. animalium*, Γ19, 521 a 1-2.
(46) Cf. Arist., *De gen. animalium*, A2, 716 a 23-34.
(47) Albertus Magnus, *De animalibus*, p. 683, l. 10-12.
(48) Arist., *Hist. animalium*, H2, 583 a 4-6.
(49) Arist., *Hist. animalium*, Γ20, 522 a 26-28.
(50) Arist., *Hist. animalium*, Γ21, 523 a 9-11.
(51) Arist., *Hist. animalium*, Γ20, 522 b 10-12.
(52) Arist., *Hist. animalium*, Γ9, 517 a 24-25.
(53) Cf. Arist., *Hist. animalium*, Γ11, 518 b 15-17.
(54) Cf. Arist., *Hist. animalium*, Z1, 558 b 20-21.
(55) Cf. Arist., *Hist. animalium*, Z2, 559 a 28-30.
(56) Albertus Magnus, *De animalibus*, p. 457, l. 4-5.
(57) Arist., *Hist. animalium*, Z4, 562 b 17-18.

91-92 Le texte de cette citation présente une affirmation contraire à celle du passage correspondant d'Aristote.

(58) Non sunt animalia unius speciei quae se comedant.

(59) In omnibus animalibus est appetitus coitus et delectatio.

(60) Omne quadrupes desiderat magis in vere.

(61) Bonum est ut parentes corrigant otiosos filios, ideo rectores apum otiosos a se ejiciunt.

(62) Omnes pisces a principio impraegnati, omnes sunt boni.

(63) Omnia animalia naturaliter appetunt delectationem; in annis nubilibus mamillae incipiunt grossari.

(64) Aries et capra unius anni coeunt, sed debile est quod generant.

(65) Canis et porcus octo mensium coeunt, sed debile est quod generant.

(66) Canis vivit usque ad XIIII annos, porcus vero XI.

(67) Equus duorum vel trium annorum coit, sed debile est quod generat.

(68) Equus est fortis a quattuor annis usque ad XX annos et coit usque ad XXX annos et vivit usque ad XXXV annos.

Nota: *hic quidam incipiunt librum sextum et verius, quia XIX sunt libri Aristotelis De animalibus.*

(69) Femina elephantis impraegnata omnino non tangitur a masculo, post partum vero quiescit post triduum.

(70) Mutatio vocis est signum motus ad coitum.

(71) Pediculi generant lendes, muscae vero generant vermes.

(72) Columbae ovant omni mense et pullulant si locus mansionis

95 comedant] comedunt W   00 omnes[2]] *om.* W   1 in] *bis* E   4 Canis] Canes LXPf   6 est] *om.* X   7 annos] *om.* E   8 ad[2]] *om.* E   12 triduum] tridnnm P

(58) *Locus non inventus.*
(59) Arist., *Hist. animalium*, Z18, 571 b 8-10.
(60) Arist., *Hist. animalium*, Z18, 573 a 27-28.
(61) Cf. Arist., *Hist. animalium*, I40, 627 a 19.
(62) *Locus non inventus.*
(63) Cf. Arist., *Hist. animalium*, Z18, 571 b 8-9, Z20, 574 b 14-16.
(64) Cf. Arist., *Hist. animalium*, E14, 545 a 24-25.
(65) Arist., *Hist. animalium*, E14, 545 a 28-29, 31, b 3-5.
(66) Albertus Magnus, *De animalibus*, p. 489, l. 38-39, p. 487, l. 8-9.
(67) Cf. Arist., *Hist. animalium*, E14, 545 b 10-12.
(68) Cf. Arist., *Hist. animalium*, E14, 545 b 13-16, 18-19.
(69) Arist., *Hist. animalium*, E14, 546 b 9-11.
(70) Cf. Arist., *Hist. animalium*, Δ9, 536 a 13-15.
(71) Arist., *Hist. animalium*, E1, 539 b 10-11.
(72) Arist., *Hist. animalium*, E13, 544 b 7-10.

5 *XI*: le texte d'Aristote est *XV*.
12 *post triduum*: dans ce passage, on lit *per triennium* et non *post triduum*.

suae fuerit calidus et cibus earum paratus aliquando non nisi in aestate pullificant et eorum pulli meliores sunt in vere.

(73) Nulli animali accidit menstruum sicut mulieribus.

Item hic quidam incipiunt librum septimum.

Sequuntur auctoritates IIII libri Aristotelis De animalibus.

(74) Turtures non pariunt, nisi in aestate, quia in hieme manent in nidis sicut hirundines, vel jacent in cavernis arborum, vel transferunt se ad loca calida.

(75) Pisces in pluviosis temporibus impinguantur.

(76) Pisces senes mali sunt ad saliendum.

(77) Lupus gulose comedit absque masticatione et tantum uno die quod sufficit sibi per tres dies.

(78) Ursus quinquaginta diebus latet sine cibo.

(79) Vaccae diligunt bibere aquam puram et claram, equi vero turbidam.

(80) Saliva hominis jejuni omnibus animalibus venenum habentibus est contraria.

(81) Tempora pluviosa nocent avibus, sicca vero piscibus.

Item hic quidam incipiunt librum octavum.

20-23 Sequuntur auctoritates ... calida] *om.* L 20 Aristotelis De animalibus] De animalibus Aristotelis L 21 Turtures] Urtures WD 24-28 Pisces ... sine cibo] *om.* L 24 impinguantur] pinguescunt E 27 sibi] ei E dies] *om.* E 29-34 Vaccae diligunt ... librum octavum] *om.* L

(73) Arist., *Hist. animalium*, Z18, 572 b 29-31.
(74) Cf. Arist., *Hist. animalium*, Θ3, 593 a 17-18.
(75) Arist., *Hist. animalium*, Θ19, 601 b 9-10.
(76) Arist., *Hist. animalium*, Θ30, 607 b 28-29.
(77) Cf. Arist., *Hist. animalium*, Θ5, 594 b 17-20.
(78) Cf. Arist., *Hist. animalium*, Θ17, 600 b 3.
(79) Arist., *Hist. animalium*, Θ7, 595 b 29-31.
(80) Cf. Arist., *Hist. animalium*, Θ29, 607 a 29-30.
(81) Arist., *Hist. animalium*, Θ18, 601 a 29-31.

28 *quinquaginta* : le texte d'Aristote est *quadraginta*.

Sequuntur auctoritates V libri Aristotelis De animalibus.

(82) Apes in vere et autumno mellificant, sed mel vernale melius est, mundius et dulcius.

(83) Natura dat unicuique quod sibi conveniens est.

(84) Cervus ejicit cornua sua ubi grave est ea invenire, unde dicitur in proverbio : Vade ubi cervus ejicit cornua sua.

(85) Cervus ejectis cornibus timet lupos et ideo de die latet et de nocte vadit ad pascua.

(86) Melius est mel ex cera nova quam ex cera veteri.

(87) Mel bonum simile est auro.

(88) Cibus apum est mel tempore necessitatis.

(89) Universaliter masculi sunt fortiores feminis, nisi in urso et leopardo.

(90) Mulier est majoris compassionis et pietatis quam vir, sed est majoris invidiae et diligit lites ac malignior est et de facili decipitur.

(91) Nulla femina post impraegnationem appetit coitum, nisi mulier et equa.

(92) Causa masculi est digestio seminis, causa vero feminae indigestio ejusdem.

(93) In coeuutibus voces mutantur.

(94) Grues rectores habent qui ceteris dormientibus excubant capite elevato.

35 Aristotelis De animalibus] De animalibus Aristotelis X 36 Apes] Pes WD 36 est] et *add.* E 40 cervus ejicit] projicit cervus L 43 ex^2] est LWP 55 mutantur] imitantur L 56 qui] quae f

---

(82) Cf. Arist., *Hist. animalium*, I40, 626 b 28-31.

(83) Cf. Arist., *De part. animalium*, Δ9, 684 a 28-29.

(84) Arist., *Hist. animalium*, I5, 611 a 25-27.

(85) Cf. Arist., *Hist. animalium*, I5, 611 b 10-12.

(86) Cf. Arist., *Hist. animalium*, I40, 626 b 31.

(87) Arist., *Hist. animalium*, I40, 627 a 2.

(88) Cf. Arist., *Hist. animalium*, I40, 623 b 18-21.

(89) Albertus Magnus, *De animalibus*, p. 573, l. 1-2.

(90) Cf. Arist., *Hist. animalium*, I1, b 8-13.

(91) Arist., *Hist. animalium*, H4, 585 a 3-5.

(92) Cf. Arist., *De gen. animalium*, Δ1, 765 a 34 - b 4, 15-17.

(93) Arist., *Hist. animalium*, H1, 581 a 21-23.

(94) Arist., *Hist. animalium*, I10, 614 b 21-22, 25-26.

(95) Mortuo delphino multi de specie delphinum concurrunt et deferunt eum in profundum maris et sepeliunt eum caventes ne a piscibus comedatur.

(96) Apes habent regem qui non exit alveolum, nisi cum omnibus apibus et cum fatigatur rex apum volatu suo, ipsum fert tota turba apum.

Item hic quidam incipiunt librum nonum.

Sequuntur auctoritates VI libri Aristotelis De animalibus.

(97) Generatio filiorum non est conveniens nisi post tria lustra annorum, id est XV annos.

(98) Mares multum futuentes cito senescunt.

(99) Impraegnatio accidit mulieribus naturaliter post menstruum, non aliter.

(100) Feminae post partum non crescunt et cum hoc fiunt vetulae.

(101) Mulieribus tempore coitus crescit dolor magnus.

(102) Menstruum in mulieribus cessat post XL annos, in aliquibus autem manet usque ad quinquaginta annos.

Sequuntur auctoritates VII libri De animalibus Aristotelis.

(103) Omne quod habet causas easdem habet eadem accidentia.

(104) Oculi, quando respiciunt res albas et lucidas, lacrimantur.

(105) Mulier dolorosa et infirma, si impraegnatur, fetum corrumpit.

59 maris] *om.* XfD 62 suo] *om.* E 65 VI] V LWPfD Aristotelis De animalibus] De animalibus Aristotelis X 67 id est] *om.* W 73 in] *om.* LfD 75 VII] VIII W De animalibus Aristotelis] Aristotelis De animalibus WED 76 Omne] Mne WD

(95) Cf. Arist., *Hist. animalium*, I50, 631 a 17-20.
(96) Arist., *Hist. animalium*, I40, 624 a 26-27, 29-30.
(97) Cf. Arist., *Hist. animalium*, H1, 582 a 27-29.
(98) Arist., *Hist. animalium*, H1, 582 a 22-23.
(99) Arist., *Hist. animalium*, H2, 582 b 11-12.
(100) Cf. Arist., *Hist. animalium*, H3, 583 b 26-27.
(101) Arist., *Hist. animalium*, H10, 587 a 2-3.
(102) Arist., *Hist. animalium*, H5, 585 b 2-4.
(103) Arist., *Hist. animalium*, K5, 637 a 37.
(104) Arist., *Hist. animalium*, K3, 635 b 21-22.
(105) Albertus Magnus, *De animalibus*, p. 735, l. 17-19.

71 *non* : le texte d'Aristote dit *citius*.
72 *coitus* : le sens de ce passage demanderait la leçon *pariendi*.

(106) Mulieres lactantes non menstruant vel modicum menstruant.

Sequuntur auctoritates VIII libri Aristotelis De animalibus.

(107) De ratione boni auctoris est semper judicare sermones dicentis.

(108) Debemus inspicere formas et delectari in artifice qui eas fecit.

(109) Magis concupiscimus scire aliquid modicum de rebus honorabilibus et altissimis, licet probabiliter illud non sciamus quam scire multum de rebus per certitudinem minus nobilibus et vilioribus.

(110) In quolibet genere rerum necesse est prius considerare communia seorsum et postea proprium uniuscujusque illius generis.

(111) Natura est sicut motor ad complementum rerum.

(112) Natura cujuslibet rei est rei ad quam est praeparata.

(113) Nullum ens naturaliter natum est otiose, unde in omnibus animalibus est res nobilis.

(114) Creatio corporis et membrorum est propter animam.

Sequuntur auctoritates IX libri Aristotelis De animalibus.

(115) Principia elementorum sunt calidum, frigidum, humidum et siccum.

(116) Calidum, frigidum, humidum et siccum sunt causae vitae et mortis, somni et vigiliae, juventutis et senectutis, sanitatis et aegritudinis.

80 Aristotelis De animalibus] De animalibus Aristotelis WXf 82 Debemus ... fecit] *om.* L 91 otiose] otiosa L; otiosum W 94 Aristotelis De animalibus] De animalibus Aristotelis X 97 frigidum] et *add.* W

(106) Arist., *Hist. animalium*, K6, 638 b 25-28.
(107) Albertus Magnus, *De animalibus*, p. 762, l. 9-11. Cf. Arist., *De part. animalium*, A1, 639 a 4-6.
(108) Albertus Magnus, *De animalibus*, p. 793, l. 24-25. Cf. Arist., *De part. animalium*, A5, 645 a 5-10.
(109) Cf. Arist., *De part. animalium*, A5, 644 b 31-32. Cf. Albertus Magnus, *De animalibus*, p. 793, l. 1-12.
(110) Arist., *De part. animalium*, A5, 645 b 20-22.
(111) Albertus Magnus, *De animalibus*, p. 794, l. 10-14.
(112) Albertus Magnus, *De animalibus*, p. 770, l. 3-13.
(113) Albertus Magnus, *De animalibus*, p. 794, l. 7-9.
(114) Arist., *De part. animalium*, A5, 645 b 19-20.
(115) Albertus Magnus, *De animalibus*, p. 798, l. 26-27. Cf. Arist., *De part. animalium*, B1, 646 a 16-17.
(116) Arist., *De part. animalium*, B2, 648 b 2-6.

81 *auctoris* : le sens de ce passage se comprendrait mieux avec la leçon *auditoris*.

(117) Corpora dura, quando calescunt, magis calescunt quam corpora mollia vel humida.

(118) Ignis infrigidari non potest.

(119) Instrumentum sensus tactus est caro. Dicit tamen postea quod instrumentum tactus non est caro, sed aliquid infra carnem, ut infra dictum est de anima.

(120) Principium sensus in animalibus est in corde.

(121) Sensus tactus et gustus continui sunt in corde, tres vero residui sunt in capite.

(122) Omne animal habens sanguinem habet cerebrum.

(123) Homo in sua comparatione corporis habet majus cerebrum et caput aliis animalibus.

(124) Creatio craneae est propter custodiam cerebri.

(125) Creatio linguae est ad sermocinandum et ad gustandum humores.

(126) Medulla est superfluitas cibi et sanguinis ex quo cibantur ossa et spiritus animalium, et propter hoc est retenta inter ossa.

(127) Animal multae pinguedinis cito senescit et parum generat.

(128) Cerebrum est valde frigidum et magis omnibus membris et contrarium ejus est calor cordis, quia non potest esse aliquod membrum de aliqua complexione per se sine alterius contra-

15 est] *om.* LWPE

---

(117) Albertus Magnus, *De animalibus*, p. 812, l. 10-37.
Cf. Arist., *De part. animalium*, B2, 648 b 34-35.

(118) Arist., *De part. animalium*, B2, 648 b 30.

(119) Cf. Arist., *De part. animalium*, B1, 647 a 19-20, B10, 656 b 35-36.

(120) Albertus Magnus, *De animalibus*, p. 866, l. 16-17.
Cf. Arist., *De part. animalium*, B1, 647 a 30-31.

(121) Albertus Magnus, *De animalibus*, p. 865, l. 1-5.
Cf. Arist., *De part. animalium*, B10, 656 a 29-32.

(122) Arist., *De part. animalium*, B7, 652 b 23-24.

(123) Cf. Arist., *De part. animalium*, B7, 653 a 27-29.

(124) Albertus Magnus, *De animalibus*, p. 853, l. 5-6.
Cf. Arist., *De part. animalium*, Δ10, 686 a 5-6.

(125) Arist., *De part. animalium*, B16, 659 b 36 - 660 a 1.

(126) Albertus Magnus, *De animalibus*, p. 842, l. 12-15.
Cf. Arist., *De part. animalium*, B6, 652 a 21-23.

(127) Arist., *De part. animalium*, B5, 651 b 8-9, 13.

(128) Arist., *De part. animalium*, B7, 652 a 27-28, b 16-21.

rietate et ideo ingeniatum est naturae ponere cerebrum in opposito cordis.

Sequuntur auctoritates X libri Aristotelis De animalibus.

(129) Ubi possibile est esse unam radicem, melius est esse unum principium quam multa.

(130) Natura non facit, nisi quod melius est et perfectius ex rebus possibilibus.

(131) Calor naturalis regit corpus animalis ut princeps regnum.

(132) Homo solum recipit titillationem, quia coreum ejus valde tenue est.

(133) Omne animal cornutum caret dentibus in superiori mandibula.

(134) Natura non dat membra vigori convenientia, nisi animalibus indigentibus illis ut aquilae ungues, cornua cervis.

(135) Feminae cervorum nec dentes superiores, nec cornua habent.

(136) Cornua sunt curva propter vigorem et juvamen.

(137) Aves loco dentium habent rostrum.

(138) Principium vitae et omnis motus et sensus est a corde.

(139) Venae transiunt per omnia membra corporis, sed non transiunt per ipsum cor; ergo ipsum est principium venarum.

(140) Sanguis non venit ab alio loco quam a corde, quia ipsum est fons et origo sanguinis et est principium membrorum recipientium sanguinem.

20 ingeniatum] ingenitum W 22 Aristotelis De animalibus] De animalibus Aristotelis XfD 23 Ubi] Ibi Pf; Bi D 25 est] esse *add.* L 28 ejus] est L 31 vigori] furori W 32 cervis] cervus LD 39 corde] cordo LXfD

---

(129) Arist., *De part. animalium*, Γ4, 665 b 14-15.
(130) Cf. Arist., *De part. animalium*, Γ2, 663 a 22-24.
(131) Albertus Magnus, *De animalibus*, p. 915, l. 27-28.
(132) Arist., *De part. animalium*, Γ10, 673 a 7-8.
(133) Arist., *De part. animalium*, Γ2, 663 b 35 - 664 a 1.
(134) *Locus non inventus.*
(135) Arist., *De part. animalium*, Γ2, 664 a 3-5.
(136) Cf. Arist., *De part. animalium*, Γ2, 663 a 16-19.
(137) Arist., *De part. animalium*, Γ1, 662 a 33-35.
(138) Cf. Arist., *De part. animalium*, Γ4, 666 a 7-8, 11-13.
(139) Arist., *De part. animalium*, Γ4, 665 b 31-34.
(140) Arist., *De part. animalium*, Γ4, 666 a 6-8, 9-11.

(141) In sanguinem habentibus est hepar sicut cor non tamen hepar est principium cordis totius nec sanguinis vel venarum, quia venae transiunt per ipsum hepar, ergo inde non oriuntur.

(142) Cor solum inter omnia membra interiora non potest pati dolorem.

(143) Animal majoris cordis est naturaliter timidum sicut lepus, quia calor talis animalis non potest totum naturaliter cor suum implere et inde est debilior, unde et accidit ei timor.

(144) In nullo membro est sanguis extra venam, praeterquam in corde.

(145) In homine cor declinat ad sinistram partem, cum in ceteris animalibus est in medio pectoris.

(146) Cor et cerebrum multa indigent custodia, quia in eis est principium vitae.

(147) Cerebrum est membrum divinum in quo est operatio sensus et intellectus.

(148) Hepar est in animali ad coquendum et digerendum.

(149) Pulmo est instrumentum anhelitus.

(150) Pulmo est positus juxta cor et est mollis, levis, concavus, spongiosus et spumosus.

42 sanguinem] sanguine LXP habentibus] habentium L 44 inde] tamen LED 45 interiora] *om.* W 47 naturaliter] *om.* X naturaliter cor suum] cor suum naturaliter D 48 inde] tamen L ei] *om.* L 54 est[1]] in *add.* LE

---

(141) Albertus Magnus, *De animalibus*, p. 905, l. 11-12.
Cf. Arist., *De part. animalium, Γ4*, 666 a 24-26, 30.

(142) Arist., *De part. animalium, Γ4*, 667 a 30-32.

(143) Albertus Magnus, *De animalibus*, p. 907, l. 29-36, p. 908, l. 1.
Cf. Arist., *De part. animalium, Γ5*, 667 a 14-19.

(144) Arist., *De part. animalium, Γ4*, 666 a 3-5.

(145) Arist., *De part. animalium, Γ4*, 666 b 6-8.

(146) Cf. Arist., *De part. animalium, Γ7*, 670 a 22-26.

(147) *Locus non inventus.*

(148) Albertus Magnus, *De animalibus*, p. 915, l. 28.
Cf. Arist., *De part. animalium, Γ7*, 670 a 19-20, 26.

(149) Arist., *De part. animalium, Γ6*, 669 a 13.

(150) Albertus Magnus, *De animalibus*, p. 916, l. 19-20.
Cf. Arist., *De part. animalium, Γ7*, 669, b 31-32.

---

43 *cordis* : il faudrait remplacer cette leçon par *corporis* pour respecter le sens de la phrase.

(151) Splen est quasi hepar impurum.

(152) Splen est in animalibus accidentaliter et non de necessitate, quia simile est superfluitati.

(153) Dolor renum difficilis est homini a natura.

(154) Ren dexter minoris est pinguedinis quam sinister.

(155) Ren dexter altior est sinistro.

(156) Aves non mingunt, nec habent vesicam, quia parum bibunt et quod superest, hoc transit in plumas.

(157) Similiter nec pisces, quia quod superest transit in squamas.

(158) Sudor non fit, nisi quando calefit corpus et aperiuntur pori venarum.

Sequuntur auctoritates XI vel secundum aliquos XIIII libri Aristotelis De animalibus.

(159) Modica alteratio in membro principali facit multam alterationem in toto corpore.

(160) In animalibus propter timorem accidit effusio ventris et urinae.

(161) Animalibus natantibus natura posuit coreum inter digitos pedis, aliis vero non.

67 hoc] *om.* XfD 69 et] et *add.* L 71 aliquos] alios X 71-72 Aristotelis De animalibus] De animalibus Aristotelis X 73 Modica] Odica D

---

(151) Arist., *De part. animalium*, Γ7, 669 b 27-28.

(152) Albertus Magnus, *De animalibus*, p. 915, l. 32-33, 35.
Cf. Arist., *De part. animalium*, Γ7, 670 a 29-30.

(153) Albertus Magnus, *De animalibus*, p. 920, l. 36.
Cf. Arist., *De part. animalium*, 9, 671 b 9-10.

(154) Arist., *De part. animalium*, 9, 672 a 23-24.

(155) Arist., *De part. animalium*, 9, 671 b 28-29.

(156) Cf. Albertus Magnus, *De animalibus*, p. 919, l. 37-40.
Cf. Arist., *De part. animalium*, 8, 671 a 12-15, 7, 670 b 15-17.

(157) Cf. Albertus Magnus, *De animalibus*, p. 919, l. 37-40.
Cf. Arist., *De part. animalium*, 8, 671 a 12-15, 7, 670 b 15-17.

(158) Arist., *De part. animalium*, 5, 668 b 1-4.

(159) Albertus Magnus, *De animalibus*, p. 994, l. 18-20.
Cf. Arist., *De gen. animalium*, A2, 716 b 3-5, Δ1, 766 a 24-25.

(160) Arist., *De part. animalium*, Δ5, 679 a 26-27.

(161) Cf. Albertus Magnus, *De animalibus*, p. 979, l. 31-32.
Cf. Arist., *De part. animalium*, Δ12, 694 b 3-5.

---

63 *est* : le mot *curationis* manque après *est.*

(162) Alae vespertilionum sunt membrales et sunt de coreo et indistinctae.

(163) Avibus piscantibus collum est sicut arundo.

(164) Delphines non habent fel.

(165) Natura utitur quibusdam superfluis ad juvamentum.

(166) Carentia fellis est causa boni coloris.

(167) Causa ventris est propter cibum ut digerat.

(168) Manus non est unum instrumentum, vel unum organum, sed multa, quia per eas homo plus potest habere quam per cetera.

(169) Vigor pollicis est aequalis vigori omnium digitorum.

(170) Operatio manuum est recipere et accipere, pedum vero sustentare et fugere.

(171) Homo non habet caudam, nec ullum animalium quod habet anchas, homo vero non habet anchas.

(172) Quadrupedia statim se erigunt, homo vero non, propter pondus capitis, quia homo est major et ponderosior in superioribus.

(173) Virga virilis crescit et diminuitur absque laesione sui inter omnia alia membra.

76 digitos] digito W pedis] pedum E; *om.* LWP

---

(162) Arist., *De part. animalium*, Δ13, 697 b 10-11.
(163) Arist., *De part. animalium*, Δ12, 693 a 22-23.
(164) Arist., *De part. animalium*, Δ2, 676 b 29.
(165) Arist., *De part. animalium*, Δ2, 677 a 15-16.
(166) Cf. Arist., *De part. animalium*, Δ2, 677 a 22-23.
(167) Cf. Arist., *De part. animalium*, Γ14, 674 a 11-16.
(168) Arist., *De part. animalium*, Δ10, 687 a 20-21.
Cf. Arist., *De part. animalium*, Δ10, 687 b 2-5.
(169) Arist., *De part. animalium*, Δ10, 687 b 15-16.
(170) Arist., *De part. animalium*, Δ10, 690 a 31-32, 29, b 2.
(171) Albertus Magnus, *De animalibus*, p. 972, l. 22-23, 40.
Cf. Arist., *De part. animalium*, Δ10, 689 b 5-6.
(172) Albertus Magnus, *De animalibus*, p. 973, l. 9-12.
Cf. Arist., *De part. animalium*, Δ10, 686 b 6-14.
(173) Arist., *De part. animalium*, Δ10, 689 a 24-25.

---

83 *coloris* : le mot *hepatis* a été omis après *coloris*.
91 *non* : il faudrait supprimer ce mot pour que la citation ait un sens.

Sequuntur auctoritates XII libri Aristotelis De animalibus.

(174) Causae vitae in rebus sunt finis, forma, materia et efficiens.

(175) Infinitum natura respuit.

(176) Homo qui pinguis est raro generat.

(177) Sperma est superfluum nutrimenti.

(178) Sperma feminae non est conveniens generationi.

(179) Fetus non fit ex permixtione duorum spermatum.

(180) Unde etiam mulier impraegnatur sine emissione spermatis et sine delectatione. Unde mulier est conveniens generationi secundum naturam menstrui et secundum naturam spermatis quod ipsa emittit in coitu propter delectationem quod est humidum, non autem est vere sperma. Unde nec omnibus mulieribus concipientibus accidit ejicere sperma.

(181) Sperma non est materia generati, sed est motor et forma.

(182) Unde non potest dici quod sperma sit pars concepti, sicut non potest dici quod carpentarius sit pars materiae ligneae.

(183) Mas est secundum definitionem qui potest generare in alio, femina vero quae potest generare in se, vel potius quae generat ab alio.

(184) Vir dat principium motus et formam generato, sed femina dat corpus et materiam.

(185) Castratorum corpus non solum offertur deo, sed etiam animus et sic parum differt a femina.

96 libri] *om.* E Aristotelis] *om.* E Aristotelis De animalibus] De animalibus Aristotelis XE 97 Causae] Ausae W 6 propter] proper L quod est] quod est *add.* L 11 potest] patest W 13 potest] petest X 16 Castratorum] Castratum LWPE 16 animus] animis L

(174) Arist., *De gen. animalium*, A1, 715 a 4-5, 7.
(175) Arist., *De gen. animalium*, A1, 715 b 14-15.
(176) Cf. Arist., *De gen. animalium*, A18, 726 a 3-4.
(177) Arist., *De gen. animalium*, A18, 726 a 26-27.
(178) Cf. Arist., *De gen. animalium*, A19, 727 a 3-4, 27-28.
(179) Arist., *De gen. animalium*, A19, 727 b 6-7.
(180) Cf. Arist., *De gen. animalium*, A19, 727 b 6-9, 33 - 728 a 2, 31-36.
(181) Cf. Arist., *De gen. animalium*, A21, 729 a 29, b 4-8.
(182) Arist., *De gen. animalium*, A22, 730 b 11-13.
(183) Arist., *De gen. animalium*, A2, 716 a 13-15, 22-25.
(184) Arist., *De gen. animalium*, A2, 716 a 4-7.
Cf. Arist., *De gen. animalium*, A21, 729 b 18-20, A22, 730 b 1.
(185) Cf. Arist., *De gen. animalium*, A2, 716 b 5-8.

16-17 Cette citation présente un texte corrompu du passage correspondant d'Aristote. La traduction latine de Guillaume de Moerbeke est la suivante : *Palam autem hoc in excisis : genitali enim particula corrupta solum tota fere forma simul permutatur, in tantum ut aut femella videatur esse aut parum deficere...*

(186) Quando abscinduntur testiculi castratis, tunc contrahuntur viae spermatis et proprie animal castratum non est aptum natum facere filium.

Sequuntur auctoritates XIII libri Aristotelis De animalibus.

(187) Perfectius animal est quod naturaliter est majoris caliditatis et humiditatis.

(188) Anima nobilior est corpore et animatum inanimato, vivum mortuo et ens non ente.

(189) Anima nutritiva est in concepto semine in potentia, sed non est in eo actu simpliciter anima sensitiva, ergo impossibile est quod anima sensitiva et nutritiva nutrient nos ab extrinseco et tali modo.

(190) Solus intellectus est in nobis ab extrinseco, quia ipse solus est divinus.

(191) Cum sperma emittitur, exit quidam spiritus, vel ventus qui est virtus principalis animae et est separatus a corpore.

(192) Calor animalis et solis est in spermate et in qualibet superfluitate naturae.

(193) Calor naturalis non est ignis, nec igneus, quia calor naturalis generat animalia, ignis consumit ea.

(194) Corpus animalis est ex femina, anima ex mare.

21 libri] *om.* E   Aristotelis] *om.* E   Aristotelis De animalibus] De animalibus Aristotelis X   22 Perfectius] Erfectius W

(186) ARIST., *De gen. animalium*, A4, 717 a 36 - b 2.
ALBERTUS MAGNUS, *De animalibus*, p. 997, l. 4-7.
(187) AVERROES, *In De gen. animalium*, II, f. 70 E.
Cf. ARIST., *De gen. animalium*, B1, 732 a 17-23.
(188) ARIST., *De gen. animalium*, B1, 731 b 28-30.
(189) ARIST., *De gen. animalium*, B3, 736 b 8-10.
Cf. ARIST., *De gen. animalium*, B3, 736 b 15, 21-25.
(190) ARIST., *De gen. animalium*, B3, 736 b 27-28.
(191) ALBERTUS MAGNUS, *De animalibus*, p. 1098, l. 4-8.
Cf. ARIST., *De gen. animalium*, B3, 737 a 7-9.
(192) Cf. ARIST., *De gen. animalium*, B3, 737 a 3-5.
(193) ARIST., *De gen. animalium*, B3, 737 a 6-8, 1-2.
(194) ARIST., *De gen. animalium*, B4, 738 b 25-26.

19 *proprie* : la leçon exacte est probablement *propter hoc*.
27 *simpliciter* : il faudrait remplacer ce mot par *similiter et* pour respecter le sens de ce passage.
28 *nutrient* : la version correcte serait *intrent*.

(195) Anima est substantia et forma substantialis corporis.

(196) Femina est mas occasionatus.

(197) Cum homo fuerit multi coitus, debilitatur ejus visus.

(198) Caput creatur in generatione post creationem cordis.

(199) Natura est ut rectificator sive rector.

(200) Genus multorum semper est scibile.

(201) Possibile est quod mula impraegnetur, sed non generat.

(202) Primum raro visum est in tempore praeterito.

(203) Embryo primo vivit vita plantae, deinde vita animalis et postea vita hominis.

Sequuntur auctoritates XIIII libri Aristotelis De animalibus.

(204) Quantum natura diminuit in multitudine, tantum augmentat in magnitudine.

(205) Ars ejicit superfluum a suo corpore, similiter et natura.

(206) Omne quod facit natura est secundum ordinem.

40 est] et E 43 ut] *om.* WD rectificator] versificator LWPfE 44 multorum] mulorum P 49 XIIII] XV L libri] *om.* E Aristotelis] *om.* E Aristotelis De animalibus] De animalibus Aristotelis X 50 Quantum] Uantum WD augmentat] augmentatur L

---

(195) Cf. ARIST., *De gen. animalium*, B4, 738 b 26-27.

(196) ARIST., *De gen. animalium*, B3, 737 a 27-29.

(197) ALBERTUS MAGNUS, *De animalibus*, p. 1135, l. 14-15.
Cf. ARIST., *De gen. animalium*, B7, 747 a 15-17.

(198) ARIST., *De gen. animalium*, B6, 743 b 29-31.

(199) ALBERTUS MAGNUS, *De animalibus*, p. 1129, l. 13.
Cf. ARIST., *De gen. animalium*, B6, 744 b 16.

(200) ARIST., *De gen. animalium*, B7, 746 b 19-20.

(201) ARIST., *De gen. animalium*, B8, 747 b 26-27.

(202) Cf. ALBERTUS MAGNUS, *De animalibus*, p. 1110, l. 39.

(203) Cf. ARIST., *De gen. animalium*, B3, 736 a 35-36, b 1-2, 12-13, 14-15.

(204) ARIST., *De gen. animalium*, Γ4, 755 a 34-35.

(205) *Locus non inventus.*

(206) ARIST., *De gen. animalium*, Γ10, 760 a 31.

---

44 Le texte de cette citation, d'après ce passage d'Aristote, est : *Genus mulorum semper est sterile.*

52 Dans cette citation, il faudrait probablement remplacer *Ars* par *Mas* et *natura* par *femina.*

(207) Natura humidi est convenientior generationi quam aridi.

(208) Primum quod generatur prae aliis membris est cor.

(209) Animal parvi corporis et multi coitus est multorum humorum, quia nutrimentum crescit in sperma.

(210) Arbores quae multum fructificant, cito desiccantur, quia cibus e<a>rum transit in semen.

(211) Ova non conveniunt conceptui sine semine maris.

(212) Ova avium duos habent colores, scilicet album et rubeum vel consimilem, ova piscium unum tantum.

(213) Principium generationis pulli est ex albo ovi, quia principium animae ex calido, cibus autem est ex vitello.

(214) Natura posuit avibus cibum in ovo, scilicet vitellum, quemadmodum animalibus lac in mamillis.

(215) Generatio animalium ex sua specie est diversa.

(216) Quod in animalibus magis est intelligentius magis habet sollicitudines circa filios.

(217) Non est consuetudinis quod mares sint solliciti circa filios, sed feminae.

Sequuntur auctoritates XV libri Aristotelis De animalibus.

(218) Natura dat instrumentum et operationem simul, quia visus sine oculo esse non potest, nec oculus sine visu.

56 humorum] humor L 59 earum] eorum *cod.* transit] crescit E 60 semine] femine LWXD 72 libri] *om.* E Aristotelis] *om.* E Aristotelis De animalibus] De animalibus Aristotelis X 73 Natura] Atura WD

---

(207) Arist., *De gen. animalium*, Γ11, 761 a 33-34.
(208) Arist., *De gen. animalium*, β6, 742 b 35-36.
(209) Arist., *De gen. animalium*, Γ1, 749 b 26-28.
(210) Arist., *De gen. animalium*, Γ1, 750 a 21-23, 25-26.
(211) Arist., *De gen. animalium*, Γ1, 750 b 26-32.
(212) Arist., *De gen. animalium*, Γ1, 751 a 30-31.
(213) Arist., *De gen. animalium*, Γ1, 751 b 4-7.
(214) Arist., *De gen. animalium*, Γ2, 752 b 19-23.
(215) *Locus non inventus.*
(216) Arist., *De gen. animalium*, Γ2, 753 a 8-9, 11.
(217) Arist., *De gen. animalium*, Γ10, 759 b 5-7.
(218) Arist., *De gen. animalium*, Δ1, 766 a 5-6, 7-9.

(219) Sol facit aestatem et hiemem omni anno.

(220) Spatia impraegnationis et vitae animalium sunt secundum revolutionem lunae.

(221) Viri multorum pilorum apud coxas in parte inferiori sunt multi coitus.

(222) Cibus non est nisi dulce et valde digestum.

(223) Quicquid modicum est cito digeritur.

(224) Materia qua fit generatio est eadem cum materia qua cibatur generatio.

(225) Si homo habet simul membrum maris et mulieris, unum illorum est principale.

(226) Mulier super omnes feminas diligit coitum valde.

(227) In hominibus citius formantur mares in ventre quam mulieres, quia femina est contraria mari naturaliter.

(228) Animalia magni corporis unum generant filium tantum, parvi vero corporis multos, quia in magnis cibus transit ad nutrimentum corporis et ideo modicum spermatis manet in eis.

(229) Ex uno coitu spermatizantis multum, cum sperma dividitur, generantur multi filii.

(230) Menstruum mulieris magis accidit in diminutione lunae, quia illi dies sunt frigidiores aliis diebus mensis propter diminutionem lunae.

(231) Feminae debiliores sunt maribus, quia frigidioris sunt naturae.

(232) In animalibus generantibus multos filios plus accidit m<o>nstruositas et maxime in maribus.

80 nisi] *om.* W 84 mulieris] mulier LD 89 parvi] pauci LWPfD 91 ideo] ido L 93 multi] muiti W 98-99 m<o>nstruositas] menstruositas *cod.*

---

(219) Arist., *De gen. animalium*, Δ2, 767 a 5-6.
(220) Cf. Arist., *De gen. animalium*, Δ10, 777 b 16-21, 26-27.
(221) Arist., *De gen. animalium*, Δ5, 774 a 36 - b 2.
(222) Arist., *De gen. animalium*, Δ8, 776 a 28-29.
(223) Arist., *De gen. animalium*, Δ8, 777 a 3.
(224) Arist., *De gen. animalium*, Δ8, 777 a 5-6.
(225) Cf. Arist., *De gen. animalium*, Δ4, 773 a 20-24.
(226) Cf. Arist., *De gen. animalium*, Δ5, 773 b 25.
(227) Cf. Arist., *De gen. animalium*, Δ6, 775 a 6-8.
(228) Arist., *De gen. animalium*, Δ4, 771 a 27-31.
(229) Arist., *De gen. animalium*, Δ4, 772 a 19-21.
(230) Arist., *De gen. animalium*, Δ2, 767 a 1-5.
(231) Arist., *De gen. animalium*, Δ6, 775 a 14-15.
(232) Cf. Arist., *De gen. animalium*, Δ6, 775 a 4-5.

Sequuntur auctoritates XVI libri Aristotelis De animalibus.

(233) Embryo in prima sui generatione vivit vita simili vitae plantae.

(234) Pili decalvati non redeunt, folia vero arborum et plumae avium redeunt, quia calvities est propter mutationem aetatis et defectum humidi radicalis quae irrevocabilis est, casus vero foliorum et plumae est propter mutationem temporum quorum reditus est circularis.

(235) Homines tantum calvescunt et non animalia, quia homo habet de cerebro valde multum et humidum.

(236) Homo tantum calvescit in anteriori parte capitis, quia illic est cerebrum valde multum.

(237) Non fluunt folia de arboribus in quibus est humor pinguis.

(238) In animalibus color pilorum est secundum colorem cutis, in homine vero non, quia quidam homines habent coreum valde album et nigros crines cujus causa est quia cutis hominis est valde tenuis respectu aliorum animalium et ideo non mutant materiam pilorum.

(239) Animalia comedentia dulces cibos diversificantur in coloribus.

(240) Multa animalia in infirmitate mutant colorem et ideo corvus visus est albus et passer albus.

(241) Digestio fit ex calore.

00 libri] *om.* E Aristotelis] *om.* E Aristotelis De animalibus] De animalibus Aristotelis X 1 Embryo] Mbryo WD vita] viva W simili] similiter W 4 irrevocabilis] irrenocabilis f foliorum] filiorum LWXD 9 illic] ille L 12 color pilorum] pilorum color L cutis] id est *add.* D

(233) ARIST., *De gen. animalium,* E1, 778 b 34-35.
(234) ALBERTUS MAGNUS, *De animalibus,* p. 1262, l. 1-6.
Cf. ARIST., *De gen. animalium,* E3, 784 a 11-19, 783 b 17-18.
(235) ARIST., *De gen. animalium,* E3, 783 b 36 - 784 a 4.
(236) ARIST., *De gen. animalium,* E3, 783 b 36 - 784 a 1-3.
(237) ARIST., *De gen. animalium,* E3, 783 b 19-20.
(238) ARIST., *De gen. animalium,* E5, 785 b 2-3, 6-10.
(239) ALBERTUS MAGNUS, *De animalibus,* p. 1268, l. 16-21.
Cf. ARIST., *De gen. animalium,* E6, 786 a 34-35.
(240) ALBERTUS MAGNUS, *De animalibus,* p. 1267, l. 9-14.
Cf. ARIST., *De gen. animalium,* E6, 785 b 33-35.
(241) ARIST., *De gen. animalium,* E6, 786 a 17.

15 *mutant* : la leçon correcte devrait être normalement *mutat.*

17 *dulces* : il faudrait probablement remplacer *dulces* par *diversos* dans ce passage, pour respecter le sens du texte d'Aristote.

(242) Oculus eminens et extensus non bene videt a remotis, sed oculus profundus bene videt remota, quia ejus motus non dividitur, nec consumitur.

(243) Acumen et bonitas sensus distinguitur duobus modis, vel in sentiendo remote, vel distinguendo differentias astrorum.

(244) Somnus videtur esse medium inter esse et non esse, inter vivere et non vivere.

(245) Puberes plus delectantur in coitu quam cetera aetas et quanto plus assuescunt, tanto plus appetunt.

(246) Cerebrum est magis frigidum quam totum corpus.

Sequuntur auctoritates De substantia orbis et lunae.

(1) Illud quod compositum est ex se, compositum est ex duabus naturis, scilicet recipiente motum et agente motum.

(2) In individuis substantiae duplex est transmutatio.

(3) Una est substantialis quae transmutat ea nomine et definitione; quae transmutatio dicitur generatio vel corruptio.

(4) Alia est transmutatio accidentalis quae nec transmutat ea nomine et definitione, sed tantum secundum dispositiones accidentales quae sunt qualitas, quantitas et sic de aliis.

(5) Quod impossibile est, fieri non potest.

(6) Impossibile est unum subjectum plures quam unam formam habere.

(7) Materia substantivatur per posse et hoc est quod recipit omnes formas.

21 videt] *add.* a E motus] visus E 29 plus] plura W 32 Illud] Llud WD se] compositum est ex se *add.* L 34 In] *om.* Lf individuis] dividuis XPE 37 nec] non D 39 qualitas, quantitas] quantitas, qualitas D 43 substantivatur] substantiatur LPXfED

(242) Cf. Arist., *De gen. animalium*, E1, 780 b 35 - 781 a 2.
(243) Arist., *De gen. animalium*, E1, 780 b 15-17.
(244) Arist., *De gen. animalium*, E1, 778 b 27-30.
(245) Albertus Magnus, *De animalibus*, p. 676, l. 25-27.
(246) Arist., *De gen. animalium*, E3, 783 b 28-29.
(1) Averroes, *De substantia orbis*, 1, f. 3 C.
(2) Averroes, *De substantia orbis*, 1, f. 3 G-H.
(3) Averroes, *De substantia orbis*, 1, f. 3 H.
(4) Averroes, *De substantia orbis*, 1, f. 3 H.
(5) Averroes, *De substantia orbis*, 1, f. 3 K.
(6) Averroes, *De substantia orbis*, 1, f. 3 K.
(7) Averroes, *De substantia orbis*, 1, f. 3 L.

24 *sensus* : la leçon *visus* serait plus correcte à cet endroit.

(8) Unde materia nihil est in actu, nec est etiam aliquam formam in sui natura includens, sed dumtaxat est in potentia ad recipiendum omnes formas.

(9) Formae naturales dividuntur divisione materiae.

(10) Divisio non competit substantiae, nisi ut habet quantitatem.

(11) Dimensiones interminatae praecedunt formam in materia, sed dimensiones terminatae sequuntur formam in materia.

(12) Omne quod advenit enti in actu est accidens.

(13) Omne quod substat in ratione substantis primi, substat in ratione materiae.

(14) Impossibile est formam esse sine materia et non e converso.

(15) Materia non recipit diversas formas, nisi quia prius recepit dimensiones interminatas.

(16) Anima caeli conjungitur caeli esse, sed secundum operationem et motum.

(17) In caelestibus idem est efficiens motum et finis motus.

(18) Impossibile est illud ut, quod de se est corruptibile, recipiat aeternitatem ab alio.

(19) Materia caeli est aliquid existens in actu et non in potentia et ideo dignius dicitur subjectum quam materia.

(20) Finis significat agens significatione necessaria, sicut motus significat ipsum movens.

(21) Quicquid convenit caelestibus in istis inferioribus, hoc convenit eis pure et aequivoce, vel analogice secundum prius et posterius.

46 natura] naturam LWPE 49 habet] habeat D 56 recepit] recipit LXfD 58 caeli] non *add.* f sed] scilicet E 62 alio] alia L 68 et[1]] *om.* W

---

(8) Averroes, *De substantia orbis*, 1, f. 3 L.
(9) Averroes, *De substantia orbis*, 1, f. 3 M.
(10) Averroes, *De substantia orbis*, 1, f. 3 M-4A.
(11) Averroes, *De substantia orbis*, 1, f. 4 A.
(12) Averroes, *De substantia orbis*, 1, f. 4 A.
(13) Averroes, *De substantia orbis*, 1, f. 4 A-B.
(14) Averroes, *De substantia orbis*, 1, f. 4 D.
(15) Averroes, *De substantia orbis*, 1, f. 5 C-D.
(16) Averroes, *De substantia orbis*, 1, f. 5 H.
(17) Averroes, *De substantia orbis*, 1, f. 5 G.
(18) Averroes, *De substantia orbis*, 1, f. 5 K.
(19) Averroes, *De substantia orbis*, 2, f. 6 G-H.
(20) Averroes, *De substantia orbis*, 2, f. 6 M.
(21) Averroes, *De substantia orbis*, 2, f. 7 G.

(22) Transmutatio arguit materiam, operatio vero formam.

(23) Primus motor dat omnibus entibus esse et vivere.

(24) Virtus infinita est duplex, scilicet infinita in vigore et infinita in duratione.

(25) Virtus movens caelum est infinita in duratione, non autem in vigore.

Sequuntur auctoritates Libri causarum Aristotelis.

(1) Omnis causa primaria plus influit causatum suum quam causa secundaria.

(2) Quicquid potest causa secunda, potest et causa prima, nobiliori et altiori tamen modo.

(3) Quicquid est causa causae, etiam est causa causati.

(4) Omnis anima nobilis habet tres operationes, quia in ea est operatio intellectualis et divina.

(5) Prima causa est semper causa omnium narratione.

(6) Causae secundae illuminantur a lumine primae causae.

(7) Intelligentia est substantia quae non dividitur.

(8) Omnis intelligentia fixa est essentia propter bonitatem puram quae est causa prima, unde causa prima est pura bonitas.

(9) Prima causa non habet aliquod hyliachim, id est materiale. sed omnis intelligentia et anima habet hyliachim.

70 motor] motus LWXPfD 71 et] *om.* E 73 autem] *om.* L 76 Omnis] Mnis WD influit] in *add.* W 81 operatio] sensualis *add.* W 82 intellectualis] intectualis E 83 Prima] Pima D 88 aliquod] aliquid D

---

(22) Averroes, *De substantia orbis*, 2, f. 7 H-I.
(23) Averroes, *De substantia orbis*, 3, f. 10 I.
(24) Averroes, *De substantia orbis*, 3, f. 9 G.
(25) Averroes, *De substantia orbis*, 3, f. 9 H.
(1) Anonymus, *Liber De causis*, I 1, 1-2.
(2) Anonymus, *Liber De causis*, I 14, 49-52.
(3) Anonymus, *Liber De causis*, I 16, 57-58.
(4) Anonymus, *Liber De causis*, III 27, 98-100.
(5) Anonymus, *Liber De causis*, V 57, 22.
(6) Anonymus, *Liber De causis*, V 57, 26-27.
(7) Anonymus, *Liber De causis*, VI 64, 65.
(8) Anonymus, *Liber De causis*, VIII 79, 47-48.
(9) Anonymus, *Liber De causis*, VIII 90, 98-3.

(10) Omnis intelligentia plena est formis, id est speciebus intelligibilibus.
(11) Quanto aliquid est propinquius primae causae, tanto est simplicius.
(12) Quicquid recipitur ab alio recipitur per modum rei accipientis et non receptae.
(13) Omnis virtus unita fortior est se ipsa dispersa.
(14) Causa prima regit omnes res creatas, praeter hoc quod commiscetur cum eis.
(15) Causa prima influit bonitatem suam omnibus rebus uno influxu, sed res non recipiunt illam bonitatem aequaliter, sed secundum capacitatem naturae.
(16) Causa prima est dives per se ipsam.
(17) Causa prima est super omne nomen quod nominari potest.
(18) Omnis intelligentia divina facit res per hoc quod est intelligentia et regit eas per hoc quod ipsa est divina, unde habemus quod regere est divinum.
(19) Causa prima existit in omnibus rebus secundum dispositionem unam, sed omnia non consistunt in prima causa secundum dispositionem unam, sed secundum multas.

Sequuntur auctoritates super primum librum Ethicorum Aristotelis.

(1) Omnia bonum appetunt.
(2) Cognitio finis utilis est in arte.

90 plena est] est plena XfD 92 aliquid] aliquis LWPfED 00 res] *om.* E recipiunt] recipit E 2 Causa ... ipsam] *om.* L 10 Sequuntur] *om.* E Aristotelis] *om.* E 11 Omnia] Mnia WD 12 arte] actu E

---

(10) Anonymus, *Liber De causis*, IX 92, 8.
(11) Anonymus, *Liber De causis*, IX 96, 29-30.
(12) Anonymus, *Liber De causis*, IX 99, 46-49.
(13) Anonymus, *Liber De causis*, XVI 138, 15-16.
(14) Anonymus, *Liber De causis*, XIX 155, 97-98.
(15) Anonymus, *Liber De causis*, XIX 157, 7-11.
(16) Anonymus, *Liber De causis*, XX 162, 48-49.
(17) Anonymus, *Liber De causis*, XXI 166, 68-69.
(18) Anonymus, *Liber De causis*, XXII 172, 90-93.
(19) Anonymus, *Liber De causis*, XXIII 176, 20-24.
(1) Arist., *Ethica ad Nicomachum*, A1, 1094 a 3.
(2) Cf. Arist., *Ethica ad Nicomachum*, A1, 1094 a 22-24.

(3) Unusquisque quod cognoscit bene judicat.

(4) Nihil differt aetate puer et moribus puerilis.

(5) Bonum quanto communius, tanto divinius.

(6) Conscii propriae ignorantiae admirantur omnes.

(7) Sermones inquirendi sunt secundum materiam de qua sunt.

(8) In infortuniis virtus refulget.

(9) Duobus existentibus amicis sanctum est praehonorare veritatem, quamvis, secundum Stratium, justum sit honorare amicum.

(10) Honor magis est in honorante quam in honorato.

(11) Felicitas est perfectio animae secundum virtutem perfectam. Sicut una hirundo non facit ver, nec una dies calida aestatem, sic nec una dies vel modicum tempus facit hominem felicem.

(12) Principia maxime valent ad subsequentia.

(13) Principium plus est quam dimidium totius.

(14) Bona animae maxime sunt bona.

(15) Omnia vera vero consonant.

14 moribus] motibus W 15 Bonum] de *add.* LXPfE divinius] dininius f 16 Conscii] Consocii E 20 Stratium] Stracium X 21 quam] quod L 27 maxime] maxima E 28 vera] *om.* LWXP

---

(3) Arist., *Ethica ad Nicomachum*, A1, 1094 b 27-28.
(4) Arist., *Ethica ad Nicomachum*, A1, 1095 a 6-7.
(5) Cf. Arist., *Ethica ad Nicomachum*, A1, 1094 b 7-10.
(6) Arist., *Ethica ad Nicomachum*, A2, 1095 a 25-26.
(7) Arist., *Ethica ad Nicomachum*, B2, 1104 a 3.
(8) Arist., *Ethica ad Nicomachum*, A11, 1100 b 30-32.
(9) Arist., *Ethica ad Nicomachum*, A4, 1096 a 16-17.
(10) Arist., *Ethica ad Nicomachum*, A3, 1095 b 24-25.
(11) Arist., *Ethica ad Nicomachum*, A6, 1098 a 15-17, 18-20.
(12) Arist., *Ethica ad Nicomachum*, A7, 1098 b 6.
(13) Arist., *Ethica ad Nicomachum*, A7, 1098 b 6-7.
(14) Arist., *Ethica ad Nicomachum*, A8, 1098 b 14-15.
(15) Arist., *Ethica ad Nicomachum*, A 8, 1098 b 10-11.

---

20 *Stratium* : il s'agit évidemment d'Eustrate, mais nous avons préféré maintenir la leçon des incunables. La seconde partie de la citation ne se trouve pas dans le texte d'Aristote.

(16) Unicuique delectabile est istud quod amat.

(17) Melior est usus rei quam possessio.

(18) Impossibile est indigentem operari bona.

(19) Non omnino felix est qui specie turpissimus est et sine prole.

(20) Felix est sine vituperio sicut tetragonus.

(21) Finem laudamus, sed ea quae sunt ad finem honoramus.

(22) Felicitas est praemium virtutis.

(23) Felix non differt a misero, nisi per dimidium vitae.

(24) Nullus est bonus vel malus per somnum.

(25) Ratio semper deprecatur ad optima.

Sequuntur auctoritates II libri Ethicorum Aristotelis.

(26) Ex actibus multum iteratis fit habitus.

(27) Non parum differt sic vel sic, id est bene vel male puerum in juventute assuesci immo multum.

(28) In obscuris oportet uti apertis testimoniis.

(29) Exercitium temperatum conservat sanitatem.

(30) Fortiter comedere facit fortiter laborare.

(31) Circa voluptates et tristitias est virtus moralis.

29 istud] illud W 33 tetragonus] tetrogonus L 36 differt] differat LWXPf
40 Ex] X WED

---

(16) Arist., *Ethica ad Nicomachum*, A9, 1099 a 8-9.
(17) S. Thomas, *In Ethicorum...*, I, lect. 12, n. 152.
Cf. Arist., *Ethica ad Nicomachum*, A9, 1098 b 31 - 1099 a 7.
(18) Arist., *Ethica ad Nicomachum*, A9, 1099 a 32-33.
(19) Arist., *Ethica ad Nicomachum*, A9, 1099 b 3-4.
(20) Arist., *Ethica ad Nicomachum*, A11, 1100 b 21-22.
(21) Cf. Arist., *Ethica ad Nicomachum*, A12, 1102 a 1-4, 1101 b 12-18.
(22) Arist., *Ethica ad Nicomachum*, A10, 1099 b 16-18.
(23) Arist., *Ethica ad Nicomachum*, A13, 1102 b 6-7.
(24) Arist., *Ethica ad Nicomachum*, A13, 1102 b 5-6.
(25) Arist., *Ethica ad Nicomachum*, A13, 1102 b 15-16.
(26) Arist., *Ethica ad Nicomachum*, B1, 1103 b 21-22.
(27) Arist., *Ethica ad Nicomachum*, B1, 1103 b 23-25.
(28) Arist., *Ethica ad Nicomachum*, B2, 1104 a 13-14.
(29) Arist., *Ethica ad Nicomachum*, B2, 1104 a 16-18.
(30) Arist., *Ethica ad Nicomachum*, B2, 1104 a 31-32.
(31) Arist., *Ethica ad Nicomachum*, B2, 1104 b 8-9.

---

34 Le texte d'Aristote dit exactement l'inverse de cette citation.

(32) Medicinae fiunt per contrarium.

(33) Circa difficilia semper est ars et virtus.

(34) Tria sunt in anima : possessiones, potentiae et habitus seu virtus.

(35) Passio non est virtus, quia secundum passionem, nec laudamur, nec vituperamur.

(36) Virtus non est potentia, quia potentes sumus per naturam.

(37) Virtus est habitus, quia habentem se perficit et opus ejus laudabile reddit.

(38) Omnis virtus consistit in medio, scilicet inter defectum et excessum.

(39) Virtus certior est et melior omni arte.

(40) Malum est facile, bonum autem difficile.

(41) Non est facile attingere medium, sed difficile.

(42) Virtus est habitus electus in mente consistens quo ad nos declarata ratione ut utique sapiens determinabit.

(43) Operationes sunt circa singularia.

(44) Difficile est aliquem esse bonum, id est studiosum.

(45) Medium in omnibus rebus est laudabile.

50 laudamur] laudamar P 53 ejus] ei LW 58 bonum autem difficile] attingere medium sed difficile L 59 Non est facile attingere medium sed difficile] *om.* LD

---

(32) Arist., *Ethica ad Nicomachum*, B2, 1104 b 17-18.
(33) Arist., *Ethica ad Nicomachum*, B2, 1105 a 9.
(34) Arist., *Ethica ad Nicomachum*, B4, 1105 b 19-21, 1106 a 11-12.
(35) Arist., *Ethica ad Nicomachum*, B4, 1105 b 28-29, 31-32.
(36) Arist., *Ethica ad Nicomachum*, B4, 1106 a 6-7, 9-10.
(37) Arist., *Ethica ad Nicomachum*, B5, 1106 a 15-24.
(38) Arist., *Ethica ad Nicomachum*, B5, 1106 b 14-16, a 28-29.
(39) Arist., *Ethica ad Nicomachum*, B5, 1106 b 14-15.
(40) Arist., *Ethica ad Nicomachum*, B5, 1106 b 31-32.
(41) Arist., *Ethica ad Nicomachum*, B5, 1106 b 32-33.
(42) Arist., *Ethica ad Nicomachum*, B6, 1106 b 36 - 1107 a 2.
(43) Arist., *Ethica ad Nicomachum*, B7, 1107 a 31.
(44) Arist., *Ethica ad Nicomachum*, B9, 1109 a 24-26.
(45) Arist., *Ethica ad Nicomachum*, B7, 1108 a 15.

---

60 *electus* : le texte d'Aristote est *electivus*.

60 *mente* : il faudrait remplacer cette leçon par *medietate* pour respecter le sens de la phrase de l'*Éthique*.

Sequuntur auctoritates III libri Ethicorum Aristotelis.

(46) Melius est mori quam facere contra bonum virtutis.
(47) Ignorantia excusat peccatum.
(48) Consilium non est de fine, sed de his quae sunt ad finem.
(49) Quod primum est in intentione, hoc debet ultimum esse in executione.
(50) Homo est principium suarum operationum.
(51) Bonum voluntarium est quod simpliciter est bonum.
(52) Bonus singula recte judicat.
(53) Nullus est bonus vel beatus, nisi volens.
(54) Nos sumus domini nostrarum operationum a principio usque ad finem.
(55) Qualis unusquisque est, talis videtur sibi esse finis.
(56) Terribilissimum omnium terribilium est mors.
(57) Fortitudo est aggressio terribilium ubi mors imminet propter bonum salvandum.
(58) In repentinis cognoscitur habitus.
(59) Desiderium pueri oportet esse secundum praeceptum doctoris.
(60) In naturalibus desideriis pauci peccant.

66 Melius] Elius fED 69 ultimum esse] esse ultimum E 81 cognoscitur] cognoscetur W

---

(46) S. Thomas, *In Ethicorum...*, III, lect. 2, n. 395.
Cf. Arist., *Ethica ad Nicomachum*, Γ1, 1110 a 26-27.
(47) Cf. Arist., *Ethica ad Nicomachum*, Γ2, 1110 b 31 - 1111 a 2.
(48) Arist., *Ethica ad Nicomachum*, Γ5, 1112 b 11-12.
(49) Arist., *Ethica ad Nicomachum*, Γ5, 1112 b 23-24.
(50) Arist., *Ethica ad Nicomachum*, Γ5, 1112 b 31-32.
(51) Arist., *Ethica ad Nicomachum*, Γ6, 1113 a 23-24.
(52) Arist., *Ethica ad Nicomachum*, Γ6, 1113 a 29-30.
(53) Arist., *Ethica ad Nicomachum*, Γ7, 1113 b 15-16.
(54) Arist., *Ethica ad Nicomachum*, Γ8, 1114 b 31-32.
(55) Arist., *Ethica ad Nicomachum*, Γ7, 1114 a 32 - b 1.
(56) Arist., *Ethica ad Nicomachum*, Γ9, 1115 a 33-34.
(57) Arist., *Ethica ad Nicomachum*, Γ9, 1115 a 26-27.
(58) Arist., *Ethica ad Nicomachum*, Γ11, 1117 a 22.
(59) Arist., *Ethica ad Nicomachum*, Γ15, 1119 b 13-14.
(60) Arist., *Ethica ad Nicomachum*, Γ13, 1118 b 15-16.

---

70 *executione* : il faudrait remplacer ce mot par *resolutione* pour traduire le terme grec (ἀναλύσει) d'Aristote.

Sequuntur auctoritates IIII libri Ethicorum Aristotelis.

(61) Laus et gratiarum actio debetur danti et non accipienti.

(62) Major virtus est bona operari quam turpia non operari.

(63) Virtuosus bene utitur quibuscumque.

(64) Dare et non accipere est liberalitas.

(65) Pulchritudo semper est in magno corpore, unde parvi formosi dici possunt, non autem pulchri.

(66) Maximum bonorum exteriorum est honor.

(67) Pravus honore non est dignus.

(68) Honor est praemium virtutis.

(69) Secundum virtutem, solus bonus est honorandus.

(70) Virtuti perfectae non fit condignus honor.

(71) Non irasci in quibus oportet, insipientis est.

(72) Injuriantem sustinere et servilem sive familiarem despicere. servile est.

(73) Malum se ipsum destruit.

(74) Malum si integre fuerit, importabile erit.

(75) Qualis unusquisque est, talia dicit, talia operatur et taliter vivit.

84 Sequuntur ... Aristotelis] *om.* E 85 Laus] Aus WD 92 dignus] diguus P 95 condignus honor] honor dignus D 97 Injuriantem] Injuria autem L familiarem] familarem P despicere] decipere D 99 Malum] in *add.* LP

---

(61) ARIST., *Ethica ad Nicomachum*, Δ1, 1120 a 15-16.
(62) ARIST., *Ethica ad Nicomachum*, Δ1, 1120 a 11-13.
(63) ARIST., *Ethica ad Nicomachum*, Δ1, 1120 a 6.
(64) ARIST., *Ethica ad Nicomachum*, Δ1, 1120 a 10-11.
(65) ARIST., *Ethica ad Nicomachum*, Δ7, 1123 b 7-8.
(66) ARIST., *Ethica ad Nicomachum*, Δ7, 1123 b 20-21.
(67) ARIST., *Ethica ad Nicomachum*, Δ7, 1123 b 34-35.
(68) ARIST., *Ethica ad Nicomachum*, Δ7, 1123 b 35.
(69) ARIST., *Ethica ad Nicomachum*, Δ8, 1124 a 25.
(70) ARIST., *Ethica ad Nicomachum*, Δ7, 1124 a 7-8.
(71) ARIST., *Ethica ad Nicomachum*, Δ11, 1126 a 4-5.
(72) ARIST., *Ethica ad Nicomachum*, Δ11, 1126 a 7-8.
(73) ARIST., *Ethica ad Nicomachum*, Δ11, 1126 a 12.
(74) ARIST., *Ethica ad Nicomachum*, Δ11, 1126 a 12-13.
(75) ARIST., *Ethica ad Nicomachum*, Δ13, 1127 a 27-28.

---

97 *servilem sive* : ces deux mots ont été ajoutés, ils ne figurent pas dans ce passage d'Aristote.

(76) Omne mendacium est fugiendum.
(77) Verum bonum est et laudabile.
(78) Verax laudandus est, mendax autem vituperandus.
(79) Jactator maxime est vituperandus.
(80) Requies et ludus in vita videntur esse necessaria.
(81) Verecundia est timor ingloriationis.
(82) Verecundia non convenit omni aetati sed juvenili, unde juvenes verecundos laudamus, senem autem verecundum vituperamus, quare senex caveat id de quo verecundabitur.

Sequuntur auctoritates V libri Ethicorum Aristotelis.

(83) Si unum oppositorum dicitur multis modis et reliquum.
(84) Quae simpliciter sunt bona hominibus, pro his orant et illa quaerunt.
(85) Praeclarissima virtutum est justitia, neque Hesperus, neque Lucifer, ita mirabilis, sicut justitia.
(86) Principatus virum ostendit.
(87) Pessimus est ille qui non solum utitur malitia ad se, sed etiam ad alios.

3 et] *om.* LWE 4 laudandus est] est laudandus X 7 Verecundia ... ingloriationis] *om.* LX 9 senem] semen f 11 Ethicorum Aristotelis] Aristotelis Ethicorum L 12 Si] I WED 17 Principatus virum ostendit] *om.* L

(76) Arist., *Ethica ad Nicomachum*, Δ13, 1127 a 28-29.
(77) Arist., *Ethica ad Nicomachum*, Δ13, 1127 a 29-30.
(78) Arist., *Ethica ad Nicomachum*, Δ13, 1127 a 30-32.
(79) Arist., *Ethica ad Nicomachum*, Δ13, 1127 a 31-32.
(80) Arist., *Ethica ad Nicomachum*, Δ14, 1128 b 3-4.
(81) Arist., *Ethica ad Nicomachum*, Δ15, 1128 b 10-12.
(82) Arist., *Ethica ad Nicomachum*, Δ15, 1128 b 16-20.
(83) Arist., *Ethica ad Nicomachum*, E1, 1129 a 18, 24-25.
(84) Arist., *Ethica ad Nicomachum*, E2, 1129 b 3, 4.
(85) Arist., *Ethica ad Nicomachum*, E3, 1129 b 27-29.
(86) Arist., *Ethica ad Nicomachum*, E3, 1130 a 1-2.
(87) Arist., *Ethica ad Nicomachum*, E3, 1130 a 5-7.

2 *fugiendum* : ce mot est issu de la traduction latine de ce passage de l'Éthique. En fait, Guillaume de Moerbeke n'a pas traduit précisément le terme grec ψεκτόν.

10 *quare senex caveat id de quo verecundabitur* : ces mots ne se trouvent pas dans le texte d'Aristote.

(88) Optimus est ille qui non solum utitur bonitate, id est virtute, ad se, sed etiam ad alios.

(89) Duplex est justitia, scilicet totalis et partialis.

(90) Partialis est duplex, scilicet commutativa et distributiva.

(91) Commutativa est duplex, scilicet voluntaria et non voluntaria. Non voluntaria est duplex, scilicet occulta et manifesta, occulta ut furtum adulterium, manifesta ut vincula et verbera.

(92) Minus malum est magis eligibile majori malo.

(93) Ubicumque reperitur magis et minus, ibi reperitur medium et aequale.

(94) Oportet te famulari illi qui bene fecit.

(95) Denarius est mensura omnium rerum, quia est fideijussor noster in omni adversitate, vel necessitate pro qualibet re qua indigemus.

(96) Primum institutum debet custodiri.

(97) Princeps debet custodire justum.

(98) Duplex est jus, scilicet legale et naturale.

(99) Naturale est quod apud omnes habet eandem potentiam, legale autem institutum est a lege.

(100) Sacrificare diis simpliciter est naturale, sed sacrificare hoc vel hoc, isti vel isti est ad placitum.

22 totalis] total L 28 magis] majus D 30 te famulari] refamulari X 35 legale et naturale] naturale et legale D 36 Naturale] Natura LPfD 36 institutum] instrumentum L 39 hoc] illud D isti[2]] illi D est] *om.* E

---

(88) Cf. Arist., *Ethica ad Nicomachum*, E3, 1130 a 7-8.
(89) Arist., *Ethica ad Nicomachum*, E4, 1130 a 32-33.
(90) Arist., *Ethica ad Nicomachum*, E5, 1130 b 30-31, 34 - 1131 a 1.
(91) Arist., *Ethica ad Nicomachum*, E5, 1131 a 1-3.
(92) Arist., *Ethica ad Nicomachum*, E7, 1131 b 22.
(93) Arist., *Ethica ad Nicomachum*, E7, 1132 a 14-15.
(94) Arist., *Ethica ad Nicomachum*, E8, 1133 a 4-5.
(95) Arist., *Ethica ad Nicomachum*, E8, 1133 a 20-21, b 10-12.
(96) Arist., *Ethica ad Nicomachum*, E10, 1134 b 1-2.
(97) Arist., *Ethica ad Nicomachum*, E10, 1134 b 1-2.
(98) Arist., *Ethica ad Nicomachum*, E10, 1134 b 18-19.
(99) Arist., *Ethica ad Nicomachum*, E10, 1134 b 19-21.
(100) Cf. Arist., *Ethica ad Nicomachum*, E10, 1134 b 21-24.

20-21 La traduction larine de ce texte d'Aristote est : *Optimus autem, non qui ad seipsum virtute, sed qui ad alterum.*

33 Le texte de cette citation est corrompu. La phrase d'Aristote est la suivante : *Est autem princeps custos justi.*

(101) Lex prohibet se ipsum interficere.

(102) Nullus proprie potest sibi ipsi injuriam facere.

Sequuntur auctoritates VI libri Ethicorum Aristotelis.

(103) Non sufficit ad scientiam alicujus quod sciatur in universali et confuse, sed oportet scire determinate et distincte.

(104) Omnis cognitio fit secundum similitudinem.

(105) Consilium debet esse de his quae possunt se aliter habere.

(106) Consilium non debet esse de praeteritis, sed de futuris, quia quod factum est non potest esse non factum. Unde dicit Agathon : Genitum facere non genitum hoc solo privatur deus.

(107) Verum bonum est intellectus.

(108) Quinque sunt in anima quibus verum dicitur, scilicet ars, scientia, sapientia, intellectus et prudentia.

(109) Scientia est de his quae non possunt se aliter habere, id est de aeternis.

(110) Omnis doctrina est ex praecognitis, vel est de praecognitis.

(111) Ars est recta ratio factibilium.

(112) Prudentia est recta ratio agibilium.

(113) Sapientia est cognitio rerum divinarum habens caput inter omnes alias scientias.

(114) Sapientia est certissima omnium aliarum scientiarum.

41 sibi ipsi] sibipsi X 42 libri] *om.* E Aristotelis] *om.* E 48 Agathon] Agato L 51 dicitur] discitur W 53 se aliter] aliter se D 55 est²] *om.* E 60 omnium] omnia LWf aliarum] *om.* X

(101) Arist., *Ethica ad Nicomachum*, E15, 1138 a 6-7.
(102) Arist., *Ethica ad Nicomachum*, E15, 1138 a 15.
(103) Cf. S. Thomas, *In Ethicorum...*, VI, lect. 1, n. 1112.
Cf. Arist., *Ethica ad Nicomachum*, Z1, 1138 b 26-32.
(104) Arist., *Ethica ad Nicomachum*, Z2, 1139 a 10-11.
(105) Arist., *Ethica ad Nicomachum*, Z2, 1139 a 13-14.
(106) Arist., *Ethica ad Nicomachum*, Z2, 1139 b 7-11.
(107) Arist., *Ethica ad Nicomachum*, Z2, 1139 a 27-28.
(108) Arist., *Ethica ad Nicomachum*, Z3, 1139 b 15-17.
(109) Arist., *Ethica ad Nicomachum*, Z3, 1139 b 20-21, 23.
(110) Arist., *Ethica ad Nicomachum*, Z3, 1139 b 26.
(111) Arist., *Ethica ad Nicomachum*, Z4, 1140 a 21-22.
(112) Arist., *Ethica ad Nicomachum*, Z5, 1140 b 20-21.
(113) Arist., *Ethica ad Nicomachum*, Z7, 1141 a 19-20.
(114) Arist., *Ethica ad Nicomachum*, Z7, 1141 a 17.

55 *vel est de praecognitis* : ces mots ne se trouvent pas dans ce passage d'Aristote.

(115) Juvenes non possunt esse prudentes, quia prudentia praerequirit experientiam quae indiget tempore.

(116) Multitudo temporis facit experientiam.

(117) Ad principia non est ratio.

(118) Consiliata oportet operari velociter, consiliari autem tarde.

(119) Impossibile est prudentem, id est sapientem, non esse bonum.

(120) Habens unam virtutem habet omnes.

Sequuntur auctoritates VII libri Ethicorum Aristotelis.

(121) Sicut bestiae, nec malitia, nec virtus attribuitur proprie, sic nec deo, sed deo honorabilius aliquid virtute, bestiae vero aliquod genus malitiae, scilicet bestialitas.

(122) Homines dicuntur fieri dei propter virtutum excellentias.

(123) Homo pravus deterior est bestia.

(124) Difficile est resistere consuetudini, quia assimilatur naturae, facilius tamen est transmutare consuetudinem quam naturam.

(125) Consuetudo est altera natura.

(126) Fama quam omnes famant, omnino non deperditur.

(127) Non solum oportet verum dicere, sed et causam falsi assignare.

(128) Delectationi intellectuali non est admixta tristitia.

61-62 praerequirit] praerequiritur W 68 libri] *om.* E Aristotelis] *om.* E 69 Sicut] Icut WD 70 honorabilius aliquid] aliquid honorabilius X 77 deperditur] dependitur L

(115) Arist., *Ethica ad Nicomachum*, Z9, 1142 a 15-16.
(116) Arist., *Ethica ad Nicomachum*, Z9, 1142 a 15-16.
(117) Arist., *Ethica ad Nicomachum*, Z9, 1142 a 25-26.
(118) Arist., *Ethica ad Nicomachum*, Z10, 1142 b 4-5.
(119) Arist., *Ethica ad Nicomachum*, Z13, 1144 a 36 - b 1.
(120) Arist., *Ethica ad Nicomachum*, Z13, 1144 b 31 - 1145 a 2.
(121) Arist., *Ethica ad Nicomachum*, H1, 1145 a 25-27.
(122) Arist., *Ethica ad Nicomachum*, H1, 1145 a 22-24.
(123) Arist., *Ethica ad Nicomachum*, H7, 1150 a 7-8.
(124) Arist., *Ethica ad Nicomachum*, H11, 1152 a 29-31.
(125) Arist., *Ethica ad Nicomachum*, H11, 1152 a 29-30.
(126) Arist., *Ethica ad Nicomachum*, H14, 1153 b 27-28.
(127) Arist., *Ethica ad Nicomachum*, H15, 1154 a 22-23.
(128) Arist., *Ethica ad Nicomachum*, H13, 1152 b 36 - 1153 a 1.

(129) Operationes bestiae pravae sunt ex natura, sed operationes pravorum hominum ex consuetudine.

(130) Homo semper indiget aliqua delectatione quasi quadam recreatione propter multos labores qui sibi occurrunt.

(131) Major est delectatio in quiete quam in motu.

(132) Deus semper simplici et una gaudet delectatione.

(133) Felicitatem super excellens impetit fortuna.

Sequuntur auctoritates VIII libri Ethicorum Aristotelis.

(134) Nullus eligere debet, vivere sine amicis habens reliqua bona.

(135) Quanto major est fortuna, tanto minus est secura.

(136) Duo simul viventes intelligere et agere sunt potiores quam unus.

(137) In infortuniis refugiendum est ad amicos.

(138) Omnis homo omnium hominum naturaliter est amicus.

(139) Generantis ad generatum naturaliter est amicitia.

(140) Homines ejusdem gentis naturaliter plus sunt amici quam alii.

(141) Simile diligit sibi simile, verum est per se et non per accidens.

(142) Amicitia est benivolentia mutua non latens in contrapassis.

88 Nullus] Vullus P; Ullus WD   96 in] *om.* E

---

(129) Arist., *Ethica ad Nicomachum*, H15, 1154 a 32-34.
(130) S. Thomas, *In Ethicorum...*, VII, lect. 14, n. 1529.
Cf. Arist., *Ethica ad Nicomachum*, H15, 1154 b 5-7.
(131) Arist., *Ethica ad Nicomachum*, H15, 1154 b 27-28.
(132) Arist., *Ethica ad Nicomachum*, H15, 1154 b 26.
(133) Arist., *Ethica ad Nicomachum*, H14, 1153 b 23.
(134) Arist., *Ethica ad Nicomachum*, Θ1, 1155 a 5-6.
(135) Arist., *Ethica ad Nicomachum*, Θ1, 1155 a 10.
(136) Arist., *Ethica ad Nicomachum*, Θ1, 1155 a 15-16.
(137) Arist., *Ethica ad Nicomachum*, Θ1, 1155 a 11-12.
(138) Arist., *Ethica ad Nicomachum*, Θ1, 1155 a 22.
(139) Arist., *Ethica ad Nicomachum*, Θ1, 1155 a 16-17.
(140) Arist., *Ethica ad Nicomachum*, Θ1, 1155 a 19-20.
(141) Arist., *Ethica ad Nicomachum*, Θ2, 1155 b 7-8.
(142) Arist., *Ethica ad Nicomachum*, Θ2, 1155 b 33-34.

---

86 *impetit* : la leçon correcte serait *impedit*.

(143) Tripliciter fit amicitia, scilicet propter bonum utile, bonum delectabile et propter bonum honestum. Amicitia propter bonum utile maxime videtur in sensibus esse, quia tales non curant delectabile, sed tantum utile.

(144) Amicitia propter bonum delectabile juvenum est amicitia; propter bonum permanens est stabilis.

(145) Nulli se invicem cognoscunt, nisi mensuram simul salis consumant.

(146) Sola amicitia bonorum honestorum est intransmutabilis.

(147) Non est facile alicui credere de amico qui multo tempore probatus est ab ipso et numquam sibi injuste fecit.

(148) Loci distantia non separat amicitiam, sed operationem.

(149) Natura maxime triste fugit et appetit delectabile.

(150) Mutua colloquia sunt factiva amicitiae.

(151) Perfecta amicitia non est, nisi ad unum, quia quod est superabundans et perfectum, non potest fieri ad plures, nisi ad unum.

(152) Unusquisque sibi ipsi maxime vult bonum.

(153) Amicorum omnia sunt communia.

(154) Pessimum est contrarium optimo.

(155) Regnum est optima politia.

(156) Malus rex tyrannus dicitur.

97 fit] sit L 99 utile] *om.* W videtur] videt D 1 delectabile] deleccabile W 2 stabilis] stabills D 3 simul salis] salis simul D 14 contrarium] contrarinm f

---

(143) ARIST., *Ethica ad Nicomachum*, Θ3, 1156 a 7, Θ2, 1155 b 18-19, Θ3, 1156 a 10-11, 15, 16-17, 24-26.
(144) ARIST., *Ethica ad Nicomachum*, Θ3, 1156 a 31-32, Θ4, 1156 b 7, 11-12.
(145) ARIST., *Ethica ad Nicomachum*, Θ4, 1156 b 26-28.
(146) ARIST. *Ethica ad Nicomachum*, Θ5, 1157 a 20-21.
(147) ARIST., *Ethica ad Nicomachum*, Θ5, 1157 a 21-23.
(148) ARIST., *Ethica ad Nicomachum*, Θ6, 1157 b 10-11.
(149) ARIST., *Ethica ad Nicomachum*, Θ6, 1157 b 16-17.
(150) ARIST., *Ethica ad Nicomachum*, Θ8, 1158 a 3-4.
(151) ARIST., *Ethica ad Nicomachum*, Θ8, 1158 a 10-12.
(152) ARIST., *Ethica ad Nicomachum*, Θ9, 1159 a 12.
(153) ARIST., *Ethica ad Nicomachum*, Θ11, 1159 b 31.
(154) ARIST., *Ethica ad Nicomachum*, Θ12, 1160 b 9.
(155) ARIST., *Ethica ad Nicomachum*, Θ12, 1160 a 35-36.
(156) ARIST., *Ethica ad Nicomachum*, Θ12, 1160 b 11-12.

---

2 *est* : il faudrait peut-être corriger *est* en *et* pour respecter le sens du passage d'Aristote.
4 *intransmutabilis* : ce mot est issu de la traduction latine de ce passage. Le terme grec ἀδιάβλητος qui figure à cet endroit ne se traduit cependant pas par *intransmutabilis*.

(157) Rex debet se habere ad suos subditos, sicut pastor ad oves.

(158) Pater tria beneficia dat. Est enim causa essendi generando et causa disciplinae informando et causa nutriendi educando.

(159) In quibus nihil est commune, in his nec est justitia, nec amicitia.

(160) Servus est organum animatum.

(161) Domini ad servum non est amicitia secundum quod servus est sibi dissimilis.

(162) Parentes amant filios suos ut aliquid existens sui.

(163) Parentes plus amant filios quam e converso, quia magis sciunt parentes quod nati sunt ex eis quam filii.

(164) Matres plus diligunt pueros quam patres, quia certiores sunt de eis et plures labores habent circa eos.

(165) Majoribus datur honor, minoribus vero et indigentibus lucrum, quia honor est retributio virtutis et beneficii.

(166) Lucrum est auxilium indigentis.

(167) Retributio debet esse possibilis, non condigna, ut patet de deo et parentibus quibus non possumus aequale reddere.

(168) Pater potest abnegare filio et non e converso.

Sequuntur auctoritates IX libri Ethicorum Aristotelis.

(169) Magistris, diis et parentibus non redditur aequivalens.

(170) Magis est mutuum dare cui quis debet quam amicis dare.

17 suos] *om.* E   24 suos] snos f   28 et plures ... eos] *om.* LWXPf   36 Magistris] Agistris D

---

(157) Arist., *Ethica ad Nichomachum*, Θ13, 1161 a 12, 14.
(158) S. Thomas, *In Ethicorum...*, VIII, lect. 11, n. 1691.
Cf. Arist., *Ethica ad Nicomachum*, Θ13, 1161 a 15-17.
(159) Arist., *Ethica ad Nicomachum*, Θ13, 1161 a 32-34.
(160) Arist., *Ethica ad Nicomachum*, Θ13, 1161 b 4.
(161) Arist., *Ethica ad Nicomachum*, Θ13, 1161 b 3, 5.
(162) Arist., *Ethica ad Nicomachum*, Θ14, 1161 b 18.
(163) Arist., *Ethica ad Nicomachum*, Θ14, 1161 b 19-21.
(164) Arist., *Ethica ad Nicomachum*, Θ14, 1161 b 26-27.
(165) Arist., *Ethica ad Nicomachum*, Θ16, 1163 b 2-4.
(166) Arist., *Ethica ad Nicomachum*, Θ16, 1163 b 4-5.
(167) Arist., *Ethica ad Nicomachum*, Θ16, 1163 b 15-17.
(168) Arist., *Ethica ad Nicomachum*, Θ16, 1163 b 18-19.
(169) Cf. Arist., *Ethica ad Nicomachum*, I1, 1164 b 4-5.
(170) Arist., *Ethica ad Nicomachum*, I2, 1164 b 31-32.

(171) Amicis existentibus propter bonum utile et delectabile, illis cessantibus cessat et amicitia.

(172) Qui fingit se amicum et non est, pejor est illo qui facit falsam monetam.

(173) Quanto malitia est circa melius, tanto ipsa est pejor.

(174) Similis simili est amicus et ideo bonus malum amare non potest.

(175) Magis tenemur amicis largiri bona quam extraneis.

(176) Amicabilia quae sunt ad alterum veniunt ex amicabilibus quae sunt ad se ipsum, unde unusquisque est sibi maxime amicus.

(177) Amicus debet se habere ad amicum, sicut ad se ipsum, quia amicus est alter ipse.

(178) Pravus non est amabilis ad se ipsum, neque ad alios.

(179) Benivolentia non est amicitia, est tamen principium ipsius.

(180) Ex benivolentia diuturna fit amicitia.

(181) Concordia ad amicitiam pertinet.

(182) Benefactores prius amant beneficiatos quam quod amentur ab eis.

(183) Omnis artifex plus diligit opus suum quam quod diligatur ab opere, ut patet de parentibus respectu filiorum.

(184) Quod cum magno labore acquiritur, magis diligitur, ut patet de hominibus quaerentibus pecuniam a labore proprio.

(185) Amicus debet se habere ad amicum, ut genu ad tibiam.

40 fingit] figit E   43 Similis] Simul LW   56 patet de] *om.* LX   58 a] ex E   59 ut] sicut E

---

(171) ARIST., *Ethica ad Nicomachum*, I3, 1165 b 1-3.
(172) ARIST., *Ethica ad Nicomachum*, I3, 1165 b 10-12.
(173) ARIST., *Ethica ad Nicomachum*, I3, 1165 b 12.
(174) Cf. ARIST., *Ethica ad Nicomachum*, I3, 1165 b 15-17.
(175) ARIST., *Ethica ad Nicomachum*, I3, 1165 b 33-34.
(176) ARIST., *Ethica ad Nicomachum*, I4, 1166 a 1-2, b 1-2.
(177) ARIST., *Ethica ad Nicomachum*, I4, 1166 a 30-32.
(178) ARIST., *Ethica ad Nicomachum*, I4, 1166 b 25-26.
(179) ARIST., *Ethica ad Nicomachum*, I5, 1166 b 30, 1167 a 3.
(180) ARIST., *Ethica ad Nicomachum*, I5, 1167 a 11-12.
(181) ARIST., *Ethica ad Nicomachum*, I6, 1167 a 22.
(182) ARIST., *Ethica ad Nicomachum*, I7, 1167 b 17-18.
(183) ARIST., *Ethica ad Nicomachum*, I7, 1167 b 33-35.
(184) ARIST., *Ethica ad Nicomachum*, I7, 1168 a 21-23.
(185) ARIST., *Ethica ad Nicomachum*, I8, 1168 b 8.

(186) Quemadmodum civitas et alia congregatio videtur esse principalissimum sui ipsius, sic et homo, sed principalissimum in homine est intellectus. Ergo homo maxime videtur esse suus intellectus. Ex praedicto habemus quod omnis denominatio debet fieri a principaliori.

(187) Homo est animal politicum aptum natum communicare suum conceptum, sive convivere.

(188) Amicitia est maxime bonorum exteriorum.

(189) Melius est cum amicis et praecipue cum bonis quam extraneis quibuscumque aliis commorari.

(190) Felix honestis indiget.

(191) Solitaria difficilis est vita.

(192) Virtuosorum beatissima est vita.

(193) Praesentia amicorum est delectabilis, tam in bonis fortunis quam in aliis scilicet malis : in malis quia tristati alleviantur amicis condolentibus ipsis, in bonis quia delectabile est conversari cum amico.

(194) Amicus est consolatio amici visione et sermone.

(195) In omnibus oportet imitari meliores.

(196) Amicitia bonorum coaugetur bonis colloquiis et operibus quibsu ipsi utuntur, unde a bonis bona fiunt.

Sequuntur auctoritates X libri Ethicorum Aristotelis.

(197) In actibus humanis minus creditur sermonibus quam operibus.

67 exteriorum] exerteriorum W 68 est] *om.* L 81 In] N WD

---

(186) Cf. Arist., *Ethica ad Nicomachum*, I8, 1168 b 31-33, 35.
(187) Arist., *Ethica ad Nicomachum*, I9, 1169 b 18-19.
(188) Arist., *Ethica ad Nicomachum*, I9, 1169 b 9-10.
(189) Arist., *Ethica ad Nicomachum*, I9, 1169 b 20-21.
(190) Arist., *Ethica ad Nicomachum*, I9, 1169 b 22.
(191) Arist., *Ethica ad Nicomachum*, I9, 1170 a 5.
(192) Arist., *Ethica ad Nicomachum*, I9, 1170 a 27-28.
(193) Arist., *Ethica ad Nicomachum*, I11, 1171 a 27-30, 25-27.
(194) Arist., *Ethica ad Nicomachum*, I11, 1171 b 2-3.
(195) Arist., *Ethica ad Nicomachum*, I11, 1171 b 12.
(196) Arist., *Ethica ad Nicomachum*, I12, 1172 a 10-12.
(197) Arist., *Ethica ad Nicomachum*, K1, 1172 a 34-35.

---

70 *honestis* : le texte d'Aristote est *amicis*.
71 *Solitaria* : la leçon correcte de ce passage serait *Solitario*.

(198) Quando sermones dissonant operibus sensibilibus, tunc contemnuntur.

(199) Ex quibus res generantur, in hoc resolvuntur.

(200) Omnis virtus in corpore existens fatigabilis est.

(201) Quaedam delectant quae postmodum non delectant.

(202) Unusquisque maxime operatur in illo quod maxime diligit.

(203) Delectatio tenet operantem in opere.

(204) Operatio delectabilior minus delectabilem expellit, unde amantes fistulas non possunt intendere sermonibus.

(205) Non potentes continue laborare, requie indigent.

(206) Philosophia habet delectationes admirabiles puritate et firmitate.

(207) Ultima felicitas hominis consistit in optima operatione.

(208) Optimae potentiae sunt respectu optimi subjecti.

(209) Speculatio ipsius veritatis est ipsa felicitas.

(210) Vita contemplativa melior est quam vita activa quae est vita secundum hominem, quia vita contemplativa est vita divina.

(211) Duplex est vita, scilicet contemplativa et politica, inter quas contemplativa est melior cum sit divina, alia vero humana.

(212) Unusquisque opera sua dirigere debet ad bene vivendum secundum optimum eorum quae sunt in ipso.

84 hoc] haec PE 86 delectant] deleactant X 94 potentiae] ponendae W
96 quam] *om.* E 98 Duplex] Dupler W 00 dirigere] dirige LD

---

(198) Arist., *Ethica ad Nicomachum*, K1, 1172 a 35 - b 1.
(199) Arist., *Ethica ad Nicomachum*, K2, 1173 b 5-6.
(200) Cf. Arist., *Ethica ad Nicomachum*, K4, 1175 a 4-5.
(201) Arist., *Ethica ad Nicomachum*, K4, 1175 a 6-7.
(202) Arist., *Ethica ad Nicomachum*, K4, 1175 a 12-13.
(203) Arist., *Ethica ad Nicomachum*, K4, 1175 a 35.
(204) Arist., *Ethica ad Nicomachum*, K5, 1175 b 1-4.
(205) Arist., *Ethica ad Nicomachum*, K6, 1176 b 34-35.
(206) Arist., *Ethica ad Nicomachum*, K7, 1177 a 25-26.
(207) Arist., *Ethica ad Nicomachum*, K7, 1177 a 12-13, 16-17.
(208) Cf. Arist., *Ethica ad Nicomachum*, K6, 1177 a 4-6, K7, 1177 a 13.
(209) Arist., *Ethica ad Nicomachum*, K7, 1177 a 16-18.
(210) S. Thomas, *In Ethicorum...*, X, lect. 11, n. 2105.
Cf. Arist., *Ethica ad Nicomachum*, K7, 1177 b 26-29.
(211) S. Thomas, *In Ethicorum...*, X, lect. 11, n. 2106.
Cf. Arist., *Ethica ad Nicomachum*, K7, 1177 b 30-31, K8, 1178 a 9-10.
(212) Arist., *Ethica ad Nicomachum*, K7, 1177 b 33-34.

(213) Optimum in homine est intellectus, quia licet intellectus sit minus in quantitate, tamen maximus est in potestate et pretiositate.

(214) Unumquodque dicitur maximum quod est principalissimum sui, et hoc potest dici intellectus, quia intellectus est principalissimum hominis, ex quo iterum habemus quod denominatio fit a principaliori.

(215) Proprium opus dei est speculatio.

(216) Homo felix, sive sapiens indiget aliqualiter rebus exterioribus, quia natura per se non est sufficiens speculari, sed oportet quod habeat corpus sanum, cibum bonum et reliquum famulatum; non tamen indiget multis ac magnis rebus quod non oportet felicem vel philosophum esse dominum terrae vel maris.

(217) Moderate ditati non minus agunt bona quam potentes immo etiam magis, unde dicitur quod moderate ditati sunt felices, quia magis agunt secundum virtutem, vel intellectum.

(218) Homo secundum intellectum operans et habens curam est bene dispositus, et ideo amantissimus esse videtur.

(219) Homo maxime sapiens maxime felix est.

(220) Sermones consonantes operibus sunt acceptandi, dissonantes vero suspicandi.

(221) Non facile est homines ex antiqua consuetudine transmutare per sermones.

(222) Multi plus coacti oboediunt necessitati quam sermoni.

(223) Quidam sunt dispositi ad virtutes ex natura, quidam ex con-

2 sit] fit XP 6 denominatio] demonstratio W 12 magnis] magis LXPfD quod] quia W 18 ideo] deo XE

(213) Arist., *Ethica ad Nicomachum*, K7, 1177 b 34 - 1178 a 2.
(214) Cf. Arist., *Ethica ad Nicomachum*, K7. 1178 a 2-3.
(215) Arist., *Ethica ad Nicomachum*, K8, 1178 b 21-22.
(216) Arist., *Ethica ad Nicomachum*, K9, 1178 b 33 - 1179 a 5.
(217) Arist., *Ethica ad Nicomachum*, K9, 1179 a 6-12.
(218) Arist., *Ethica ad Nicomachum*, K9, 1179 a 22-24.
(219) Arist., *Ethica ad Nicomachum*, K9, 1179 a 29-32.
(220) Arist., *Ethica ad Nicomachum*, K9, 1179 a 21-22.
(221) Arist., *Ethica ad Nicomachum*, K10, 1179 b 16-18.
(222) Arist., *Ethica ad Nicomachum*, K10, 1180 a 4-5.
(223) Arist., *Ethica ad Nicomachum*, K10, 1179 b 20-21, 23-26.

17-18 Le texte d'Aristote qui est à l'origine de cette citation est le suivant dans la traduction latine de Guillaume de Moerbeke : *Secundum intellectum autem operans, et hunc curans, et dispositus optime, et Dei amantissimus videtur esse.* La citation correcte serait donc : *Homo secundum intellectum operans et hunc curans et bene dispositus et deo amantissimus esse videtur.*

suetudine, quidam per doctrinam et ad hoc quod doctrina habeat efficaciam in auditoribus, oportet animam auditoris esse dispositam et praeparatam, sicut terra antequam nutriat semen.

(224) Oportet bonos provocare per virtutes ad praemia, malos autem per poenas insanabiles totaliter exterminare.

Auctoritates Aristotelis libri De fortuna bona.

(1) In bonis exterioribus quorum fortuna est domina, non contingit hominem esse felicem.

(2) Ubi plurimus intellectus et ratio, ibi quandoque minima est fortuna.

(3) Ubi vero plurima fortuna, ibi minimus quandoque intellectus.

(4) Deum dignificamus ut dominum existentem, ut dignis distribuat bona et malis mala.

(5) Deum verisimile non est pravorum curam habere.

(6) Appetitus naturalis naturaliter tendit ad bona.

(7) Illi sunt bene fortunati quicumque directe agunt sine ratione ut in pluribus.

(8) Quid est melius intellectu et scientia nisi deus?

(9) Deus bene videt praesentia, praeterita et futura.

31 Aristotelis libri] *om.* E 32 In] N WD 37 dignis] dignus L 43 Quid] Quod LXf

---

(224) Cf. Arist., *Ethica ad Nicomachum*, K10, 1180 a 5-7, 9-10.

(1) Arist., *Magna moralia*, A8, 1206 b 33-34.

(2) Arist., *Magna moralia*, A8, 1207 a 4-5.

(3) Arist., *Magna moralia*, A8, 1207 a 5.

(4) Arist., *Magna moralia*, A8, 1207 a 7-8.

(5) Arist., *Magna moralia*, A8, 1207 a 17.

(6) Arist., *Ethica ad Eudemium*, H14, 1247 b 20-21.

(7) Arist., *Ethica ad Eudemium*, H14, 1247 b 26-28.

(8) Arist., *Ethica ad Eudemium*, H14, 1248 a 28-29.

(9) Arist., *Ethica ad Eudemium*, H14, 1248 a 38-39.

29-30 Le texte de cette citation est corrompu. La phrase est un résumé du passage suivant d'Aristote : *Propter quod existimant legis positores oportere quidem advocare ad virtutem, et provocare boni gratia, ut oboedientibus his qui epiiches consuetudinibus praecedentibus, inobedientibus autem, et degenerioribus existentibus et poenas et punitiones apponere, insanabiles autem totaliter exterminare.*

Il faudrait donc reconstituer la citation de la manière suivante : *Oportet bonos provocare per praemia ad virtutes, malos autem per poenas, insanabiles totaliter exterminare.*

32 *In* : le texte d'Aristote est *sine*.

(10) Bona fortuna est appetitus naturalis datus a deo movente totam naturam.

Sequuntur auctoritates libri Oeconomicae Aristotelis.

(1) Civitas est domorum pluralitas praediis et possessionibus abundans ad bene vivendum ordinata.

(2) Communicatio viri et feminae in animalibus irrationabilibus est solum gratia prolis procreandae, in hominibus vero non solum gratia illius, sed etiam gratia alterius utilitatis.

(3) Quae parentes potentes existentes fecerunt filiis impotentibus, iterum reportant a potentibus filiis parentes impotentes et senio confecti.

(4) Natura facit unum animalium conjugabilium forte,s cilicet masculum ut ulciscatur prae fortitudine sibi illata, aliud vero debile, scilicet feminam ut magis se custodiat prae timore.

(5) Vir non debet injuriari feminae ut femina non injurietur ei. Injuriari feminae est virum cum extranea muliere coire, sed injuriari viro feminam est feminam coire cum extraneo viro.

(6) Secundum Hesiodum poetam, virum oportet, id est expetit, viro puellam ducere in uxorem ut doceat eam bonos mores, quia juvencula est flexibilior vidua.

(7) Dissimilitudines morum inter virum et mulierem nequaquam sunt amandae.

(8) Duae sunt species servorum, scilicet procurator et operator.

47 Aristotelis] *om.* E   48 Civitas] Ivitas WD   et] prae LP   50 animalibus] animantibus W   51 prolis procreandae] procreandae prolis L   53 potentes existentes] existentes potentes LWPE   impotentibus] in potentibus LWPE   54 iterum] et iterum LP   56 conjugabilium forte] forte conjugabilium LWPE   57 prae] *om.* W   59 femina] feminae X   63 ducere in uxorem] in uxorem ducere E

(10) Cf. Arist., *Ethica ad Eudemium*, H14, 1248 a 26-27, b 3-5.
(1) Arist., *Economica*, A1, 1343 a 10-11.
(2) Arist., *Economica*, A3, 1343 b 8-9, 13-15, 18-20.
(3) Arist., *Economica*, A3, 1343 b 21-23.
(4) Arist., *Economica*, A3, 1343 b 26 - 1344 a 2.
(5) Arist., *Economica*, A4, 1344 a 8-9.
(6) Cf. Arist., *Economica*, A4, 1344 a 12-13, 15-17.
(7) Arist., *Economica*, A4, 1344 a 18.
(8) Arist., *Economica*, A5, 1344 a 25-26.

48 *praediis* : ce mot n'est pas la traduction exacte du terme grec χώρας.

(9) Oportet servis tria dare, opera et poenam, id est disciplinam et victum sufficientem, quia sine mercede impossibile est operari.

(10) Victus autem est merces servorum qui tamen sine aliis duobus facit servum protervum.

(11) Nemo aliorum bona et propria similiter curat et aequaliter.

(12) Quidam interrogatus quid magis impinguat equum, respondit oculus domini. Alius interrogatus quale stercus optimum ad pinguandum agrum, respondit vestigia domini.

(13) Impossibile est negligentibus dominis servos esse sollicitos.

(14) Numquam oportet dominum esse sine custodia, sic nec civitatem.

(15) Surgere de nocte ad sanitatem, ad philosophiam, ad bonam dispositionem utile est.

(16) Nec quaestus vestimentorum, nec forma, nec auri multitudo tanta est ad mulieris virtutem, quanta est modestia in quolibet opere et desiderium honestae ac compositae vitae.

(17) Quanto quis diligentius obsequitur, tanto majorem gratiam obtinebit.

(18) Nisi parentes pueris exemplum probitatis vitae dederint, incusabilem ad invicem possunt habere causam.

(19) Si mulier cognovit virum sibi justum ac fidelem esse, ipsa etiam circa ipsum justa et fidelis erit.

(20) Multo gravius aliquis fert, si honore privetur, quam si omnia bona sua auferantur.

73 impinguat] impugnat D 76 Impossibile] unde impossibile L 78 sanitatem] et *add.* Xf 80 auri multitudo] multitudo auri D 81 mulieris] mulieres LXPE 82 honestae] honestate LWXPfE 83 obsequitur] obseqnitur f 85 dederint] dededrint P

(9) Arist., *Economica*, A5, 1344 a 35, b 2-4.
(10) Arist, *Economica*, A5, 1344 a 35-36, b 4.
(11) Arist., *Economica*, A6, 1344 b 35-36.
(12) Arist., *Economica*, A6, 1345 a 2-5.
(13) Arist., *Economica*, A6, 1345 a 10-11.
(14) Arist., *Economica*, A6, 1345 a 14-15.
(15) Arist., *Economica*, A6, 1345 a 16-17.
(16) Arist., *Economica*, fgm. 184, p. 140, 15-17.
(17) Arist., *Economica*, fgm. 184, p. 141, 20-21.
(18) Arist., *Economica*, fgm. 184, p. 143, 7-9.
(19) Arist., *Economica*, fgm. 184, p. 144, 2-3.
(20) Cf. Arist., *Economica*, fgm. 184, p. 144, 6-8.

85-86 *incusabilem* : la leçon correcte serait *excusabilem*.

(21) Non debet homo sanae mentis ubicumque et ad quamlibet mulierem mittere semen suum.

Auctoritates super primum librum Politicorum Aristotelis.

(1) Homines ratione et intellectu vigentes naturaliter aliorum domini sunt et rectores.

(2) Natura non facit, nisi unum instrumentum ad unum opus et hoc pauperibus est pro servo.

(3) Homo naturaliter est animal politicum et civile.

(4) Natura nihil facit frustra.

(5) Nullum animal a natura habet rationem, nisi homo.

(6) Homini sermonem natura dedit.

(7) Pars separata a toto non remanet, nisi aequivoce.

(8) Homo solitarius, vel est deus, vel bestia.

(9) Sicut optimum animalium est homo fruens lege, sic pessimum animalium est homo a lege et justitia recedens.

(10) Saevissima injustitia est habens arma, scilicet sciendi.

(11) Sine necessariis, impossibile est vivere.

(12) Servus naturaliter non est sui ipsius, sed alterius.

(13) Opus quod fit a melioribus semper melius est.

(14) Quandocumque ex multis unum constituitur inter illa, unum erit regens, aliud vero rectum.

93 Aristotelis] *om.* E 94 Homines] Omines WD intellectu] intellectum P
6 est] *om.* D

(21) Arist., *Economica*, fgm. 184, p. 144, 10-11.
(1) Cf. Arist., *Politica*, A2, 1252 a 31-32.
(2) Arist., *Politica*, A2, 1252 b 1-3; 12.
(3) Arist., *Politica*, A2, 1253 a 2-3.
(4) Arist., *Politica*, A2, 1253 a 9.
(5) Arist., *Politica*, A2, 1253 a 9-10.
(6) Arist., *Politica*, A2, 1253 a 9-10.
(7) Arist., *Politica*, A2, 1253 a 20-21.
(8) Arist., *Politica*, A2, 1253 a 27-29.
(9) Arist., *Politica*, A2, 1253 a 31-33.
(10) Arist., *Politica*, A2, 1253 a 33-34.
(11) Arist., *Politica*, A4, 1253 b 24-25.
(12) Arist., *Politica*, A4, 1254 a 14-15.
(13) Arist., *Politica*, A5, 1254 a 26-27.
(14) Arist., *Politica*, A5, 1254 a 28-31.

96 *hoc* : la leçon correcte à cet endroit serait *bos*.

(15) Anima naturaliter dominatur corpori, sicut dominus servo.

(16) Utile est corpus regi ab anima, ab his enim duobus conjunctis homo constituitur.

(17) Item utile est omnibus animalibus regi ab homine.

(18) Regens naturaliter dignius est recto.

(19) Masculinum genus naturaliter dignius est feminino.

(20) Virtus et malitia determinat sibi servos et liberos, nobiles et ignobiles.

(21) Homines reputant dignum ex bonis fieri bonum, sicut ex homine fieri hominem.

(22) Dupliciter dicitur servus : uno modo secundum naturam, alio modo secundum legem positam.

(23) Non est possibile vivere sine cibo.

(24) Plurimum genus hominum ex terra et fructibus domesticis vivunt.

(25) Natura facit omnia animalia propter hominem.

(26) Duplices sunt divitiae, scilicet naturales et artificiales : naturales sunt possessiones rerum, artificiales sunt possessiones pecuniae.

(27) Desiderium divitiarum vadit in infinitum.

(28) Facile est philosophis ditari si volunt.

25 vivunt] vivit W 28 artificiales] vero *add.* fD

---

(15) Arist., *Politica*, A5, 1254 b 4-5.
(16) Arist., *Politica*, A5, 1254 b 6-8.
Cf. Arist., *Politica*, A5, 1254 a 34-39.
(17) Arist., *Politica*, A5, 1254 b 11-12.
Cf. S. Thomas, *In libros Politicorum...*, I, lect. 3, n. 65.
(18) S. Thomas, *In libros Politicorum...*, I, lect. 3, n. 60.
Cf. Arist., *Politica*, A5, 1254 b 14.
(19) Arist., *Politica*, A5, 1254 b 13-14.
(20) Arist., *Politica*, A6, 1255 a 39 - b 1.
(21) Arist., *Politica*, A6, 1255 b 1-2.
(22) Arist., *Politica*, A6, 1255 a 4-5, A5, 1255 a 1-2.
Cf. S. Thomas, *In libros Politicorum...*, I, lect. 4, n. 75.
(23) Arist., *Politica*, A8, 1256 a 21.
(24) Arist., *Politica*, A8, 1256 a 38-40.
(25) Arist., *Politica*, A8, 1256 b 16-17.
S. Thomas, *In libros Politicorum...*, I, lect. 6, n. 105.
(26) Cf. Arist., *Politica*, A8, 1256 b 26-30, A9, 1257 a 4.
(27) Arist., *Politica*, A9, 1256 b 41 - 1257 a 1.
(28) Arist., *Politica*, A11, 1259 a 17.

---

18 *sibi* : ce mot ne figure pas dans le texte d'Aristote.

(29) Magis et minus diversificant speciem.
(30) Consilium mulieris est invalidum, pueri vero imperfectum.
(31) Silentium mulieris praestat ornatum.

Sequuntur auctoritates II libri Politicorum Aristotelis.

(32) Cives sunt socii unius civitatis.
(33) Quod plurimorum est commune, minime sortitur curam, quia de propriis maxime curant homines, de communibus autem minus.
(34) Multi servi quandoque serviunt deterius paucioribus.
(35) Optimum est civitati ut sit una secundum amicitiam.
(36) Amicorum omnia sunt communia.
(37) Unusquisque naturaliter amat se ipsum.
(38) Amicis auxiliari delectabilissimum est.
(39) Bonum est abstinere a muliere propter temperantiam.
(40) Perjuriae malignitatem efficiunt et seditionem.
(41) Plures homines discordant propter inaequalitatem possessionum.
(42) Qui delectari velit sine tristitia ad philosophiam currat.
(43) Omnis civitas artificialibus indiget.
(44) Leges inhonestae licet maxime sint in usu, possunt tamen aboleri.

31 minus] minimus LXPf; vero *add.* W 33 ornatum] ornatu LX 34 libri] *om.* E Politicorum] Topicorum LWP Aristotelis] *om.* E 35 Cives] Ives WD civitatis] civtatis f 46 velit] vult E

---

(29) Arist., *Politica*, A13, 1259 b 37-38.
(30) Arist., *Politica*, A13, 1260 a 12-14.
(31) Arist., *Politica*, A13, 1260 a 30.
(32) Arist., *Politica*, B2, 1261 a 1.
Cf. S. Thomas, *In libros Politicorum...*, II, lect. 1, n. 174.
(33) Arist., *Politica*, B3, 1261 b 33-35.
(34) Arist., *Politica*, B3, 1261 b 36-38.
(35) Cf. Arist., *Politica*, B4, 1262 b 7-10.
(36) Arist., *Politica*, B5, 1263 a 30.
(37) Arist., *Politica*, B5, 1263 a 41 - b 1.
Cf. S. Thomas, *In libros Politicorum...*, II, lect. 4, n. 202.
(38) Arist., *Politica*, B5, 1263 b 5-6.
(39) Arist., *Politica*, B5, 1263 b 8-11.
(40) Arist., *Politica*, B6, 1265 b 12.
(41) Arist., *Politica*, B7, 1266 b 40.
(42) Arist., *Politica*, B7, 1267 a 8-9, 11-12.
(43) Arist., *Politica*, B8, 1268 a 30.
(44) S. Thomas, *In libros Politicorum...*, II, lect. 12, n. 295.

---

31 *minus* : il faudrait ajouter *non* après ce mot pour respecter le sens de cette phrase d'Aristote.
44 *Perjuriae* : le traduction exacte du mot grec *πενία* serait *Penuriae*.

(45) A mulieribus non bene regitur civitas.

(46) Melius est judicare secundum leges et litteras quam ex propria sententia.

(47) Magnorum domini constituti si viles fuerint, maxime laedunt civitatem.

(48) Impossibile est indigentem bene principari et studio vacare.

(49) Unum opus optime fit ab uno.

Sequuntur auctoritates III libri Politicorum Aristotelis.

(50) Civitas est quaedam civium multitudo.

(51) Civitas non est una propter eosdem mores, sed propter eandem politiam.

(52) Politia est ordo quidam inhabitantium civitatem in subjiciendo et principando.

(53) Non est idem bonus homo et bonus civis.

(54) Non contingit homines bene principari qui numquam sub principe fuerunt.

(55) Prudentia est propria virtus principis.

(56) Optima civitas non facit unatisem sive banautum, id est vilem artificem esse civem.

(57) Quicumque sunt uni necessario ministrantes dicuntur servi, quicumque autem communiter pluribus dicuntur banauti.

56 libri] *om.* E Aristotelis] *om.* E 57 Civitas] Ivitas WE 61 principando] principiando D 68 Quicumque] Quaecumque W

---

(45) S. Thomas, *In libros Politicorum...*, II, lect. 13, n. 303.
(46) Arist., *Politica*, B9, 1270 b 29-31.
(47) Arist., *Politica*, B10, 1272 b 41 - 1273 a 1.
(48) Arist., *Politica*, B11, 1273 a 24-25.
(49) Arist., *Politica*, B11, 1273 b 9-10.
(50) Arist., *Politica*, Γ1, 1274 b 41.
(51) S. Thomas, *In libros Politicorum...*, III, lect. 2, n. 364. Cf. Arist., *Politica*, Γ3, 1276 b 10-11.
(52) Arist., *Politica*, Γ1, 1274 b 38.
(53) S. Thomas, *In libros Politicorum...*, III, lect. 3, n. 367. Cf. Arist., *Politica*, Γ4, 1276 b 40 - 1277 a 1.
(54) Arist., *Politica*, Γ4, 1277 b 12-13.
(55) Arist., *Politica*, Γ4, 1277 b 25-26.
(56) Arist., *Politica*, Γ5, 1278 a 8.
(57) Arist., *Politica*, Γ5, 1278 a 11-13.

60-61 *in subjiciendo et principando* : ces mots ne figurent pas dans le texte d'Aristote.

(58) Quicumque intendunt politiae utilitati communi, recti sunt et justi; qui autem intendunt utilitati propriae, vitiosi sunt et rectorum politicorum transgressores.
(59) Oportet bonam civitatem de virtute sollicitam esse.
(60) Unum virtuosum melius est principari quam plures et multos alios.
(61) Sine justitia impossibile est inhabitare civitatem.
(62) Melius est civitatem regi uno optimo viro quam una optima, scilicet muliere vel lege.
(63) Ingenuitas est virtus generis, id est nobilitas.
(64) Turba multa melius judicat quam unus tantum.
(65) Melius est judicium duorum quam unius tantum.
(66) Pars non est apta nata excellere suum totum.

Sequuntur auctoritates IIII libri Politicorum Aristotelis.

(67) Non solum oportet politiam a principe instituere, sed etiam oportet eam corrigere.
(68) Civitas non constabit ex una parte, sed ex multis quarum una pars sunt agricolae, secunda artifices manuales, tertia quae negotiatur circa forum, quarta mercenarii, quinta propugnatores et ar-

70 communi] communiter W 72 rectorum] rector L 77 civitatem] civitate LX 83 Aristotelis] *om.* E 84 Non] On WD instituere] institui W 85 eam] eos LXPfED 87 artifices] artificiales E 87-88 negotiatur] negotiantur D

(58) Arist., *Politica*, Γ6, 1279 a 17-20.
(59) Arist., *Politica*, Γ9, 1280 b 6-8.
(60) Petrus de Alvernia, *In libros Politicorum...*, III, lect. 12, n. 473.
(61) Arist., *Politica*, Γ12, 1283 a 20-21.
(62) Petrus de Alvernia, *In libros Politicorum...*, III, lect. 14, n. 490.
(63) Arist., *Politica*, Γ13, 1283 a 37.
(64) Arist., *Politica*, Γ15, 1286 a 30-31.
(65) Cf. Arist., *Politica*, Γ15, 1286 a 30-31.
(66) Arist., *Politica*, Γ17, 1288 a 26-27.
(67) Cf. Arist., *Politica*, Δ1, 1289 a 3-5.
(68) Arist., *Politica*, Δ4, 1290 b 38 - 1291 a 8.

79 *Ingenuitas* : ce mot est issu de la traduction latine faite par Guillaume de Moerbeke de ce passage d'Aristote. Le terme *ingenuitas* n'est pas la traduction correcte du mot grec *εὐγένεια*.
81 Cette citation est extraite du passage suivant d'Aristote : ... *propter hoc et iudicat melius turba multa quam unusquicumque.*

migeri quos necessarium est in civitate existere, si non debeat servire inimicis.

(69) Qui alteri servit, non est per se sufficiens.

(70) Sine principibus impossibile est esse civitatem.

(71) Litterae vacare non existentibus proventibus est impossibile.

(72) Ingenuitas et nobilitas sunt virtutes et divitiae antiquae.

(73) In omni civitate sunt tres species hominum, scilicet pauperes, divites et mediocres inter quos optimi sunt mediocres, quia medium semper est optimum. Media possessio bonorum exteriorum est optima, quia facile est rationi oboedire.

(74) Quod nimis est pulchrum, nimis forte, nimis ingenuum, nimis dives habet contrarium, scilicet nimis fetidum, nimis debile, nimis ignobile, nimis ingenuum. Ratio sequitur, quia quidam eorum sunt injuriosi et in magnis plus nequam, quidam autem astuti et in parvis valde nequam.

(75) Qui sunt nimis divites et potentes, nec sciunt, nec volunt subjici, qui autem minus ingenui sunt et viles nesciunt principari.

(76) Mediocres cives maxime salvantur in civitate, quia ipsi nec desiderant aliena ut pauperes, nec alii pauperes existentes horum substantiam desiderant et ergo nec insidias patiuntur, neque fraudes faciunt quapropter sine periculo vivunt.

(77) Maximum eufortunium est cives mediocrem substantiam habere tamquam sufficientem eis, quia per tales bene regitur civitas.

93 Litterae ... impossibile] *om.* E   98 oboedire] oboediri E   99 nimis[2]] est *add.* W   ingenuum] ingenium L   1 nimis] minus LXPfE   ingenuum] *om.* D   2 autem] *om.* LX   3 parvis] pravis L   4 sunt] sut X   5 minus] nimis E   ingenui] ingenues LWPE   9 vivunt] viuunt D   11 bene] *om.* L

(69) Arist., *Politica*, Δ4, 1291 a 10.
(70) Arist., *Politica*, Δ4, 1291 a 35-36.
(71) Arist., *Politica*, Δ6, 1292 b 32-33.
(72) Arist., *Politica*, Δ8, 1294 a 21-22.
(73) Arist., *Politica*, Δ11, 1295 b 1-6.
(74) Cf. Arist., *Politica*, Δ11, 1295 b 6-10.
(75) Arist., *Politica*, Δ11, 1295 b 13-16, 18-20.
(76) Arist., *Politica*, Δ11, 1295 b 29-33.
(77) Arist., *Politica*, Δ11, 1295 b 39-40, 35.

93 *Litterae* : ce mot est une corruption du terme *licere* qui se trouve dans la traduction latine de ce passage.

5 *minus ingenui* : la leçon correcte pour *minus* est probablement *nimis*. Quant à *ingenui*, il s'agit probablement d'une mauvaise reproduction de *indigui*.

5 *et viles* : il faudrait écrire normalement *viles et*.

(78) Quanto aliquid magis attingit medium, tanto melius est, quanto autem magis aliquid distat a medio, tanto pejus.
(79) Magnae civitates plus sunt seditiosae quam parvae, quia multum est ibi medium.
(80) In magnis negotiis oportet unum ordinare ad unum opus, quia cura melius est intenta circa unum opus quam circa multa.

Sequuntur auctoritates V libri Politicorum Aristotelis.

(81) Quod plus est, inaequale est.
(82) Ubique propter inaequale fit seditio.
(83) Nobilitas generis et divitiae sunt principia et fontes seditionum.
(84) Nobilitas et virtus in paucis inveniuntur.
(85) Minores ut fiant aequales seditiones faciunt, aequales vero ut fiant majores.
(86) Quod parum est quasi nihil differt ab eo quod non est.
(87) Omnis diversitas videtur facere seditionem.
(88) Seditiones quae parvae sunt primo quasi non fuerint, inter dominos convalescunt.
(89) Principium alicujus videtur esse dimidium totius. Pater et filius simul principari nequeunt.
(90) Politiae maxime dissolvuntur propter justitiae transgressionem.
(91) Contrariorum contraria sunt factiva.
(92) Parvae expensae saepe factae substantias saepe consumunt.

12 aliquid magis] magis aliquid D 18 Aristotelis] *om.* E 19 Quod] Uod WD 20 fit] sit L 25 ab] ad D 28 convalescunt] convelescunt P 29 esse] est Xf

(78) Cf. Arist., *Politica*, Δ11, 1296 b 7-9.
(79) Arist., *Politica*, Δ11, 1296 a 9-10.
(80) Arist., *Politica*, Δ15, 1299 a 34-36, a 39 - b 1.
(81) Arist., *Politica*, E1, 1301 a 35.
(82) Arist., *Politica*, E1, 1301 b 26-27.
(83) Arist., *Politica*, E1, 1301 b 3-6.
(84) Arist., *Politica*, E1, 1301 b 40 - 1302 a 1.
(85) Arist., *Politica*, E2, 1302 a 29-31.
(86) Arist., *Politica*, E3, 1303 a 24-25.
(87) Arist., *Politica*, E3, 1303 b 14.
(88) Cf. Arist., *Politica*, E4, 1303 b 19-20.
(89) Arist., *Politica*, E4, 1303 b 29.
Cf. Arist., *Politica*, E6, 1305 b 8-9.
(90) Arist., *Politica*, E7, 1307 a 5-7.
(91) Arist., *Politica*, E8, 1307 b 29.
(92) Arist., *Politica*, E8, 1307 b 33-34.

(93) Periculosum est principi dare subdito suo magnos honores.

(94) Regnum servatur per amicos.

(95) Rex justitiam servare debet.

(96) Contumelia est causa irae.

(97) Nullus manum suam mittit ad impossibilia.

(98) Non de facili potest invadi qui est sobrius et vigilans, sed qui est dormiens, quapropter principes, ut non sint invasibiles, somnum et ebrietatem multum evitare debent.

(99) Princeps debet esse deicola, quia minus timent homines injustum pati a principe, si deicolam putant ipsum esse.

(100) Oportet principem bonos honorare et ipsummet honorem distribuere.

(101) Supplicia autem non debet distribuere per se, sed per alios.

(102) Si princeps aliquem de potestate sibi tradita vult deponere, gradatim hoc debet facere et non simul auferre totam potestatem.

Sequuntur auctoritates VI libri Politicorum Aristotelis.

(103) Opus libertatis est vivere ut aliquis vult, quia servus non vivit ut vult.

(104) Pluralitas in electione personarum praefertur paucitati, similiter magnitudo dignitatis praefertur parvitati.

(105) Optimus populus est qui terrae cultrius est.

50 Opus] Pus WD libertatis] libettatis P aliquis] *om.* E 53 parvitati] pravitati LW

(93) Cf. Arist., *Politica*, E8, 1308 b 10-14.
(94) Arist., *Politica*, E11, 1313 b 29-30.
(95) Arist., *Politica*, E10, 1310 b 40 - 1311 a 1.
(96) Arist., *Politica*, E10, 1311 a 33-34.
(97) Arist., *Politica*, E11, 1314 a 23-25.
(98) Cf. Arist., *Politica*, E11, 1314 b 34-36.
(99) Arist., *Politica*, E11, 1314 b 38 - 1315 a 2.
(100) Arist., *Politica*, E11, 1315 a 2-4, 6-7.
(101) Arist., *Politica*, E11, 1315 a 7-8.
(102) Arist., *Politica*, E11, 1315 a 12-14.
(103) Arist., *Politica*, Z2, 1317 b 11-13.
(104) Cf. Arist., *Politica*, Z3, 1318 a 28-29, 32-33.
(105) Arist., *Politica*, Z4, 1318 b 9-10.

37 *Contumelia* : ce terme est issu de la traduction latine de la *Politique* et ne rend pas le sens du mot grec ὕβρεως.

54 *cultrius* : ce mot est probablement une altération du terme *cultivus*.

(106) Agricolae qui non habent necessaria circa opera immorantur et aliena non concupiscunt.

(107) Agricolae magis concupiscunt lucrum quam honorem, quia delectabilius est eis laborare quam principari.

(108) Non est facile civitatem permanere sine legibus et consuetudinibus compositam.

(109) Quanto aliquid est pejus, tanto majori indiget cautela.

(110) Necesse est in omni civitate aliquid vendi et emi.

(111) Pravos non est securum facere dominos, quia ipsi magis indigent custodia aliorum quam alios possunt custodire.

(112) Oportet in civitate aliquos esse curam deorum habentes, ut sacerdotes.

Sequuntur auctoritates VII libri Politicorum Aristotelis.

(113) Triplex est bonum, scilicet bonum animae, bonum corporis et bonum extrinsecus proveniens.

(114) Sine his quattuor virtutibus, scilicet fortitudine, temperantia, justitia et prudentia, nemo dicitur esse beatus.

(115) Omnis excessus rerum, vel nocet, vel nihil proficit.

(116) Anima pretiosior est corpore et omni possessione.

(117) Animae bonum pretiosius est omnibus bonis.

58 laborare] labore LXP 62 et] vel D 64 possunt] possint LWPf 68 Triplex] riplex WD 70 Sine] Sive D

---

(106) Arist., *Politica*, Z4, 1318 b 13-14.
(107) Arist., *Politica*, Z4, 1318 b 14-17.
(108) Arist., *Politica*, Z4, 1319 b 3-4.
(109) Arist., *Politica*, Z6, 1320 b 32-33.
(110) Arist., *Politica*, Z8, 1321 b 14-15.
(111) Arist., *Politica*, Z8, 1322 a 24-26.
(112) Cf. Arist., *Politica*, Z8, 1322 b 18-19.
(113) Arist., *Politica*, H1, 1323 a 24-27.
(114) Arist., *Politica*, H1, 1323 a 27-29.
(115) Arist., *Politica*, H1, 1323 b 8-9.
(116) Arist., *Politica*, H1, 1323 b 16-17.
(117) Arist., *Politica*, H1, 1323 b 16-18.

59-60 Cette citation n'est pas la reproduction fidèle du texte d'Aristote : ... *neque facile permanere non bene compositam legibus et consuetudinibus*.

(118) Teste deo quod in omnibus exterioribus bonis non est felicitas, quia felix quis est qui nullo exteriorum bonorum utitur.

(119) Duplex est felicitas, scilicet politica et contemplativa, inter quas contemplativa est melior.

(120) Bonum animae est optimum et eligibilissimum.

(121) Non est possibile politicam esse optimam sine moderata abundantia.

(122) Felicitas est perfectus usus virtutis.

(123) Potentia est in junioribus, prudentia vero in senioribus.

(124) Inter omnia animalia, solus homo habet rationem.

(125) Necesse est futurum principem subditum fuisse.

(126) Finis generationis ut in pluribus, in viris est numerus LXX annorum, in mulieribus vero XL.

(127) Mulieribus convenit conjugari circa annum XVIII, viris autem circa annum XXVII.

(128) Juvenum coitus pravus est ad generationem filiorum, similiter et senum.

(129) Lactis alimentum maxime est familiare corporibus puerorum.

(130) Bonum est pueris esse sine vino.

75 exterioribus] exteribus D   76 exteriorum bonorum] bonorum exteriorum X
80 politicam] politiam D   82 perfectus] perfectas D   89 annum] *om.* ED
92 familiare] familiari X

---

(118) Arist., *Politica*, H1, 1323 b 23-26.
(119) Petrus de Alvernia, *In libros Politicorum...*, VII, lect. 2, n. 1081, 1082.
Cf. Arist., *Politica*, H2, 1324 a 27-29.
Arist., *Ethica ad Nicomachum*, K7, 1177 a 16-18, 1178 a 7-9.
(120) Cf. Arist., *Politica*, H1, 1323 b 16-21.
(121) Arist., *Politica*, H4, 1325 b 37-38.
(122) Arist., *Politica*, H8, 1328 a 37-38.
(123) Arist., *Politica*, H9, 1329 a 14-16.
(124) Arist., *Politica*, H13, 1332 b 3-5.
(125) Arist., *Politica*, H14, 1333 a 2-3.
(126) Arist., *Politica*, H16, 1335 a 7-11.
(127) Arist., *Politica*, H16, 1335 a 28-29.
(128) Arist., *Politica*, H16, 1335 a 11-12.
Cf. Arist., *Politica*, H16, 1335 b 29-30.
(129) Arist., *Politica*, H17, 1336 a 7-8.
(130) Petrus de Alvernia, *In libros Politicorum...*, VII, lect. 12, n. 1245.
Cf. Arist., *Politica*, H17, 1338 a 8.

---

87 *XL* : le texte d'Aristote est *L*.
89 *XXVII* : le texte d'Aristote est *XXXVII*.

(131) Juvenes custodiendi sunt ut non dicant, nec audiant aliquod turpe, quia ex dicere et audire aliquid turpium, facile eos facere aliquid turpium contingit.

(132) Juvenes maxime ab ebrietate custodiendi sunt.

(133) Omnia amamus magis in principio.

(134) Ars supplet defectum naturae.

Sequuntur auctoritates VIII libri Politicorum Aristotelis.

(135) Omnis laborans requie indiget.

(136) Ludus fit propter requiem.

(137) Continuum et continue debet esse studium.

(138) Musica valet ad deductionem temporis et delectationem sive recreationem et ideo pueris valet studere in musica.

(139) Non solum pueri erudiendi sunt, scilicet in arte utili et necessaria, sed etiam in artibus liberalibus et honestis, ut est litterarum eruditio, et in artibus delectabilibus, ut in musica.

(140) Facilius est habere unum, vel paucos bene sapientes quam plures.

(141) Requies de necessitate est delectabilis, quia est medicinae tristitiae quae est in labore.

(142) Musica est potens laetificare homines.

(143) Anima naturaliter delectatur in musicis melodiis.

95 turpium] tupium E   1 Omnis] Mnis WD   5 et ideo pueris valet] et eo pueris prodest W   9 plures] multos X   13 naturaliter delectatur] delectatur naturaliter LWPE

---

(131) Arist., *Politica*, H17, 1336 b 3-8.
(132) Cf. Arist., *Politica*, H17, 1336 b 33-35.
(133) Arist., *Politica*, H17, 1336 b 33.
(134) Arist., *Politica*, H17, 1337 a 1-3.
(135) Arist., *Politica*, Θ3, 1337 b 38.
(136) Arist., *Politica*, Θ3, 1337 b 38-39.
(137) Arist., *Politica*, Θ1, 1337 a 26-27.
(138) Cf. Arist., *Politica*, Θ5, 1340 b 10-13, 1139 b 20-27.
(139) Arist., *Politica*, Θ3, 1338 a 30-32.
Cf. Arist., *Politica*, Θ3, 1338 36-40.
(140) Petrus de Alvernia, *In libros Politicorum...*, VIII, lect. 1, n. 1279.
(141) Arist., *Politica*, Θ5, 1339 b 16-17.
(142) Arist., *Politica*, Θ5, 1339 b 21-24.
(143) Arist., *Politica*, Θ5, 1340 a 4.

---

3 *Continuum et continue* : la leçon correcte de ce passage serait *communium et commune.*

(144) Melodia iratos homines et aliis passionibus occupatos saepe alleviat illos laetos faciendo.

(145) Ebrietas homines impetuosos facit.

Sequuntur auctoritates super primum librum Rhetoricorum Aristotelis.

(1) Rhetorica est assecutiva dialecticae.

(2) Litigantis nihil est aliud, nisi ostendere, quia res est, vel non est, aut quia perfecta est, vel non et utrum sit justa, vel injusta oportet ipsum judicem cognoscere et non addiscere a litigantibus.

(3) Facilius est habere unum vel paucos bene sapientes quam plures.

(4) Amor, odium et proprium commodum saepe faciunt judicem non cognoscere verum.

(5) Rhetorica docet justa et vera persuadere et contraria eorum fugere.

(6) Si inconveniens et turpe est aliquem se non posse defendere corpore, multo magis inconveniens est et turpe se non posse defendere sermone.

(7) Nulla ars considerat particulare, quia particularia sunt infinita et non scibilia.

(8) De necessariis et impossibilibus non consiliamur, sed de contingentibus et aliter se habere potentibus quae in nostra potestate sunt.

17 Sequuntur] *om.* E 17-18 Aristotelis] *om.* E 19 Rhetorica] Hetorica WD 21 vel] aut LWPE 23 plures] multos X 24 proprium commodum] commodum proprium L 29 se] *om.* XPfED 31 ars] res LWP

---

(144) Arist., *Politica*, Θ7, 1342 a 7-11.
(145) Arist., *Politica*, Θ7, 1342 b 26-27.
(1) Arist., *Rhetorica*, A1, 1354 a 1-3.
(2) Arist., *Rhetorica*, A1, 1354 a 26-31.
(3) Arist., *Rhetorica*, A1, 1354 a 34 - b 1.
(4) Arist., *Rhetorica*, A1, 1354 b 8-10.
(5) Cf. Arist., *Rhetorica*, A1, 1355 a 20-22.
(6) Arist., *Rhetorica*, A1, 1355 a 38 - b 1.
(7) Arist., *Rhetorica*, A2, 1356 b 28-29, 32-33.
(8) Arist., *Rhetorica*, A2, 1357 a 4-7.

26-27 Cette citation ne reproduit pas le sens du passage correspondant d'Aristote : *χρήσιμος δ'ἐστὶν ἡ ῥητορικὴ διά τε τὸ φύσει εἶναι κρείττω τἀληθῆ καὶ τὰ δίκαια τῶν ἐναντίων...*

(9) Nobilitas gentis vel civitatis est homines antiquos esse praesides, principes et insignes et multos insignes ex eis prodiisse.

(10) Nobilitas singularis est quae a viris ac mulieribus fit propter divitias, vel virtutes, vel propter aliquod aliud propter quod homo honoratur.

(11) Honor est benefactivae operationis signum, quia illi maxime et juste honorantur qui beneficia dare possunt.

(12) Multi sine virtutibus corporis longaevi inveniuntur.

(13) Consilium non est de fine, sed de his quae sunt ad finem.

(14) Omnia bonum appetunt et tertio Ethicorum.

(15) Exercitium, ut in pluribus, conservat sanitatem.

(16) Cujus contrarium est malum, illud est bonum.

(17) Quicquid fuerit superabundans et magis quam esse debeat, hoc est malum.

(18) Facilia sunt quaecumque sine tristitia sunt et in modico tempore sunt, sicut simpliciter ad simpliciter, magis ad magis, maximum ad maximum et e contra.

(19) Sine causa et principio, impossibile est aliquid esse vel fieri.

(20) Subtiliter videre melius est quam subtiliter odorare, quia visus melior est odoratu.

(21) Pulchrius est esse amatorem sociorum quam pecuniarum.

(22) Multa quac naturaliter non sunt delectabilia, cum assuefacta fuerint, delectabilia sunt.

39 aliquod] aliquid E 42 qui] quia fD; quando LXP 48 fuerit] furtit LP

(9) Arist., *Rhetorica*, A5, 1360 b 31-33.
(10) Arist., *Rhetorica*, A5, 1360 b 34-37.
(11) Arist., *Rhetorica*, A5, 1361 a 27-29.
(12) Arist., *Rhetorica*, A5, 1361 b 33.
(13) Arist., *Rhetorica*, A6, 1362 a 18-19.
(14) Arist., *Rhetorica*, A6, 1362 a 23.
(15) Arist., *Rhetorica*, A6, 1362 a 33-34.
(16) Arist., *Rhetorica*, A6, 1362 b 30-31.
(17) Arist., *Rhetorica*, A6, 1363 a 1-2.
(18) Arist., *Rhetorica*, A6, 1363 a 23.
Cf. Arist., *Rhetorica*, A7, 1363 b 21-22.
(19) Arist., *Rhetorica*, A7, 1364 a 11-12.
(20) Arist., *Rhetorica*, A7, 1364 a 37 - b 1.
(21) Arist., *Rhetorica*, A7, 1364 b 1-2.
(22) Arist., *Rhetorica*, A10, 1369 b 17-18.

50 *et* : la leçon correcte serait *aut*.

(23) Quod consuetum est, velut innatum est, quia consuetudo est similis naturae.

(24) Diligere est delectabile, quia nullus diligit unum, nisi delectetur in eo.

(25) Omne consuetum est delectabile.

(26) Addiscere aliquid delectabile est.

(27) Justum est ei gratiam facere qui gratiam fecit.

(28) Justum est auxiliari amicis.

Sequuntur auctoritates II libri Rhetoricorum Aristotelis.

(29) Ira est appetitus cum tristitia punitivus propter parvipensionem sui ipsius vel suorum.

(30) Ad omnem iram sequitur delectatio propter spem puniendi, unde dicit Homerus quod ira est dulcior melle stillante.

(31) Infirmi, coeuntes, bellantes, amantes, sitientes et universaliter desiderantes aliquid et non consequentes illud de facili irascuntur.

(32) Si quis in philosophia cupit delectari, irascetur qui eam decipit.

(33) Oblivio est signum parvipensionis.

(34) Mansuetudo est quietatio irae.

(35) Nullus se ipsum parvipendit.

(36) Servos arrogantes et contradicentes magis flagellamus.

63 est delectabile] delectabile est X 65 Justum ... fecit] *om.* L 68 Ira] Ra D 71 melle] melie W 74 eam] eum W decipit] decepit D

---

(23) Arist., *Rhetorica*, A11, 1370 a 6-7.
(24) Arist., *Rhetorica*, A11, 1371 a 17-18.
(25) Arist., *Rhetorica*, A10, 1369 b 16-17.
(26) Cf. Arist., *Rhetorica*, A11, 1371 a 31-32.
(27) Arist., *Rhetorica*, A13, 1374 a 23.
(28) Arist., *Rhetorica*, A13, 1374 a 24-25.
(29) Arist., *Rhetorica*, B2, 1378 a 31-33.
(30) Arist., *Rhetorica*, B2, 1378 b 1-2, 5-7.
(31) Cf. Arist., *Rhetorica*, B2, 1379 a 15-17.
(32) Arist., *Rhetorica*, B2, 1379 a 28, 34-35.
(33) Arist., *Rhetorica*, B2, 1379 b 16.
(34) Arist., *Rhetorica*, B3, 1380 a 7-8.
(35) Arist., *Rhetorica*, B3, 1380 a 12-13.
(36) Arist., *Rhetorica*, B3, 1380 a 16-17.

---

61 *unum* : la leçon correcte serait *vinum*.
72 *coeuntes* : il faudrait normalement faire précéder ce terme de *non*.

(37) Manifesta negare irreverentia est.
(38) Tempus quietat iram.
(39) Amicus est qui amat et e converso qui amatur.
(40) Amicus gaudet de bonis et dolet de tristibus sui amici.
(41) Signa voluptatis sunt delectationes et tristitiae.
(42) Ira est feminarum inimicitiae et odii.
(43) Laudare praesentem adulari est.
(44) Aliquem sua propria narrare jactantia est.
(45) Turpe est ignorare quod omnibus scire contingit.
(46) Omne malum erubescibile est, de bonis autem operibus nullus erubescere debet.
(47) Superari ab inimicis mirabile est.
(48) Similis simili invidet si in hoc quod sunt similes unus excedit alium, unde figulus odit figulum.
(49) Nobilitas est progenitorum nobilitas attenditur secundum virtutem generis.
(50) Generosum non dicitur de genere, sed a natura.

84 odii] odium W   91 simili] sibi L   invidet] et *add.* E   92 figulus] figilus X

---

(37) Arist., *Rhetorica*, B3, 1380 a 19.
(38) Arist., *Rhetorica*, B3, 1380 b 6.
(39) Arist., *Rhetorica*, B4, 1381 a 1-2.
(40) Arist., *Rhetorica*, B4, 1381 a 4-5.
(41) Arist., *Rhetorica*, B4, 1381 a 7-8.
(42) Arist., *Rhetorica*, B4, 1382 a 1-2.
(43) Arist., *Rhetorica*, B6, 1383 b 32.
(44) Arist., *Rhetorica*, B6, 1384 a 6-7.
(45) Cf. Arist., *Rhetorica*, B6, 1384 a 12-13.
(46) *Locus non inventus.*
(47) *Locus non inventus.*
(48) Cf. Arist., *Rhetorica*, B10, 1388 a 14-16.
(49) Arist., *Rhetorica*, B15, 1390 b 18-19, 22.
(50) Cf. Arist., *Rhetorica*, B15, 1390 b 22-23.

---

83 *voluptatis* : cette leçon devrait être remplacée par *voluntatis*.
84 *feminarum* : ce mot ne figure pas dans le texte d'Aristote. A cet endroit, on trouve la forme *factiva*.
93 *progenitorum* : il faudrait ajouter *honorabilitas* après ce mot pour traduire le texte d'Aristote.
95 Le texte de cette citation est corrompu et ne rend pas le sens de la phrase d'Aristote : *ἔστι δὲ εὐγενὲς μὲν κατὰ τήν τοῦ γένους ἀρέτην, γενναῖον δὲ κατὰ τὸ μὴ ἐξίστασθαι τῆς φύσεως.*

(51) Multi sunt qui indigent habentibus.

(52) Pejores sunt nuper ditati quam ditati ab antiquo.

(53) Si sine arte et operatione aliquid fieri possibile est, magis per artem et curam aliquid fieri possibile est, unde ubi philosophi fuerunt praesides, felix fuit civitas, similiter impie agunt qui dicunt fieri deos et qui mori dicunt eos.

(54) Nihil est sine causa.

(55) Omnis fur malignus est.

Sequuntur auctoritates III libri Rhetoricorum Aristotelis.

(56) Quod mirabile est, delectabile est.

(57) Contraria juxta se posita magis apparent, sive elucescunt.

(58) Honestas vel turpitudo nominis, vel est signato, vel signo.

(59) Qui mortuos spoliant assimilantur canibus qui lapidem mordent.

(60) Infinitum non est scibile.

(61) Omnia terminantur numero.

(62) Quod est brevius, semper est delectabilius.

(63) Intellectus est lumen quod deus infundit.

(64) Omnem transferentem oportet transferre a similitudinibus et manifestis.

(65) Prooemium est principium orationis.

(66) Prooemium habet se in oratione, sicut praeludium in fistulis.

96 habentibus] hominibus W   00 fuerunt] fuerint X   4 libri] *om.* E   Aristotelis] *om.* E   5 Quod] Uod WD   11 est[2]] *om.* D

(51) Arist., *Rhetorica*, B16, 1391 a 7-8.
(52) Arist., *Rhetorica*, B16, 1391 a 14-17.
(53) Arist., *Rhetorica*, B19, 1392 a 5-7, B23, 1398 b 18-19, 1399 b 6-7.
(54) Arist., *Rhetorica*, B23, 1400 a 31.
(55) Arist., *Rhetorica*, B24, 1401 b 14.
(56) Arist., *Rhetorica*, Γ2, 1404 b 12.
(57) Arist., *Rhetorica*, Γ3, 1405 a 12-13.
(58) Arist., *Rhetorica*, Γ2, 1405 b 6-8.
(59) Arist., *Rhetorica*, Γ4, 1406 b 33-34.
(60) Arist., *Rhetorica*, Γ8, 1408 b 27-28.
(61) Arist., *Rhetorica*, Γ8, 1408 b 28.
(62) Cf. Arist., *Rhetorica*, Γ10, 1410 b 18.
(63) Arist., *Rhetorica*, Γ10, 1411 b 12-13.
(64) Arist., *Rhetorica*, Γ11, 1412 a 9-11.
(65) Arist., *Rhetorica*, Γ14, 1414 b 19.
(66) Arist., *Rhetorica*, Γ14, 1414 b 19-20.

(67) Oportet facere viam in anima auditoris futurae orationis quod fit per prooemium.
(68) Quod magis dicturus quis est, de hoc prooemizare debet.
(69) Prooemia auctores debent facere benivolos et attentos.
(70) Laus est sermo dilucidans magnitudinem personae.
(71) De futuris non est narratio, sed praeterita acta oportet credi.

Sequuntur auctoritates super primum librum Poetriae.

(1) Omnis oratio poetica, vel est laudatio, vel vituperatio.
(2) Ars poetica est ars logicalis.
(3) Compositor sermonum metrorum in naturalibus potius est denominandus auctor sermocinalis quam poeta.
(4) Omnis motus et omnis actio versatur circa ultima.
(5) Homo naturaliter delectatur in metro et symphonia.
(6) Exemplis utimur docendo ut facilius intelligatur quod dicitur.
(7) Doctrina naturaliter procedit de homine in hominem secundum operationem quam habet ad discipulum.
(8) Animae virtuosae et nobiles naturaliter invenerunt artes carminum ad laudandum.
(9) Animae vero deficientes in his adinvenerunt carmina ad vituperandum.
(10) Bonitas artis laudandi consistit in metro prolixo et non curato.

19 Quod] autem *add.* XfD 20 auctores] auditores W 21 dilucidans] dulcidans LWP 24 Omnis] Mnis D 26 Compositor] Compositorum LWPED 29 symphonia] sophonia D 30 intelligatur] intelligitur Xf 32 habet] doctor *add.* W 37 curato] curtato W

(67) Arist., *Rhetorica*, Γ14, 1414 b 19, 21, 25-26.
(68) Cf. Arist., *Rhetorica*, Γ14, 1415 a 12-13, b 7-8.
(69) Arist., *Rhetorica*, Γ14, 1415 a 34-35.
(70) Arist., *Rhetorica*, A9, 1367 b 26-27.
(71) Arist., *Rhetorica*, Γ16, 1417 b 12-13.
(1) Averroes, *Expositio poeticae*, p. 41.
(2) Averroes, *Expositio poeticae*, p. 43.
(3) Averroes, *Expositio poeticae*, p. 43.
(4) Averroes, *Expositio poeticae*, p. 43.
(5) Averroes, *Expositio poeticae*, p. 45.
(6) Averroes, *Expositio poeticae*, p. 45.
(7) Averroes, *Expositio poeticae*, p. 45.
(8) Averroes, *Expositio poeticae*, p. 45.
(9) Averroes, *Expositio poeticae*, p. 45.
(10) Averroes, *Expositio poeticae*, p. 46.

21 *personae* : il faudrait probablement remplacer cette leçon par *virtutis*.

Sequuntur auctoritates II libri Poetriae.

(11) Totum et completum est quod habet principium, medium et finem.

(12) Locum medium obtinebunt in bello qui fortes sunt.

(13) Locum, scilicet medium, inter timidum et audacem.

(14) Omnis sermo, si brevior sit quam debeat, obscurat intellectum, si longior fuerit, difficilis est retentionis et discipulo oblivionem inducit.

(15) Uni rei multa accidunt.

(16) Oportet ut ars in hoc naturam imitetur, ut, omnia quae agit, agat secundum unum propositum et unum finem.

(17) Rebus non existentibus in natura non imponuntur nomina, nisi raro.

Commentator.

(18) Suave est homini quod consuevit tota sua vita.

(19) Secundum Aristotelem : Ira est tristitia et perturbatio quaedam in vehementi appetitu vindictae.

(20) Quod quis non credit, non movet ipsum, nec ad timendum, nec ad miserandum.

(21) Non contristatur, nec laeditur aliquis in tantum propter malum quod infertur sibi ab inimicis in quantum contristatur et laeditur propter malum sibi illatum ab amicis.

(22) In quolibet genere est aliquod bonum, licet in eo inveniuntur aliqua non bona.

39 Totum] Otum D et] *om.* D 41 obtinebunt] obtinebit ED 44 oblivionem] oblivione D 48 unum[1]] *om.* D 53 Aristotelem] Aristotilem f 57 laeditur] seditur L

(11) Averroes, *Expositio poeticae*, p. 50.
(12) Averroes, *Expositio poeticae*, p. 50.
(13) Averroes, *Expositio poeticae*, p. 50.
(14) Averroes, *Expositio poeticae*, p. 50.
(15) Averroes, *Expositio poeticae*, p. 51.
(16) Averroes, *Expositio poeticae*, p. 51.
(17) Averroes, *Expositio poeticae*, p. 52.
(18) Averroes, *Expositio poeticae*, p. 54.
(19) Averroes, *Expositio poeticae*, p. 56.
(20) Averroes, *Expositio poeticae*, p. 56.
(21) Averroes, *Expositio poeticae*, p. 57.
(22) Averroes, *Expositio poeticae*, p. 57.

(23) Propter usus et consuetudines malas et perversas non laudatur quisquam.
(24) Qui beneficia invenit compedes invenit.
(25) Res nullae sunt stabiles quae cum fluxu temporis fluunt et fluxibiles sunt.
(26) Aristoteles : In inferno continua est tristitia et maeror inconsolabilis.
(27) Littera est simplicissimum elementum ex quibus locutio constituitur.

Sequuntur auctoritates Epistulae de bene vivere sive agere Alexandro regi missae.

(1) Melius est animam habere abundantem scientiis quam habitum corporis bene indutum.
(2) Eos qui ratione utuntur et cum hac agunt omnia tamquam bonos et optimos existentes laudamus.
(3) Eos autem qui sine ratione aliquid agunt, tamquam rudes et bestiales existentes ostendimus.
(4) Sicut vita sine tristitia delectabilis est, ita ratiocinatio secundum animam laudabilis est.
(5) Concupiscentia et ira et reliquis similibus reliqua utuntur animalia, ratione autem nullum animalium nisi homo.
(6) Suadeo tibi attingere rationem philosophiae.

62 malas et perversas] malos et perversos XfD 69 quibus] litteris *add.* W 73 Melius] Elius WD 77 autem] *om.* L 80 laudabilis est] est laudabilis E

---

(23) Averroes, *Expositio poeticae*, p. 58.
(24) Averroes, *Expositio poeticae*, p. 59.
(25) Averroes, *Expositio poeticae*, p. 61.
(26) Averroes, *Expositio poeticae*, p. 64.
(27) Averroes, *Expositio poeticae*, p. 65.
(1) *Rhetorica ad Alexandrum*, 1, 1420 a 15-17.
(2) *Rhetorica ad Alexandrum*, 1, 1420 a 28-30.
(3) *Rhetorica ad Alexandrum*, 1, 1420 a 30 - b 5.
(4) Cf. *Rhetorica ad Alexandrum*, 1, 1420 b 11-12.
(5) *Rhetorica ad Alexandrum*, 1, 1421 a 10-12.
(6) *Rhetorica ad Alexandrum*, 1, 1421 a 15-16.

---

78 *ostendimus* : la leçon correcte serait *odimus*.

(7) Sicut conservativum corporis est sanitas, ita conservativum animae est eruditio.

(8) Eruditione praecedente non contingit peccare circa actionem.

(9) Sicut videre est delectabile oculis, sic oculis animae intueri acute amabile est.

(10) Sicut dux est salvator exercitus, sic ratio cum eruditione est dux vitae.

De regimine principum Aristotelis eruditio.

(1) Deo nihil est difficile et sine eo nihil est possibile possideri.

(2) Quicquid datur indigno, perditur.

(3) Summa bonitas est in rege abstinere a pecuniis et possessionibus subditorum.

(4) Tunc solent homines timere regem, quando vident eum timere deum.

(5) Summa sapientia est in rege se ipsum regere.

(6) Honorificum est regi a multiloquio se abstinere.

(7) Nimia familiaritas contemptum parit.

(8) Noli appetere quod transitorium est, sed procura tibi divitias immortales.

(9) Dirige semper cogitationes in bonum.

(10) Noli te inclinare ad coitum mulieris, quia coitus est quaedam proprietas porcorum.

91 principum] principium E 92 Deo] Eo WD 00 contemptum] comtemptum E

---

(7) *Rhetorica ad Alexandrum*, 1, 1421 a 16-18.
(8) *Rhetorica ad Alexandrum*, 1, 1421 a 18-19.
(9) *Rhetorica ad Alexandrum*, 1, 1421 a 21-23.
(10) *Rhetorica ad Alexandrum*, 1, 1421 a 23-24.
(1) *Secretum secretorum*, III, 24.
(2) *Secretum secretorum*, IV, 11.
(3) *Secretum secretorum*, V, 3.
(4) *Secretum secretorum*, IX, 7.
(5) *Secretum secretorum*, X, 3.
(6) *Secretum secretorum*, XI, 1.
(7) *Secretum secretorum*, XI, 2.
(8) *Secretum secretorum*, XIII, 1-2.
(9) *Secretum secretorum*, XIII, 2.
(10) *Secretum secretorum*, XIV, 1.

---

88 *amabile* : il faudrait corriger *amabile* en *mirabile*.

(11) Quae gloria tibi est, si exerces vitium irrationabilium animalium et actus brutorum?
(12) Coitus est destructio corporis et abbreviatio vitae.
(13) Cave effundere sanguinem humanum.
(14) Facta circa praeterita documenta dant in futuris.
(15) Minorem ne contempseris quia minor ascendere potest ad honores et tunc potentior erit ad nocendum.
(16) Noli penitere de praeteritis, quia hoc proprium est debilium mulierum.
(17) Deus gloriosus nihil otiosum facit.
(18) Sine vacuo est natura.
(19) Ad potentiam intellectus nihil est difficile.
(20) Cuncta sunt scibilia via rationis.
(21) Futura si praesciantur facilius tolerantur et prudentius declinantur.
(22) Conservatio sanitatis melior est omni medicina.
(23) Necessitas non habet legem.
(24) Consuetudo est altera natura.
(25) Mutatio consuetudinis non est subita, sed successiva.
(26) Inferiora a superioribus reguntur.
(27) Justitia regnantis utilior est subditis quam fertilitas temporis.

9 sanguinem] sangninem f 17 Ad] Apud X 19 prudentius] prudentus W; prudenter LP 24 successiva] excessiva LWP

(11) *Secretum secretorum*, XIV, 2.
(12) *Secretum secretorum*, XXI, 3.
(13) *Secretum secretorum*, XIV, 3.
(14) *Secretum secretorum*, XXI, 8.
(15) *Secretum secretorum*, XXI, 9.
(16) *Secretum secretorum*, XXIII, 3.
(17) *Secretum secretorum*, XXVI, 2.
(18) *Secretum secretorum*, XXVI, 2.
(19) *Secretum secretorum*, XXVI, 6.
(20) *Secretum secretorum*, XXVI, 6.
(21) *Secretum secretorum*, XXVI, 9.
(22) *Secretum secretorum*, XXVII, 1.
(23) *Secretum secretorum*, XXXIV, 4.
(24) *Secretum secretorum*, XXXIV, 4.
(25) *Secretum secretorum*, XXXIV, 4.
(26) *Secretum secretorum*, LXI, 1.
(27) *Secretum secretorum*, LXI, 7.

(28) Consilium est oculus futurorum.
(29) Nobilissimum animalium est homo.

Auctoritates libri Aristotelis De pomo et morte.

(1) Saepius mihi philosophia visa est res divina.
(2) Mors nihil est, nisi recessus animae a corpore.
(3) Sapiens debet laetari de morte sua et non dolere.
(4) Philosophia docet hominem cognoscere suum creatorem.
(5) Docentes alios mentiri non debent.
(6) Logica est similis scorpioni in tiriaca quae licet de se sit venenum tamen in tiriaca existens remedium praestat dolorem patienti.
(7) Beata est anima quae non fuit infecta pravis operationibus hujus mundi.
(8) Vae animae peccatrici quae non habet posse redeundi ad locum suum, unde exivit, quia turpia opera et delectationes carnales impediunt ejus ascensum sursum.

Sequuntur morales auctoritates Senecae ad Lucilium Balbum et hoc congruo ordine ante progressum ad logicalia Aristotelis et aliorum.

(1) Turpissima est jactura quae fit per ignorantiam et negligentiam.
(2) Fastidientis stomachi est multa desiderare, sed pauca degustare.
(3) Ubi diversa sunt cibaria, ibi nutrimenta pauca, quia diversa minus alunt.

30 saepius] Aepius WD 33 suum creatorem] creatorem suum L 35 scorpioni] scorpionis L quae] qui D 42 Lucilium] Lucillum W 45 Turpissima] Urpissima WD ignorantiam] ignoranriam W 46 Fastidientis] Fastidientes L est] et LWPED

---

(28) *Secretum secretorum*, LXVII, 30.
(29) *Secretum secretorum*, LXV, 1.
(1) *De pomo et morte*, p. 208, 145-146.
(2) *De pomo et morte*, p. 49, l. 11-12.
(3) *De pomo et morte*, p. 53, l. 8-9.
(4) *De pomo et morte*, p. 54, l. 19-20.
(5) *De pomo et morte*, p. 59, l. 2-3.
(6) *De pomo et morte*, p. 63, l. 5-7.
(7) *De pomo et morte*, p. 64, l. 2-3.
(8) *De pomo et morte*, p. 64, l. 6-10.
(1) SENECA, *Ad Lucilium*, I 1, 1.
(2) SENECA, *Ad Lucilium*, I 2, 4.
(3) SENECA, *Ad Lucilium*, I 2, 4.

(4) Peregrini multa habent hospitia, nullas amicitias.
(5) Nusquam deest, qui ubique est.
(6) Omnia aliena sunt, tempus tantum nostrum est.
(7) Non prodest cibus corpori, cum statim sumptus emittitur.
(8) Nihil impedit ita sanitatem, sicut crebra remediorum tentatio aut immutatio.
(9) Non enim venit vulnus ad cicatricem in quo medicina saepe negligitur ac diversimode temperatur, sicut nec convalescit planta quae saepe transfertur.
(10) Laeta paupertas est res honesta.
(11) Non qui parum habet est pauper, sed qui plus cupit.
(12) Cum amico omnia deliberare, sed te amico prius.
(13) Utrumque est vitium omni credere et nulli.
(14) Pessimum est quod habemus auctoritates senum, vitia vero puerorum.
(15) Noli fortunae credere in momento enim mare vertitur.
(16) Infirmi animi est non poscere divitias.
(17) Nullius rei jocunda est possessio sine socio.
(18) Unum exemplum luxuriae, sive avaritiae, multa mala facit.
(19) Cum illis conversari debes qui te jocundum facturi sunt vel meliorem.
(20) Illos admitte, quos tu meliores facere potes.

53 sanitatem] sanitate L 55 enim] cito W 65 poscere] posse L; posce XPfE 66 Nullius] Nullus LWD

---

(4) Seneca, *Ad Lucilium*, I 2, 2.
(5) Seneca, *Ad Lucilium*, I 2, 2.
(6) Seneca, *Ad Lucilium*, I 8, 9.
(7) Seneca, *Ad Lucilium*, I 2, 3.
(8) Seneca, *Ad Lucilium*, I 2, 3.
(9) Seneca, *Ad Lucilium*, I 2, 3.
(10) Seneca, *Ad Lucilium*, I 2, 6.
(11) Seneca, *Ad Lucilium*, I 2, 6.
(12) Seneca, *Ad Lucilium*, I 3, 2.
(13) Seneca, *Ad Lucilium*, I 3, 4.
(14) Seneca, *Ad Lucilium*, I 4, 2.
(15) Seneca, *Ad Lucilium*, I 4, 7.
(16) Seneca, *Ad Lucilium*, I 5, 6.
(17) Seneca, *Ad Lucilium*, I 6, 4.
(18) Seneca, *Ad Lucilium*, I 7, 7.
(19) Seneca, *Ad Lucilium*, I 7, 8.
(20) Seneca, *Ad Lucilium*, I 7, 8.

(21) Quid refert qualis status tuus sit, si videtur tibi malus.

(22) Sic vive cum hominibus tamquam deus videat.

(23) Sic loquere cum deo tamquam homines audiant.

(24) Quid est turpius quam senem vivere insipienter?

(25) Sine studio philosophiae aeger est animus.

(26) Non jubeo te semper scribere libros ac tabulas.

(27) Pugillaribus enim dandum est intervallum omnino.

(28) Pugilibus datur requies non ut virtus spolietur, sed ut magis acuatur.

(29) Scio neminem beate vivere sine studio sapientiae.

(30) Bonam vitam perfecta sapientia efficit.

(31) Non sit quod nos a philosophia removeat, nec paupertas, nec alicujus rei indigentia.

(32) Nemo dignus est deo, nisi opes contempserit.

(33) Philosophia docet nos facere et discernere.

(34) Magnus est ille qui in divitiis pauper est.

(35) Nemo dives nascitur.

(36) Pejores morimur quam nascimur.

(37) Incertum est quo loco mors te expectat itaque tu eam in omni loco expecta.

(38) Si quis percipit philosophiam, ita securus moritur, sicut nascitur.

77 omnino] *om.* E 78 Pugilibus] non *add.* XfD 79 acuatur] acuetur XfD

---

(21) Seneca, *Ad Lucilium,* I 9, 21.
(22) Seneca, *Ad Lucilium,* I 10, 5.
(23) Seneca, *Ad Lucilium,* I 10, 5.
(24) Seneca, *Ad Lucilium,* II 13, 17.
(25) Seneca, *Ad Lucilium,* II 15, 1.
(26) Seneca, *Ad Lucilium,* II 15, 6.
(27) Seneca, *Ad Lucilium,* II 15, 6.
(28) Seneca, *Ad Lucilium,* II 15, 6.
(29) Seneca, *Ad Lucilium,* II 16, 1.
(30) Seneca, *Ad Lucilium,* II 16, 1.
(31) Seneca, *Ad Lucilium,* II 17, 6.
(32) Seneca, *Ad Lucilium,* II 18, 13.
(33) Seneca, *Ad Lucilium,* II 20, 2.
(34) Seneca, *Ad Lucilium,* II 20, 10.
(35) Seneca, *Ad Lucilium,* II 20, 13.
(36) Seneca, *Ad Lucilium,* III 22, 15.
(37) Seneca, *Ad Lucilium,* III 26, 7.
(38) Seneca, *Ad Lucilium,* III 22, 16.

(39) Sola virtus praestat gaudium perpetuum et securum.

(40) Mens bona non accommodatur, nec emitur, et si venalis esset, non haberet emptorem, sed mala cotidie emitur.

(41) Initium sapientiae est cognitio peccati.

(42) Qui peccare se nescit, corrigi non vult.

(43) Generosus animus concitatur ad honesta.

(44) Magni animi est magna contemnere.

(45) Nemo bonus est sine deo.

(46) Quid est facilius propria in homine, aut aliena laudare?

(47) Non faciunt meliorem equum aurei freni.

(48) Nemo gloriari debet, nisi de suo.

(49) Lauda hominem in illo quod, nec dari, nec eripi potest, sed quod proprium hominis est, sed hoc non est domus, vel vestis pulchra, vel familia famosa, vel femina formosa, sed animus et ratio perfecta.

(50) Philosophia Platonem nobilem non accepit, sed eum nobilem fecit.

(51) Philosophia nullum rejicit, aut ejicit, sed lucet omnibus.

(52) Sic cum inferiori vivas, quemadmodum tecum superiorem vivere velis.

(53) Nulla servitus turpior quam voluntari<a>.

(54) Nihil est tam pertinax quod pervigilax operatio et diligens cura non expugnat vel permollit.

92 gaudium] gaudiunr P 94 emitur] emuntur LXPfED 96 se nescit] senescit LPf 2 suo] suis W 3 eripi] erigi LXPfD quod[2]] quid XLED 12 voluntari<a>] voluntarius *cod.* 13 est] *om.* D

---

(39) Seneca, *Ad Lucilium*, III 27, 3.
(40) Seneca, *Ad Lucilium*, III 27, 8.
(41) Seneca, *Ad Lucilium*, III 28, 9.
(42) Seneca, *Ad Lucilium*, III 28, 9.
(43) Seneca, *Ad Lucilium*, IV 39, 2.
(44) Seneca, *Ad Lucilium*, IV 39, 4.
(45) Seneca, *Ad Lucilium*, IV 41, 2.
(46) Seneca, *Ad Lucilium*, IV 41, 6.
(47) Seneca, *Ad Lucilium*, IV 41, 6.
(48) Seneca, *Ad Lucilium*, IV 41, 7.
(49) Seneca, *Ad Lucilium*, IV 41, 8.
(50) Seneca, *Ad Lucilium*, V 44, 3.
(51) Seneca, *Ad Lucilium*, V 44, 3.
(52) Seneca, *Ad Lucilium*, V 47, 11.
(53) Seneca, *Ad Lucilium*, V 47, 17.
(54) Seneca, *Ad Lucilium*, V 50, 6.

(55) Philosophiae servias, quia ipsi servire libertas est.

(56) Alienum est omne quicquid optando evenit.

(57) Si vis amari, tunc ama.

(58) Quicquid est ingenitum alicui non levi arte vincitur.

(59) Ille beatissimus est et securus sui possessor, qui crastinum diem sine sollicitudine expectat.

(60) Numquam enim in tantum contra virtutes nequitia invalescit ut nullum philosophiae sacrum et venerabile vestigium aut nomen permaneat.

(61) Subtilitas animae copia ciborum impeditur.

(62) Philosophia non consistit in verbis, sed in rebus.

(63) Philosophia animum sublevat, fabricat vitam, disponit actiones, regit agenda et omittenda demonstrat.

(64) Natura modicum petit.

(65) Naturalia desideria sunt infinita.

(66) Generosos animos labor nutrit.

(67) Te ipsum felicem facies, si intellexeris illa esse bona quibus virtus est admixta.

(68) Quid est bonum, nisi rerum scientia.

(69) Quid est malum, nisi rerum imperitia.

(70) Hoc est summum bonum quod si occupas, incipis esse deorum socius.

18 ingenitum] ingenium LWPE levi] leve E;levitur W 19 securus] secnrus f
37 tutum] pulchrum W

---

(55) SENECA, *Ad Lucilium*, I 8, 7.
(56) SENECA, *Ad Lucilium*, I 8, 9.
(57) SENECA, *Ad Lucilium*, I 9, 6.
(58) SENECA, *Ad Lucilium*, I 11, 1.
(59) SENECA, *Ad Lucilium*, I 12, 9.
(60) SENECA, *Ad Lucilium*, II 14, 11.
(61) SENECA, *Ad Lucilium*, II 15, 3.
(62) SENECA, *Ad Lucilium*, II 16, 3.
(63) SENECA, *Ad Lucilium*, II 16, 3.
(64) SENECA, *Ad Lucilium*, II 17, 9.
(65) SENECA, *Ad Lucilium*, II 16, 9.
(66) SENECA, *Ad Lucilium*, IV 31, 5.
(67) SENECA, *Ad Lucilium*, IV 31, 5.
(68) SENECA, *Ad Lucilium*, IV 31, 6.
(69) SENECA, *Ad Lucilium*, IV 31, 6.
(70) SENECA, *Ad Lucilium*, IV 31, 8.

(71) Ad summum bonum tutum est iter et jocundum.

(72) Natura dedit tibi illa bona quae si non deseris par deo consurges, sed te parem deo pecunia non facit, quia deus talium nihil habet, nec praetexta, quia deus nudus est, nec fama, nec ostensio tui in populo quae deus non novit, nec turba servorum sequentium te, quia deus maximus et potentissimus regit omnia, nec forma, nec vires, quia nihil eorum est quod non patiatur vetustatem.

(73) Quid ergo te deo parem facit? Certe animus bonus, rectus et magnus.

(74) Habent autem nihil aliud homines, nisi deum in humano corpore hospitatum.

(75) Principia totius operationis dimidium occupare videntur.

(76) Ad philosophiam te transfer, si vis esse sanus, si securus, si beatus, si liber.

(77) Si vis omnia tibi subici, subice te rationi; multos enim reges, si ratio te rexerit.

(78) Multum proficit sermo, si paulatim inrepserit animo.

(79) Plato dicit neminem esse regem, nisi ex servis esse ortum et neminem esse servum, nisi ex regibus esse ortum, sed omnia illa varietas fortunae miscuit et in sursum, deorsum naturae fortuna jactavit.

(80) Non refert quam multos libros, sed quam bonos habeas.

(81) Virga omne murmur compescitur.

(82) Philosophia hoc mihi promittit ut me deo parem faciat.

(83) Punctum est quid minimum et adhuc puncto aliquid minus.

39 talium nihil] nihil talium X 40 praetexta] vestimenta W 42 deus] *om.* D 51 tibi] te E subice] subici L 52 rexerit] rexerit L 56 deorsum] deorsumque W 58 libros] liberos W 60 mihi] nihil L faciat] faciet D

---

(71) Seneca, *Ad Lucilium*, IV 31, 9.
(72) Seneca, *Ad Lucilium*, IV 31, 9-10.
(73) Seneca, *Ad Lucilium*, IV 32, 11.
(74) Seneca, *Ad Lucilium*, IV 32, 11.
(75) Seneca, *Ad Lucilium*, IV 34, 3.
(76) Seneca, *Ad Lucilium*, IV 37, 3.
(77) Seneca, *Ad Lucilium*, IV 37, 4.
(78) Seneca, *Ad Lucilium*, IV 38, 1.
(79) Seneca, *Ad Lucilium*, V 44, 4.
(80) Seneca, *Ad Lucilium*, V 45, 1.
(81) Seneca, *Ad Lucilium*, V 47, 3.
(82) Seneca, *Ad Lucilium*, V 48, 11.
(83) Seneca, *Ad Lucilium*, V 49, 3.

(84) Dociles natura nos edidit et rationem nobis dedit imperfectam quae tamen perfici potest.

(85) Omnia impedimenta dimitte et vaca ratione tota mente.

(86) Ad philosophiam totam mentem converte, huic assiste, hanc cole et tunc ingens intervallum est inter te et ceteros homines; omnes enim mortales antecedes et dei non multum te antecedent.

(87) Otium et sollicitudo non faciunt hominem bonum.

(88) Nulla subtilitas est sine difficultate.

(89) Omnia habere nemo potest.

(90) Singulis rebus modum exhibeas.

(91) Omnis ars est imitatio naturae.

(92) Contemptus corporis est tota libertas.

(93) Non ex deformitate corporis defoedatur animus, sed ex putredine animae defoedatur corpus et non e contra.

(94) Intellectus nihil aliud est quam in corpus humanum divini spiritus pars immersa.

(95) O quam contempta est ars.

(96) Homo, nisi super humana ratione se erexerit, homo non est.

(97) Nulla victoria major est quam vitia domare.

(98) Principium in rebus est erigere animum super injurias et promissa fortitudine laeto animo adversa posse tolerare.

(99) Sapor pabuli manet in lacte, vis vini in aceto, quia nulla res est quae non sapiat naturam ejus ex qua nascitur.

64 ratione] rationi LWPE 65 mentem] mente LWXE 70 habere nemo] nemo habere X 75 non] *om.* LWXPfE 79 humana ratione] humanam rationem D

(84) Seneca, *Ad Lucilium*, V 49, 11.
(85) Seneca, *Ad Lucilium*, VI 53, 9.
(86) Seneca, *Ad Lucilium*, VI 53, 10-11.
(87) *Locus non inventus.*
(88) Seneca, *Ad Lucilium*, VI 58, 20.
(89) *Locus non inventus.*
(90) Seneca, *Ad Lucilium*, VII 66, 9.
(91) Seneca, *Ad Lucilium*, VII 65, 3.
(92) Seneca, *Ad Lucilium*, VII 65, 22.
(93) Seneca, *Ad Lucilium*, VII 66, 4.
(94) Seneca, *Ad Lucilium*, VII 66, 12.
(95) *Locus non inventus.*
(96) *Locus non inventus.*
(97) *Locus non inventus.*
(98) *Locus non inventus.*
(99) *Locus non inventus.*

Seneca De vita et moribus.

(1) Omnis peccati actio voluntaria est.
(2) Disciplina bonos mores facit.
(3) Id sapit unusquisque quod didicit.
(4) Bona consuetudo excutere debet quod mala instruxit.
(5) Bene decet loqui, bene decet tacere.
(6) Quod animalium est magis inimicum homini quam alter homo.
(7) Dolor patientia vincitur.
(8) Libentius audias quam loquaris.
(9) Quod tacitum esse velis, nemini dixeris.
(10) Monstro est avaritia similis.
(11) Quid dulcius est quam habere amicum cum quo omnia, sicut tecum loqui audeas ?
(12) Priusquam promittis, delibera, sed cum promiseris, statim facias.
(13) Nil petas quod negaturus fuisti.
(14) Pacem habeas cum amicis, bellum cum vitiis.
(15) Bonum est laudari, sed praestantius est esse laudabilem.
(16) Quae sunt magnae divitiae ? Non desiderare.
(17) Quae est magna egestas ? Avaritia.

86 Omnis] Mnis WD 91 inimicum] initium Xf; mitium D 97 audeas] audias W 2 non desiderare] desiderare non XfE; debes *add.* XfED

(1) Martinus Bracarensis, *Liber De moribus*, 1, p. 136.
(2) Martinus Bracarensis, *Liber De moribus*, 2, p. 136.
(3) Martinus Bracarensis, *Liber De moribus*, 2, p. 136.
(4) Martinus Bracarensis, *Liber De moribus*, 2, p. 136.
(5) Martinus Bracarensis, *Liber De moribus*, 2, p. 136.
(6) Martinus Bracarensis, *Liber De moribus*, 5, p. 136.
(7) Martinus Bracarensis, *Liber De moribus*, 6, p. 136.
(8) Martinus Bracarensis, *Liber De moribus*, 9, p. 137.
(9) Martinus Bracarensis, *Liber De moribus*, 16, p. 137.
(10) Martinus Bracarensis, *Liber De moribus*, 18, p. 137.
(11) Martinus Bracarensis, *Liber De moribus*, 20, p. 138.
(12) Martinus Bracarensis, *Liber De moribus*, 25, p. 138.
(13) Martinus Bracarensis, *Liber De moribus*, 33, p. 139.
(14) Martinus Bracarensis, *Liber De moribus*, 34, p. 139.
(15) Martinus Bracarensis, *Liber De moribus*, 38, p. 139.
(16) Martinus Bracarensis, *Liber De moribus*, 45, p. 140.
(17) Martinus Bracarensis, *Liber De moribus*, 57, p. 141.

(18) Quis est pauper? Qui sibi videtur esse pauper.

(19) Spes praemii solacium est labori.

(20) Pecuniam habere oportet, sed ei servire non oportet.

(21) Divitiis utendum est, sed non est eis abutendum.

(22) Magis et minus non diversificant speciem.

(23) Fortior est qui cupiditatem vincit quam qui honestatem vincit.

(24) Ubi est confessio, ibi est remissio.

(25) Quietissimam vitam homines haberent in terris si haec duo pronomina, scilicet meum et tuum, tollerentur.

(26) Mihi crede : non potest quis esse dives et felix.

(27) Auribus utaris frequentius quam lingua.

(28) Quicquid dicturus es, antequam dicas aliis, tibi dicas.

(29) Qui nescit tacere, nescit loqui.

(30) Pejora sunt odia tecta quam aperta.

(31) Nullum scelus scelere vincendum est.

Seneca De quattuor virtutibus cardinalibus, alias De forma ad Paulum.

(1) De dubiis non definies, sed suspensam teneas sententiam.

(2) Mendacium spe veritatis occultatur.

4 Quis] Quid LWXPf 11 Quietissimam] Quietissimum E 15 dicas aliis] aliis dicas XfD 17 odia] odio LWXPfE 21 De] E WD 22 spe] spem P

---

(18) Martinus Bracarensis, *Liber De moribus*, 60, p. 141.
(19) Martinus Bracarensis, *Liber De moribus*, 56, p. 141.
(20) Martinus Bracarensis, *Liber De moribus*, 58, p. 141.
(21) Martinus Bracarensis, *Liber De moribus*, 78, p. 142.
(22) Arist., *Politica*, A13, 1259 b 37-38.
(23) Martinus Bracarensis, *Liber De moribus*, 81, p. 143.
(24) Martinus Bracarensis, *Liber De moribus*, 94, p. 143.
(25) Martinus Bracarensis, *Liber De moribus*, 98, p. 144.
(26) Martinus Bracarensis, *Liber De moribus*, 103, p. 144.
(27) Martinus Bracarensis, *Liber De moribus*, 104, p. 144.
(28) Martinus Bracarensis, *Liber De moribus*, 105, p. 144.
(29) Martinus Bracarensis, *Liber De moribus*, 132, p. 147.
(30) Martinus Bracarensis, *Liber De moribus*, 52, p. 140.
(31) Martinus Bracarensis, *Liber De moribus*, 139, p. 147.
(1) Martinus Bracarensis, *Formula vitae honestae*, 2, p. 238, 13-14 (ed. Barlow).
(2) Martinus Bracarensis, *Formula vitae honestae*, 2, p. 238, 17.

(3) Prudens fallere non vult, falli autem non potest.

(4) Cujuslibet facti causam inquire.

(5) Cogitatio tua numquam recedet a vero.

(6) Lauda parce, vitupera parcius. Similiter enim reprehensibilis est nimia laudatio et immoderata vituperatio; illa quidem adulatione, ista autem malignitate suspecta est.

(7) Non semper sis in actu, sed interdum animo tuo requiem dato et ipsa requies data, plena sit sapientiae studiis et cogitationibus bonis.

(8) Non te moveat dicentis auctoritas, nec quis dicat, sed quid dicatur attende.

(9) Honestum et magnum est vindictae ignoscere.

(10) Non adscribas tibi quod non es, nec major quam es videri velis.

(11) A verbis turpibus te abstineas.

(12) Interdum seriis miscebis jocos, sed tamen moderatos.

(13) Risus tuus erit sine cachinno.

(14) Esto fugax vitiorum tuorum, aliorum non scrutator, nec acer reprehensor.

(15) Non extollas aliquem, nec deprimas.

(16) Severior esto judicio quam sermone.

(17) Clementiae esto cultor, saevitiae detestator.

23 autem] aut E

---

(3) Martinus Bracarensis, *Formula vitae honestae*, 2, p. 239, 26-27.

(4) Martinus Bracarensis, *Formula vitae honestae*, 2, p. 239, 24.

(5) Martinus Bracarensis, *Formula vitae honestae*, 2, p. 239, 30-31.

(6) Martinus Bracarensis, *Formula vitae honestae*, 2, p. 239, 32-35.

(7) Martinus Bracarensis, *Formula vitae honestae*, 2, p. 240, 41-43.

(8) Martinus Bracarensis, *Formula vitae honestae*, 2, p. 240, 49-50.

(9) Martinus Bracarensis, *Formula vitae honestae*, 3, p. 241, 7-8.

(10) Martinus Bracarensis, *Formula vitae honestae*, 4, p. 243, 16-17.

(11) Martinus Bracarensis, *Formula vitae honestae*, 4, p. 243, 22-23.

(12) Martinus Bracarensis, *Formula vitae honestae*, 4, p. 243, 25.

(13) Martinus Bracarensis, *Formula vitae honestae*, 4, p. 244, 33.

(14) Martinus Bracarensis, *Formula vitae honestae*, 4, p. 244, 46-47.

(15) Martinus Bracarensis, *Formula vitae honestae*, 4, p. 245, 49.

(16) Martinus Bracarensis, *Formula vitae honestae*, 4, p. 245, 59-60.

(17) Martinus Bracarensis, *Formula vitae honestae*, 4, p. 245, 60-61.

(18) Cunctis esto benignus, nemini blandus, paucis familiaris, omnibus aequus, ad iram tardus, ad misericordiam pronus, in adversis firmus, in prosperis cautus et humilis.

(19) Inferiores non contemnas superbiendo.

(20) Superiores recte vivendo non timeas.

(21) Rumoribus minime sis credulus.

(22) Scientiae cupidus sis et docilis.

(23) Quae nosti sine adrogantia postulanti impartire, quae nescis occultatione ignorantiae tibi postula impartiri.

(24) Cave ne sis parcus.

(25) Deum amabis, si opere eum imitaberis.

(26) Si non velis omnibus prodesse, non velis et nocere.

Seneca De beneficiis ad ebuchium liberalem libri tres.

(1) Nullum beneficium dandum est negligenter.

(2) Dignus est decipi qui de recipiendo cogitavit, cum daret.

(3) Multi sunt indigni luce et tamen dies oritur eis.

(4) Qui beneficium non reddit, magis peccat quam qui non dat citius.

(5) Beneficium bene datum multorum amissorum damna solvuntur.

44 omnibus aequus] *om.* D 45 in adversis] inadversis W 54 eum] cum LXE 57 Nullum] Ullum D 62 Beneficium bene datum] Beneficio bene dato D solvuntur] solvit W

---

(18) Martinus Bracarensis, *Formula vitae honestae*, 4, p. 245, 58-59, 64-65.
(19) Martinus Bracarensis, *Formula vitae honestae*, 4, p. 245, 56-57.
(20) Martinus Bracarensis, *Formula vitae honestae*, 4, p. 245, 57.
(21) Martinus Bracarensis, *Formula vitae honestae*, 4, p. 245, 62-63.
(22) Martinus Bracarensis, *Formula vitae honestae*, 4, p. 246, 69-70.
(23) Martinus Bracarensis, *Formula vitae honestae*, 4, p. 246, 70-71.
(24) Martinus Bracarensis, *Formula vitae honestae*, 8, p. 248, 1-2.
(25) Martinus Bracarensis, *Formula vitae honestae*, 5, p. 246, 6-7.
(26) Martinus Bracarensis, *Formula vitae honestae*, 5, p. 246, 7-8.
(1) Seneca, *De beneficiis*, I 1, 8.
(2) Seneca, *De beneficiis*, I 1, 9.
(3) Seneca, *De beneficiis*, I 1, 11.
(4) Seneca, *De beneficiis*, I 1, 13.
(5) Seneca, *De beneficiis*, I 2, 2.

(6) Beneficium manu tangi non potest, sed in anima generatur.

(7) Nec aurum, nec argentum, nec aliquod talium beneficium est.

(8) Non refert quid, vel quantum detur, sed quo animo detur, quia beneficium non in eo, quod datur, consistit, sed in ipsius dantis animo.

(9) Primo necessaria danda, deinde utilia et deinde jocunda et honesta.

(10) Videamus ne mittamus munera supervacua, ut feminae arma et rustico libros.

(11) Pecunia ingens, sed non cum recta ratione et voluntate data non est beneficium, sed thesaurus.

(12) Semper debemus dare quomodo vellemus accipere.

(13) Ingratum est beneficium quod diu manibus dantis adhaesit.

(14) Caveamus ne aliquid more interveniat in dando, ne deliberare videamur.

(15) Gratissima sunt beneficia quae sunt parata facili occurrentia, in quibus nulla mora fuit, nisi accipientis verecundia.

(16) Ille non tulit munera gratis qui, cum rogasset, accepit. Unde optimum est praevenire desiderium rogantis.

(17) Illud beneficium est jocundum quod alicui obviam venit.

(18) Celeritas multum facit, mora multum aufert.

64 aliquod] aliquid LWP 68 danda] sunt *add.* WD 75 dantis] dandis LWPE 80 munera] mnnera f 81 praevenire] pervenire X

---

(6) Seneca, *De beneficiis*, I 5, 2.
(7) Seneca, *De beneficiis*, I 5, 2.
(8) Seneca, *De beneficiis*, I 6, 1.
(9) Seneca, *De beneficiis*, I 11, 1.
(10) Seneca, *De beneficiis*, I 11, 6.
(11) Seneca, *De beneficiis*, I 15, 6.
(12) Seneca, *De beneficiis*, II 1, 1.
(13) Seneca, *De beneficiis*, II 1, 2.
(14) Seneca, *De beneficiis*, II 1, 2.
(15) Seneca, *De beneficiis*, II 1, 3.
(16) Seneca, *De beneficiis*, II 1, 4.
(17) Seneca, *De beneficiis*, II 2, 1.
(18) Seneca, *De beneficiis*, II 6, 1.

(19) Qui dederit beneficium taceat, narret autem is qui accepit.

(20) Nihil ita vitandum est in dando beneficia, sicut superbia.

(21) Dabo egenti non ut ipse egeam.

(22) Succurro perituro non ut ipse peream.

(23) Referre gratiam de beneficiis facile est, sed non referre gratiam de beneficiis turpe est.

(24) Ingratus est qui se beneficium negat acceptasse quod accepit.

(25) Ingratus est qui dissimulat.

(26) Ingratus est qui non reddit.

(27) Ingratissimus omnium qui oblitus est.

(28) Turpissima vox in beneficiis est : « Redde ! ».

(29) In quolibet scelere est supplicium, aut vitium sceleris.

(30) Nulla virtus praeclusa est; omnibus patet, omnes admittit, omnes judicat egenos, servos, reges et exules.

(31) Regnum est nolle regnare, cum posses.

(32) Nihil sine ratione faciendum est.

(33) Non est aliquod beneficium quod non ratione facti dandum est.

(34) Videndum est et considerandum quid, cui, qualiter, quali, quanto et ubi dandum sit.

87 peream] egeam X 90 se] *om.* D 91 Ingratus ... dissimulat] *post* Ingratus ... reddit E

---

(19) Seneca, *De beneficiis*, II 11, 2.
(20) Seneca, *De beneficiis*, II 11, 6.
(21) Seneca, *De beneficiis*, II 15, 1.
(22) Seneca, *De beneficiis*, II 15, 1.
(23) Seneca, *De beneficiis*, III 1, 1.
(24) Seneca, *De beneficiis*, III 1, 3.
(25) Seneca, *De beneficiis*, III 1, 3.
(26) Seneca, *De beneficiis*, III 1, 3.
(27) Seneca, *De beneficiis*, III 1, 3.
(28) Seneca, *De beneficiis*, III 14, 2.
(29) *Locus non inventus.*
(30) Seneca, *De beneficiis*, III 18, 2.
(31) Seneca, *De beneficiis*, III 37, 3.
(32) Seneca, *De beneficiis*, IV 10, 2.
(33) Seneca, *De beneficiis*, IV 10, 2.
(34) *Locus non inventus.*

(35) Turpissimum genus beneficii est inconsulta donatio.

(36) In dando beneficia vir simplex gratus est eligendus.

(37) Multo gravius est malo dedisse beneficia quam non dedisse.

(38) Non est turpe remunerare, vel remediare consilium.

(39) Multo plus prodest, si pauca sapientia praecepta teneas et ista in prompto usu habeas quam si multa didiceris et illa non habeas ad manum.

(40) Stultitia est morbus animae.

Alia quamplurima sunt Senecae scripta magistri Neronis principis vilissimi, sed haec magis congrua.

Sequuntur auctoritates super primum librum De consolatione philosophiae ipsius Boethii Anicii Manlii Torquati patricii, consulis romani, viri orthodoxi quem Theodoricus, rex Ostrogothorum, Papiae incarceravit, anno Anastasii XII qui est annus Christi quingentesimusquartus et postea necavit, scilicet anno Christi CCCCCXX III, et Papam Joannem primo Ravenno incarceratum occidit.

(1) Carmina qui quondam studio florente peregi.

(2) Flebilis, heu ! maestos cogor inire modos.

(3) Mors hominum felix qui se nec dulcibus annis.

(4) Inserit et maestis saepe vocata venit.

(5) Quid me felicem totiens jactastis, amici ?

12 vilissimi] utilissimi E 14 Manlii] Maulii PD 19 Carmina] Armina D
20 Flebilis] Flexibiles E; Flebiles D 22 Inserit] Inferit L

---

(35) SENECA, *De beneficiis*, IV 10, 3.
(36) SENECA, *De beneficiis*, IV 10, 4.
(37) SENECA, *De beneficiis*, IV 10, 3.
(38) SENECA, *De beneficiis*, IV 38, 1.
(39) SENECA, *De beneficiis*, VII 1, 3.
(40) SENECA, *De beneficiis*, VII 16, 5.
(1) BOETHIUS, *De consolatione philosophiae*, I, M1, 1.
(2) BOETHIUS, *De consolatione philosophiae*, I, M1, 2.
(3) BOETHIUS, *De consolatione philosophiae*, I, M1, 13.
(4) BOETHIUS, *De consolatione philosophiae*, I, M1, 14.
(5) BOETHIUS, *De consolatione philosophiae*, I, M1, 21.

(6) Qui cecidit, stabili non erat ille gradu.

(7) Beata est res publica cui princeps sapiens dominatur.

(8) Philosophia omnium virtutum est magistra.

(9) Imprudentia rerum merita mutare non potest.

(10) Pravorum exercitus, si animosior sit, sapiens tamen non est, quia a nullo duce regitur.

(11) Deteriora velle nostri defectus est.

(12) Minuit se quodam modo probantis conscientiae secretum, quotiens ostentando se, vel jactitando de factis suis, recepit famae pretium.

(13) O stelliferi conditor orbis, qui perpetuo nexus solio, rabido caelum turbine versas legemque pati sidera cogis.

(14) Omnia certo fine gubernas, hominum solos respicis actus.

(15) Non solum quod ante oculos situm est sufficit intueri.

Sequuntur auctoritates II libri De consolatione philosophiae.

(16) Rerum exitus prudentia metitur.

(17) In omni adversitate fortunae infelicissimum genus infortunii est se recordari fuisse felicem.

(18) In rebus fortuitis non est beatitudo, quia omnia fortuita auferri possunt, sed beatitudo est bonum stabile.

24 ille] illle X 30 Deteriora] Deterior a E nostri] noster W 34 rabido] rapido X 36 fine] sine LWX 39 Rerum] Erum WD; Verum P 42 fortuita] fortuna LW

---

(6) Boethius, *De consolatione philosophiae*, I, M1, 22.

(7) Boethius, *De consolatione philosophiae*, I, P4, 5.

(8) Boethius, *De consolatione philosophiae*, I, P3, 3.

(9) Boethius, *De consolatione philosophiae*, I, P4, 24.

(10) Boethius, *De consolatione philosophiae*, I, P3, 12.

(11) Boethius, *De consolatione philosophiae*, I, P4, 29.

(12) Boethius, *De consolatione philosophiae*, I, P4, 33.

(13) Boethius, *De consolatione philosophiae*, I, M5, 1-4.

(14) Boethius, *De consolatione philosophiae*, I, M5, 25-26.

(15) Boethius, *De consolatione philosophiae*, II, P1, 15.

(16) Boethius, *De consolatione philosophiae*, II, P1, 15.

(17) Boethius, *De consolatione philosophiae*, II, P4, 2.

(18) Boethius, *De consolatione philosophiae*, II, P4, 24-25.

(19) Beatitudo est summum bonum naturae ratione dirigentis.

(20) Natura modicis minimisque contenta est cujus satietatem, si volueris urgere superfluis, aut injocundum erit quod infunderis, aut noxium.

(21) Homines deo similes sunt mente.

(22) Ceteris animantibus se ignorare ex natura, hominibus autem vitio venit.

(23) Illud nego bonum esse quod nocet habenti.

(24) O dives qui nunc gladium sollicitus pertimescis, si hujus vitae callem vacuus intrasses, coram latrone vacuus cantasses.

(25) O quam praeclara est opum beatitudo mortalium quas, cum adeptus fueris, securus esse desistis.

(26) Si corpus hominis spectas, quid imbecillius reperire queas?

(27) Nec in divitiis, nec in gemmis, nec in agrorum vel praediorum possessione, nec in pulchritudine, nec in fama, nec in gloria beatitudo consistit.

(28) Finiti et infiniti nulla est proportio.

(29) Omnis terrae circulus ad caeli spatium comparatus puncti rationem obtinet.

(30) Amicos habere pretiosissimum genus divitiarum est.

45 est] eum LWPf 48 deo similes] similes deo E 49 natura] est *add.* W autem] a LWP 55 securus] secus D 63 genus] gemmis LXPfED

---

(19) Boethius, *De consolatione philosophiae*, II, P4, 25.
(20) Boethius, *De consolatione philosophiae*, II, P5, 16.
(21) Boethius, *De consolatione philosophiae*, II, P5, 26.
(22) Boethius, *De consolatione philosophiae*, II, P5, 29.
(23) Boethius, *De consolatione philosophiae*, II, P5, 32.
(24) Boethius, *De consolatione philosophiae*, II, P5, 34.
(25) Boethius, *De consolatione philosophiae*, II, P5, 35.
(26) Boethius, *De consolatione philosophiae*, II, P6, 5.
(27) Boethius, *De consolatione philosophiae*, II, P6, 19.
(28) Boethius, *De consolatione philosophiae*, II, P7, 17.
(29) Boethius, *De consolatione philosophiae*, II, P7, 3.
(30) Boethius, *De consolatione philosophiae*, II, P8, 7.

Sequuntur auctoritates III libri De consolatione philosophiae.

(31) Philosophia est summum lassorum solamen amicorum.

(32) Omnium mortalium cura quamvis multiplicium studiorum labor exerceat, diverso quidem calle, ad unum tamen beatitudinis finem nititur pervenire.

(33) Illud est summum bonum quo quis adepto, nil ulterius desiderare queat.

(34) Beatitudo est status omnium bonorum aggregatione perfectus.

(35) Mentibus hominum naturaliter est insita veri bonique cupiditas, sed ad falsa devius error abducit.

(36) Bonum est quod homines diversis studiis appetunt.

(37) Nulla pestis efficacior ad nocendum quam familiaris fallax amicus.

(38) Nobilitas est laus ex meritis parentum proveniens.

(39) Aliena pulchritudo, si propriam non habes, te splendidum non efficit.

(40) Omnium genus hominum in terris simili surgit ab ortu.

(41) Unus enim omnium rerum est pater, unus cuncta ministrat.

(42) Ille dedit Phoebo radios et dedit cornua lunae.

(43) Ille homines in terra dedit et sidera caelo.

(44) Sicut Platoni placet in Timaeo, in minimis rebus auxilium divinum debet implorari.

65 Philosophia] Hilosophia ED 79 genus] engus D hominum] omnium W ortu] ortn f

---

(31) Boethius, *De consolatione philosophiae*, III, P1, 2.
(32) Boethius, *De consolatione philosophiae*, III, P2, 2.
(33) Boethius, *De consolatione philosophiae*, III, P2, 2.
(34) Boethius, *De consolatione philosophiae*, III, P2, 3.
(35) Boethius, *De consolatione philosophiae*, III, P2, 4.
(36) Boethius, *De consolatione philosophiae*, III, P2, 20.
(37) Boethius, *De consolatione philosophiae*, III, P5, 14.
(38) Boethius, *De consolatione philosophiae*, III, P6, 7.
(39) Boethius, *De consolatione philosophiae*, III, P6, 8.
(40) Boethius, *De consolatione philosophiae*, III, M6, 1.
(41) Boethius, *De consolatione philosophiae*, III, M6, 2.
(42) Boethius, *De consolatione philosophiae*, III, M6, 3.
(43) Boethius, *De consolatione philosophiae*, III, M6, 4.
(44) Boethius, *De consolatione philosophiae*, III, P9, 32.

(45) Invocandus est ergo omnium rerum pater, quo praetermisso, nullum rite fundatur exordium.

(46) O qui perpetua mundum ratione gubernas terrarum polique sator temporis aevo.

(47) Ire jubes stabilisque manes, das cuncta moveri.

(48) In quocumque genere est aliquod imperfectum, in eo etiam est aliquod perfectum.

(49) Deum omnium rerum principem esse ac bonum communis animorum conceptio probat.

(50) Vera beatitudo sita est in deo et ipsa idem est quod divinitas qua adeptione beatitudinis homines fiunt beati.

(51) Omnis beatus est deus, sed natura unus est deus, participatione vero nihil prohibet plures esse.

(52) Omne animal salutem tueri laborat, mortem atque perniciem prorsus devitat.

(53) Natura dat unicuique quod sibi convenit.

(54) Omnia bonum appetunt.

(55) Omnia oboediunt regi deo.

(56) Deum omnipotentem nemo esse dubitat.

(57) Deus malum facere non potest, sed nihil est quod deus facere non potest, ergo peccatum nihil.

90 etiam est] est etiam E 92 bonum] bovum f 94 Vera] Verba LWXP
99 devitat] deviat D 1 bonum] bnnum D appetunt] appetuut f

---

(45) Boethius, *De consolatione philosophiae*, III, P9, 33.
(46) Boethius, *De consolatione philosophiae*, III, M9, 1-2.
(47) Boethius, *De consolatione philosophiae*, III, M9, 3.
(48) Boethius, *De consolatione philosophiae*, III, P10, 4.
(49) Boethius, *De consolatione philosophiae*, III, P10, 7.
(50) Boethius, *De consolatione philosophiae*, III, P10, 10.
(51) Boethius, *De consolatione philosophiae*, III, P10, 25.
(52) Boethius, *De consolatione philosophiae*, III, P11, 16.
(53) Boethius, *De consolatione philosophiae*, III, P11, 20.
(54) Boethius, *De consolatione philosophiae*, III, P11, 37.
(55) Boethius, *De consolatione philosophiae*, III, P12, 34.
(56) Boethius, *De consolatione philosophiae*, III, P12, 26.
(57) Boethius, *De consolatione philosophiae*, III, P12, 29.

Sequuntur auctoritates IIII libri De consolatione philosophiae.

(58) Nullum malum impunitum et nullum bonum irremuneratum pertransit.

(59) Duo sunt in quibus omnium humanorum actuum constat effectus, scilicet potestas et voluntas quorum si alterum desit, nihil est quod perfici possit, quia nullus aggreditur quod non vult; et si potestas absit frustra est voluntas.

(60) Cum omnes tam boni quam mali ad bonum pervenire nituntur, mali ad hoc pervenire non possunt, boni autem possunt.

(61) Manifestum est malos esse impotentes, bonos autem potentes.

(62) Qui mali sunt, non sunt homines simpliciter, sed secundum quid, sicut cadaver hominis non potest dici homo simpliciter, sed homo mortuus.

(63) Omne quod ordinem servat, detinet naturam.

(64) Beatitudo est praemium humanorum actuum.

(65) Sicut probis ipsamet probitas est praemium, sic malis ipsa malitia est supplicium.

(66) Praemium beatorum est ipsos deos fieri.

(67) Qui probitate caret, homo esse desinit, cum in divinam conditionem transire non possit, necesse est ut vertatur in beluam. Unde avarus homo est lupus, ferax vero canis et dolosus vulpis.

6 auctoritates] anctoritates P IIII] *om.* LWPf 7 Nullum] UllumD bonum] bonnm f 12 est] et LWf 13 nituntur] nitantur XD 17-18 homo mortuus] mortuus homo W; *om.* homo LPf 21 ipsa] ipsamet D 23 deos] deo W 24 desinit] desinet W; definit LX

---

(58) *Locus non inventus.*

(59) Boethius, *De consolatione philosophiae*, IV, P2, 5-6.

(60) Boethius, *De consolatione philosophiae*, IV, P2, 12-13.

(61) Boethius, *De consolatione philosophiae*, IV, P2, 24.

(62) Boethius, *De consolatione philosophiae*, IV, P2, 34-35.

(63) Boethius, *De consolatione philosophiae*, IV, P2, 36.

(64) Boethius, *De consolatione philosophiae*, IV, P3, 3.

(65) Boethius, *De consolatione philosophiae*, IV, P3, 12.

(66) Boethius, *De consolatione philosophiae*, IV, P3, 10.

(67) Boethius, *De consolatione philosophiae*, IV, P3, 21.

(68) Boni sunt felices, mali autem miseri.

(69) Mali puniti feliciores sunt quam mali impuniti, quia poena malorum bona est ratione justitiae.

(70) Punire malos justum est, sed ipsos evadere impunitos injustum.

(71) Quidam qui nequeunt de tenebris oculos assuetos ad lumen perspicuae veritatis attollere, tales similes sunt avibus quarum intuitum illuminat, dies excaecat et illi nondum rerum ordinem sed suos intuuntur affectus et impunitum de scelere putant esse felicem, quod tamen non est verum.

(72) Infelicior ac miserior est injuriae illator quam injuriae acceptor.

(73) Apud sapientes nullus odio relinqui debet.

(74) Sicut languor est morbus corporis, sic vitiositas est morbus animae.

(75) Providentia est divina ratio in summo omnium principe constituta quae cuncta disponit, sed factum in rebus mobilibus inhaerens dispositio.

(76) Quid autem amicorum salus esse videtur nisi probitas? Quid aegritudo nisi vitia?

(77) Quis alius videtur conservator bonorum et malorum expulsor, nisi Deus? Qui cum ex alta providentiae specula quid unicuueiq conveniat cognoscit, et, quid convenire novit, accomodat.

28 puniti] puncti L 31 Quidam] sunt *add.* E 33 intuitum] mitium L excaecat] execat E nondum] nundum E; nodum LP rerum] rectum W 34 intuuntur] nituntur LWP affectus] effectus E 35 felicem] felices D 45 videtur] esse *add.* fED

---

(68) Boethius, *De consolatione philosophiae*, IV, P4, 15.
(69) Boethius, *De consolatione philosophiae*, IV, P4, 20.
(70) Boethius, *De consolatione philosophiae*, IV, P4, 18.
(71) Boethius, *De consolatione philosophiae*, IV, P4, 27.
(72) Boethius, *De consolatione philosophiae*, IV, P4, 36.
(73) Boethius, *De consolatione philosophiae*, IV, P4, 41.
(74) Boethius, *De consolatione philosophiae*, IV, P4, 42.
(75) Boethius, *De consolatione philosophiae*, IV, P6, 8.
(76) Boethius, *De consolatione philosophiae*, IV, P6, 29.
(77) Boethius, *De consolatione philosophiae*, IV, P6, 29-30.

(78) Non est fas homini cunctas divini operis machinas, vel ingenio comprehendere, vel sermone explicare.

Prosa VI ante finem.

Sequuntur auctoritates V libri De consolatione philosophiae.

(79) Casus est inopinatae rei eventus ex causis confluentibus in his quae geruntur.

(80) Nulla est rationalis creatura quin ei libertas arbitrii adsit.

(81) Speculari, vel orare, solus est modus quo homines cum deo loqui videntur.

(82) Divina providentia rebus generandis necessitatem non imponit, quia, si omnia venirent ex necessitate, praemia bonorum et poenae malorum perirent.

(83) Frustra esset artis effectus, si omnia coacte moverentur.

(84) Signum rei, quid sit res, ostendit, sed non efficit, quid designat.

(85) Omne quod cognoscitur secundum vim sui non cognoscitur, sed potius secundum cognoscentium facultatem.

(86) Aeternitas est interminabilis vitae tota simul et perfecta possessio.

(87) Si digna rebus nomina imponere volumus, dicendum est esse deum aeternum, mundum perpetuum secundum Platonem.

(88) Deus omnia futura scit, quasi jam generentur, et in sui simplici cognitione considerat.

49 explicare] exemplificare Xf 52 Casus] Asus D 55 cum deo loqui] loqui cum deo D 58 poenae] poena f 60 artis] artus LX 67 scit] sit E

---

(78) Boethius, *De consolatione philosophiae*, IV, P6, 54.
(79) Boethius, *De consolatione philosophiae*, V, P1, 18.
(80) Boethius, *De consolatione philosophiae*, V, P2, 3.
(81) Boethius, *De consolatione philosophiae*, V, P3, 34.
(82) Boethius, *De consolatione philosophiae*, V, P3, 5, 30.
(83) Boethius, *De consolatione philosophiae*, V, P4, 16.
(84) Boethius, *De consolatione philosophiae*, V, P4, 11.
(85) Boethius, *De consolatione philosophiae*, V, P4, 25.
(86) Boethius, *De consolatione philosophiae*, V, P6, 4.
(87) Boethius, *De consolatione philosophiae*, V, P6, 14.
(88) Boethius, *De consolatione philosophiae*, V, P6, 15.

(89) Omne quod sensibus patet, si ad rationem referas, universale est, si ad sensum, particulare est. Unde universale est dum intelligitur, particulare autem dum sentitur.

(90) Omne futurum divinus praecurrit intuitus.

(91) Non frustra in Deo sunt positae spes et preces quae cum rectae sunt, inefficaces esse non possunt.

Sequuntur auctoritates Boethii De disciplina scholarium.

(1) Diligentia cujuslibet operis obtusitas permollitur.

(2) Logica est scientia veri falsique indagatrix.

(3) Sicut prudentia parum vel nihil prodest sine justitia, sic justitia sine prudentia multum.

(4) Sicut scientia sine usu parum vel nihil prodest, sic usus sine scientia multum.

(5) Aristotelis succincta veritas licet voce sit taediosa, non tamen omnino est infructuosa.

(6) Grammaticae fructuositas nullatenus est omittenda, per eam enim scientiae cujuslibet commendabilis redditur possessio.

(7) Qui non novit se subici, non noscet se magistrari.

(8) Miserum est eum esse magistrum qui numquam novit se esse discipulum.

72 Omne ... intuitus] *om.* L 76 Diligentia] Iligentia D 82 Aristotelis] Aristoteles LW 83 infructuosa] fructuosa LXPfE 85 scientiae] scientia XfE 87 eum] enim L novit se] se novit X

---

(89) Boethius, *De consolatione philosophiae*, V, P6, 36.

(90) Boethius, *De consolatione philosophiae*, V, P6, 40.

(91) Boethius, *De consolatione philosophiae*, V, P6, 46.

(1) [Boethius], *De disciplina scholarium*, I, 1225 C.

(2) [Boethius], *De disciplina scholarium*, I, 1226 A.

(3) [Boethius], *De disciplina scholarium*, I, 1226 C.

(4) [Boethius], *De disciplina scholarium*, I, 1226 C.

(5) [Boethius], *De disciplina scholarium*, I, 1226 C.

(6) [Boethius], *De disciplina scholarium*, I, 1226 D.

(7) [Boethius], *De discipline scholarium*, II, 1226 D.

(8) [Boethius], *De disciplina scholarium*, II, 1226 D.

(9) Discipulus debet esse benivolus, docilis et attentus: docilis ingenio, attentus exercitio, benivolus in animo, attentus ad audiendum, docilis ad intelligendum, benivolus ad recipiendum.

(10) Scholaris non debet esse dyscolus.

(11) Dyscolus est ille qui currit per vicos, et plateas, et meretricum cellulas, per publica spectacula, per pompas, choreas et similia.

(12) Discipulus non sit magistro violentus. Non est dignus scientia qui scientiae insurgit praeceptori.

(13) A luxuria studeat se discipulus alienare.

(14) Meretrix est nonaria, inferni janua, via iniquitatis, scorpionis percussio, <v>iscarium sceleris, putei introitus.

(15) Vinum modice sumptum acuit ingenium, sed non modice sumptum rationem perturbat, intellectum hebetat, memoriam confundit, oblivionem parat, errorem infundit, ignorantiam producit.

(16) Quid est constantia lucidius, quid inconstantia nequius?

(17) Felicis discipuli discretio magistratui gaudeat subici, eumque metuendo diligat, fidelisque existat.

(18) Vae seducenti, mancipio in quo plenaria confidit dominantis dilectio.

(19) Invidia si secundum quid evenerit scilicet in discendo, gratuita est; si simpliciter ipsa quidem proprii auctoris, est consumptiva.

(20) Non est dignus dulcoris acumine qui amaritudinis nequit in<v>iscari gravamini.

(21) Licet a multis destituatur laboris retributio, tamen ab aliquo promerebitur favoris adeptio.

94 choreas] thoreas L 98 nonaria] *om.* W 99 viscarium] fiscarium XPfD; fiscarum E; fisciarium L 00 sumptum] snmptum P 6 seducenti] seducendi L; ducenti W plenaria] plenarie W 10-11 inviscari] infiscari *cod.* gravamini] gravamine W

(9) [Boethius], *De disciplina scholarium*, II, 1226 D - 1227 A.
(10) [Boethius], *De disciplina scholarium*, II, 1227 A.
(11) [Boethius], *De disciplina scholarium*, II, 1227 A.
(12) [Boethius], *De disciplina scholarium*, II, 1227 B, C.
(13) [Boethius], *De disciplina scholarium*, II, 1227 C.
(14) [Boethius], *De disciplina scholarium*, II, 1227 D.
(15) [Boethius], *De disciplina scholarium*, II, 1228 A.
(16) [Boethius], *De disciplina scholarium*, III, 1228 D.
(17) [Boethius], *De disciplina scholarium*, IV, 1230 C.
(18) [Boethius], *De disciplina scholarium*, IV, 1231 A.
(19) [Boethius], *De disciplina scholarium*, IV, 1231 D.
(20) [Boethius], *De disciplina scholarium*, IV, 1232 B.
(21) [Boethius], *De disciplina scholarium*, IV, 1233 C.

(22) Miserrimi quippe est ingenii uti inventis et non inveniendis.

(23) Alios docere est propriae facultatis industria.

(24) Oportet quod aliquis prius discat quam doceat.

(25) Rerum affectus operis exhibitione declaratur.

(26) O quam felicis exitus veneranda est commendatio !

(27) Nulla siquidem res discipulo magis perniciosa quam vita magistri contumeliosa.

(28) Opportunius esset mechanicae arti deservire quam negligentiae jugo onerari.

(29) Sicut in unoquoque opere mater esse invenitur constantia, ita universae doctrinae noverca est negligentia.

Sequuntur auctoritates Platonis In Timaeo.

Platonis, ut ait Helinandus, consuetudo fuit libros suos intitulare nominibus magistrorum suorum, vel eorum qui magistros suos docuerunt propter majorem auctoritatem, quod et magister Walterus Burley anglicus confirmavit. Fuit autem Plato civis Atheniensis, magister Aristotelis ct auditor Socratis, natus tempore Darii regis Persarum, patre Aristone de genere Neptuni, matre <Perictione> de genere sapientissimi Salomonis. Obiit autem anno aetatis suae LXXXI natalis sui die secundum Senecam in Epistulis.

(1) In omnibus sive in maximis, sive in minimis divinum auxilium debet implorari.

(2) Nihil est ortum sub sole cujus causa legitima non praecesserit.

14 Miserrimi] Miserrime L 15 propriae] propria LW 23 unoquoque] uniquoque Xf 24 negligentia] diligentia LPfED 26 Helinandus] Helimandus W suos] snos X 27 magistrorum] nigrorum L 31 Aristone] Ariston LXPfED 31 Neptuni] Neptunae LP; Neptalim W 31 Perictione] Parcioni E; Parcion LWXPfD

---

(22) [Boethius], *De disciplina scholarium*, V, 1234 A.

(23) [Boethius], *De disciplina scholarium*, V, 1234 B.

(24) [Boethius], *De disciplina scholarium*, VI, 1235 B.

(25) [Boethius], *De disciplina scholarium*, VI, 1237 D.

(26) [Boethius], *De disciplina scholarium*, V, 1234 D.

(27) [Boethius], *De disciplina scholarium*, VI, 1235 B.

(28) [Boethius], *De disciplina scholarium*, VI, 1235 C.

(29) [Boethius], *De disciplina scholarium*, VI, 1235 C.

(1) Plato, *Timaeus*, 27 C (ed. Waszink).

(2) Plato, *Timaeus*, 28 A.

(3) In omni tractatu fieri debet ut inter initia consideretur quid sit illud de quo agitur.

(4) Operi suo dat opifex formam.

(5) Mundus a deo factus est.

(6) Deus auctor maximus est.

(7) Optimus est mundi auctor et ab optimo longe invidia relegata est.

(8) Bonitas dei fuit causa factionis mundi et originis omnium rerum.

(9) Unus est tantum mundus.

(10) Non decet rem esse antiquiorem a primo genitore rege.

(11) Tempora maxime distinguuntur per motum solis.

(12) O dii deorum quorum opifex, id est pater, ego sum, dii deorum vocantur intelligentiae et corpora caelestia natura solubilia, sed dei voluntate perpetua.

(13) Ad hoc anima est conjuncta corpori ut feneretur scientias et virtutes.

(14) Si autem cum magno fenore veniet, benigne recipietur a suo creatore; si autem non, relegabitur ad infernum.

(15) Propter hoc enim nobis datus est sermo ut praesto nobis fiant mutuae voluntatis indicia.

(16) Deus est summum bonum super omnem substantiam omnemque naturam quem cuncta expetunt, cum ipse sit plene perfectus et nullius societatis indigens.

43 est] *om.* L 51 ut] et LWP feneretur] fenoretur XfED 56 indicia] judicia LXPED 58 quem] quae L

---

(3) PLATO, *Timaeus*, 28 B.
(4) PLATO, *Timaeus*, 28 A.
(5) PLATO, *Timaeus*, 31 B.
(6) PLATO, *Timaeus*, 29 A.
(7) PLATO, *Timaeus*, 29 E.
(8) PLATO, *Timaeus*, 29 E.
(9) PLATO, *Timaeus*, 31 B.
(10) PLATO, *Timaeus*, 34 C.
(11) *Locus non inventus.*
(12) PLATO, *Timaeus*, 41 A.
(13) *Locus non inventus.*
(14) *Locus non inventus.*
(15) PLATO, *Timaeus*, 47 C.
(16) *Locus non inventus.*

Sequuntur auctoritates Appulei africani, Platonici lingua latina doctissimi, qui succedens Platoni floruit Athenis.

(1) Summus deus est infinitus, non solum exclusione loci, sed etiam naturae dignitate.

(2) Praestantissimum animalium genus in terra est homo.

(3) Dei ab omnibus differunt naturae dignitate, perfectione, vitae perpetuitate, loci sublimitate.

(4) Nihil deo est perfectius, nihil potentius.

(5) Conversatio mutua contemptum parit.

(6) Deus ab omnibus animi passionibus liber est, unde nec dolere nec laetari potest, et hoc est verum ad nostrum conceptum.

(7) Daemones sunt animalia animo passiva, mente rationabilia, corpore aeria, tempore aeterna.

(8) Magna est dignitas sapientiae quae societatem summo deo coaequat.

(9) Nihil enim deo similius, vel gratius quam vir animo perfectus.

(10) Bonus est qui in tantum ceteros homines antecellit in quantum ipse a diis immortalibus antecellitur.

(11) Si laudas aliquem, quia generosus est, parentes ejus laudes. Si quia dives, fortunae hoc debetur, sed si quia formosus aut validus est, aegritudine fatigabitur. Si quia pernix, in senectute aut quia fortis, expecta paulisper et non erit. Sed si laudes eum dicendo quod bonis artibus doctus est et valde eruditus et in quantum licet homini, sapiens est : « Tunc ipsum vere laudas, quia hoc non est a patre hereditarium, nec casu pendulum, nec corpore caducum, nec aetate mutabile ».

61 doctissimi] dotissimi W floruit] florit W 62 Summus] UmmusWD 69 ab] ad E 72 aeria] aeree LPf 78 generosus] generosius LX laudas[2]] laudes LWXPfE 79 formosus] est *add.* D 81 non erit] noverit L

(1) Appuleius, *De Deo Socratis*, I, p. 6, l. 1-4 (ed. Teubner).

(2) Appuleius, *De Deo Socratis*, III, p. 10, l. 12.

(3) Appuleius, *De Deo Socratis*, IV, p. 11, l. 1-3.

(4) Appuleius, *De Deo Socratis*, XII, p. 20, l. 14-15.

(5) Appuleius, *De Deo Socratis*, IV, p. 12, l. 2-3.

(6) Appuleius, *De Deo Socratis*, XII, p. 20, l. 20, 23 et p. 21, l. 2.

(7) Appuleius, *De Deo Socratis*, XIII, p. 21, l. 11-13.

(8) Appuleius, *De Deo Socratis*, XX, p. 30, l. 21 - p. 31, l. 2.

(9) Appuleius, *De Deo Socratis*, XX, p. 31, l. 3-4.

(10) Appuleius, *De Deo Socratis*, XX, p. 31, l. 4-5.

(11) Appuleius, *De Deo Socratis*, XXIII, p. 34, l. 12-21.

[Empedocles].

(1) Tria sunt in tota rerum varietate praecipua quae philosophiam magnifice extollunt, scilicet mobilis, affluentiae contemptus, futurae felicitatis appetitus, mentis illustratio. Quorum primo nihil est honestius vel utilius, secundo nihil est perfectius, tertio nihil ad amborum compendiosam adeptionem efficacius.

(2) Deus est sphaera cujus centrum est ubique et circumferentia nusquam.

Empedocles sciens animas esse immortales, Athenis se incendiis dedit et sibi ipsi mortem intulit.

Incipit logica.

Sequuntur auctoritates Porphyrii qui floruit Athenis tempore Gordiani imperatoris qui coepit anno domini CCXLI.

Hic scripsit librum De Isagogis ad Categorias Aristotelis. Isagoga (ge), id est instructio sive introductio : sic universalia Porphyrii dicuntur introductiones ad dialecticam. Categoria autem idem est quod praedicamentum, sive praedicatio, vel significatio, unde et praedicamenta Aristotelis dicuntur Categoriae a categoro (as), id est dicere : inde categorizo quod idem est. Elementa autem quibus scientia verificatur quinque sunt, scilicet demonstrativa (ideo sunt libri posteriorum et analyticorum), topica, sophistica, rhetorica, poetica quibus, si adduntur Categoriae, Peri Hermeneias. Et sic erunt octo partes logicae, id est trivii, sive scientiae sermocinalis. Excellenter tamen dialectica dicitur sermocinalis, quamvis grammatica et rhetorica etiam sint partes philosophiae rationalis, quia logicae et dialecticae est ordinare causam respectu effectus per syllogismus.

(1) Neque genus, neque species videtur simpliciter dici, id est uno modo.

86 Empedocles] *om.* L 92 centrum] centum D 97 qui] quae X 98 CCXLI] CCXLIX W 00 sive] sine L 1 autem] *om.* D 3 categoro] categoreo W as] ras X; *om.* W 3-4 id est dicere] graeco verbo W 6 posteriorum] posterior L 7 Categoriae] et *add.* W Et sic] Priora LXPfED 10 sint] suntED 11 ordinare] ordinate LX 13 Neque] Eque D videtur] videntur W

(1) Alfredus Anglicus, *De plantis*, prologue.

(2) *Locus non inventus.*

(1) Porphyrius, *Isagoge*, 1, 17.

(2) Genus primo modo est collectio multorum descendentium ab uno principio.

(3) Secundo modo est principium generationis uniuscujusque sicut pater et patria.

(4) Tertio modo est illud cui supponitur species.

(5) Quarto modo dicitur ad similitudinem generis. Primo modo et secundo modo dictum communiter accipitur quod quando unum nomen commune debetur enti rationis et enti naturae tunc illud nomen semper debetur enti rationis ad similitudinem entis naturae.

(6) Species est forma uniuscujusque rei secundum quam species Priami dicta est digna imperio.

(7) Si aliquis omnia praedicamenta entia vocet aequivoce et non univoce, ea nuncupabit, id est analogice.

(8) Decem sunt tantum genera generalissima.

(9) Specialissima vero in quodam numero sunt, non tamen definito.

(10) Individua sunt infinita.

(11) Infinita, inquit Plato, relinquenda sunt ab arte, neque horum fieri posse disciplinam, id est scientiam, unde quia individua sunt infinita, de eis non potest esse scientia.

(12) Individuum dicitur quod ex quibusdam proprietatibus constat quorum collectio numquam potest in alio reperiri.

(13) Et sunt septem proprietates, ut dicit Boethius, scilicet forma, figura, locus, stirps, nomen, patria, tempus. Haec septem propria continet omnis homo.

15 descendentium] dtscendentium W 28 univoce] aequivoce LP nuncupabit] nuncunpabit LXPD 30 definito] definitio P 36 alio reperiri] aliore periri E

---

(2) Porphyrius, *Isagoge*, 1, 18-20.
(3) Cf. Porphyrius, *Isagoge*, 1, 22-2, 5.
(4) Porphyrius, *Isagoge*, 2, 10-11.
(5) Cf. Porphyrius, *Isagoge*, 2, 11.
(6) Porphyrius, *Isagoge*, 3, 22-4, 1.
(7) Porphyrius, *Isagoge*, 6, 8-9.
(8) Porphyrius, *Isagoge*, 6, 11-12.
(9) Porphyrius, *Isagoge*, 6, 12.
(10) Porphyrius, *Isagoge*, 6, 12-13.
(11) Porphyrius, *Isagoge*, 6, 12-16.
(12) Porphyrius, *Isagoge*, 7, 21-23.
(13) *Locus non inventus.*

---

28 *id est analogice* : ces mots ne se trouvent pas dans l'*Isagoge*.

(14) Omne superius praedicatur de suo inferiori.

(15) Omne quod praedicatur de alio, vel est, ut plus secundum rationem eandem vel est sibi aequale.

(16) Homo differt ab asino rationali qualitate.

(17) Esse uniuscujusque est idem et unum, nec intentionem, nec remissionem suscipiens.

(18) Genus continet omnes differentias potentia, actu vero nullam.

(19) Genus est tamquam materia, differentia tamquam forma.

(20) Species non jungitur speciei ut gignat aliam speciem.

(21) Proprium dicitur quadrupliciter: primo modo quod inest soli et non omni ut esse medicum, secundo quod inest omni et non soli ut esse bipedem, tertio quod inest omni soli et non semper ut canescere in senectute, quarto quod inest omni soli et semper ut risibile est proprium hominis.

(22) Proprium convertitur cum eo cujus est proprium.

(23) Accidens est quod adest, vel abest, praeter subjecti corruptionem.

(24) Accidentium aliud est separabile, aliud est inseparabile.

(25) Sublato animali aufertur rationabile et irrationabile.

Incipiunt Praedicamenta Aristotelis ubi agitur de parte syllogismi remota, scilicet de termino, sed de parte propinqua agitur in libro Peri Hermeneiarum, scilicet de enuntiatione prout accipit formam propositionis.

(1) Aequivoca dicuntur quorum nomen est commune et ratio substantiae secundum illud nomen est diversa.

40 Omne ... inferiori] *om.* LXP superius] superins f 41 quod] superius LXP ut] *om.* E 43 rationali] rationi LP 48 gignat] gignet XD 50 secundo] modo *add.* E 56 est[2]] *om.* XED 60 Her- meneiarum] Hermeneias W 62 Aequivoca] Quivoca D

---

(14) Porphyrius, *Isagoge*, 7, 3.
(15) Cf. Porphyrius, *Isagoge*, 7, 4-5.
(16) Porphyrius, *Isagoge*, 8, 16-17.
(17) Porphyrius, *Isagoge*, 9, 21-22.
(18) Porphyrius, *Isagoge*, 11, 4-5.
(19) Porphyrius, *Isagoge*, 15, 6-7.
(20) Porphyrius, *Isagoge*, 19, 1-2.
(21) Porphyrius, *Isagoge*, 12, 13-18.
(22) Porphyrius, *Isagoge*, 12, 20-21.
(23) Porphyrius, *Isagoge*, 12, 24-25.
(24) Porphyrius, *Isagoge*, 12, 25-26.
(25) Porphyrius, *Isagoge*, 14, 23-15, 1.
(1) Arist., *Categoriae*, 1, 1a 1-2.

(2) Univoca dicuntur per contrarium.

(3) Denominativa dicuntur quaecumque ab aliquo, solo casu differentiae sunt, ut ab albedine albus.

(4) Grammaticus dicitur denominative a grammatica, unde habemus quod concretum denominative dicitur a suo abstracto.

(5) Impossibile est esse accidens sine eo in quo est, id est sine subjecto.

(6) Omnis color est in corpore.

(7) Scientia est in anima, sicut accidens in subjecto.

(8) Quando alterum de altero praedicatur ut de subjecto, quaecumque de eo praedicantur, dicuntur omnia de subjecto.

(9) Diversorum generum et non subalternatim positorum diversae sunt species et differentiae.

(10) Superiora de inferioribus semper praedicantur.

(11) Decem sunt entia incomplexa, ut substantia, quantitas et cetera.

(12) Destructis primis substantiis, id est individuis, impossibile est aliquod aliorum remanere.

(13) A principali substantia, id est individuo, substantiae nulla erit praedicatio.

(14) Commune est omni substantiae in subjecto non esse.

(15) Opposita habent fieri circa idem.

(16) Omnis substantia videtur hoc aliquid significare, et hoc indubitanter verum est in primis substantiis, in secundis similiter.

65-66 differentiae] differentia E 73 eo] quod *add.* W praedicantur] praedicatur W subjecto] dicuntur *add.* W 80 individuo] individue L erit] exit XPf 82 Commune] Communi LXPE in] id est L 84-85 indubitanter] dubitanter LWP

(2) Arist., *Categoriae*, 1, 1a 6-7.
(3) Arist., *Categoriae*, 1, 1a 12-13.
(4) Arist., *Categoriae*, 1, 1a 12-15.
(5) Arist., *Categorie*, 2, 1a 24-25.
(6) Arist., *Categoriae*, 2, 1a 28.
(7) Arist., *Categoriae*, 2, 1a 29 - b 2.
(8) Arist., *Categoriae*, 3, 1 b 10-12.
(9) Arist., *Categoriae*, 3, 1 b 16-17.
(10) Arist., *Categoriae*, 3, 1 b 22.
(11) Arist., *Categoriae*, 4, 1 b 25-27.
(12) Arist., *Categoriae*, 5, 2 b 5-6.
(13) Arist., *Categoriae*, 5, 3 a 36-37.
(14) Arist., *Categoriae*, 5, 3 a 7-8.
(15) Cf. Arist., *Categoriae*, 5, 4 a 10-11.
(16) Cf. Arist., *Categoriae*, 5, 3 b 10-16.

75 *species* : la leçon d'Aristote est *specie*.

(17) Ab eo quod res est vel non est, oratio dicitur vera vel falsa.

(18) Quantitatis aliud continuum, aliud discretum.

(19) Quod semel est dictum, amplius resumi non potest.

(20) Magnum, parvum, longum, breve non sunt in genere quantitatis, sed relationis, quia unumquodque eorum dicitur ad aliquid.

(21) Si magnum parvum per se diceretur, numquam mons diceretur parvus, nec granum milii magnum. Ex quo trahitur illa auctoritas quod per se est tale semper et respectu cujuslibet est magnum.

(22) Quanta est superficies, tantum album esse dicis.

(23) Aliquando nomina fingere necesse est, si alicui nomen non fuerit impositum.

(24) Multa sunt animalia capita non habentia.

(25) Multa sunt scibilia de quibus non est scientia.

(26) Scibile prius est scientia.

(27) Relativa sic se habent quod posita se ponunt et perempta se perimunt.

(28) Quicumque definitive noverit unum correlativorum, definitive nosciturus est et reliquum.

(29) Partes substantiae sunt substantiae.

(30) Dubitare de singulis non est inutile.

86 oratio] omnino LXPfD   87 Quantitatis] Qualitatis LXPE   90 unumquodque] unumquod LP   91 diceretur[1]] dicerentur E   93 est[1]] *om.* W   00 sic] *om.* D

---

(17) Arist., *Categoriae*, 5, 4 b 8-10.
(18) Arist., *Categoriea*, 6, 4 b 20.
(19) Arist., *Categoriae*, 6, 5 a 34-35.
(20) Cf. Arist., *Categoriae*, 6, 5 b 27-29.
(21) Cf. Arist., *Categoriae*, 6, 5 b 20-22.
(22) Arist., *Categoriae*, 6, 5 b 7-8.
(23) Arist., *Categoriae*, 7, 7 a 5-7.
(24) Arist., *Categoriae*, 7, 7 a 17-18.
(25) Cf. Arist., *Categoriae*, 7, 7b 30-35.
(26) Arist., *Categoriae*, 7, 7b 23-24.
(27) Cf. Arist., *Categoriae*, 7, 7b 15, 19-20.
(28) Arist., *Categoriae*, 7, 8 a 35-37, b 13-15.
(29) Cf. Arist., *Categoriae*, 7, 8 b 15-16.
Cf. Arist., *Categoriae*, 5, 3 a 29-32.
(30) Cf. Arist., *Categoriae*, 7, 8 b 23-24.

---

91 *magnum* : il faudrait ajouter *vel* après ce mot pour respecter le sens du texte d'Aristote.

(31) Qualitas est secundum quam quales esse dicimur.

(32) Scientia est de numero permanentium et difficile mobilium si quis mediocriter sumit scientiam, nisi grandis fiat permutatio ab aegritudine, vel ab aliquo hujusmodi.

(33) Boethius dicit quod scientia festinata marcescit, mediocriter autem sumpta augmentatur et crescit.

(34) Si unum contrariorum fuerit quale et reliquum erit quale.

(35) Si unum contrariorum fuerit in natura, non pro eo oportet reliquum esse in natura, ut ex omnibus existentibus sanis non aegritudo.

(36) Prius dicitur multis modis, scilicet natura, tempore, ordine, dignitate et cetera.

(37) Sanitas et aegritudo sunt contraria immediata.

(38) Species simul sunt sub genere. Idem dicit Boethius quod species sunt coaequaeve sub eodem genere.

(39) Motui quies est contraria.

(40) Motus sex sunt species : generatio, corruptio, augmentatio, diminutio, alteratio, secundum locum mutatio.

Auctoritates libri Peri Hermeneiarum Aristotelis.

Et dicitur a praepositione peri, id est de, et hermeneia (nie), id est interpretatio, et sunt duae dictiones.

(1) Ea quae sunt in voce sunt earum quae sunt in anima passionum notae. Et ea quae scribuntur eorum quae sunt in voce et litterae scriptae sunt signa vocum.

6 dicimur] dicuntur L 7-8 si quis] ab eo qui W 13 pro eo] propter ea W 14 ex] *om.* W non] est *add.* WE 21 Motui ... contraria] *om.* L 24 Hermeneiarum] Hermeneias W 25 hermeneia] armenia E nie] e LPWf 27 Ea] A W 28 sunt in voce] proferuntur W

(31) Arist., *Categoriae*, 8, 8 b 25.
(32) Arist., *Categoriae*, 8, 8 b 29-32.
(33) Cf. Arist., *Categoriae*, 8, 8 b 30-32.
(34) Arist., *Categoriae*, 8, 10 b 17-18.
(35) Arist., *Categoriae*, 11, 14 a 7-10.
(36) Cf. Arist., *Categoriae*, 12, 14 a 26 - b 11.
(37) Arist., *Categoriae*, 10, 12 a 8-9.
(38) Cf. Arist., *Categoriae*, 13, 15 a 4.
(39) Arist., *Categoriae*, 14, 15 b 1.
(40) Arist., *Categoriae*, 14, 15 a 13-14.
(1) Arist., *De Interpretatione*, 1, 16 a 3-4.

14 *sanis* : le mot *sanitas* a été omis après *sanis*.

(2) Circa compositionem et divisionem consistit veritas et falsitas.

(3) Cum dicitur « Catonis est » vel « non est » neque verum neque falsum significatur, ex quo communiter trahitur quod verum et falsum praesupponunt congruum.

(4) Verbum est nota eorum quae de altero dicuntur.

(5) Nomen infinitum aequaliter dicitur de ente et non ente.

(6) Significare est intellectum constituere.

(7) Hoc verbum est significat quandam compositionem quam sine extremis non est intelligere.

(8) Necesse est omnem enuntiationem constitui ex verbo, unde sine verbo perfecta non redditur oratio.

(9) Rerum aliae sunt universales, aliae particulares.

(10) Universale est quod aptum natum est praedicari de pluribus, et singulare quod non.

(11) Hoc signum « omnis » non est « universale », sed significat « universaliter », id est designat quod unusquisque terminus teneatur universaliter.

(12) Quod fit non est.

(13) De futuris contingentibus non est determinata veritas.

(14) Unum tantum opponitur uni.

(15) Omnis affirmatio vel negatio, aut est vera, aut falsa, sed non potest esse simul vera aut falsa.

30 et^2] vel E 35 et] de *add.* D 40 perfecta] perfectam W 42 praedicari] praedicati L 43 non] praedicatur de pluribus *add.* W 50 non] von D 51 esse simul] simul esse E

---

(2) Arist., *De Interpretatione*, 1, 16 a 12-13.
(3) Cf. Arist., *De Interpretatione*, 2, 16 b 4-5.
(4) Arist., *De Interpretatione*, 3, 16 b 6, 7-8.
(5) Arist., *De Interpretatione*, 3, 16 b 14-15.
(6) Arist., *De Interpretatione*, 3, 16 b 19-21.
(7) Arist., *De Interpretatione*, 3, 16 b 24-25.
(8) Arist., *De Interpretatione*, 5, 17 a 9-12.
(9) Arist., *De Interpretatione*, 7, 17 a 38-39.
(10) Arist., *De Interpretatione*, 7, 17 a 39-40.
(11) Arist., *De Interpretatione*, 7, 17 b 11-12.
(12) Arist., *De Interpretatione*, 7, 17 b 33-34.
(13) Cf. Arist., *De Interpretatione*, 9, 19 a 9-10, 35-39.
(14) Arist., *De Interpretatione*, 7, 18 a 8-9.
(15) Arist., *De Interpretatione*, 9, 18 a 28-29, 38-39.

---

51 *aut* : la leçon correcte serait *et*.

(16) Non omnia fiunt ex necessitate, sed multa fiunt a casu et ad utrumlibet.

(17) Propter nostrum affirmare, vel negare, nihil sequitur in re.

(18) Nos videmur esse principium futurorum multorum ab eo quod consiliamur et agamus aliquid.

(19) Duplex est necessitas, scilicet absoluta et conditionata.

(20) Omne quod est, quando est necesse est esse. Et omne quod non est, quando non est, necesse est non esse. Sed omne quod est simpliciter esse est necesse.

Gilbertus auctor Sex principiorum.

Iste liber tractat de dicibili incomplexo non inhaerente intra, sicut in libro Praedicamentorum Aristotelis, sed de incomplexo extra.

(1) Forma est compositioni contingens simplici et invariabili essentia consistens.

(2) Omne compositum adveniens composito facit ipsum majus.

(3) Triplex est substantiale, scilicet materiale, formale et compositum.

(4) Natura occulte operatur in pluribus.

(5) Omnis communitas a singularitate procedit.

(6) Creator creaturarum naturam certo modo stabilivit.

(7) Anima, dum agit, immobilis perseverat.

(8) Impossibile est non corpus corporaliter moveri.

(9) Omnis actio in motu et omnis motus in actione firmabitur.

52 fiunt] sunt L   58 esse] *om.* L   59 non[1]] *om.* W   60 simpliciter] simpiciter f
64 essentia] essenti LP

---

(16) Arist., *De Interpretatione*, 9, 19 a 18-20.
(17) Arist., *De Interpretatione*, 9, 18 b 38-39.
(18) Arist., *De Interpretatione*, 9, 19 a 7-9.
(19) Cf. Arist., *De Interpretatione*, 9, 19 a 25-26.
(20) Arist., *De Interpretatione*, 9, 19 a 23-25.
(1) Gilbertus Porretanus, *Liber De sex principiis*, I1, p. 8, 3-4.
(2) Gilbertus Porretanus, *Liber De sex principiis*, I1, p. 8, 5-7.
(3) Gilbertus Porretanus, *Liber De sex principiis*, I3, p. 9, 10-11, 13-14.
(4) Gilbertus Porretanus, *Liber De sex principiis*, I4, p. 10, 10-11.
(5) Gilbertus Porretanus, *Liber De sex principiis*, I4, p. 10, 15-16.
(6) Gilbertus Porretanus, *Liber De sex principiis*, I4, p. 10, 18-20.
(7) Gilbertus Porretanus, *Liber De sex principiis*, I16, p. 12, 13-14.
(8) Gilbertus Porretanus, *Liber De sex principiis*, I16, p. 12, 20-21.
(9) Gilbertus Porretanus, *Liber De sex principiis*, I17, p. 13, 8-9.

60 *esse* : *non* a été omis après ce mot.

(10) Actio est proprietas secundum quam in id quod subicitur agere dicimur.

(11) Passio est effectus illatioque actionis.

(12) Quando est quod ex temporis adjacentia derelinquitur, id est quando est dispositio derelicta in re temporali ex adjacentia temporis ad rem temporalem secundum quam aliquid esse vel fuisse vel futurum esse dicitur.

(13) Anima conjuncta corpori complexionem corporis imitatur.

(14) Qui frigidae et siccae complexionis sunt, ut melancholici, in autumno dementiores sunt se ipsis, sanguinei autem in vere.

(15) Ubi est circumscriptio corporis a loci circumscriptione procedens.

(16) Ubi est dispositio derelicta a re locata ex adjacentia loci ad rem locatam secundum quam aliquid dicitur esse in loco.

(17) In loco dicitur quicquid a loco circumscribitur.

(18) Duo corpora non possunt esse simul in uno loco, nec unum corpus in diversis locis.

(19) Eadem vox pervenit ad aures multorum, sed non eadem in numero, sed secundum similitudinem et speciem.

(20) Nec locus est sine corpore, nec corpus sine loco.

(21) Positio est partium generationis et rei generatae; ordinatio, id est positio, est dispositio derelicta ex ordinatione partium suarum respectu loci secundum quam dicitur sedere, vel stare.

(22) Habitus est corporum et eorum quae circa corpus sunt adjacentia, id est habitus, est dispositio derelicta a re habente ex adjacentia rei habitae ad habens.

75 dicimur] dicuntur L 78 adjacentia] edjacentia W 84 corporis] locati *add.* D 88 unum] uvum P 90 sed non] non sed D 94 ordinatione] ordivatione PD 95 quam] quem W; *om.* L

---

(10) Gilbertus Porretanus, *Liber De sex principiis*, I 8, p. 13, 21-22.
(11) Gilbertus Porretanus, *Liber De sex principiis*, III 10, p. 15, 10.
(12) Gilbertus Porretanus, *Liber De sex principiis*, IV 12, p. 16, 10-11.
(13) Gilbertus Porretanus, *Liber De sex principiis*, IV 16, p. 20, 4-5.
(14) Gilbertus Porretanus, *Liber De sex principiis*, IV 16, p. 20, 4-8.
(15) Gilbertus Porretanus, *Liber De sex principiis*, V 17, p. 20, 15-16.
(16) Gilbertus Porretanus, *Liber De sex principiis*, V 17, p. 20, 15-17.
(17) Gilbertus Porretanus, *Liber De sex principiis*, V 17, p. 20, 17-18.
(18) Gilbertus Porretanus, *Liber De sex principiis*, V 17, p. 21, 6-7.
(19) Gilbertus Porretanus, *Liber De sex principiis*, V 18, p. 22, 11-12.
(20) Gilbertus Porretanus, *Liber De sex principiis*, V 19, p. 23, 3-4.
(21) Gilbertus Porretanus, *Liber De sex principiis*, VI 21, p. 24, 13-16.
(22) Gilbertus Porretanus, *Liber De sex principiis*, VII 26, p. 27, 12-14.

(23) Impositio superlativi est facta in termino ultra quem transgredi est impossibile.
(24) Possibili posito in esse nullum sequitur impossibile.
(25) Si omnes puncti componerentur, non facerent lineam.

Sequuntur auctoritates primi libri Priorum Aristotelis.

Et in libri Priorum tractatur de dicibili complexo ordinato ad omnem materiam indifferenter, scilicet de generali modo faciendi syllogismum, sed in libro Posteriorum tractatur de dicibili complexo contracto ad aliquam materiam determinatam, scilicet de syllogismis demonstrativis; in Topicis vero quantum ad materiam probabilem; in Elenchis autem quantum ad materiam sophisticam, quia de syllogismis sophisticis et apparentibus, sed non existentibus.

(1) Propositio est oratio affirmativa, vel negativa alicujus de aliquo, vel alicujus ab aliquo.
(2) Terminus est in quem resolvitur propositio.
(3) Syllogismus est oratio in qua quibusdam positis ex necessitate accidit aliud ex eo quod haec sunt.
(4) Dici de omni est quando nihil est sumere de subjecto distributo majoris quin de eo dicatur praedicatum; dici de nullo per oppositum.
(5) Universalis negativa et particularis simpliciter convertuntur.
(6) Universalis affirmativa convertitur in particularem affirmativam.

3 Sequuntur] *om.* E Priorum] *om.* W 5 faciendi] faciendo E 9 autem] *om.* LWP 11 Propositio] Ropositio D 16 de[2]] sub W 20 affirmativam] affirmacivam X

(23) Gilbertus Porretanus, *Liber De sex principiis*, VIII 36, p. 34, 9-11.
(24) Gilbertus Porretanus, *Liber De sex principiis*, VIII 36, p. 34, 15-16.
(25) Gilbertus Porretanus, *Liber De sex principiis*, VIII 36, p. 34, 16-17.
(1) Arist., *Analytica priora*, A1, 24 a 16-17.
(2) Arist., *Analytica priora*, A1, 24 b 16.
(3) Arist., *Analytica priora*, A1, 24 b 18-20.
(4) Arist., *Analytica priora*, A1, 24 b 28-30.
(5) Arist., *Analytica priora*, A3, 25 a 5-7, 10-11.
(6) Arist., *Analytica priora*, A3, 25 a 7-10.

16-18 Cette citation n'est pas la reproduction fidèle du texte d'Aristote dont voici la traduction faite par Boèce : *Dicimus autem de omni praedicari quando nihil est sumere subiecti de quo alterum non dicatur; et de nullo similiter.*

19 *particularis* : il faudrait ajouter *affirmativa* après ce mot pour respecter le sens de cette phrase d'Aristote.

(7) Quando oppositum consequentis repugnat antecedenti, tunc consequentia fuit bona.

(8) Quicquid sequitur ad antecedens, sequitur ad consequens.

(9) Syllogismus est necessarius exponibilibus et expositis, unde sumitur quicquid est verum de exponente, etiam est verum de exposito, unde exponentis et expositi eadem est veritas.

(10) Quando utraque praemissarum est de necessario, tunc conclusio erit dc nccessario.

(11) Majori existenti de necessario et minori de inesse, conclusio erit de necessario.

(12) Possibili posito in esse nullum sequitur impossibile.

(13) Contingens dicitur duobus modis : uno modo quod fit ut frequenter, ut hominem canescere in senectute et tale dicitur contingens innatum; alio modo dicitur contingens quod quantum est de se habet se indifferenter ad esse et ad non esse, ut me ambulare terrae motum fieri et tale dicitur contingens infinitum.

(14) Quandocumque ex opposito consequentis infertur oppositum antecedentis, tunc prima consequentia fuit bona.

(15) Omnis syllogismus habet fieri per tres terminos et duas propositiones et unam conclusionem.

(16) Exempla ponimus non quod ita sint, sed ut sentiant addiscentes quae addiscunt.

(17) Non idem significat esse non album et non esse album.

22 fuit] est E 26 exposito] exposita LWXPfE veritas] virtus LWXPfE 27 necessario] contrario LXPfED 38 fuit] est E 41 quod] ut D sint] sit E 42 quae] quid E

---

(7) *Locus non inventus.*
(8) Cf. Arist., *Analytica priora,* A 28, 43 b 39-41.
(9) Cf. Arist., *Analytica priora,* A8, 30 a 9-14.
(10) Cf. Arist., *Analytica priora,* A9, 30 a 15-17.
(11) Arist., *Analytica priora,* A9, 30 a 33-35.
(12) Arist., *Analytica priora,* A13, 32 a 19-20.
(13) Arist., *Analytica priora,* A13, 32 b 4-13, 17-18.
(14) *Locus non inventus.*
(15) Arist., *Analytica priora,* A25, 41 b 36-38, 42 a 32-35.
(16) Arist., *Analytica priora,* A41, 49 b 34-37, 50 a 1-2.
(17) Arist., *Analytica priora,* A46, 51 b 8-10.

Sequuntur auctoritates II libri Priorum Aristotelis.

(18) Ex falso bene sequitur verum, sed ex vero numquam sequitur falsum, sed semper verum, unde ex falso verum, ex vero nil nisi verum.

(19) Petere quod est in principio est quando demonstratur propositum quod fit quattuor modis : primo modo quando demonstratur omnino propositum, secundo quando demonstratur per ignorantiam, tertio quando demonstratur per ea quae aliqualiter sunt ignota, quarto quando prius demonstratur per posterius.

(20) Si conclusio est falsa, oportet aliquam praemissarum esse falsam.

(21) Quando extrema convertuntur, necesse est medium converti.

(22) Magis eligendum est velle bene agere quam agere, unde magis eligenda est voluntas sine actione quam actio bona sine voluntate.

(23) Instantia est propositio propositioni contraria.

(24) Enthymema constat ex icotibus et signis, unde icos est probabilis propositio.

(25) Probabile est quod scitur esse verum ut in pluribus, unde icos est propositio quae scitur esse vera ut in pluribus, ut odire odientes et amare amantes.

(26) Signum est propositio demonstrativa et necessaria et probabilis.

(27) Per signa corporis nobis nota syllogizamus, scilicet dispositiones corporis nobis ignotas.

44 Sequuntur] *om.* E libri] *om.* E Aristotelis] *om.* E 46 nil] *om.* L 49 quando] non *add.* E 56 sine] sive W 58 probabilis] probabilia L 64 syllogizamus] syllogismus LXPfE scilicet] *om.* W 64 dispositiones] disponens W

---

(18) Arist., *Analytica priora*, B2, 53 b 7-8.
(19) Arist., *Analytica priora*, B16, 64 b 28-32.
(20) Arist., *Analytica priora*, B18, 66 a 18-19.
(21) Arist., *Analytica priora*, B22, 67 b 27-28.
(22) Arist., *Analytica priora*, B22, 68 a 35-37.
(23) Arist., *Analytica priora*, B26, 69 a 37.
(24) Arist., *Analytica priora*, B27, 70 a 10-11, 3-4.
(25) Arist., *Analytica priora*, B27, 70 a 4-7.
(26) Cf. Arist., *Analytica priora*, B27, 70 a 7-8.
(27) Cf. Arist., *Analytica priora*, B27, 70 b 7-38.

---

48 *quando* : *non* a été omis après ce mot.
49 *quando* : de même *non* a été omis à cet endroit après *quando*.
50-51 *ignorantiam* : la leçon d'Aristote est *ignoratiora*.
51 *aliqualiter* : il faudrait corriger ce mot en *aequaliter* pour respecter le texte d'Aristote.
64 *scilicet* : il faudrait normalement supprimer ce mot.

Auctoritates super primum librum Posteriorum Aristotelis.

(1) Omnis doctrina et omnis disciplina ex praeexistenti fit cognitione.

(2) Tam syllogismus quam inductio per prius nota faciunt doctrinam habere.

(3) Exemplum est inductio, enthymema vero syllogismus.

(4) Dupliciter aliqua necessaria est praecognoscere, scilicet quia est et quid est.

(5) De dignitate oportet praecognoscere «quia vera est», de passione vero «quid est» et de subjecto utrumque; unde hic habemus quod duae sunt praecognitiones et tria praecognita quae sunt subjectum, passio et dignitas. Unde iterum habemus quod in qualibet scientia oportet praesupponere subjectum esse et quid significet ipsum, passionem non oportet praesupponere esse, sed tantum quid significet.

(6) Quod addiscit aliquis, hoc scit quodam modo et nescit quodam modo; nescit ipsum in propria forma, scit tamen ipsum in potentia.

(7) Scire opinamur unumquodque quod est simpliciter, sed non sophistico modo quod est secundum accidens.

(8) Scire est causam rei cognoscere et quoniam illius est causa, et non contingit aliter se habere.

(9) Cujus simpliciter est causa, hoc impossibile est aliter se habere.

66 super] *om.* Eprimum] I E librum] *om.* E Aristotelis] *om.* E 67 Omnis] Mnis D ex] et LWD fit] sit LXPf 71 Exemplum] Eemxemplum vero D 75 utrumque] trumque P 78 et] *om.* LXPfE 79 ipsum] ipsam LPfE 81 Quod] Qudd P 88 hoc] hac LWE

(1) Arist., *Analytica posteriora*, A1, 71 a 1-2.
(2) Arist., *Analytica posteriora*, A1, 71 a 5-7.
(3) Arist., *Analytica posteriora*, A1, 71 a 9-11.
(4) Arist., *Analytica posteriora*, A1, 71 a 11-12.
(5) Cf. Arist., *Analytica posteriora*, A1, 71 a 11-16, A10, 76 a 31-36. Cf. S. Thomas, *In Anal. Post.*, I, lect. 2, n. 13, 16, 17.
(6) Cf. Arist., *Analytica posteriora*, A1, 71 b 5-8.
(7) Arist., *Analytica posteriora*, A2, 71 b 9-10.
(8) Arist., *Analytica posteriora*, A2, 71 b 10-12.
(9) Arist., *Analytica posteriora*, A2, 71 b 15-16.

84-87 Ces deux citations ne forment qu'une phrase dans le texte d'Aristote. On pourrait reconstituer la phrase de la manière suivante : *Scire opinamur unumquodque simpliciter sed non sophistico modo quod est secundum accidens est causam rei cognoscere et quoniam illius est causa, et non contingit aliter se habere.*

88 *causa* : la leçon correcte serait *scientia*.

(10) Scire est per demonstrationem intelligere.

(11) Demonstratio est syllogismus faciens scire quod in habendo demonstrationem scimus.

(12) Necesse est demonstrativam scientiam ex primis, veris, immediatis, prioribus, notioribus, causisque conclusionis.

(13) Quod non est non contingit scire, ex quo habemus quod de non ente non est scientia.

(14) Scientia est illorum quorum est demonstratio.

(15) Dupliciter aliqua sunt priora et notiora, scilicet prius et notius natura et prius et notius quo ad nos.

(16) Priora et notiora quo ad nos, sunt illa quae proxima sunt sensui, sed priora et simpliciter et secundum naturam sunt illa quae remotiora sunt a sensu.

(17) Remotiora vero a sensu sunt maxime universalia.

(18) Proxima autem sensui sunt maxime particularia.

(19) Idem dico primum et principium.

(20) Principium demonstrationis est propositio immediata.

(21) Propositio autem immediata est qua non est altera prior.

(22) Propositio est altera pars enuntiationis unum de uno significans.

(23) Dialectica propositio est accipiens quamlibet partem contradictionis, demonstrativa autem alteram determinans, scilicet veram.

(24) Contradictio est oppositio cujus secundum se non est dare medium.

92 scientiam] fieri *add.* W 93 conclusionis] procedere *add.* D 97 aliqua] *om.* LWP 00 priora] prior LPE et] *om.* WD 7 Propositio ... significans Propositio autem immediata est qua non est altera prior W 8 quamlibet] quemlibet X

---

(10) Cf. ARIST., *Analytica posteriora*, A2, 71 b 17.
(11) ARIST., *Analytica posteriora*, A2, 71 b 17-19.
(12) ARIST., *Analytica posteriora*, A2, 71 b 20-22.
(13) ARIST., *Analytica posteriora*, A2, 71 b 25-26.
(14) Cf. ARIST., *Analytica posteriora*, A2, 71 b 28-29.
(15) ARIST., *Analytica posteriora*, A2, 71 b 33 - 72 a 1.
(16) ARIST., *Analytica posteriora*, A2, 72 a 1-4.
(17) ARIST., *Analytica posteriora*, A2, 72 a 4.
(18) ARIST., *Analytica posteriora*, A2, 72 a 4-5.
(19) ARIST., *Analytica posteriora*, A2, 72 a 6-7.
(20) ARIST., *Analytica posteriora*, A2, 72 a 7.
(21) ARIST., *Analytica posteriora*, A2, 72 a 8.
(22) ARIST., *Analytica posteriora*, A2, 72 a 8-9.
(23) ARIST., *Analytica posteriora*, A2, 72 a 9-11.
(24) ARIST., *Analytica posteriora*, A2, 72 a 12-13.

(25) Pars constradictionis quae significat aliquid de aliquo est affirmatio, quae autem significat aliquid ab aliquo est negatio.

(26) Definitio est propositio quaedam, non autem suppositio.

(27) Suppositio dicit aliquid esse, vel non esse.

(28) Non est idem quod quid est unitas et esse unitatem.

(29) Non solum necesse est praecognoscere prima principia, aut omnia, aut quaedam, aut conclusionem, sed et magis; propter unumquodque tale et ipsum magis, ut propter quod amamus rem, illud est magis amatum et omnia posteriora scimus et credimus. Per prima ergo, illa magis scimus.

(30) Necesse est magis credere praemissis quam conclusioni.

(31) Principiis nihil notius est in veritate et oppositis eorum nihil est notius in falsitate.

(32) Principia cognoscimus in quantum terminos cognovimus.

(33) Non contingit aliquid circulariter demonstrare, nisi in terminis convertibilibus et propriis.

(34) Impossibile est eadem esse priora et notiora, sapientiora eodem modo.

(35) Ad minus ex duabus propositionibus contingit syllogizare.

(36) Una propositione posita, nihil sequitur syllogistice.

14 propositio] praepositio L 15 aliquid] aliqnid W 19 magis] majus LWXPfE 20 scimus et credimus] credimus et scimus D 31 propositione] propositio LWXPf

---

(25) Arist., *Analytica posteriora*, A2, 72 a 13-14.
(26) Arist., *Analytica posteriora*, A2, 72 a 21, 23.
(27) Arist., *Analytica posteriora*, A2, 72 a 19-20.
(28) Arist., *Analytica posteriora*, A2, 72 a 23-24.
(29) Arist., *Analytica posteriora*, A2, 72 a 27-32.
(30) Arist., *Analytica posteriora*, A2, 72 a 36-37.
(31) Cf. Arist., *Analytica posteriora*, A2, 72 b 1-2.
(32) Cf. Arist., *Analytica posteriora*, A3, 72 b 23-25.
(33) Arist., *Analytica posteriora*, A3, 73 a 6-7.
(34) Arist., *Analytica posteriora*, A3, 72 b 27-29.
(35) Arist., *Analytica posteriora*, A3, 73 a 10-11.
(36) Arist., *Analytica posteriora*, A3, 73 a 7-9.

---

14 *propositio* : il faudrait normalement écrire *positio*.

17-21 Le texte de cette citation a été corrompu. La phrase d'Aristote est la suivante : ... *necesse est non solum precognoscere prima, aut omnia, aut quedam, sed et magis; semper enim propter quod est unumquodque, illud magis est, ut propter quod amamus, illud amicum magis est. Quare si quidem scimus per prima et credimus, illa scimus et credimus magis, quoniam propter illa et posteriora.*

28-29 Le texte d'Aristote est le suivant : ... *impossibile enim est eadem sibi ipsis simul priora et posteriora esse, nisi altero modo, ut hec quidem ad nos, illa vero simpliciter, quo certe modo inductio facit notum* (translatio Iacobi).

(37) Demonstratio est syllogismus ex necessariis.

(38) Per se primo sunt quaecumque in ratione dicente quod quid est insunt, ut triangulo inest linea et punctum lineae (substantia enim horum est in his).

(39) Per se secundo sunt quaecumque insunt ipsis quae in ratione insunt, ut propria passio per se est in subjecto.

(40) Item per se sunt quae non dicuntur de quodam alio subjecto, ut substantia.

(41) Item per se sunt propter quod inest alicui aliquid, tamquam per causam. Hic habemus quod quattuor sunt modi dicendi per se quorum primus et secundus tantum ingrediuntur demonstrationem.

(42) Item per se praesupponit de omni.

(43) Universale sive principium dico quod cum de omni sit et per se est et secundum quod ipsum est idem, ut punctum per se est in linea et secundum quod ipsum.

(44) Ex veris est demonstrative syllogizare.

36 ipsis] *om.* L 38-39 Item substantia] ... *post* Item ... demonstrationem L; *om.* P 38 quae] quando W non] *om.* W ut] et L

---

(37) Arist., *Analytica posteriora*, A4, 73 a 24.
(38) Arist., *Analytica posteriora*, A4, 73 a 34-37.
(39) Arist., *Analytica posteriora*, A4, 73 a 37 - b 2.
(40) Arist., *Analytica posteriora*, A4, 73 b 5-6, 7.
(41) Arist., *Analytica posteriora*, A4, 73 b 10-11.
(42) Cf. Arist., *Analytica posteriora*, A4, 73 b 25-26.
(43) Arist., *Analytica posteriora*, A4, 73 b 26-27, 28-30.
(44) Arist., *Analytica posteriora*, A6, 74 b 15-16.

---

35 *in* : la leçon correcte serait *ex*.

36-37 Le texte de cette citation est corrompu. Le passage correspondant d'Aristote est le suivant : ... *et que insunt in ratione dicenti quid est, et quibuscumque eorum que insunt ipsis ipsa in ratione insunt quid est demonstranti, ut rectum inest linee et circulare, et inpar et par numero, et primum et compositum et ἰσόπλευρον, quod est equilaterum, καὶ ἑτερόμηκες, id est altera parte longius, et que omnibus his insunt in ratione quid est dicenti hinc quidem linea, inde vero numerus* (translatio Iacobi).

46 *idem* : cette citation comporte une lacune avant *idem*. Il faudrait suppléer : *per se et secundum quod ipsum est.*

(45) Ex non necessariis contingit necessarium syllogizare, sicut verum ex non veris, sed ex non necessariis non contingit demonstrare, quia cum medium erit ex necessitate.

(46) Demonstratio est eorum quae sunt per se et non eorum quae sunt per accidens.

(47) Accidens contingit non esse.

(48) Per quid scire est per causam scire.

(49) Non contingit ex alio genere descendentem demonstrare, ut geometricum in arithmetica.

(50) Tria sunt necessaria in demonstratione quorum unum est quod demonstratur, scilicet conclusio. Hoc autem est quod inest alicui gratia per se, aliud autem est dignitas.

(51) Dignitates sunt ex quibus fit demonstratio.

(52) Tertium est subjectum et ejus passiones.

(53) Necesse est medium et ultimum in demonstratione esse ex eodem genere.

(54) Nec scientia, nec demonstratio est corruptibilium, sed perpetuorum.

49 contingit necessarium] *om.* L 51 cum] omne W; *om.* D 59 demonstratur] demonstrantur E autem] scilicet W est] *om.* W 61 fit] sit L 65 demonstratio] demonstratione LE est] *om.* LE 65-66 perpetuorum] passiones *add.* LWP

(45) ARIST., *Analytica posteriora*, A6, 75 a 2-4, 12-14.
(46) ARIST., *Analytica posteriora*, A6, 75 a 18-19.
(47) ARIST., *Analytica posteriora*, A6, 75 a 20-21.
(48) ARIST., *Analytica posteriora*, A6, 75 a 35.
(49) ARIST., *Analytica posteriora*, A7, 75 a 38-39.
(50) ARIST., *Analytica posteriora*, A7, 75 a 39-42.
(51) ARIST., *Analytica posteriora*, A7, 75 a 42.
(52) ARIST., *Analytica posteriora*, A7, 75 a 42 - b 1.
(53) ARIST., *Analytica posteriora*, A7, 75 b 10-11.
(54) ARIST., *Analytica posteriora*, A8, 75 b 24-25.

49-51 A cet endroit aussi le florilège présente une version corrompue du passage d'Aristote : *est enim necessarium non ex necessariis sillogizare, sicut et verum ex non veris ... Sed non concessum est. Quoniam igitur si scit demonstrative, oportet habere demonstrationem; aut non sciet neque propter quid neque quia necesse est illud esse* (translatio Iacobi).

55 *Per* : la leçon correcte serait *propter*.

60 *gratia* : il faudrait corriger *gratia* en *generi* pour reproduire le texte d'Aristote.

62 Cette citation donne une version corrompue du texte d'Aristote : *Tertium genus subiectum, cuius passiones et per se accidentia ostendit demonstratio.*

(55) Definitio est principium demonstrationis, vel conclusio, vel tota demonstratio positione differens.

(56) Difficile est noscere si aliquis scivit, vel non.

(57) Difficile est enim noscere si ex uniuscujusque principiis scimus, aut non, quod vere scimus.

(58) Si ex principiis et ex veris habeamus syllogismum, opinamur scire, sed hoc non est sufficiens, sed etiam oportet scire ex quibus scitur, ut sunt propria principia.

(59) Non est necesse esse species, id est ideas, aut unum aliquid extra multa.

(60) Omnes scientiae communicant secundum communia principia ex quibus demonstrantur.

(61) Unaquaeque scientia habet interrogationes et disputationes.

(62) Demonstrationes non augentur per media, sed in post assumpto et in latus.

(63) Demonstratio contingit dupliciter, vel quia procedit per effectum, vel causam remotam.

(64) Duplex est scire, scilicet quia est et scire propter quid est.

(65) In scientiis diversis saepe una scientia dicitur quod, alia quia, ut

69 Difficile ... non] *om.* L   85 dicitur] dicit E   alia] propter quid *add.* W

---

(55) Arist., *Analytica posteriora*, A8, 75 b 30-32.
(56) Arist., *Analytica posteriora*, A9, 76 a 26.
(57) Arist., *Analytica posteriora*, A9, 76 a 26-28.
(58) Arist., *Analytica posteriora*, A9, 76 a 28-30.
(59) Arist., *Analytica posteriora*, A11, 77 a 5.
(60) Arist., *Analytica posteriora*, A11, 77 a 26-28.
(61) S. Thomas, *In Anal. post.*, I, lect. 21, n. 173.
Cf. Arist., *Analytica posteriora*, A12, 77 a 38-39, b 9-10.
(62) Arist., *Analytica posteriora*, A12, 78 a 14-16.
(63) Cf. Arist., *Analytica posteriora*, A13, 78 a 22-30.
Cf. S. Thomas, *In Anal. post.*, I, lect. 196.
(64) Arist., *Analytica posteriora*, A13, 78 a 22-23.
(65) Arist., *Analytica posteriora*, A13, 79 a 11-12, 13-16.

---

71 *scimus* : le texte d'Aristote dit *est scire.*
72-74 Le texte de cette citation a été corrompu. Le passage correspondant d'Aristote est le suivant : *Opinamur autem, si habeamus ex veris aliquibus sillogismum et primis, scire. Sed hoc non est, sed proxima oportet esse primis.*
80 *assumpto* : le texte d'Aristote est *assumendo.*
82 *demonstratio* : *quia* a été omis après ce mot.
85 *dicitur quod* : il faudrait remplacer ces mots par *dicit propter quid* pour reconstituer le texte d'Aristote.

medicina dicit quod vulnera circularia tardius sanantur quam oblonga, sed propter quid illud dicit geometria.

(66) Scientes universale saepe nesciunt particulare.

(67) Figurarum maxime facientes scire est prima figura.

(68) Coordinationes praedicamentorum non communicantur, unde quod est in una coordinatione non est in alia, unde habemus quod essentiae praedicamentorum sunt impermixtae.

(69) Ignorantia est duplex, scilicet secundum negationem et dispositionem.

(70) Si aliquis sensus defecerit, necesse est scientiam illius sensus deficere.

(71) Aliud addiscimus per demonstrationem, aliud per inductionem.

(72) Singularium est sensus.

(73) Omnis syllogismus fit per tres terminos et duas propositiones.

(74) Non contingit ire in infinitum in praedicamentis, nec ascendendo, nec descendendo, sed utrobique est status.

(75) Quae est comparatio principii ad principium, eadem est principiati ad principiatum.

(76) Impossibile est infinita pertransire.

(77) Gaudeant genera et species Platonis quoniam si sunt, monstra sunt et si non sunt nihil ad rationem vel demonstrationem prosunt; demonstrationes enim de his.

86 quod] *om.* E 99 fit[semper *add.* D 2-3 principiati] principati Lf 3 principiatum] principatum LP 7 enim de his] *om.* W

---

(66) Arist., *Analytica posteriora*, A13, 79 a 4-6.
(67) Arist., *Analytica posteriora*, A14, 79 a 17-18.
(68) S. Thomas, *In Anal. post.*, I, lect. 26, n. 219.
Cf. Arist., *Analytica posteriora*, A15, 79 b 8-11.
(69) Arist., *Analytica posteriora*, A16, 79 b 23-24.
(70) Arist., *Analytica posteriora*, A18, 81 a 38-40.
(71) Arist., *Analytica posteriora*, A18, 81 a 40.
(72) Arist., *Analytica posteriora*, A18, 81 b 6.
(73) Arist., *Analytica posteriora*, A19, 81 b 10.
Arist., *Analytica priora*, A25, 42 a 30-35.
(74) Arist., *Analytica posteriora*, A22, 83 b 7, 84 a 8-10.
(75) S. Thomas, *In Anal. post.*, I, lect. 32, n. 270.
(76) Arist., *Analytica posteriora*, A22, 82 b 38-39.
(77) Arist., *Analytica posteriora*, A22, 82 a 32-35.

(78) Qualitas non est quantitas.
(79) Unum praedicatur de uno.
(80) Demonstratio universalis particulari est potior.
(81) Affirmativa potior est negativa.
(82) Demonstratione ostensiva potior est ducente ad impossibile.
(83) Potior est demonstratio quae est de esse quam quae non est de esse.
(84) Universale non est minus ens quam particulare, sed majus, quia ipsum est incorruptibile, particulare vero corruptibile, ex quo et multis dictis aliis in isto libro et dicendis habemus quod universalia sunt sempiterna et species rerum sunt aeternae.
(85) Universalis magis est causa quam particularis cui per se inest aliquid, hoc idem est causa sui ipsius.
(86) Cognoscens universale cognoscit et particulare et non e converso.
(87) Universale est intelligibile, particulare vero sensu percipitur.
(88) Prius est esse quam non esse.
(89) Certior est scientia quae est ipsius propter quid quam quae alterius.

8 Qualitas] Qualitatis D quantitas] qualitas LXPfED 12 demonstratione] demonstratio E ostensiva] ostentiva Lf 13 quae[2]] qui LP

---

(78) Arist., *Analytica posteriora*, A22, 83 a 36-37.
(79) Arist., *Analytica posteriora*, A22, 83 b 17-18.
(80) Arist., *Analytica posteriora*, A24, 86 a 23.
(81) Arist., *Analytica posteriora*, A25, 86 b 33-34.
(82) Arist., *Analytica posteriora*, A26, 87 a 1-2, 27-30.
(83) Arist., *Analytica posteriora*, A24, 85 a 35-36.
(84) Cf. Arist., *Analytica posteriora*, A24, 85 b 15-18.
(85) Arist., *Analytica posteriora*, A24, 85 b 24-25.
(86) Arist., *Analytica posteriora*, A24, 86 a 11-13.
(87) Arist., *Analytica posteriora*, A24, 86 a 29-30.
(88) Arist., *Analytica posteriora*, A25, 86 b 35-36.
(89) Arist., *Analytica posteriora*, A27, 87 a 31-33.

---

8 Le texte de cette citation est probablement : *Qualitatis non est qualitas.*
13-14 *quam quae non est de esse* : il faudrait probablement corriger ces mots en *quam quae est de non esse.*
19 *Universalis ... particularis* : le texte d'Aristote est *Universale ... particulare.*
24 *ipsius* : on trouve *quia et* après *unius* dans cette phrase d'Aristote.

(90) Item certior est quae non est de subjecto contracto ad materiam quam quae est de subjecto contracto.

(91) Unitas non est substantia sine positione, sed punctum est substantia positionem habens.

(92) Singulare est hic et nunc, sed universale est ubique et semper.

(93) Sensus est singularium, scientia vero universalium.

(94) Impossibile est omnium esse eadem principia.

(95) Scientia est necessariorum verorum contingentium aliter se habere.

(96) Sollertia est subtilitas quaedam et non tempore medii.

Sequuntur auctoritates II libri Posteriorum Aristotelis.

(97) Quaestiones sunt aequales numero his quae vere scimus.

(98) Quaestiones sunt quattuor, scilicet quid est et propter quid, si est, quia est. Et istae reducuntur ad quaestionem medii.

(99) Causa et medium sunt idem.

(100) Unius in quantum unius, una est scientia.

(101) Definitio est cognitio substantiae et ipsius quod quid est.

(102) Impossibile est quod quid est scire et ignorare, si est ipsius quod quid est, non est demonstratio.

27 de] *om.* W 28 punctum] punctus D 32 esse eadem] eadem esse E 33 verorum] non *add.* D 37 Quaestiones] Uaestiones WD 41 quantum] est *add.* D 43 quod] quid LP

(90) S. Thomas, *In Anal. post.*, I, lect. 41, n. 358.
Cf. Arist., *Analytica posteriora*, A27, 87 a 33-34.
(91) Arist., *Analytica posteriora*, A27, 87 a 36.
(92) Arist., *Analytica posteriora*, A31, 87 b 29-33.
(93) Arist., *Analytica posteriora*, A31, 87 b 37-39.
(94) Arist., *Analytica posteriora*, A32, 88 a 18-19.
(95) Arist., *Analytica posteriora*, A33, 88 b 31-32.
(96) Arist., *Analytica posteriora*, A34, 89 b 10-11.
(97) Arist., *Analytica posteriora*, B1, 89 b 23-24.
(98) Arist., *Analytica posteriora*, B1, 89 b 24-25, 37 - 90a 1, 6.
(99) Arist., *Analytica posteriora*, B2, 90 a 6-7.
(100) Arist., *Analytica posteriora*, B3, 90 b 20-21.
(101) Arist., *Analytica posteriora*, B3, 90 b 30-31.
(102) Arist., *Analytica posteriora*, B8, 93 a 20, b 16-17.

28 *non* : ce mot ne figure pas dans le texte d'Aristote.
33 *verorum* : *non* a été omis après *verorum*.
35 Pour reproduire la phrase d'Aristote, il faudrait reconstituer la citation de la manière suivante : *Sollertia est subtilitas quaedam in non perspecto tempore medii inveniendi.*

(103) Per omne genus causae contingit demonstrare.

(104) Scire opinamur cum causas rei cognoscimus.

(105) Quattuor sunt causae.

(106) Unum et idem non contingit esse propter quid et quid est, ut si quaeratur quid est tonitruus et dicitur quod est extinctio ignis in nube et si quaeratur propter quid tonat dicitur, quia in nube ignis extinguitur.

(107) Ambulare post cenam est causa sanitatis, propter non eminere cibos in ore stomachi.

(108) Interpositio terrae inter solem et lunam est causa eclipsis lunae.

(109) Medium in demonstratione est ratio primi termini, id est majoris extremitatis.

(110) Causa et effectus debent esse proportionata, unde ejus quod est in fieri debet esse causa in fieri et ejus quod est in facto esse debet esse causa in facto esse et cetera.

(111) Sicut se habet linea ad punctum, sic se habet illud quod fit ad factum esse.

(112) Quaedam sunt semper, quaedam ut frequenter, ut on omnes masculi sunt barbati in maxillis semper, sed ut frequenter.

(113) Ex singularibus oportet universalia accipere.

(114) Aequivocationes magis latent in universalibus quam in inferioribus.

49 extinctio] extinctiio W 50 quia] quod D 53 ore] orificio W 58 debet] debent E 62 ut[2]] et LP omnes] omnis X

---

(103) Arist., *Analytica posteriora*, B11, 94 a 20-24.
(104) Arist., *Analytica posteriora*, B11, 94 a 20.
(105) Arist., *Analytica posteriora*, B11, 94 a 21.
(106) Arist., *Analytica posteriora*, B10, 94 a 3-5.
(107) Arist., *Analytica posteriora*, B11, 94 b 14-19.
S. Thomas, *In Anal. post.*, II, lect. 9, n. 498.
(108) Arist., *Analytica posteriora*, B2, 90 a 15-18.
(109) S. Thomas, *In Anal. post.*, II, lect. 7, n. 477.
Cf. Arist., *Analytica posteriora*, B2, 90 a 5-11, B8, 93 a 31-33.
(110) S. Thomas, *In Anal. post.*, II, lect. 10, n. 506.
Cf. Arist., *Analytica posteriora*, B12, 95 a 10-14.
(111) Arist., *Analytica posteriora*, B12, 95 b 8-9.
(112) Arist., *Analytica posteriora*, B12, 96 a 8-11.
(113) Arist., *Analytica posteriora*, B13, 97 b 28-29.
(114) Arist., *Analytica posteriora*, B13, 97 b 30-31.

65-66 *inferioribus*: le texte d'Aristote est *differentibus*.

(115) Nasus magis fluit in fine mensis, quia finis magis est humidior.
(116) Omnis arbor habens lata folia fluit.
(117) Fluere est succum densatum habere.
(118) Causa est prior eo cujus est causa.
(119) Omne animal habens cornua caret dentibus in inferiori mandibula.
(120) Ex sensu nobis fit memoria, ex multis memoriis experimentum.
(121) Universale quiescens in anima est principium artis et scientiae.
(122) Sentire est singularis, sed sensus est universalis.
(123) Principiorum habitus non est scientia, sed intellectus.
(124) Universale est unum in multis et unum praeter multa.
(125) Principia non cognoscimus per demonstrationem, sed per inductionem viae sensus et memoriae.

Auctoritates super primum librum Topicorum Aristotelis.

Topos enim graece locus dicitur, vel idem est quod to<p>um. Locus enim in dialectica sive logica quae species est philosophiae duplex est, scilicet intrinsecus et extrinsecus et cetera et de his tractatur in hoc libro. Dialectica vero dicitur a dia et logos, quasi dualis sermo, quia disputatio dialectica fit inter duos, scilicet opponentem et respondentem.

(1) Unumquodque principiorum est sibi ipsi fides.

69 succum] sucrum LWX 71 Omne ... inferiori] *om.* W inferiori] superiori D mandibula] mandibu E 80 to<p>um] totum *cod.* 84 fit] sit LXD

(115) Arist., *Analytica posteriora*, B15, 98 a 31-32.
(116) Arist., *Analytica posteriora*, B16, 98 b 7-8.
(117) Arist., *Analytica posteriora*, B16, 98 b 36-37, B17, 99 a 28-29.
(118) Arist., *Analytica posteriora*, B16, 98 b 17.
(119) S. Thomas, *In Anal. post.*, II, lect. 17, n. 562.
Cf. Arist., *Analytica posteriora*, B14, 98 a 16-17.
(120) Arist., *Analytica posteriora*, B19, 100 a 3-5.
(121) Arist., *Analytica posteriora*, B19, 100 a 6-8.
(122) Arist., *Analytica posteriora*, B19, 100 a 16-17.
(123) Arist., *Analytica posteriora*, B19, 100 b 10-12.
(124) Arist., *Analytica posteriora*, B19, 100 a 6-8.
(125) Arist., *Analytica posteriora*, B19, 100 b 3-5, 13, 100 a 3.
(1) Arist., *Topica*, A1, 100 b 19-21.

67 *Nasus* : il faudrait corriger cette leçon en *Nilus*.
67 *humidior* : il faudrait peut-être remplacer ce terme par *hibernior*.
69 *Fluere* : *folio* a été omis après ce mot.
78 *viae* : la leçon correcte est probablement *via*.

(2) Dialectica est utilis ad tria, scilicet ad exercitationem, ad obviationem et philosophiae disciplinas.

(3) Dialectica inquisitiva ad omnium methodorum principia viam habet.

(4) Rhetor non semper persuadebit, nec medicus semper sanabit.

(5) Definitio est oratio.

(6) Proprium est quod est inseparabile.

(7) Accidens est quod adest, ut supra dictum est.

(8) Accidens facit unum numero cum suo subjecto, unde accidentia numerantur numeratione subjectorum.

(9) Positio est opinio extranea alicujus notorum secundum philosophiam quemadmodum posuit Heraclitus omnia moveri.

(10) Syllogismus est oratio in qua quibusdam positis aliquid accidit ex necessitate praeter ea quae posita sunt.

(11) Probabilia sunt quae videntur omnibus, aut pluribus, vel sapientibus et his, vel omnibus, vel pluribus, vel maxime notis et probabilioribus.

(12) Genus est quod praedicatur de pluribus.

(13) Accidens est quod neque est genus, neque species, neque proprium, neque differentia, sed est aliquid rei.

(14) Idem dicitur tripliciter : idem genere, idem numero et idem specie.

(15) Inductio est processus a particularibus ad universalia.

89 omnium] omnem E   94 est] *om.* LWPD   95 subjecto] subjeto f   unde] ut LPE   99 positis] positus L

---

(2) ARIST., *Topica*, A2, 101 a 26-28.
(3) ARIST., *Topica*, A2, 101 b 3-4.
(4) ARIST., *Topica*, A3, 101 b 8-9.
(5) ARIST., *Topica*, A5, 102 a 4-5.
(6) ARIST., *Topica*, A5, 102 a 18-20.
(7) ARIST., *Topica*, A5, 102 b 4-5.
(8) ARIST., *Topica*, A7, 103 a 29-31, 38-39.
(9) ARIST., *Topica*, A11, 104 b 19-20, 21-22.
(10) ARIST., *Topica*, A1, 100 a 25-27.
(11) ARIST., *Topica*, A1, 100 b 21-23.
(12) ARIST., *Topica*, A5, 102 a 31, 32.
(13) ARIST., *Topica*, A5, 102 b 4-5.
(14) ARIST., *Topica*, A7, 103 a 7-8.
(15) ARIST., *Topica*, A12, 105 a 13-14.

---

93 *inseparabile* : il faudrait peut-être remplacer cette leçon par *convertibile*.
94 *adest* : la leçon probable est *inest*.

(16) Qui dubitat quod oportet deos vereri et parentes honorare, non indiget ratione, sed poena.

(17) Qui etiam dubitat utrum nix sit alba, vel non, non indiget ratione, sed sensu.

(18) Quot modis dicitur unum oppositorum, tot modis dicitur et reliquum.

(19) Delectationi quae est circa speculativa, nulla tristitia est admixta.

(20) Diversorum generum et non subalternatim positorum diversae sunt species et differentiae.

Sequuntur auctoritates II libri Topicorum Aristotelis.

(21) Nullum genus denominative praedicatur de suis speciebus, sed univoce.

(22) Injustitiam facere non inest deo, quia injustitiam facere idem est quod sponte nocere, sed sponte nocere non est in deo.

(23) Invidus est qui tristatur prosperitate bonorum.

(24) Reprehensor est qui tristatur de prosperitate malorum.

(25) Invidia est tristitia in apparente prosperitate alicujus.

(26) Loquendum est ut plures, sapiendum vero ut pauci.

(27) Animalia semper nutriuntur, non tamen augentur.

(28) Scire non est idem quod reminisci, quia scire contingit circa praesentia et futura, reminisci autem solum circa futura.

(29) Quaecumque insunt speciei, insunt et generi.

18 libri] *om.* E Aristotelis] *om.* E 19 Nullum] Ullum WD 20 univoce] univocem W 22 sed sponte nocere] sed sponte non esse E; *om.* LX 25 prosperitate] prosperita re f

(16) Arist., *Topica*, A11, 105 a 5-7.
(17) Arist., *Topica*, A11, 105 a 7.
(18) Arist., *Topica*, A15, 106 b 14-15.
(19) Arist., *Topica*, A15, 106 a 37 - b 1.
(20) Arist., *Topica*, A15, 107 b 19-20.
(21) Arist., *Topica*, B2, 109 b 4-6.
(22) Cf. Arist., *Topica*, B2, 109 b 33-35.
(23) Arist., *Topica*, B2, 109 a 35-37.
(24) Arist., *Topica*, B2, 110 a 2-3.
(25) Arist., *Topica*, B2, 109 b 36-37.
(26) Cf. Arist., *Topica*, B2, 110 a 15-19.
(27) Arist., *Topica*, B4, 111 b 25-26.
(28) Arist., *Topica*, B4, 111 b 26-31.
(29) Arist., *Topica*, B4, 111 a 25-26.

(30) Homines ut in pluribus sunt mali, in paucioribus autem boni.
(31) Motis nobis moventur omnia quae in nobis sunt.
(32) Idem est susceptibile contrariorum.
(33) Plura possunt uni esse contraria.
(34) Plura bene contingit scire, sed non contingit plura intelligere.
(35) Quod juste fit est scientis, quod injuste est ignorantis.
(36) Quorum generationes sunt bonae, ipsa quoque bona; similiter de malo.
(37) Simpliciter dico quod nullo addito dico.

Sequuntur auctoritates III libri Topicorum Aristotelis.

(38) Omnia bonum appetunt.
(39) Quod per se est eligibile, magis est eligendum quam quod propter aliud.
(40) Quod plures vel omnes eligunt, magis est eligendum.
(41) Quod difficilius magis est eligendum quam quod facilius.
(42) Injustum non in genere, sed injustitia in genere est. Ex quo habetur quod accidens in concreto non est in genere praedicamenti per se.
(43) Robur consistit in nervis et ossibus.
(44) Finis est magis eligendus his quae sunt ad finem.
(45) Cujus finis est melior, ipsum quoque melius.

31 paucioribus] pacioribus D 40 libri] *om.* E Aristotelis] *om.* E 41 Omnia] Mnia WD 45 difficilius] difficillius E eligendum] elgendum E

---

(30) Arist., *Topica*, B6, 112 b 11-12.
(31) Arist., *Topica*, B7, 113 a 29-30.
(32) Arist., *Topica*, B7, 113 a 34-35.
(33) Arist., *Topica*, B7, 113 a 14-15.
(34) Arist., *Topica*, B10, 114 b 34-35.
(35) Arist., *Topica*, B10, 114 b 9-11.
(36) Arist., *Topica*, B10, 114 b 17-18, 19-20.
(37) Arist., *Topica*, B11, 115 b 29-30.
(38) Arist., *Topica*, Γ1, 116 a 19-20.
(39) Arist., *Topica*, Γ1, 116 a 29-30.
(40) Arist., *Topica*, Γ1, 116 a 13-14, 17.
(41) Arist., *Topica*, Γ2, 117 b 28-30.
(42) Cf. Arist., *Topica*, Γ1, 116 a 23-28.
(43) Arist., *Topica*, Γ1, 116 b 20-21.
(44) Arist., *Topica*, Γ1, 116 b 22-23.
(45) Arist., *Topica*, Γ1, 116 b 27.

(46) Amicitia melior est divitiis.

(47) Nemo eligat juvenes in duces, quoniam non contingit eos esse prudentes.

(48) Temperantia magis est eligenda in juvenibus quam in senibus, quia juvenes plus concupiscentiis molestantur.

(49) Si omnes justi essent, nihil utilis esset fortitudo, sed si omnes essent fortes adhuc utilis esset justitia. Ergo melior est justitia quam fortitudo.

(50) Illud quod assimilatur meliori, melius est.

(51) Si optimum alicujus generis ipsum simpliciter melius est altero et e converso, ut si optimus homo melior est optimo equo, simpliciter homo est melior equo.

(52) Licet melius sit philosophari quam ditari, tamen indigentibus melius est ditari quam philosophari.

(53) Melius est bene vivere quam male vivere.

(54) Studere negamus ut ingeniosi videamur.

(55) Illud est albius quod nigro est impermixtius.

(56) Tale additum tali facit ipsum magis tale.

55 in^{2}] *om.* E 61 generis] est *add.* W ipsum simpliciter] simpliciter ipsum E

---

(46) ARIST., *Topica*, Γ1, 116 b 37-38.
(47) ARIST., *Topica*, Γ2, 117 a 29-30.
(48) ARIST., *Topica*, Γ2, 117 a 32-34.
(49) ARIST., *Topica*, Γ2, 117 a 37 - b 2.
(50) ARIST., *Topica*, Γ2, 117 b 21.
(51) ARIST., *Topica*, Γ2, 117 b 36-39.
(52) ARIST., *Topica*, Γ2, 118 a 10-11.
(53) ARIST., *Topica*, Γ2, 118 a 7.
(54) ARIST., *Topica*, Γ2, 118 a 22-23.
(55) ARIST., *Topica*, Γ5, 119 a 27-38.
(56) Cf. ARIST., *Topica*, Γ5, 119 a 22-24.

61-63 Cette citation présente un texte corrompu du passage correspondant d'Aristote : *Et si optimum optimo melius, et simpliciter hoc illo melius, ut si optimus homo optimo equo melior, et simpliciter homo simpliciter equo melior.* On pourrait peut-être reconstituer la citation de la manière suivante : *Si optimum alicujus generis melius est optimus alteris et ipsum simpliciter melius est altero, ut si optimus homo melior est optimo equo, simpliciter homo est melior equo.*

Sequuntur auctoritates IIII libri Topicorum Aristotelis.

(57) Impossibile est esse aliquod genus particulare quod non participat naturam aliquam suarum specierum, unde nihil est in genere quod non sit in aliqua suarum specierum.

(58) Genus de pluribus praedicatur quam species.

(59) Omne genus plures habet species.

(60) Sicut propositum in proposito, sic oppositum in opposito.

(61) Domum est datio irredibilis.

(62) Nihil prohibet animam sui ipsius scientiam habere.

(63) Medium est in eodem genere cum extremis.

(64) Si quid omnino ex specie permutatum est, illud non contingit amplius idem permanere. Ex quo habemus quod destructa specie impossibile est individuum generis idem numero permanere.

(65) Pars nullo modo praedicatur de suo toto.

(66) Vinum non est aqua in vite putrefacta, quod tamen voluit Empedocles.

(67) Nemo dicitur esse talis eo quod possit esse talis, vel quia possit facere tale.

(68) Possunt enim deus et studiosus prava agere, sed tamen non sunt hujusmodi.

71 Impossibile] Mpossibile WD 73 sit] fit LWXPfE 74 Genus] Henus W 75 species] speciis W 76 sic] sicut LWPD 89 hujusmodi] hujus LXPfE

---

(57) Arist., *Topica*, Δ1, 121 a 28-29.
(58) Arist., *Topica*, Δ1, 121 b 3-4.
(59) Arist., *Topica*, Δ3, 123 a 30.
(60) Cf. Arist., *Topica*, Δ3, 124 a 9.
(61) Arist., *Topica*, Δ4, 125 a 18.
(62) Arist., *Topica*, Δ4, 125 a 39-40.
(63) Arist., *Topica*, Δ3, 124 a 6-7.
(64) Cf. Arist., *Topica*, Δ5, 125 b 37-38.
(65) Arist., *Topica*, Δ5, 126 a 27-28.
(66) Arist., *Topica*, Δ5, 127 a 17-18.
(67) Arist., *Topica*, Δ5, 126 a 33-34.
(68) Arist., *Topica*, Δ5, 126 a 34-36.

71-73 Ce passage du florilège est corrompu. La phrase d'Aristote est celle-ci : *nam impossibile est participare genus quod nullam specierum participat, nisi aliqua secundum primam divisionem specierum sit* (translatio Boethii).

81-82 La dernière phrase de cette citation ne rend pas exactement le sens du texte d'Aristote.

(69) Quod fit non est.

(70) Non entis non sunt species et differentiae.

Sequuntur auctoritates V libri Topicorum Aristotelis.

(71) Si aliquid dicitur esse proprium alterius et non separat ipsum ab omnibus aliis, non bene assignatum est esse proprium.

(72) Gratia discendi proprium assignatur, unde proprium debet semper assignari per notiora.

(73) Sentire dicitur dupliciter, scilicet habere sensum et uti sensu.

(74) Conturbat audientem quod frequenter dicitur.

(75) Opposita sunt simul natura.

(76) Omne sensibile extra sensum factum incertum fit, quia dubium an sit, vel non sit, quando recedit a sensu.

(77) Et qui omnino instat, omnino adversandum est.

(78) Quod per superabundantiam dicitur, uni soli convenit.

(79) Tres sunt species ignis, scilicet lux, flamma et carbo. Et hoc est verum secundum opinionem aliquorum.

(80) Impossibile est idem esse proprium plurium, sicut simpliciter ad simpliciter, magis ad magis, maximum ad maximum et e converso.

Sequuntur auctoritates VI libri Topicorum Aristotelis.

(81) Genus maxime eorum quae sunt in definitione videtur definiti substantiam significare.

91 et] *om.* LPfE; neque X   93 Si] I WD   94 bo ne] tamen D   95 discendi] dicendi E   semper] *om.* W   4 flamma et carbo] carbo et flamma L   9 Genus] Enus WD

(69) Arist., *Topica*, Δ6, 128 b 7.
(70) Arist., *Topica*, Δ6, 128 b 9.
(71) Arist., *Topica*, E1, 129 a 24-26.
(72) Arist., *Topica*, E2, 130 a 4-5, 129 b 7-8.
(73) Arist., *Topica*, E2, 129 b 33-34.
(74) Arist., *Topica*, E2, 130 a 32-33.
(75) Arist., *Topica*, E3, 131 a 16.
(76) Arist., *Topica*, E3, 131 b 21-23.
(77) Arist., *Topica*, E4, 134 a 3-4.
(78) Arist., *Topica*, E5, 134 b 23-24.
(79) Arist., *Topica*, E5, 134 b 28-29.
(80) Arist., *Topica*, E4, 132 b 30-31.
(81) Arist., *Topica*, Z1, 139 a 29-31.

2 *Et* : la leçon correcte serait *Ei.*

(82) Vilius est quodlibet fecisse quam bene fecisse.

(83) Oportet definientem planissima interpretatione uti eo quod causa cognoscendi traditur definitio, unde definitio non debet esse obscura, nec aliquid superfluum continere..

(84) Ductio et commensuratio sunt aequivoca, ex quo habetur communiter quod omne nomen verbale in -tio est aequivocum, videlicet quod tria significat, scilicet agentis actionem, rei passae passionem et ipsam rem passam, sive actum intermedium.

(85) Aequivocorum non est definitio, unde solius univoci est definitio.

(86) Omne inconsuetum est obscurum.

(87) Omnes transferentes secundum aliquam similitudinem se transferunt.

(88) Imago est cujus generatio est per imitationem.

(89) Illud est superfluum in definitione quo ablato quod remanet satis manifestum quod definitur.

(90) Flegma est humidum primum a cibo indigestum.

(91) Definitio debet dari per priora et notiora, quia omnis doctrina et omnis disciplina ex prioribus et notioribus fit.

(92) Unius et ejusdem rei non possunt esse plures definitiones, sed tantum una.

(93) Omnis bona definitio debet constare ex genere et differentiis, quia ista sunt priora et notiora quam species quae definitur.

11 Vilius] Vilibus LPfED   24 in] *om.* LWP   25 manifestum] manifestat X; manifestet D   28 fit] sit LW   30 tantum una] una tantum E

---

(82) Arist., *Topica*, Z1, 139 b 8.
(83) Arist., *Topica*, Z1, 139 b 13-17.
(84) Arist., *Topica*, Z2, 139 b 21-22.
(85) Cf. Arist., *Topica*, Z2, 139 b 30-31.
(86) Arist., *Topica*, Z2, 140 a 5.
(87) Arist., *Topica*, Z2, 140 a 10-11.
(88) Arist., *Topica*, Z2, 140 a 14-15.
(89) Arist., *Topica*, Z3, 140 a 37 - b 2.
(90) Arist., *Topica*, Z3, 140 b 7-8.
(91) Cf. Arist., *Topica*, Z4, 141 a 23-31.
(92) Cf. Arist., *Topica*, Z4, 141 a 34-37.
(93) Arist., *Topica*, Z4, 141 b 25-28.

---

11 *Vilius* : le texte d'Aristote est *Facilius*.
15 *aequivoca* : tout ce qui suit ce mot dans la citation ne se trouve pas dans ce passage d'Aristote.
21 *se* : ce mot ne figure pas dans la phrase d'Aristote.

(94) Simpliciter notum est quod omnibus notum est.

(95) Oppositorum eadem est disciplina.

(96) In definitione unius correlativi debet poni relativum et e converso, quia impossibile est unum cognosci absque reliquo.

(97) Dies est latio solis super nostrum hemisphaerium.

(98) Grammatica est scientia scribendi et recte intelligendi illud quod profertur.

(99) In definitione cujuslibet rei non debet poni genus propinquum et remotum, quia in genere propinquo fit.

(100) Omnis differentia specifica cum genere facit speciem.

(101) Genus per se non praedicatur de differentia.

(102) In definitione propriae passionis debet poni subjectum.

(103) Omnis definitio data per accidens, vituperanda est.

(104) Item definitio data per conjunctionem copulativam et disjunctivam vituperanda est.

(105) Omnes honorem appetunt.

(106) Finis in unoquoque est optimum gratia cujus sunt alia.

35 correlativi] colerativi LPf   39 profertur] praefertur LP   41 fit] definitio *add.* W   45 Omnis ... est] *om.* L   46 Item] Omnis L   et] vel D   49 cujus] ejus L

---

(94) Cf. Arist., *Topica*, Z4, 142 a 9-11.

(95) Cf. Arist., *Topica*, Z4, 142 a 24-25.

(96) Cf. Arist., *Topica*, Z4, 142 a 26-31.

(97) Arist., *Topica*, Z4, 142 b 3-4.

(98) Arist., *Topica*, Z5, 142 b 31-32.

(99) Cf. Arist., *Topica*, Z5, 143 a 19-26.

(100) Arist., *Topica*, Z6, 143 b 8-9.

(101) Arist., *Topica*, Z6, 144 a 31-33.

(102) *Locus non inventus.*

(103) Cf. Arist., *Topica*, Z6, 144 a 23-27.

(104) Cf. Arist., *Topica*, Z7, 146 a 21-24.

(105) Arist., *Topica*, Z8, 146 b 22.

(106) Arist., *Topica*, Z8, 146 b 10.

---

33 Dans le texte correspondant d'Aristote, l'affirmation est différente.

40-41 Cette citation présente un texte corrompu du passage correspondant d'Aristote : *nam substantia cuiusque cum genere. Est autem hoc idem quod non in proximum genus ponere; nam qui virtutem dixit et habitum dixit; nam qui in proximum posuit omnia superiora dixit, eo quod omnia superiora genera de inferioribus praedicantur. Quare aut in proximum genus ponendum, aut omnes differentias superiori generi addendum, per quas determinatur proximum genus. Sic enim nichil erit praetermissum, sed pro nomine in diffinitione dictum erit inferius genus. Qui vero ipsum tantum superius genus dixit non dicit et inferius genus* (translatio Boethii).

49 *optimum* : *vel* a été omis après ce mot.

(107) Impossibile est incorporeum corpore commisceri.

(108) Non qui clam sumit, sed qui vult sumere latro est.

Sequuntur auctoritates VII libri Topicorum Aristotelis.

(109) Oportet id quod maxime dicitur et optimum unum esse numero.

(110) Quae uni et eidem non sunt eadem, inter se non sunt eadem.

(111) Facilius est destruere quam construere et corrumpere quam facere.

(112) Inter omnia praedicta difficillimum est construere definitionem.

(113) Accidens vero construere facillimum est.

(114) Verisimile est in multis magis fieri peccatum quam in paucis.

(115) Una scientia vel disciplina est melior altera, vel quia certior est, vel quia melior est, id est de meliori subjecto.

(116) Majori bono majus malum opponitur.

(117) Dialectica propositio est contra quam in pluribus sic se habentem non est dare instantiam.

(118) Qui ex probabilioribus quam sit conclusio syllogizare conatur palam est quoniam non bene syllogizat.

(119) Concessum est respondenti non intelligenti dicere quoniam minime intelligo.

53 Oportet] Portet WD; id *add.* XfED 60 Una] Na WD certior est] est certiorD; certiorem L 65 probabilioribus] probibilioribus LWXPfE 67 Concessum] Concessem LWPD

(107) Arist., *Topica*, Z12, 149 b 1-2.
(108) Arist., *Topica*, Z12, 149 b 29-30.
(109) Arist., *Topica*, H1, 152 a 25-26.
(110) Arist., *Topica*, H1, 152 a 31-32.
(111) Arist., *Topica*, H5, 154 b 13-14.
(112) Arist., *Topica*, H5, 155 a 17-18.
(113) Arist., *Topica*, H5, 155 a 28.
(114) Arist., *Topica*, H5, 155 a 5-6.
(115) Arist., *Topica*, Θ1, 157 a 9-10.
(116) Arist., *Topica*, Θ2, 157 b 17-18.
(117) Arist., *Topica*, Θ2, 157 b 32-33.
(118) Arist., *Topica*, Θ6, 160 a 14-16.
(119) Arist., *Topica*, Θ7, 160 a 18-19.

53 *unum* : il faudrait faire précéder ce mot de *unum.*
57 *praedicta* : il faudrait peut-être remplacer cette leçon par *praedicabilia.*
65 *probabilioribus* : la leçon d'Aristote est *improbabilioribus.*

(120) Ille bene solvit rationem qui eam interemit et quod falsa sit ostendit.

(121) Nihil prohibet quaedam falsa esse probabiliora quibusdam veris.

(122) Pravus socius est qui impedit commune opus.

(123) Qui litigatione interrogat, male disputat.

(124) Peccatum est aliquid ostendi per longiora quod inest per breviora, unde expresse elicitur quod peccatum est fieri per plura quod potest fieri per pauciora aeque bene.

(125) Hoc est habere ingenium bonum secundum veritatem, posse eligere bonum vel verum, et effugere falsum.

(126) Qui bene nati sunt benefacere possunt.

(127) Qui amant bonum et odiunt malum, de facili discernunt optimum quod praefertur.

Sequuntur auctoritates primi libri Elenchorum Aristotelis.

Elenchus est syllogismus contradictionis ab «en», id est in, sive contra, et «lexis», id est sermo vel dictio : vide supra ante librum Priorum.

(1) Imperiti, velut longe distantes, speculantur.

(2) Non contingit res ipsas nobiscum ferre ad disputationem, sed in disputationibus nominibus pro rebus utimur.

78 effugere] fugere X 79 benefacere] bene vivere D possunt] possnnt E 80 amant] amat WP 81 praefertur] profertur D 83 Elenchus] Lenchus WD sive] five P; fine LW 86 Imperiti] Mperiti X

(120) Cf. ARIST., *Topica*, Θ11, 161 a 27-29.
(121) ARIST., *Topica*, Θ11, 161 a 30-31.
(122) ARIST., *Topica*, Θ11, 161 a 37-38.
(123) ARIST., *Topica*, Θ11, 161 b 2-3.
(124) ARIST., *Topica*, Θ11, 162 a 24-25.
(125) ARIST., *Topica*, Θ14, 163 b 12-15.
(126) ARIST., *Topica*, Θ14, 163 b 15.
(127) ARIST., *Topica*, Θ14, 163 b 15-16.
(1) ARIST., *De sophisticis elenchis*, 1, 164 b 26-27.
(2) ARIST., *De sophisticis elenchis*, 1, 165 a 6-8.

74 *breviora* : tout ce qui suit ce mot ne se trouve pas dans le texte d'Aristote.
80-81 Cette citation est issue de la traduction latine de Boèce qui a un sens un peu différent du texte d'Aristote.

(3) Nomina sunt finita, res vero infinitae, quare necesse est unum nomen plura significare.

(4) Qui virtutes vocabulorum sunt ignari, de facili paralogizantur, id est decipiuntur.

(5) Quidam magis appetunt se videre esse sapientes et non esse quam esse et non videri.

(6) Sophistica est scientia apparens et non existens.

(7) Sophista est copiosus ab apparente scientia et non existente.

(8) Duo sunt opera sapientis quorum primum est non mentiri de quibus novit, alterum posse mentientem ostendere, id est convincere.

(9) Oportet addiscentem credere.

(10) Elenchus est contradictio unius et ejusdem non nominis solum sed rei, et nominis non synonimi sed ejusdem secundum idem, simpliciter in eodem tempore.

(11) Ex nihilo nihil fit.

(12) Eadem est definitio unius solius rei tantum et rei simpliciter, ut hominis et unius hominis.

(13) Communia et generalia sunt quibus scitis nescitur tamen ars, sed ipsis ignoratis necesse est artem ignorare.

89 quare] qua re L 91 ignari] ignorantes W paralogizantur] Peralogizantur LD 98 novit] et *add.* W 00 Oportet addiscentem credere] *om.* Lf 1 contradictio] contradictionis X solum] tantum X 2 rei] tantum *add.* X et] sed X nominis] et rei simul *add.* X ejusdem] ex hiis quae data sunt de necessitate non connumerato eo quod erat in principio ad idem *add.* X 3 simpliciter] similiter et X

---

(3) Arist., *De sophisticis elenchis*, 1, 165 a 10-13.
(4) Arist., *De sophisticis elenchis*, 1, 165 a 15-16.
(5) Arist., *De sophisticis elenchis*, 1, 165 a 19-21.
(6) Arist., *De sophisticis elenchis*, 1, 165 a 21.
(7) Arist., *De sophisticis elenchis*, 1, 165 a 21-23.
(8) Arist., *De sophisticis elenchis*, 1, 165 a 24-27.
(9) Arist., *De sophisticis elenchis*, 2, 165 b 3.
(10) Arist., *De sophisticis elenchis*, 5, 167 a 23-27.
(11) Arist., *De sophisticis elenchis*, 5, 167 b 14-15.
(12) Arist., *De sophisticis elenchis*, 6, 169 a 8-10.
(13) Arist., *De sophisticis elenchis*, 11, 172 a 24-27.

1-3 Le texte d'Aristote se trouve dans l'incunable L. Nous avons cependant préféré maintenir le texte des autres témoins imprimés parce que le texte de L a visiblement été corrigé, tandis que les autres incunables transmettent la citation telle qu'elle devait être connue à l'époque.

(14) Omnes etiam idiotae usque ad quid arguunt, quia sine arte participant illud de quo artificialiter est logica, unde habemus quod duplex est logica, scilicet artificialis et naturalis.

(15) Omnes utimur quibusdam casibus.

(16) Difficile est multa conspicere.

(17) Oppositis juxta se contrariis majora et minora videntur, ex quo habemus quod opposita juxta se posita magis elucescunt.

(18) Injuriam pati melius est quam alteri nocere.

Sequuntur auctoritates II libri Elenchorum Aristotelis.

(19) Quod scimus, saepe transpositum ignoramus.

(20) Ad interrogationes plures non est danda una responsio, sed plures.

(21) Arguere non est solvere.

(22) Hic horum dicitur multipliciter, vel ut est alicujus possessio, vel ut est pars alicujus multitudinis.

(23) Nihil dat quod non habet.

(24) Nihil prohibet eandem orationem plures habere fallendi occasiones.

(25) Divitiae bonae semper honestae, sed insipienti et non recte utenti non sunt bonae.

15 magis] maigis D elucescunt] elucescsnt W 17 libri] *om.* E Aristotelis] *om.* fE 18 Quod] Uod WD 21-22 Hic ... multitudinis] *om.* W

---

(14) Arist., *De sophisticis elenchis*, 11, 172 a 30-35.
(15) Cf. Arist., *De sophisticis elenchis*, 11, 172 a 28-30.
(16) Arist., *De sophisticis elenchis*, 15, 174 a 17-18.
(17) Arist., *De sophisticis elenchis*, 15, 174 b 5-6.
(18) Arist., *De sophisticis elenchis*, 12, 173 a 21-22.
(19) Arist., *De sophisticis elenchis*, 16, 175 a 22-23.
(20) Arist., *De sophisticis elenchis*, 17, 176 a 10-12.
(21) *Locus non inventus.*
(22) *Locus non inventus.*
(23) Arist., *De sophisticis elenchis*, 22, 178 a 36-38.
(24) Arist., *De sophisticis elenchis*, 24, 179 b 17.
(25) Arist., *De sophisticis elenchis*, 25, 180 b 8-10.

---

10 *logica* : la fin de la citation qui suit ce mot ne se trouve pas dans Aristote.
16 *multa* : *simul* a été omis après *multa*.
17 *videntur* : c'est avec ce mot que se termine le texte d'Aristote. La fin de la citation n'appartient pas au *De sophisticis elenchis*.

(26) In non facere intelligitur facere et universaliter in negatione intelligitur affirmatio.

(27) Nasus curvus dicitur simus, sed pes curvus dicitur ritus.

(28) Principium maximum et difficillimum est optimum.

(29) Difficillimum est principium alicujus artis invenire, sed ipso invento, facile est addere et augere reliquum.

(30) Principium est minimum in quantitate, potestate vero maximum.

Nota verbum sancti Isidori Hispalensis episcopi, libro secundo Etymologiarum, quod dialecticam, id est logicam sive philosophiam rationalem primi Philosophi in suis dictionibus, id est sermonibus, habuerunt non tamen ad artis redegere peritiam. Post hos, Aristoteles ad regulas quasdam hujus doctrinae argumenta perduxit et dialecticam nuncupavit pro eo quod in ea de dictis disputatur. Haec ille dividitur autem philosophia (id est amor sapientiae, a philos, id est amor, et sophia, id est sapientia dicta) in partes tres, ut dicit Augustinus, li. XI De civitate, ca. XXV et ibidem libro VIII, ca. VI et VII, scilicet in physicam, id est naturalem, logicam, id est rationalem, et ethicam, id est moralem. Quae est finis et perfectio omnium aliarum tractans de felicitate humana cui omnes philosophi invigilaverunt secundum Agustinum, li. VIII De civitate Dei, ca. III. Quorum dicta jam fascicculariter recitata tenaci memoriae sunt recommendanda. Praedictarum autem auctoritatum succincte et exacte collectarum finis adest. Juxta jam consuetam librorum Philosophi ac aliorum quorundam translationem quas non alphabetim prout pluribus quandoque placuit colligere libuit, sed ordinate.

28 intelligitur] in *add.* f 30 dicitur] dicetur D 42 civitate] Dei *add.* D 44 moralem] mortalem W 47 fascicculariter] fasciscculariter E 48-52 Praedictarum ... ordinate] *om.* L 49 et] *om.* P 50 Philosophi] philosophiae WPE

---

(26) Arist., *De sophisticis elenchis*, 31, 181 b 28-30.

(27) Arist., *De sophisticis elenchis*, 31, 181 b 37 - 182 a 6.

(28) Arist., *De sophisticis elenchis*, 33, 183 b 22-23.

(29) Arist., *De sophisticis elenchis*, 33, 183 b 22-26.

(30) Arist., *De sophisticis elenchis*, 33, 183 b 22-25.

36-38 Isidorus Hispalensis, *Etymolog.*, II 22, 2.

43-44 Augustinus, *De civ. Dei*, XI 25, 495-496; VIII 6-7, 331; 332.

45-46 Augustinus, *De civ. Dei*, VIII 3, 323.

Juxta textus processum de libro in librum, sine ulla expositione propter diversam diversorum ineptam ac minus congruentem expositionem nc vitiis scriptorum nunc temporis irremediabilibus scribatur liber pro libro, quota pro quota si demum contingeret easdem ex his impressis opera quorumcumque diligenti condensare. In laudem et gloriam Dei omnipotentis, nunc et in aevum ac utilitatem quorumlibet studiosorum qui has tenaci memoria ut philosophiae florigerum satagent incorporare dicente Seneca, Epistula CVIII : « In eodem prato bos herbam quaerit, canis leporem, ciconia lacertam sive serpentem ». Valebunt igitur unicuique pro suo artis experimento.

53 sine] sine *add.* W 56 quota[1]] quoto D 62 Experimento : Deo gratias *add.* L; Finitum et completum est hoc opus Daventriae, anno Domini Millesimo CCCCLXXXIX, vicesimaseptima Septembris *add.* W; Finitum et completum est hoc opusculum per me Iohannem Guldenschoeff, civem Coloniensem, anno Domini nostri Millesimo CCCCLXXXVII *add.* X; Finitum et completum est hoc opus per me Gerardum Leeu in mercuriali oppido Antwerpiensi, anno Domini Millesimo CCCCLXXXVIII, prima die mensis Iulii *add.* P; Finitum et completum est hoc opus per me Gerardum Leeu in mercuriali oppido Antwerpienum, anno Domini Millesimo CCCCLXXXVII, mensis septembris die duodecima *add.* f; Explicit *add.* E; Finiuntur auctoritates *add.* D

60-61 SENECA, *Epist.*, 108, 29.

TABLE BIBLIOGRAPHIQUE

Toutes les œuvres d'Aristote précédées de l'abréviation ARIST., sont citées d'après l'édition Bekker : *Aristotelis opera* ex recensione I. BEKKERI edidit Academia regia Borussica. Editio altera quam curavit O. GIGON. (Fotomechanischer Nachdruck Ausg. 1831), Berolini, 1960, 2 vol.

Toutes les citations de l'Ancien et du Nouveau Testament sont extraites de l'édition Weber : *Biblia sacra iuxta Vulgatam versionem* recensuit et brevi apparatu instruxit R. WEBER. Stuttgart, 1969, 2 vol.

Cette table bibliographique ne contient que les ouvrages cités dans le volume.

ADAMSON J.W., « *The Illiterate Anglo-Saxon* » *and Other Essays on Education, Medieval and Modern*. Cambridge, 1946.

Alfredus Anglicus, *De plantis* = *Aristoteles latinus*, Codices descripsit † G. LACOMBE in societatem operis adsumptis A. BIRKENMAJER, M. DULONG, A. FRANCESCHINI (*Corpus philosophorum medii aevi*). Pars prior, Roma, 1939, p. 192.

Albertus Magnus, *De animalibus libri XXVI* nach der Kölner Urschrift, herausgegeben von H. STADLER. Münster, 1916-1920, 2 vol.

Anonymus, *De pomo et morte* = *Aristotelis qui ferebatur Liber de pomo*. Versio latina Manfredi, recensuit M. PLEZIA. (*Auctorum Graecorum et Latinorum opuscula selecta*, Fasc. II). Varsoviae, 1960.

Anonymus, *Liber De causis* = *Le Liber de causis*. Édition établie à l'aide de 90 manuscrits avec introduction et notes par A. PATTIN. Louvain, 1966.

Anonymus, *Secretum secretorum* = *Hiltgart von Hürnheim*. Mittelhochdeutsche prosaübersetzung des *Secretum Secretorum* herausgegeben von R. MÖLLER. Berlin, 1963.

Appuleius, *De Deo Socratis* = *Apulei Madaurensis opera quae supersunt*, vol. 3. *De philosophia libri*. Edidit P. THOMAS. Lipsiae, 1938.

ARIST., *Economica* = *Aristotelis quae feruntur Oeconomica* recensuit F. SUSEMIHL. Lipsiae, 1887.

Aristoteles latinus, Codices descripsit † G. LACOMBE in societatem operis adsumptis A. BIRKENMAJER, M. DULONG, A. FRANCESCHINI (*Corpus philosophorum medii aevi*). Pars prior, Roma, 1939; pars posterior, Cambridge, 1955.

Averroes, *De substantia orbis* = *Aristotelis opera cum Averrois commentariis*, vol. IX. Venetiis apud Junctas, 1562-1574.

Averroes, *Expositio poeticae* = *Aristoteles latinus* (*Corpus philosophorum medii aevi*). T. XXXIII, *De arte poetica* edidit L. MINIO-PALUELLO. Bruxelles, Paris, 1968.

Averroes, *In De anima...* = *Averrois Cordubensis commentarium magnum in Aristotelis De anima libros* recensuit F.S. CRAWFORD (*Corpus commentariorum Averrois in Aristotelem*, VI, 1). Cambridge (Mass.), 1953.

Averroes, *In De caelo...* = *Aristotelis opera cum Averrois commentariis*, vol. V, Venetiis apud Junctas, 1562-1574.

Averroes, *In De memoria...* = *Averrois Cordubensis compendia librorum Aristotelis qui parva naturalia vocantur* recensuit A.L. SHIELDS adiuvante H. BLUMBERG (*Corpus commentariorum Averrois in Aristotelem*, VII). Cambridge (Mass.), 1949.

Averroes, *In De sensu...* = *Averrois Cordubensis compendia librorum Aristotelis qui parva naturalia vocantur* recensuit A.L. Shields adiuvante H. Blumberg (*Corpus commentariorum Averrois in Aristotelem*, VII). Cambridge (Mass.), 1949.

Averroes, *In De somno...* = *Averrois Cordubensis compendia librorum Aristotelis qui parva naturalia vocantur* recensuit A.L. Shields adiuvante H. Blumberg (*Corpus commentariorum Averrois in Aristotelem*, VII). Cambridge (Mass.), 1949.

Averroes, *In Metaphys. ...* = *Aristotelis opera cum Averrois commentariis*, vol. VIII, Venetiis apud Junctas, 1562-1574.

Averroes, *In Phys. ...* = *Aristotelis opera cum Averrois commentariis*, vol. IV, Venetiis apud Junctas, 1562-1567.

Badawi A., *La transmission de la philosophie grecque au monde arabe*. (*Études de philosophie médiévale*, LVI). Paris, 1968.

Barack K.A., *Die Handschriften der Fürstlich-Fürstenbergischen Hofbibliothek zu Donaueschingen*. Tübingen, 1865.

Baudrier H., *Bibliographie Lyonnaise*. Recherches sur les imprimeurs, libraires, relieurs et fondeurs de lettres de Lyon au XVIe siècle par le Président Baudrier, publiées et continuées par J. Baudrier. Lyon, Paris, 1895-1950, 13 vol.

Beaujouan G., *Manuscrits scientifiques médiévaux de l'Université de Salamanque et de ses « Colegios mayores »*. (*Bibliothèque de l'École des Hautes Études Hispaniques*, XXXII). Bordeaux, 1962.

Beaulieux Ch., *Manuscrits et imprimés en France aux XVe et XVIe siècles*, dans *Mélanges offerts à M. Émile Chatelain*. Paris, 1910, pp. 417-428.

Bigmore E.C. and Wyman C.W.H., *A bibliography of printing with notes and illustrations*. New York, 1965, 2e éd., 2 vol.

Birkenmajer A., *Classement des ouvrages attribués à Aristote par le moyen âge latin*. Cracovie, 1932.

Boethius, *De consolatione philosophiae* = *Anicii Manlii Severini Boethii philosophiae consolatio* edidit L. Bieler (*Corpus Christianorum*, Series latina, XCIV). Turnholti, 1967.

[Boethius], *De disciplina scholarium* = *Patrologiae latinae* tomus LXIV. *Manlius Severinus Boetius* accurante J.-P. Migne, Paris, 1891.

Bougerol, J.G., *Dossier pour l'étude des rapports entre saint Bonaventure et Aristote*, dans *Archives d'histoire littéraire et doctrinale du moyen âge* (numéro à paraître en 1974).

Bradley J.W., *A Dictionnary of miniaturists, illuminators, calligraphers, and copyists, with references to their works, and notices of their patrons, from the establishment of Christianity to the eighteenth century*. Compiled from various sources. London, 1887-1889, 3 vol.

The British Museum. Catalogue of printed books, 1881-1900, published under the Auspices of a Committee of the Association of Research Libraries, vol. 3, Michigan, 1946.

Catalogue général des manuscrits des bibliothèques de France. Départements, t. III, Paris, 1861; t. XLVII, Paris, 1923.

Catalogus codicum manuscriptorum Bibliothecae Regiae Monacensis. Monachii, 1868-1881, 7 vol. T. I, pars 1 et 2, editio altera emendatior, Monachii, 1892-1894.

Cenci C., *Manoscritti francescani della Biblioteca Nazionale di Napoli*. (*Spicilegium Bonaventurianum*, VII-VIII). Quaracchi, 1971, 2 vol.

CHARLAND Th.-M., *Artes praedicandi. Contribution à l'histoire de la rhétorique au moyen âge.* (*Publications de l'Institut d'études médiévales d'Ottawa*). Paris, 1936.

CLAUDIN A., *Histoire de l'imprimerie en France au 15e et au 16e siècle.* Paris, 1900-1914, 4 vol.

CLAUDIN A., *Les origines de l'imprimerie à Paris. La première presse de la Sorbonne.* Paris, 1899.

COURCELLE P., *Boèce et l'école d'Alexandrie*, dans *Mélanges d'archéologie et d'histoire*, LIIe année (1935), pp. 185-223.

CROWE M.B., *Peter of Ireland Teacher of St Thomas Aquinas*, dans *Studies* (Dublin), 1956 (45), pp. 443-456.

CZERNY A., *Die Handschriften der Stiftsbibliothek St Florian.* Linz, 1871.

DAIN A., *Les manuscrits.* Paris, 1964, 2e éd.

DE BOÜARD M., *Encyclopédies médiévales. Sur la « connaissance de la nature et du monde » au moyen âge*, dans *Revue des Questions historiques*, avril 1930, nos 112-113, pp. 258-304.

DE BOÜARD M., *Une nouvelle encyclopédie médiévale : le Compendium philosophiae.* Paris, 1936.

DE GHELLINCK J., *L'essor de la littérature latine au 12e siècle.* Bruges, 1954.

DELISLE L., *Catalogue des livres imprimés ou publiés à Caen avant le milieu du 16e siècle.* Caen, 1903-1904, 2 vol.

DELISLE L., *Instructions pour la rédaction d'un catalogue de manuscrits et pour la rédaction d'un inventaire des incunables conservés dans les Bibliothèques publiques de France.* Paris, 1910.

DELISLE L., *Inventaire des manuscrits de l'Abbaye de Saint-Victor, conservés à la Bibliothèque impériale sous les numéros 14232-15175 du fonds latin.* (Extrait de la *Bibliothèque de l'École des Chartres*, 6e série, tome V). Paris, 1869.

DELISLE L., *Inventaire des manuscrits de la Sorbonne, nos 15176-16718 du fonds latin.* Paris, 1870.

DENIFLE H. et CHATELAIN A., *Chartularium Universitatis Parisiensis*, vol. 1, Paris, 1889.

DE SAINT-GENOIS J., *Catalogue méthodique et raisonné des manuscrits de la bibliothèque de la ville et de l'université de Gand.* Gand, 1849-1852.

DE VAUX R., *La première entrée d'Averroès chez les Latins*, dans *Revue des sciences philosophiques et théologiques*, t. XXII (1933), pp. 193-245.

DE WULF M., *Histoire de la philosophie médiévale.* Louvain, 1934-1947, 6e éd., 3 vol.

DIEM G., *Les traductions gréco-latines de la* Métaphysique *au moyen âge. Le problème de la* Metaphysica Vetus, dans *Archiv für Geschichte der Philosophie*, Bd 49, Heft 1 (1967), pp. 7-71.

DITTMAR D., *Die Handschriften und alten Drucke des Dom-Gymnasiums* (*zu Magdeburg*). Magdeburg, 1878-1880, 2 vol.

DOMANSKI J., *Stephani de Reate, tractatus de secundis intentionibus*, dans *Mediaevalia philosophica Polonorum*, XII (1967), pp. 67-106.

DUCHATEAU M., *Bijdrage tot de studie van het pseudo-boetiaansch traktaat « De Disciplina Scolarium »*, dans *Tijdschrift voor Philosophie*, 1 (1939), pp. 134-160.

EMDEN A.B., *A biographical register of the University of Oxford to A.D. 1500.* Oxford, 1957-1959, 3 vol.

FABRÈGE F., *Histoire de Maguelonne.* Paris, Montpellier, 1894-1911, 3 vol.

FAIDER P., *Catalogue des manuscrits conservés à Namur.* (*Catalogue général des manuscrits des Bibliothèques de Belgique*, vol. I). Gembloux, 1934.

FEBVRE L. et MARTIN H.J., *L'apparition du livre*. Paris, 1958.

FISCHER H., *Die lateinischen Papierhandschriften der Universitätsbibliothek Erlangen*, Bd 2, Erlangen, 1936, Neubearbeitung.

FOREST A., VAN STEENBERGHEN F., DE GANDILLAC M., *Il movimento dottrinale nei secoli IX-XIV*. (*Storia della Chiesa*, XIII). Torino, 1965.

FRANCESCHINI E., *Codici di florilegi aristotelici in Biblioteche italiane*, dans *Studi e note di filologia latina medioevale*, Milano, 1930, pp. 141-159.

FRANCESCHINI E., *Ricerche e studi su Aristotele nel medioevo latino*, dans *Rivista di Filosofia Neoscolastica*, XLVII (1956). suppl., pp. 114-166.

FRANK P., *Catalogus Voraviensis seu codices manuscripti Bibliothecae canoniae in Vorau*. Graecii, 1936.

FRATI L., *Indice dei codici latini conservati nella R. Biblioteca universitaria di Bologna*. (Estratto degli *Studi Italiani di filologia classica*, vol. XVI-XVII). Firenze, 1909.

GELDNER F., *Die deutschen Inkunabeldrucker. Ein Handbuch der deutschen Buchdrucker des XV. Jahrhunderts nach Druckorten*. Stuttgart, 1968, 2 vol.

Gesamtkatalog der Wiegendrucke, herausgegeben von der Kommission für den Gesamtkatalog der Wiegendrucke, Leipzig, 1925-1938, 7 vol.

GIBSON S., *Statuta antiqua universitatis Oxoniensis*. Oxford, 1931.

Gilbertus Porretanus, *Liber De sex principiis* = *Aristoteles latinus* (*Corpus philosophorum medii aevi*), t. I, 6-7, *Categoriarum supplementa* edidit L. MINIO-PALUELLO. Bruges, Paris, 1966.

GILSON E., *History of Christian Philosophy in the Middle Ages*, New York, 1955.

GRABMANN M., *Forschungen über die lateinischen Aristotelesübersetzungen des XIII. Jahrhunderts*. (*Beiträge zur Geschichte der Philosophie des Mittelalters*, Bd XVII, Heft 5-6), Münster, 1916.

GRABMANN M., *Die Geschichte der Scholastischen Methode*. Freiburg im Breisgau, 1909-1911, 2 vol.

GRABMANN M., *Guglielmo di Moerbeke O.P., il traduttore delle opere di Aristotele*. (*Miscellanea Historiae Pontificae*, XI), Rome, 1946.

GRABMANN M., *I divieti ecclesiastici di Aristotele sotto Innocenzo III e Gregorio IX*. (*Miscellanea Historiae Pontificiae*, vol. 5). Roma, 1941.

GRABMANN M., *Methoden und Hilfsmittel des Aristotelesstudiums im Mittelalter*. (*Sitzungsberichte der Bayerischen Akademie der Wissenschaften, Philosophisches-historische Abteilung*). München, 1939.

GRIMAL P., *Sénèque. Sa vie, son œuvre, sa philosophie*. Paris, 1948.

HAGEN H., *Catalogus codicum Bernensium*. (*Bibliotheca Bongarsiana*). Bernae, 1875.

HAMESSE J., *Auctoritates Aristotelis, Senecae, Boethii, Plutonis, Apulei et quorundam aliorum*. I. Concordance. (*Informatique et étude de textes*, II, 1). Louvain, 1972.

HAMESSE J., *Auctoritates Aristotelis, Senecae, Boethii, Platonis, Apulei et quorundam aliorum*. II. Index et tables d'identifications. (*Informatique et étude de textes*, II, 2). Louvain, 1973 (sous presse).

HAMESSE J., *Les florilèges médiévaux d'Aristote (I)*, dans *Bulletin de Philosophie médiévale*, édité par la Société internationale pour l'étude de la philosophie médiévale, 7 (1965), pp. 52-76.

HEATH Th., *A history of greek Mathematics*. Oxford, 1960, 2e éd.

HEINEMANN O. VON, *Die Handschriften der Herzoglischen Bibliothek zu Wölfenbüttel*. Abt. 1, Bd 2 : *Die Helmstedter Handschriften*. Wolfenbüttel, 1886. Abt. 2, Bd 4 :

Die Augusteischer Handschriften. Wolfenbüttel, 1890. Abt. 3 : *Die Weissenburger Handschriften*. Wolfenbüttel, 1903.

HUSIK I., *A history of mediaeval jewish philosophy*. New York, 1960, 3e éd.

ISAAC J., *Le Peri Hermeneias en Occident de Boèce à saint Thomas. Histoire d'un traité d'Aristote*. (*Bibliothèque thomiste*, XXIX). Paris, 1953.

Isidorus Hispalensis, *Etymolog.*, = *Isidori Hispalensis Episcopi Etymologiarum sive originum libri XX* recognovit brevique adnotatione critica instruxit W.M. LINDSAY. Oxonii, 1911, 2 vol.

JAMES M.R., *A descriptive catalogue of the manuscripts in the Library of Peterhouse*. Cambridge, 1899.

KERN A., *Die Handschriften der Universitätsbibliothek Graz*. Leipzig, Wien, 1942-1967, 3 vol.

LEMCKE H., *Die Handschriften und alten Drucke der Bibliothek des Marienstifts-Gymnasiums (zu Stettin)*. I : *Die Handschriften der ehemaligen Camminer Dombibliothek*. Stettin, 1879.

LEITSCHUH F. und FISCHER H., *Katalog der Handschriften der Königlichen Bibliothek zu Bamberg*. Bamberg, 1895-1906, 4 vol.

Lexicon des Gesamten Buchwesens, herausgegeben von K. LÖFFLER und J. KIRCHNER unter Mitwirkung von W. OLBRICH, vol. II, Leipzig, 1936.

MAIER A., *Codices Burghesiani Bibliothecae Vaticanae*. (*Studi e testi*, 170). Città del Vaticano, 1952.

MAIER A., *Handschriftliches zu Wilhelm Ockham und Walter Burley*, dans *Archivum Franciscanum Historicum*, XLVIII (1955), pp. 225-251.

MANDONNET P., *Siger de Brabant et l'averroïsme latin au XIIIe siècle*. (*Les Philosophes Belges*, VI-VII). Louvain, 1911-1908, 2e éd., 2 vol.

MANITIUS M., *Geschichte der lateinischen Literatur des Mittelalters*. (*Handbuch der Altertumswissenschaft* herausgegeben von W. OTTO, IX 2, 2-3). München, 1911-1931.

MANSION A., *Texte latin d'Aristote utilisé à la fin du moyen âge : éditions et références*, dans *Bulletin de la Société internationale pour l'Étude de la Philosophie médiévale*, 3 (1961), pp. 169-176.

MARTIN C., *Walter Burley*. Oxford, 1964.

Martinus Bracarensis, *Formula vitae honestae* = *Martini Episcopi Bracarensis opera omnia* edidit C.W. BARLOW. New Haven, 1950.

Martinus Bracarensis, *Liber de moribus* = *Publilius Syrus, Sententiae*, ad fidem codicum optimorum primum recensuit E. WOELFFLIN. Lipsiae, 1869.

MARX J., *Verzeichniss der Handschriften Sammlung des Hospitals zu Cues bei Bernkastel a. Mosel*. Trier, 1905.

MAZZATINTI G., *Inventari dei manoscritti delle Biblioteche d'Italia*. Vol. LXX : *Cremona*. Firenze, 1939.

MENHARDT H., *Handschriften Verzeichnis der Kärnter Bibliotheken*. Wien, 1927.

MICHALSKI K., *La physique nouvelle et les différents courants philosophiques au XIVe siècle*, dans *Bulletin international de l'Académie polonaise des Sciences et des Lettres*, nos 4-6 (1927), pp. 93-164.

MILCHSACK G., *Die Handschriften der Herzoglichen Bibliothek zu Wolfenbüttel*. Abt. 4, Bd 9 : *Die gudischen Handschriften*. Wolfenbüttel, 1913.

MOGENET J., *Autolycus de Pitane*. Histoire du texte. Louvain, 1950.

MOHLBERG C., *Mittelalterliche Handschriften*. (*Katalog der Handschriften der Central Bibliothek Zürich*, 1). Zürich, 1936.

MOORAT S.J.A., *Catalogue of Western manuscripts on medicine and science in the Wellcome historical medical Library.* I : *Mss written before 1650 A.D.* London, 1962.

NARDUCCI H., *Catalogus codicum manuscriptorum praeter graecos et orientales in Biblioteca angelica olim Coenobii sancti Augustini de urbe.* T. I, Romae, 1893.

NENTWIG H., *Die mittelalterlichen Handschriften in der Stadtbibliothek zu Braunschweig im Auftrage der Stadtischen Behörden.* Wolfenbüttel, 1893.

NOTHDURFT Kl. D., *Studien zum Einfluss Senecas auf die Philosophie und Theologie des Zwölften Jahrhunderts.* Leiden, 1963.

O'LEARY D.L., *How Greek Science passed to the Arabs.* Londres, 1949.

OMONT H., *Catalogue des manuscrits de la Bibliothèque publique de Bourges.* (Extrait du *Catalogue général des manuscripts des bibliothèques publiques de France,* départements, tome IV). Paris, 1886.

PALMER R.G., *Seneca's De Remediis Fortuitorum and the Elizabethans.* Chicago, 1953.

PARÉ G., BRUNET A., TREMBLAY P., *La Renaissance du XIIe siècle. Les Écoles et l'Enseignement.* (*Publications de l'Institut d'études médiévales d'Ottawa,* 3). Paris, 1933.

PATTIN A., *Le Liber de causis.* Édition établie à l'aide de 90 mss. avec introduction et notes. Uitgave van *Tijdschrift voor Filosophie.* Leuven, 1966.

PATTIN A., *Over de schrijver en de vertaler van het Liber de causis,* dans *Tijdschrift voor Philosophie,* 23 (1961), pp. 503-526.

Paulys Realencyclopädie der classischen Altertums Wissenschaft. Neue Bearbeitung begonnen von G. WISSOWA fortgeführt von W. KROLL und K. MITTELHAUS unter Mitwirkung zahlreicher Fachgenossen herausgegeben von K. ZIEGLER. Bd XXII[2], Stuttgart, 1954.

PELSTER F., *Neuere Forschungen über die Aristotelesübersetzungen des 12. und 13. Jahrhunderts. Eine kritische Ubersicht,* dans *Gregorianum,* XXX (1949), pp. 46-77.

PELZER A., *Études d'histoire littéraire sur la scolastique médiévale.* Recueil d'articles mis à jour à l'aide des notes de l'auteur par A. PATTIN et E. VAN DE VYVER. (*Philosophes médiévaux,* 8). Louvain, 1964.

Petrus de Alvernia, *In Meteor...* Cf. *S. Thomae Aquinatis in Aristotelis libros De caelo et mundo, De generatione et corruptione, Meteorologicorum expositio* cum textu ex recensione leonina cura et studio R.M. SPIAZZI. Taurini, Romae, 1952.

Petrus de Alvernia, *In libros Politicorum...* Cf. *S. Thomae Aquinatis in libros Politicorum Aristotelis expositio,* cura et studio R.M. SPIAZZI. Taurini, Romae, 1951.

Plato, *Timaeus = Platon. Œuvres complètes,* t. X. Texte établi et traduit par A. RIVAUD. Paris, 1956.

PODLAHA A., *Die Bibliothek des Metropolitankapitels.* (*Topographie des historischen und Kunst-Denkmale im Königreiche Böhmen*). Prag, 1904.

POLAIN M.-L., *Catalogue des livres imprimés au quinzième siècle des bibliothèques de Belgique.* Bruxelles, 1932, 4 vol.

POLAIN M.-L., *La situation d'Anvers dans l'imprimerie des Pays-Bas au XVe siècle,* dans *De Gulden Passer,* N.R.V. Antwerpen, 1927, pp. 235-249.

Porphyrius, *Isagoge = Aristoteles latinus.* (*Corpus philosophorum medii aevi*). T. I, 6-7, *Categoriarum supplementa* edidit L. MINIO-PALUELLO. Bruges, Paris, 1966.

POWICKE F.M. et EMDEN A.B., *The Universities in the Middle Ages by the late Hastings Rashdall.* A new edition in three volumes. Oxford, 1936, 3 vol.

POWITZ G., *Die Handschriften des Dominikanerklosters und des Leonhardstifts im Frankfurt am Main.* (*Kataloge der Stadt- und Universitätsbibliothek Frankfurt am Main,* Bd 2). Frankfurt am Main, 1968.

Previté-Orton C.W., *The authors cited in the Defensor Pacis*, dans *Essays in History presented to R.L. Poole*. Oxford, 1927.

Proctor R., *An index to the early printed books in the British Museum : from the invention of printing to the year 1500. With notes on those in the Bodleian Library*. London, 1960 (réimpression anastatique).

Quadri G., *La philosophie arabe dans l'Europe médiévale des origines à Averroès*. Paris, 1947.

Quillet J., *L'aristotélisme de Marsile de Padoue*, dans *Miscellanea Medievalia*, II, Berlin (1963), pp. 696-706.

Quillet J., *Marsile de Padoue. Le défenseur de la paix*. Traduction, introduction et commentaire. (*L'Église et l'État au moyen âge*, XII). Paris, 1968.

Rand E.K., *The Classics in the thirteenth century*, dans *Speculum*, IV (1929), pp. 249-269.

Renouard Ph., *Imprimeurs et libraires parisiens du XVIe siècle*. Ouvrage publié d'après les manuscrits de Ph. Renouard. Paris, 1964-1969, 2 vol.

Renouard Ph., *Répertoire des imprimeurs parisiens, libraires, fondeurs de caractères et correcteurs d'imprimerie depuis l'introduction de l'Imprimerie à Paris (1470) jusqu'à la fin du seizième siècle*. Paris, 1965.

Rochais H.M., *Contribution à l'histoire des florilèges ascétiques du haut moyen âge latin. Le « Liber Scintillarum »*, dans *Revue bénédictine*, t. 63 (1953), pp. 246-291.

Rose V., *Verzeichniss der lateinischen Handschriften*. Berlin, 1905, 4 vol.

Ruysschaert J., *Bibliothecae Apostolicae Vaticanae Codices manu scripti Recensiti jussu Joannis XXIII Pontificis Maximi... Codices Vaticani latini : Codices 11414-11709...* Vatican, 1959.

Saffrey H.-D., *L'état actuel des recherches sur le Liber de causis comme source de la Métaphysique au moyen âge*, dans *Die Metaphysik im Mittelalter*. (*Miscellanea Mediaevalia*, 2). Berlin, 1963, pp. 267-281.

Scherrer G., *Verzeichniss der Handschriften der Stiftsbibliothek von St Gallen*. Halle, 1875.

Schönherr A., *Die mittelalterlichen Handschriften der Zentralbibliothek Solothurn*. Solothurn, 1964.

Schum W., *Beschreibendes Verzeichniss der Amplonianischen Handschriftensammlung zu Erfurt*. Berlin, 1887.

Seneca, *Ad Lucilium = Lettres à Lucilius*. Tome I : Livres I-IV. Deuxième édition revue et corrigée. Tome II : Livres V-VII. Deuxième édition. Tome III : Livres VIII-XIII. Texte établi par F. Préchac et traduit par H. Noblot. Paris, 1956, 1958, 1957.

Seneca, *De beneficiis = Des bienfaits*. Texte établi et traduit par F. Préchac. Paris, 1961, 2 vol.

Standards of Bibliographical Description by C.F. Buehler, J.G. McManaway, L.C. Wroth. University of Pennsylvania Press, Philadelphia 1949, pp. 3-60 : *Incunabula*, C.F. Buehler.

Stornajolo C., *Codices Urbinates latini*. (*Bibliothecae Apostolicae Vaticanae codices manuscripti recensiti*). Romae, 1902-1903, 3 vol.

Strecker K., *Introduction to medieval latin*. English translation and revision by R.B. Palmer. Berlin, 1963, 2e éd.

Tabulae codicum manuscriptorum praeter graecos et orientales in Bibliotheca Palatina Vindobonensi asservatorum. Vindobonae, 1844-1912, 11 vol.

TALBOT C.H., *Florilegium morale Oxoniense, ms. Bodl. 633*, Pars II a : *Flores auctorum*, text first published with introduction (*Analecta mediaevalia namurcensia*, 6), 2 vol., Louvain, 1955-1956.

Themistius, *In De anima* = *Commentaire sur le traité de l'âme d'Aristote*. Traduction de Guillaume de Moerbeke. Édition critique et étude sur l'utilisation du commentaire dans l'œuvre de saint Thomas par G. VERBEKE. Louvain, 1957.

THÉRY G., *David de Dinant Étude sur son panthéisme matérialiste*, dans *Bibliothèque thomiste* VI (1925), Kain, Paris.

S. Thomas, *In Anal. post...* = *S. Thomae Aquinatis in Aristotelis libros Peri Hermeneias et Posteriorum Analyticorum expositio* cum textu ex recensione leonina, cura et studio M.F. SPIAZZI. Taurini, 1955.

S. Thomas, *In De anima...* = *S. Thomae Aquinatis in Aristotelis librum De anima commentarium*, cura ac studio A.M. PIROTTA. Taurini, 1959, 4e éd.

S. Thomas, *In De caelo...* = *S. Thomae Aquinatis in Aristotelis libros De caelo et mundo, De generatione et corruptione, Meteorologicorum expositio*, cum textu ex recensione leonina cura et studio R.M. SPIAZZI. Taurini, Romae, 1952.

S. Thomas, *In De generatione...* = *S. Thomae Aquinatis in Aristotelis libros De caelo et mundo, De generatione et corruptione, Meteorologicorum expositio*, cum textu ex recensione leonina cura et studio R.M. SPIAZZI. Taurini, Romae, 1952.

S. Thomas, *In Ethicorum...* = *S. Thomae Aquinatis in decem libros Ethicorum Aristotelis ad Nicomachum expositio*. Editio novissima cura ac studio A.M. PIROTTA, litteris M.-S. GILLET commendata. Taurini, 1934.

S. Thomas, *In De memoria...* = *S. Thomae Aquinatis in Aristotelis libros De sensu et sensato, De memoria et reminiscentia commentarium*, cura et studio R.M. SPIAZZI. Taurini, Romae, 1949, 3e éd.

S. Thomas, *In De sensu...* = *S. Thomae Aquinatis in Aristotelis libros De sensu et sensato, De memoria et reminiscentia commentarium*, cura et studio R.M. SPIAZZI. Taurini, Romae, 1949, 3e éd.

S. Thomas, *In libros Politicorum...* = *S. Thomae Aquinatis in libros Politicorum Aristotelis expositio*, cura et studio R.M. SPIAZZI. Taurini, Romae, 1951.

S. Thomas, *In Metaphys...* = *S. Thomae Aquinatis in duodecim libros Metaphysicorum Aristotelis expositio*, editio iam a M.R. CATHALA, exarata retractatur cura et studio R.M. SPIAZZI. Taurini, 1950.

S. Thomas, *In Meteor...* = *S. Thomae Aquinatis in Aristotelis libros De caelo et mundo, De generatione et corruptione, Meteorologicorum expositio*, cum textu ex recensione leonina cura et studio R.M. SPIAZZI. Taurini, Romae, 1952.

S. Thomas, *In Phys...* = *S. Thomae Aquinatis in octo libros Physicorum Aristotelis expositio*, cura et studio M. MAGGIOLO. Taurini, 1954.

THORNDIKE L. and KIBRE P., *A catalogue of incipits of mediaeval scientific writings in latin*. (*The mediaeval Academy of America*, nº 29), revised and augmented edition, London, 1963.

TRUHLAR J., *Catalogus codicum manu scriptorum latinorum* qui in C.R. Bibliotheca publica atque Universitatis Pragensis asservantur. Pragae, 1905-1906, 2 vol.

ÜBERWEG F. - GEYER B., *Die patristische und scholastiche Philosophie*. Basel, 1951. 12. Auflage unveränderter Nachdruck der völlig neubearbeiteten 11. auflage.

ÜBERWEG F. - PRAECHTER K., *Die Philosophie des Altertums*. Basel, 1953. 13. Auflage unveränderter Photomechanischer Nachdruck der 12. Auflage.

ULLMAN B.L., *Classical authors in mediaeval florilegia*, reprinted from *Classical Philology*, vol. XXIII, nº 2, april 1928, vol. XXIV, nº 2, april 1929, vol. XXV, nº 1, january 1930, vol. XXVI, nº 1, january 1931, vol. XXVII, nº 1, january 1932.

ULLMAN B.L., *A project for a new edition of Vincent of Beauvais*. Cambridge, 1933.

VAJDA G., *Introduction à la pensée juive du moyen âge*. Paris, 1947.

VAN DEN GHEYN J., *Catalogue des manuscrits de la Bibliothèque Royale de Belgique*. T. III : *théologie*. Bruxelles, 1903. T. V : *histoire, hagiographie*. Bruxelles, 1905.

VAN STEENBERGHEN F., *Histoire de la philosophie. Période chrétienne*. Louvain, 1964.

VAN STEENBERGHEN F., *La philosophie au XIIIe siècle*. (*Philosophes médiévaux*, t. XI). Louvain, Paris, 1966.

VASOLI C., *Storia della filosofia II : La filosofia medioevale*. Milano, 1961.

Verzeichniss der Handschriften im Preussischen Staate. Vol. 2, Göttingen. Berlin, 1893.

VOULLIÈME E., *Der Buchdruck Kölns bis zum Ende des 15. Jahrhunderts*. Bonn, 1903.

VOULLIÈME E., *Die deutschen Drucker des funfzehnten Jahrhunderts*. Berlin, 1922, 2e éd.

WARNER G.F. - GILSON J.F., *Catalogue of western manuscripts in the Old Royal and King's collections* (*in the British Museum*). London, 1921, 4 vol.

WEISHEIPL J.A., *Curriculum of the Faculty of Arts at Oxford in the early fourteenth Century*, dans *Mediaeval Studies*, XXVI (1964), pp. 143-185.

WEISHEIPL J.A., *Early fourteenth-century physics and the Merton « school »*. With special reference to Dumbleton and Heytesbury, Bodleian Library, MS D. Phil. d. 1776. Thesis, Oxford, 1956.

WELTER J.Th., *L'exemplum dans la littérature religieuse et didactique du moyen âge*. Paris, 1927.

WELTER J.Th., *Un nouveau recueil franciscain d'Exempla de la fin du XIIIe siècle*. Paris, 1930.

WELTER J.Th., *Le Speculum laïcorum*. Paris, 1914.

WELTER J.Th., *La Tabula exemplorum secundum ordinem alphabeti*. (*Thesaurus exemplarum*, fasc. III). Paris, 1926.

WINGATE S.D., *The Mediaeval latin versions of the Aristotelian scientific corpus, with special reference to the biological works*. London, 1931.

WLODEK Z., *Les traités de Walter Burleigh dans les manuscrits des bibliothèques en Pologne*, dans *Mediaevalia philosophica Polonorum*, XI (1963), pp. 152-156.

ZELLER E., *Die Philosophie der Griechen in ihrer Geschichtlichen Entwicklung*. Hildesheim, 1963, 5. unveränderte Auflage, 3 tomes.

TABLE ONOMASTIQUE

La table onomastique contient les noms de tous les auteurs cités dans l'étude historique de ce volume (pp. 5-110). Les noms d'auteurs anciens et médiévaux sont cités en latin. Les auteurs du moyen âge sont classés d'après l'ordre alphabétique de leur prénom.

Les noms d'auteurs relevés dans les notes d'identifications (pp. 111-341) ont été exclus de cette table; ils figurent dans le volume d'index (cf. p. 15, n. 33).

TABLE DES MATIÈRES

Imprimerie Orientaliste, s.p.r.l., Louvain (Belgique)

D. 1974/0602/14